Die Erfassung verdeckter Vermögensverlagerungen im Rahmen eines bilanzgestützten Kapitalschutzes bei der GmbH de lege lata et ferenda

Studien zum deutschen und europäischen Gesellschafts- und Wirtschaftsrecht

Herausgegeben von Ulrich Ehricke

Band 13

PETER LANG
Frankfurt am Main · Berlin · Bern · Bruxelles · New York · Oxford · Wien

Guido Eusani

Die Erfassung verdeckter Vermögensverlagerungen im Rahmen eines bilanzgestützten Kapitalschutzes bei der GmbH de lege lata et ferenda

Eine Untersuchung
unter besonderer Berücksichtigung
des Cash Poolings im faktischen GmbH-Konzern
sowie des Regierungsentwurfs eines Gesetzes
zur Modernisierung des GmbH-Rechts
und zur Bekämpfung
von Missbräuchen (MoMiG)

PETER LANG
Internationaler Verlag der Wissenschaften

Bibliografische Information der Deutschen Nationalbibliothek
Die Deutsche Nationalbibliothek verzeichnet diese Publikation in der Deutschen Nationalbibliografie; detaillierte bibliografische Daten sind im Internet über <http://www.d-nb.de> abrufbar.

Zugl.: Köln, Univ., Diss., 2008

D 38
ISSN 1614-581X
ISBN 978-3-631-58335-7

www.peterlang.de

Vorwort

Die vorliegende Arbeit wurde von der Rechtswissenschaftlichen Fakultät der Universität zu Köln im Wintersemester 2007/2008 als Dissertation angenommen. Sie befindet sich auf dem Stand von November 2007.

Mein besonderer Dank gilt meiner verehrten Doktormutter Frau Prof. Dr. Barbara Grunewald. Ihre hervorragende Betreuung der Dissertation und die besonders zügige Erstellung des Erstgutachtens sind nahezu legendär. Dadurch dass Sie mir besondere Nähe und Einblicke in die Entwicklungen der während des Promotionsvorhabens stattfindenden GmbH-Reform ermöglicht hat, hat sie die Aktualität der Untersuchung laufend unterstrichen und mich besonders motiviert. Schließlich stand sie während meiner Tätigkeit an ihrem Lehrstuhl auch über die Dissertation hinaus stets für einen kritischen Gedankenaustausch und spannende Diskussionen zur Verfügung.

Frau Prof. Dr. Anja Steinbeck danke ich für die schnelle, der Anfertigung des Erstgutachtens in nichts nachstehenden Erstellung des Zweitgutachtens. Herrn Prof. Dr. Ulrich Ehricke danke ich für die Aufnahme der Arbeit in seine Schriftenreihe.

Den Mitarbeitern des Lehrstuhls für Bürgerliches Recht und Wirtschaftsrecht sowie des Instituts für Anwaltsrecht an der Universität zu Köln, allen voran der Leiterin des Sekretariats, Frau Edith Möthrath, danke für die schöne und unvergessliche gemeinsame Schaffenszeit.

Meiner Familie sowie meiner Lebensgefährtin Patrizia Bähren danke ich für die stetige Unterstützung. Ganz herzlicher Dank gilt an dieser Stelle schließlich meinem guten Freund Peter Schulze, der mir nicht nur während des Promotionsvorhabens, sondern stets als treue Seele zu Seite stand.

Solingen, im Juni 2008 Guido Eusani

Inhaltsverzeichnis

EINFÜHRUNG

Kaum ein anderes Thema des GmbH-Rechts hat in den letzten Jahren für so viel Unruhe gesorgt wie das Cash Pooling in faktischen GmbH-Konzernen. In seiner legendären „Novemberentscheidung“ vom 24.11.2003 entschied der für das Gesellschaftsrecht zuständige zweite Senat des Bundesgerichtshofs, dass Kredite an Gesellschafter, die nicht aus Rücklagen oder Gewinnvorträgen, sondern zu Lasten des gebundenen Vermögens der GmbH erfolgen, auch dann grundsätzlich als verbotene Auszahlung von Gesellschaftsvermögen im Sinne des § 30 Abs. 1 GmbHG zu bewerten seien, wenn der Rückzahlungsanspruch gegen den Gesellschafter im Einzelfall vollwertig sei.[1] Der Senat kehrte hierdurch der bis dahin herrschenden bilanziellen Betrachtung bei Beurteilung einer Auszahlung im Rahmen des § 30 Abs. 1 GmbHG den Rücken. Deutsche Großkonzerne sahen sich plötzlich der Gefahr ausgesetzt, im Rahmen der wechselseitigen Kreditgewährungen beim Cash Pooling unkontrollierbar mit dem Kapitalerhaltungsrecht in Konflikt zu geraten. Die Aufschreie aus der Wirtschaft waren laut. In einer Stellungnahme „für ein wettbewerbsfähiges Unternehmensrecht“ forderte der Bundesverband der Deutschen Industrie die Bundesregierung auf, die Rechtssicherheit beim Cash Pooling wieder herzustellen.[2] Schließlich hat die Bundesregierung die Neufassung des GmbH-rechtlichen Auszahlungsverbotes auf die Tagesordnung der GmbH-Reform gesetzt. Am 23. Mai 2007 wurde der Regierungsentwurf eines Gesetzes zur Modernisierung des GmbH-Rechts und zur Bekämpfung von Missbräuchen (MoMiG) veröffentlicht.[3] Der vorliegende Entwurf sieht neben zahlreichen Änderungen auch eine Neufassung des § 30 Abs. 1 GmbHG vor.

Die Novemberentscheidung hat zu einem grundsätzlichen Richtungswechsel im GmbH-rechtlichen Kapitalschutz geführt. Durch die Abkehr von der bilanziellen Betrachtung beugt sich der Bundesgerichtshof Stimmen in der Literatur, die eine bilanzielle Betrachtung grundsätzlich für verfehlt halten und im Rahmen des Auszahlungsverbotes ein rein wirtschaftliches Verständnis fordern. Dies ist aber weder ein konzern-, noch ein kreditspezifisches Problem. Die Kommentierungen zum Auszahlungsverbot sind seit jeher von einer uferlosen Kasuistik geprägt, in deren Mittelpunkt gerade solche Fällen stehen, in denen etwaige Auszahlungen von Gesellschaftsvermögen nicht offen erkennbar, sondern unter dem Deckmantel schuldrechtlicher Leistungsbeziehungen erfolgen, sei es im Rahmen von Kredit- oder sonstigen Austauschverträgen.

Gegenstand der vorliegenden Untersuchung ist eine umfassende Analyse der kapitalerhaltungsrechtlichen Relevanz der hier stattfindenden verdeckten Vermögensverlagerungen nach geltendem und zukünftigem Recht. Hierbei soll insbesondere der Frage nachgegangen werden, inwiefern eine Abkehr von bilanziellen Grundsätzen, die sich durch ihre Praktikabilität und Verlässlichkeit auszeichnen, ihre Berechtigung hat. Ziel einer Untersuchung de lege ferenda muss es sein, ein neues Auszahlungsverbot zu entwickeln, welches in wenigen Thesen zusammenzufassen und schließlich neu zu

---

1 *BGHZ* 157, 72 ff.

2 *Bundesverband der Deutschen Industrie,* Für ein wettbewerbsfähiges Unternehmensrecht – Forderungen der Industrie an die Bundesregierung -.

3 *RegE MoMiG, BT-Drucks. 16/6140.*

formulieren ist (unter I.). Dies erfordert es zunächst, sowohl die praktischen Zusammenhänge des hier im Mittelpunkt stehenden Cash Poolings (unter A.) und die Grundstrukturen des Auszahlungsverbotes (unter B.) sowie dessen Stellung in dem System eines zukunftsfähigen bilanzgestützten Kapitalschutzes (unter C.) darzustellen. Sodann werden verdeckte Vermögensverlagerungen im Rahmen von Austauschverträgen (unter D.) sowie im Rahmen von Kreditverträgen und hier insbesondere des Cash Poolings (unter E.) nach geltendem Recht auf ihre kapitalerhaltungsrechtliche Relevanz hin untersucht, um vor dem Hintergrund der bestehenden Schwächen schließlich ihre Beurteilung nach zukünftigem Recht entwickeln zu können (unter G. und H.). Nachdem ein Vorschlag für ein neues Auszahlungsverbot unterbreitet ist (unter I.), wird der Regierungsentwurf zum MoMiG vorgestellt und vor dem Hintergrund der gewonnen Erkenntnisse gewürdigt (unter J.).

ERSTER TEIL - Grundlagen

A. Das Cash Pooling

Zwar bezogen sich die vom BGH in der Novemberentscheidung aufgestellten Einschränkungen auf Darlehensgewährungen der GmbH an ihre Gesellschafter im Allgemeinen,[1] doch hat sich die hieran anschließende Diskussion unmittelbar auf das Cash Pooling verlagert,[2] handelt es sich hierbei doch um den praktisch häufigsten Fall einer solchen Darlehensgewährung. Dementsprechend gilt es, auch den Schwerpunkt der vorliegenden Untersuchung auf die Darlehensgewährung beim Cash Pooling zu legen. Hierfür ist ein grundlegendes Verständnis der konzernspezifischen Zusammenhänge unumgänglich.

I. Konzernfinanzierung und Cash Management

Im Rahmen der Konzernfinanzierung werden dieselben Ziele verfolgt wie im Einzelunternehmen, nämlich Rentabilität, Liquidität, Sicherheit und Unabhängigkeit.[3] Hierüber hinaus lassen sich jedoch neue Möglichkeiten der Unternehmensfinanzierung schaffen, die über die Finanzierungsmöglichkeiten einer unabhängigen Einzelgesellschaft hinausgehen. *U.H. Schneider* hat die Konzernfinanzierung deswegen als „zentrale Führungsaufgabe im Konzern" bezeichnet.[4]

Bei der zentralen Konzernfinanzierung werden sämtliche finanziellen Aktivitäten aller Konzerngesellschaften durch eine zentrale Stelle koordiniert und abgewickelt.[5] Dies kann durch die Konzernmutter oder durch eine – meist eigens hierfür gegründete Tochter, nämlich eine – Finanzierungsgesellschaft erfolgen.[6] Die Zentralisierung führt zu aus dem höheren Kapitalvolumen resultierenden besseren Kapitalmarktkonditionen, zu zentralisiertem Fachwissen und zu der Möglichkeit, bisher auf Finanzintermediäre übertragende Transaktionen kostengünstiger ganz oder teilweise im Rahmen eines eigenen in-house-banking abzuwickeln.[7]

---

1 Vgl. *BGHZ* 157, 72 ff.

2 So fokussieren die Titel nahezu aller Beiträge die vom BGH aufgestellten Grundsätze ausdrücklich auf das Cash Pooling, so *Grothaus/Halberkamp*, GmbHR 2005, 1317; *Fuhrmann*, NZG 2004, 552; *Seibt*, NJW-Spezial 2004, 219; *Langner/Mentgen*, GmbHR 2004, 1121; *Henze*, WM 2005, 717; *Schilmar*, DB 2004, 1411; *Kerber*, ZGR 2005, 437; *Hentzen*, ZGR 2005, 480; *Hahn*, Der Konzern 2004, 641; *Habersack/Schürnbrand*, NZG 2004, 689; *Altmeppen*, ZIP 2006, 1025; *Reidenbach*, WM 2004, 1421; *Langner*, GmbHR 2005, 1017; *Seidel*, DStR 2004, 1130; *Wessels*, ZIP 2006, 1701; *Schäfer*, GmbHR 2005, 133; *ders.*, BB 2006, Beilage 7, S. 5; *Burgard*, AG 2006, 527.

3 Zu den einzelnen Finanzierungszielen ausführlich *Hormuth*, Cash Management, S. 34.

4 So *U.H.Schneider*, ZGR 1984, 497 in einer bis heute grundlegenden Abhandlung zum Recht der Konzernfinanzierung.

5 Vgl. *Theisen*, in Lutter (Hrsg.), Holding-Handbuch, Rn. 11.4.

6 Eine solche wird vielfach im Ausland angesiedelt, um ausländische und internationale Kapitalmärkte zu erschließen bzw. von besseren steuerlichen Rahmenbedingungen zu profitieren, vgl. *Peltzer*, GmbHR 1995, 15, 16.

7 Zu den Vorteilen ausführlich *Theisen*, in Lutter (Hrsg.), Holding-Handbuch, Rn. 11.9 ff; *Hormuth*, Cash Management, S. 42 f. Mittel und Ziele einer *zentralen* Konzernfinanzierung gehen somit auch weit über die insbesondere auf den Sicherungsaspekt abzielende *de*zentrale organisierte Konzernfinanzierung hinaus. Bei der dezentralen Konzernfinanzierung behalten die Konzern-

Der maßgebliche Aspekt der zentralen Konzernfinanzierung liegt aber im kurzfristigen Finanzbereich. Während bei einer dezentralen Organisation die kurzfristige Liquiditätssicherung Aufgabe der einzelnen und insofern eigenständigen Gesellschaft ist,[8] erfolgt die Sicherung der Kapitalbeschaffung im kurzfristigen Bereich bei einer zentralisierten Finanzstruktur grundsätzlich über die Zentrale.[9] Hier eröffnet der Konzern besondere Möglichkeiten, geht es doch nicht nur darum, durch ein höheres Kreditvolumen bessere Konditionen am externen Kapitalmarkt zu erlangen. Vielmehr ermöglicht die zentrale Konzernfinanzierung eine besondere Form der Innenfinanzierung und somit einen weit reichenden Verzicht auf einen externen Mittelzufluss. Bei der Innenfinanzierung wird einem Unternehmen allein durch innerbetriebliche Vorgänge disponibles Kapital bereitgestellt.[10] Während sich ein unabhängiges Unternehmen aber lediglich auf längere Sicht selbst finanzieren und die kurzfristige Liquidität daher nur bedingt steuern kann,[11] eröffnet die Konzernstruktur spezifische Möglichkeiten der liquiditätsorientierten Innenfinanzierung. Dies erfolgt im Rahmen des konzernweiten Cash Managements.

Der Begriff des Cash Managements umfasst alle Maßnahmen, die zur Liquiditätssicherung und zur Erreichung höchster Effizienz im Zahlungsverkehr durchgeführt werden.[12] Unter Liquidität versteht man die Eigenschaft eines Wirtschaftssubjekts, seinen fälligen Zahlungsverpflichtungen jederzeit voll nachkommen zu können.[13] Sie ist somit von existentieller Bedeutung, da dem Unternehmen bei Zahlungsunfähigkeit als Konsequenz das Ausscheiden aus dem Wirtschaftsprozess droht.[14] Als Mittel eines Cash Managements im Konzern dienen im Wesentlichen die zentrale Liquiditätsplanung, die zentrale Liquiditätsbeschaffung und der konzerninterne Liquiditätsausgleich.[15] Im Rahmen des konzerninternen Liquiditätsausgleichs erweitert gerade die Einbeziehung sämtlicher Konzernunternehmen die Möglichkeiten der internen Liqui-

gesellschaften weitgehende Entscheidungsfreiheit im finanziellen Bereich, die Konzernzentrale beschränkt sich auf die Vorgabe von finanziellen Zielgrößen. Sie findet lediglich in den Bereichen statt, in denen eine Koordination notwendig ist, um das Finanzierungsrisiko für die Obergesellschaft und den Konzern als Ganzes zu beschränken. Dies beinhaltet insbesondere die Festlegung der langfristigen Kapitalstruktur der Konzerngesellschaften sowie die Bestimmung über die Gewinnverwendung und den maximalen Verschuldensgrad. Des Weiteren kann sie Vorgaben für eine einheitliche Bankenpolitik erlassen oder zumindest die Einräumung einheitlicher Bankkonditionen für sämtliche Konzernunternehmen erwirken, zur dezentralen Konzernfinanzierung *Theisen*, in Lutter (Hrsg.), Holding-Handbuch, Rn. 11.4; *Hormuth*, Cash Management, S. 40.

8 Vgl. *Sonnenhol/Groß*, ZHR 1995, 388, 389.

9 Es ist aber durchaus möglich, dass die einzelnen Konzernunternehmen mit einem unterschiedlichen Grad von Autonomie ausgestattet werden, vgl. *Theisen*, in Lutter (Hrsg.), Holding-Handbuch, Rn. 11.10.

10 Vgl. *Thommen/Achleitner*, Betriebswirtschaftslehre, S. 541.

11 Im unabhängigen Unternehmen erfolgt die Innenfinanzierung über die Freisetzung von Abschreibungswerten, aus Rückstellungen, durch einbehaltene Gewinne und aus Vermögensumschichtungen, hierzu *Thommen/Achleitner*, Betriebswirtschaftslehre, S. 541.

12 Vgl. *Vetter/Stadler*, in VGR 2003, S. 1; *Hormuth*, Cash Management, S. 51.

13 Vgl. *Thommen/Achleitner*, Betriebswirtschaftslehre, S. 108.

14 Vgl. *Hormuth*, Cash Management, S. 29; *U.H.Schneider*, ZGR 1984, 497, 532.

15 Vgl. *U.H.Schneider*, in Lutter u.a. (Hrsg.), Konzernfinanzierung, Rn. 25.1.

ditätssicherung, so dass die externe Liquiditätsbeschaffung reduziert werden kann.[16] Diese Art der Innenfinanzierung ist somit allein dem Konzern vorbehalten.

Als konzernspezifische Liquiditätsausgleichsmaßnahmen kommen das sog. Netting (bzw. Clearing) und das Cash Pooling in Betracht.[17] Das Netting beinhaltet die periodische Aufrechnung von Forderungen und Verbindlichkeiten zwischen Konzernunternehmen. Die Vorteile des Netting bestehen in der Verminderung der durch nationale und internationale Finanztransfers bedingten Transaktionskosten, insbesondere in der Einsparung von Bankgebühren, Umtauschprovisionen und Wechselkurssicherungskosten, sowie in der Verkürzung der Transferzeiten und der hiermit verbundenen Zinsvorteile.[18] Dem gegenüber werden beim Cash Pooling die Liquiditätsüberschüsse der Konzernunternehmen auf ein gesondertes Zielkonto überwiesen. Dieses schafft einen Fonds der im Konzern vorhandenen Gesamtliquidität, aus dem das Liquiditätsdefizit anderer Konzerngesellschaften gedeckt und eine externe Kapitalaufnahme somit vermieden werden kann.[19]

Beide Instrumente unterscheiden sich hinsichtlich der sich anknüpfenden rechtlichen Fragestellungen. Das Netting wirft bei Weitem nicht annähernd so zahlreiche und gewichtige Probleme auf wie das Cash Pooling.[20] Dies liegt daran, dass lediglich der Zahlungsmechanismus für bestehende Verbindlichkeiten zwischen den einzelnen Konzerngesellschaften durch Aufrechnungen vereinfacht wird.[21] Dem entgegen führt das Cash Pooling zu einer - im Einzelnen noch darzustellenden -[22] „Liquiditätsgefahrengemeinschaft" der Konzernunternehmen, die nicht ohne Risiken ist[23] und somit weit reichende rechtliche Fragestellungen nach sich zieht. Vor diesem Hintergrund gilt es, das Cash Pooling näher zu betrachten.

II. Die Praxis des Cash Pooling

1. Wirtschaftliche Ziele und Funktionsweise

Beim Cash Pooling werden auf einem von der „Betreibergesellschaft"[24] geführten, zumeist bei einem Kreditinstitut eingerichteten sog. Zielkonto alle debitorischen und kreditorischen Einzelsalden aus den Konten der einzelnen Konzernunternehmen zu-

---

16 Vgl. *Hormuth*, Cash Management, S. 56.

17 Vgl. *Vetter/Stadler*, in VGR 2003, S. 2.

18 Im Einzelnen *Hormuth*, Cash Management, S. 85; *Büschgen*, WM 1995, 733, 736, 786.

19 Zur näheren Begriffsbestimmung des Cash Pooling nachfolgend unter II.

20 Zu den Rechtsverhältnissen beim Netting und deren Gestaltung ausführlich *Hormuth*, Cash Management, S. 104 ff.

21 So *Vetter/Stadler*, in VGR 2003, S. 7; *Hüffer*, AG 2004, 416.

22 Hierzu unten A.II.3.

23 So ausdrücklich *Lutter/Scheffler/U.H.Schneider*, in Lutter u.a. (Hrsg.), Konzernfinanzierung, Rn. 1.77.

24 So *U.H.Schneider*, in Lutter u.a. (Hrsg.), Konzernfinanzierung, Rn. 26.6. Hierbei handelt es sich um die Konzernmutter, eine Zwischenholding oder um eine eigens eingerichtete Finanzierungsgesellschaft, vgl. statt aller *Altmeppen*, ZIP 2006, 1025, 1026.

sammengeführt.[25] Daraufhin erhalten die sog. Unterkonten, die einen Soll-Saldo aufweisen, vom Zielkonto konzerninterne Liquidität zugeführt. Somit wird vermieden, dass einzelne Konzernunternehmen zu einem hohen Sollzins externe Darlehen aufnehmen, während andere zu einem niedrigeren Habenzins überschüssige Liquidität anlegen.[26] Der Konzern spart somit die Bankmarge in Höhe der Differenz zwischen dem Zinsertrag der kapitalanlegenden und den Zinsaufwendungen der kapitalnachfragenden Konzerngesellschaft.[27] Die konzernweite Vorratskasse und die liquiditätssichernden Kreditlinien der einzelnen Unternehmen werden reduziert, es erfolgt eine günstige Liquiditätsversorgung „just-in-time".[28] Die Zinsvorteile von deutschen Großunternehmen liegen hier im zweistelligen Millionenbereich.[29] Das durch die Zentralisierung steigende Finanzvolumen ermöglicht schließlich einen direkten Zugang zu den Geldmärkten, wobei manche Industrieunternehmen teilweise über ein besseres Standing als manche Banken verfügen und sich die Verhandlungspositionen gegenüber den Marktpartnern deutlich verbessern.[30] Dies schlägt sich bei positivem Zielkontensaldo in einer Maximierung der Anlageerlöse durch bessere Kreditkonditionen, im Falle eines negativen Saldos in besseren Finanzierungskonditionen nieder.[31] Schließlich führt die Konsolidierung der Liquiditätsüberschüsse auf Konzernebene zu einer Bilanzverkürzung mit entsprechender Verbesserung wichtiger Bilanzkennzahlen. Aus dem regelmäßig mit eingeführten Finanzberichtswesen resultiert ein straffes Organisations- und Kontrollsystem, wovon auch die anderen Unternehmensbereiche profitieren.[32]

In vorbildlichen Cash Pool-Systemen wird der Finanzierungsvorteil jeweils an die einzelne Tochter konkret weitergegeben, indem diese einen gegenüber externen Konditionen verbesserten Zinssatz gewährt bekommt.[33] Die vermögenden, darlehensgebenden Töchter erhalten einen verbesserten Habenzins im Vergleich zu externen kurz-

[25] Zu der im Außenverhältnis bestehenden Beziehung der Betreibergesellschaft zu einem oder mehreren das Zentralkonto zur Verfügung stellenden Kreditinstituten – sog. Outsourcing-Cash-Pooling ausführlich *Berghuber*, in Polster (Hrsg.), Cash Pooling, S. 38 ff, sowie *Korts*, Cash Pooling, S. 6 ff., insbesondere vor dem Hintergrund anfallender Transaktionskosten.

[26] Zur Funktionsweise des Cash Pooling sowie zu den Begriffsbestimmungen ausführlich statt aller *Lutter/Scheffler/U.H.Schneider*, in Lutter u.a. (Hrsg.), Konzernfinanzierung, Rn. 1.76 ff; *Vetter/Stadler*, in VGR 2003, S. 2; *Fassbender*, Cash Pooling, S. 26 ff.

[27] Vgl. *Vetter/Stadler*, in VGR 2003, S. 3; *Fassbender*, Cash Pooling, S. 29.

[28] So *Korts*, Cash Pooling, S. 1.

[29] So *Niemeier* lt. Diskussionsbericht, in VGR 2005, S. 160. Weitere Zahlen bei *Hormuth*, Cash Management, S. 97.

[30] Vgl. *Fassbender*, Cash Pooling, S. 29 mwN; *Cahn*, ZHR 166 (2002), 278, 280.

[31] Vgl. *Sieger/Hasselbach*, BB 1999, 645; *Morsch*, NZG 2003, 97, 98.

[32] Vgl. *Vetter/Stadler*, in VGR 2003, S. 4; *Korts*, Cash Pooling, S. 4. Ausführlich zu den Vorteilen und wirtschaftlichen Effekten, *Rieder*, in Polster (Hrsg.), Cash Pooling, S. 49 f.

[33] Eine solche Besserstellung nicht nur des Gesamtkonzerns und insbesondere der Konzernmutter, sondern auch der einzelnen Töchter ist Sinn und Zweck eines Cash Poolings und somit üblich, vgl. Interview *Euchner/Poschmann*. Diese Erkenntnis besteht auch weitgehend in der juristischen Literatur, vgl. *Vetter/Stadler*, in VGR 2003, S. 64 f; *Burgard*, VGR 2002, S. 67; *Grothaus/Halberkamp*, GmbHR 2004, 1121, 1125.

fristigen Geldanlagen.[34] Den bedürftigen Töchtern hingegen wird ein geringerer Sollzins als bei einer externen Liquiditätsbeschaffung gewährt. Der Verdeutlichung sollen exemplarisch folgende Zahlen aus der Praxis dienen:[35] Während eine bedürftige Tochter extern 5,0 % Sollzins zahlen müsste, wird ihr im Cash Pool Liquidität zu 4,7 % zur Verfügung gestellt. Einer vermögenden Tochter würde für die Anlage überschüssiger Liquidität extern ein Habenzins von 3,0 % gewährt, intern erhält sie eine Verzinsung von 3,3 %.

Bei den meisten Cash-Pooling-Systemen wird automatisch das jeweilige Unterkonto auf den Saldo Null gestellt, ohne dass eine Einzelanweisung der Konzernmutter an das übertragende Konzernunternehmen oder das Kreditinstitut zur Liquiditätsübertragung erforderlich ist,[36] sog. Zero Balancing. Zwar ist denkbar, dass die Konzerngesellschaften die benötigte Liquidität von der Betreibergesellschaft jeweils abrufen,[37] doch wird auch eine solche Inanspruchnahme durch das einzelne Konzernunternehmen wiederum zumeist automatisch erfolgen, und zwar durch die Belastung des eigenen Kontos, etwa durch Überweisung an Dritte.[38] Vor dem Hintergrund dieser Automatik besteht die Gefahr, dass sich das einzelne Konzernunternehmen fortlaufend unbemerkt aus der bereit stehenden Liquidität bedient.[39] Dem kann dadurch entgegengewirkt werden, dass bestimmte Werte, etwa zu erreichende oder zu übertragende Salden, vorgegeben werden, innerhalb derer sich das Cash Pooling bewegen soll, sog. Target Balancing.[40]

2. Rechtlicher Rahmen

Die Betreibergesellschaft ist vertraglich zur Durchführung des Poolings sowie zur Einrichtung und Pflege der bei externen Kreditinstituten geführten Bankverbindungen verpflichtet, des weiteren muss sie überschüssige Liquidität anlegen oder bei Bedarf externe Darlehen zu günstigen Konditionen aufnehmen.[41] Auf der anderen Seite erklären sich die Teilnehmer damit einverstanden, dass ihre Guthaben dem Zielkonto gutgeschrieben und hier von der Betreibergesellschaft zur weiteren Liquiditätsversorgung weitergereicht werden.[42] Zwischen den einzelnen Teilnehmern und der Betreibergesellschaft wird durch das Cash Pooling ein Kontokorrentverhältnis etabliert, in das die

---

34 Vgl. *Langner/Mentgen*, GmbHR 2004, 1121, 1125, die zu Recht darauf hinweisen, dass der Habensaldo wirtschaftlich gesehen extern nicht als Kredit ausgereicht, sondern allenfalls als kurzfristige Geldanlage bei einer Bank angelegt würde. Abweichend von dieser wirtschaftlichen Einordnung, die eher für eine Einordnung der Leistung als Verwahrung i.S.d. § 700 BGB spricht, handelt es sich bei den Leistungen nach mittlerweile ganz herrschender Meinung um Darlehen, hierzu unten A.II.2.

35 Vgl. Interview *Euchner/Poschmann*.

36 Vgl. *Vetter/Stadler*, in VGR 2003, S. 3. Zur organisatorischen Ausgestaltung der Abläufe ausführlich *Taucha*, in Polster (Hrsg.), Cash Pooling, S. 73 ff.

37 Vgl. *Fassbender*, Cash Pooling, S. 37.

38 Vgl. *Vetter/Stadler*, in VGR 2003, S. 3;

39 Vgl. *Hormuth*, Cash Management, S. 94.

40 Zur Unterscheidung *Korts*, Cash Pooling, S. 9; *Reidenbach*, WM 2004, 1421, 1423. Zur Ausgestaltung beider Formen *Rieder*, in Polster (Hsg.), Cash Pooling, S. 50 ff.

41 Vgl. *U.H.Schneider*, in Lutter u.a. (Hrsg.), Konzernfinanzierung, Rn. 25.14.

42 Vgl. *Vetter/Stadler*, in VGR 2003, S. 3.

gegenseitigen Zahlungsein- und -ausgänge eingestellt werden.[43] Diese rechtlichen Beziehungen sind regelmäßig in einer Rahmenvereinbarung in Form eines Geschäftsbesorgungsvertrages i.S.d. § 675 BGB zusammengefasst, denn durch den Abschluss einzelner – selbst wenn standardisierter - Verträge und dem hiermit verbundenen Verwaltungsaufwand würden die gerade durch das Cash Pooling im Rahmen einer zentralen Konzernfinanzierung erreichten Einsparpotentiale hinsichtlich des Verwaltungsaufwandes wieder zunichte gemacht.[44]

Bei den einzelnen in das Kontokorrent eingestellten Zahlungsvorgängen handelt es sich nach mittlerweile ganz herrschender Meinung um Darlehen.[45] Hiergegen wenden sich zwar seit jeher gewichtige Stimmen in der Literatur,[46] auch der BGH hat in der Novemberentscheidung hierzu nicht Stellung bezogen, doch dürften an der Einordnung als Darlehen spätestens seit seiner Entscheidung vom 16.01.2006,[47] in der sich der Senat mit Fragen der Kapitalaufbringung im Zusammenhang mit – ausdrücklich als solchen bezeichneten - Darlehen in einem Cash Pool zu befassen hatte, keine Zweifel mehr bestehen.[48]

Wie an der Funktionsweise des Cash Pooling und der hier ständigen Liquiditätsversorgung deutlich wurde, erfolgen die Zahlungsströme in verschiedene Richtungen. Sowohl die Abführung positiver Salden vermögender Töchter an die Betreibergesellschaft, als auch die Auskehrung durch diese an defizitäre Töchter sind als Darlehen zu werten. Von kapitalerhaltungsrechtlicher Relevanz sind zunächst die Leistungen vermögender Töchter an die Mutter- bzw. Betreibergesellschaft, also Darlehen „von unten nach oben“[49], sog. „aufsteigende Darlehen“ bzw. „upstream-loans“.[50] Einem unmittelbar an die Mutter geleisteten aufsteigenden Darlehen steht es aber gleich, wenn die

---

43 Vgl. *Vetter/Stadler*, in VGR 2003, S. 3; *Schäfer*, GmbHR 2005, 133, 135; *Ulmer*, ZHR 169 (2005), 1, 5; *Engert*, BB 2005, 1951, 1956. Ausführlich *Fassbender*, Cash Pooling, S. 38 f: Periodenkontokorrent.

44 Vgl. *Fassbender*, Cash Pooling, S. 36; *Hormuth*, Cash Management, S. 101 f.

45 Vgl. *U.H.Schneider*, in Lutter u.a. (Hrsg.), Konzernfinanzierung, Rn. 25.11; *Fassbender*, Cash Pooling, S. 30 ff; *Hormuth*, Cash Management, S. 100 ff; *Markowski*, Cash Manament, S. 48 ff; *Vetter/Stadler*, in VGR 2003, S. 15; *Hellwig*, FS Peltzer, 2001, S. 163, 165; *Bayer*, FS Lutter, 2000, S. 1011, 1014 f; *Altmeppen*, ZIP 2006, 1025, 1026; *Cahn*, ZHR 166 (2002), 278, 280; *ders.*, DK 2004, 235, 236; *Vetter*, BB 2004, 1509; *Henze*, WM 2005, 717; *Hüffer*, AG 2004, 416, 419.

46 Vgl. bereits *Hommelhoff*, WM 984, 1105, 1106: Vertrag sui generis; dem folgend *Becker*, DStR 1998, 1528, 1531. Dem entgegen für unregelmäßige Verwahrungsverträge i.S.d. § 700 BGB *Schäfer*, GmbHR 2005, 133, 135 f; *ders.*, BB 2006, Beilage 7, S. 5, 6; *Ulmer*, ZHR 169, 1, 4 f.

47 Vgl. *BGH* ZIP 2006, 665 ff.

48 Vgl. nur *BGH* ZIP 2006, 665, 666, 668. Die Frage nach der Rechtsnatur lässt sich zu Recht mit dem Hinweis entschärfen, dass man aus der zivilrechtlichen Qualität der Einzelforderungen nichts Zwingendes für die gesellschaftsrechtliche Einordnung des Cash Pooling herleiten kann. Denn der für § 30 GmbHG maßgebliche Kapitalabfluss liegt unabhängig davon vor, wie man seine schuldrechtliche Grundlage einordnet, so zu Recht *Pentz*, ZIP 2006, 781, 783; *Altmeppen*, ZIP 2006, 1025, 1029; *Schäfer*, BB 2006, Beilage 7, S. 5, 6.

49 So *Bayer*, FS Lutter, S. 1011, 1014.

50 Die in umgekehrter Richtung von der Mutter an bedürftige Töchter geleisteten Darlehen bzw. „downstream-loans“ werfen insbesondere Fragen des Eigenkapitalersatzes auf und sind nicht Bestandteil der vorliegenden Untersuchung, hierzu statt vieler *Fassbender*, Cash Pooling, passim; *Bayer*, FS Lutter, S, 1011, 1014; *Burgard*, AG 527, 530.

Zahlung nicht zunächst an die Konzernmutter erfolgt und diese dann eine defizitäre Schwester mit Liquidität versorgt, sondern wenn der positive Saldo unmittelbar von Schwester zu Schwester übertragen wird, sog. „sidestream-loan“[51]. In diesem Falle wird auf Grund der einheitlichen Leitung im Konzern vermutet, dass dies auf Geheiß des herrschenden Unternehmens erfolgt.[52] Es kann also keinen Unterschied machen, ob das herrschende Unternehmen eine Auszahlung an sich selbst oder an eine Schwester verlangt.[53] Diese ist in diesem Fall Geheißperson des herrschenden Unternehmens.[54]

Abschließend ist klarstellend darauf hinzuweisen, dass sich die vorliegende, dem Kapitalerhaltungsrecht der GmbH verschriebene Untersuchung vornehmlich mit dem Cash Pooling in faktischen GmbH-Konzernen befasst, in denen also eine GmbH ohne Vorliegen eines Beherrschungsvertrages rein faktisch beherrscht wird. Da die Vorschriften der §§ 311 ff. AktG über den faktischen Aktienkonzern hier nach allgemeiner Ansicht nicht anwendbar sind, wird die Vermögensbindung allein durch das Kapitalerhaltungsrecht der §§ 30 f. GmbHG bestimmt.[55]

3. Risiken

Es liegt auf der Hand, dass mit den betriebswirtschaftlichen Vorteilen des Cash Pooling Risiken einhergehen. Die mittlerweile doch zahlreichen Fälle von - zusammengebrochenen - Cash Management-Systemen, mit denen sich die Gerichte in den letzten Jahren zu befassen hatten, sprechen eine klare Sprache.[56] Hierbei ist zu betonen, dass auf Grund typischer Risiken kein allgemeines „Unrechtsurteil“ über das Cash Pooling gefällt werden darf. Ihnen rechtzeitig und weitgehend zu begegnen ist selbstverständlich Aufgabe der Vertragspraxis bzw. der hierfür Verantwortlichen, worauf es im Laufe der folgenden Untersuchung - insbesondere mit Blick auf eine drohende persönliche Haftung - näher einzugehen gilt. Dennoch gilt es, die dem System anhaftenden Risiken und Gefahren zur Verdeutlichung im Rahmen eines worst-case-Szenarios darzustellen.

Dem einzelnen Unternehmen wird möglicherweise nicht nur brach liegende Liquidität, sondern auch solche entzogen, die es anderweitig sinnvoll zu einem höheren als dem von der Betreibergesellschaft gewährten Habenzins hätte investieren können.[57]

---

[51] Zu diesen vielschichtigen Strukturen überblicksweise *Burgard*, AG 2006, 527, 530 f.

[52] Vgl. *Cahn*, Kapitalerhaltung, S. 90 f; *U.H.Schneider*, ZGR 1984, 497, 523 f; *Burgard*, AG 2006, 527, 530; *Henze*, WM 2005, 717, 719.

[53] Genauso verhält es sich, wenn die Zahlung nicht an die Konzernmutter, sondern an eine eigens hierfür gegründete Finanzierungsgesellschaft erfolgt, bei der es sich somit ebenfalls um eine Schwester des zahlenden Unternehmens handelt.

[54] Vgl. *BGH* ZIP 1996, 68 f; *Lutter/Hommelhoff*, § 30 Rn. 24 f.; *Bayer*, FS Lutter, S. 1017; *Burgard*, AG 2006, 527, 530. Die Frage eines Verstoßes gegen das Auszahlungsverbot kann sich nach diesen Grundsätzen schließlich auch bei „downstream-loans“ ergeben, nämlich wenn eine Tochter ihren positiven Saldo - wiederum nach Weisung der (nun) Großmutter - an deren Enkelin ausreicht, zu diesen vielschichtigen Strukturen *Burgard*, AG 2006, 527, 530 f.

[55] Statt aller BGHZ 95, 330, 340 (Autokran); BGHZ 65, 15 (ITT); Hüffer, § 311 Rn. 51.

[56] Umfangr. Nachw. bei *U.H.Schneider*, in Lutter/Scheffler/U.H.Schneider, in Lutter u.a. (Hrsg.), Konzernfinanzierung, Rn. 25.31.

[57] Vgl. *Vetter/Sadler*, in VGR 2003, 61 f.

Eigenständige Bankkontakte können austrocknen, so dass in einer Krise des Konzerns oder aber beim Ausscheiden aus dem Cash Pool bzw. bei dessen Einstellung mangels externer Kreditlinien die Liquiditätsversorgung gefährdet ist.[58] Vielfach fehlt dem einzelnen Unternehmen trotz erkennbarerer Risiken die Möglichkeit, sich aus dem Cash Pool zurückzuziehen, etwa weil vertragliche oder gesetzliche Kündigungsmöglichkeiten nicht bestehen oder dem Unternehmen schlicht die für eine rechtzeitige Kündigung erforderlichen Informationen fehlen.[59] Diese Abhängigkeiten senken die Krisenresistenz bzw. die Möglichkeit, im Krisenfalle entsprechend zu reagieren.

Das am schwersten wiegende Risiko liegt jedoch in der zentralisierungsbedingten Eigendynamik. Hinsichtlich der in den Pool eingebrachten Liquidität übernimmt das einzelne Unternehmen nicht nur das Bonitäts- und Insolvenzrisiko der Betreibergesellschaft, die häufig kein mit eigenen Risiken behaftetes operatives Geschäft betreibt, sondern das des ganzen Konzerns. Zum einen ist in quantitativer Hinsicht zu berücksichtigen, dass sich das Cash Pooling auf die gesamte oder jedenfalls einen ganz erheblichen Teil der Liquiditätsversorgung bezieht, so dass die Verwirklichung der Risiken schon vom Umfang her ganz gravierende Auswirkungen hat.[60] Zum anderen wird bewusst auf eine Risikostreuung verzichtet, so dass ein undiversifiziertes „Klumpenrisiko" entsteht.[61] Wird das herrschende Unternehmen oder eine Schwestergesellschaft zahlungsunfähig, so kann dies zugleich zur Krise der Betreibergesellschaft und damit zum Ausfall der Forderungen der anderen Konzernunternehmen führen. Unter vielen namhaften Beispielen sei hier nur der Zusammenbruch der Bremer Vulkan Verbund AG genannt.[62] Das Cash Pooling wirkt wie ein Transmissionsriemen für Krisen, es kommt zu einem Dominoeffekt.[63] Durch den Forderungsausfall und den Abbruch der zusätzlichen Liquiditätszufuhr werden an sich gesunde Konzernunternehmen über Nacht zahlungsunfähig, die Krise einer einzelnen Gesellschaft reißt sämtliche Poolteilnehmer in einem Insolvenzstrudel mit sich, so dass der auf zentraler finanzieller Solidarität beruhende Konzern wie ein Kartenhaus in sich zusammenbricht.[64]

Auch der Gesetzgeber erkennt das im Konzern lohdernde Klumpenrisiko und berücksichtigt entsprechende Gefahren bei der Kreditvergabe an Konzerngesellschaften im Rahmen des § 19 Abs. 2 KWG, in dem er den gesamten Konzern mit allen eingebundenen Gesellschaften als einen – einzigen – Kreditnehmer ansieht, „(...) da die zwischen ihnen bestehenden Abhängigkeiten" – so der Wortlaut des § 19 Abs. 2 KWG – „es wahrscheinlich erscheinen lassen, dass, wenn einer dieser Kreditnehmer in fi-

---

58 *Hommelhoff/Kleindiek*, in Lutter u.a. (Hrsg.), Konzernfinanzierung, Rn. 21.20.

59 Hierzu ausführlich *Vetter/Stadler*, in VGR 2003, S. 67.

60 Vgl. *Vetter/Stadler*, in VGR 2003, S. 9.

61 Begriff nach *U.H.Schneider*, in Lutter u.a. (Hrsg.), Konzernfinanzierung, Rn. 25.52. Statt vieler auch *Vetter/Stadler*, in VGR 2003, S. 9; *Burgard*, in VGR 2002, S. 45 ff; *Spindler*, ZHR 171 (2007), 245, 250; *Bayer*, FS Lutter, S. 1011, 1015.

62 Zum Sachverhalt *BGHZ* 149, 10 ff. (Bremer Vulkan). Zu diesem und weiteren Beispielen *U.H.Schneider*, in Lutter u.a. (Hrsg.), Konzernfinanzierung, Rn. 25.31; *Hormuth*, Cash Management, S. 91, jew. mwN. Hierzu näher unten E.IV.2.

63 So *U.H.Schneider*, ZGR 1984, 497, 510.

64 So anschaulich *U.H.Schneider*, in Lutter u.a. (Hrsg.), Konzernfinanzierung, Rn. 25.31. Ähnlich *Thiermeier*, Risiko, S. 69: Kettenreaktion.

nanzielle Schwierigkeiten gerät, dies auch bei den anderen zu Zahlungsschwierigkeiten führt. (…)".[65]

III. Ergebnis und Ausblick

Ist man vom wirtschaftlichen Nutzen eines solchen Systems überzeugt, für seine rechtlichen Gefahren aber gleichermaßen sensibilisiert, so mögen die Vorteile für die unternehmerische Praxis nach wie vor allein entscheidend sein. Sache der Rechtswissenschaft und -praxis ist es jedoch, einen interessengerechten Ausgleich zu finden. Dies ist keine leichte Aufgabe, geht es doch darum, trotz eines hinreichenden Gläubigerschutzes wirtschaftliche Chancen nicht zu unterbinden. Mit der vorliegenden Untersuchung soll der Versuch unternommen werden, bei der Entwicklung eines zukünftigen Auszahlungsverbotes den erforderlichen Spagat zwischen effektiven Maßgaben für die Konzernfinanzierungspraxis einerseits und einem effektiven Gläubigerschutz andererseits zu meistern.

---

65 Zu den hieraus resultierenden konzernspezifischen Ratingaspekten *Steiner*, in Lutter (Hrsg.), Holdinghandbuch, Rn. 15.111. Ein eben solches Klumpenrisiko und seiner wirtschaftlichen Folgen berücksichtigt auch der *BGH*, so etwa bei der Frage der Zulässigkeit aufsteigender Sicherheiten im Konzern, vgl. *BGH* WM 1998, 968, 971: „*(...) wenn die Kreditnehmerin selbst und damit, wie es dann meistens der Fall ist, der gesamte Konzern Not leidend wird.*"

B. Überblick über das Auszahlungsverbot des § 30 Abs. 1 GmbHG

Das Auszahlungsverbot des § 30 Abs. 1 GmbHG bildet das Herz des bilanzgestützten Kapitalschutzes bei der GmbH. Bevor seine Stellung im Gesamtsystem des bilanzgestützten Kapitalschutzes sowie daran anschließend seine Anwendung auf einzelne verdeckte Vermögensverlagerungen dargestellt werden, gilt es zunächst seine Grundstrukturen aufzuzeigen.

I. Schutz vor Unterbilanz und Überschuldung

Gemäß § 30 Abs. 1 GmbHG darf das zur Erhaltung des Stammkapitals erforderliche Vermögen der Gesellschaft nicht an die Gesellschafter ausgezahlt werden. Das Vermögen der GmbH ist nicht etwa wie das der Aktiengesellschaft gemäß § 57 AktG vollumfänglich gebunden.[66] Das geschützte, zur Erhaltung des Stammkapitals erforderliche Vermögen der GmbH wird auch als Nettovermögen bezeichnet, es errechnet sich als die Summe aller Aktiva abzüglich der Verbindlichkeiten. Eine Auszahlung ist also unzulässig, wenn das sich nach Abzug der Verbindlichkeiten ergebende Nettovermögen den Nennbetrag des Stammkapitals nicht mehr erreicht, sog. Unterbilanz.[67] Die Vermögensbindung betrifft somit nicht nur den Betrag des Stammkapitals,[68] sondern den Betrag der Verbindlichkeiten und zusätzlich den Betrag des Stammkapitals.[69] Da in den Verbindlichkeiten die Forderungen der Gesellschaftsgläubiger ausgedrückt sind, wirkt das Stammkapital als „Sicherungsring" um den Teil des Aktivvermögens, der den Schulden entspricht.[70] Von einer verbotenen Auszahlung ist gleichermaßen auszugehen, wenn die Unterbilanz hierdurch erst herbeigeführt oder eine bereits bestehende Unterbilanz vertieft wird.[71]

Zwar verbietet § 30 Abs. 1 GmbHG seinem Wortlaut nach nur Auszahlungen an den direkten Gesellschafter. Die Vorschrift ist jedoch auch bei Leistungen an Dritte, insbesondere an verbundene Unternehmen anwendbar, wenn die Leistung wegen der

---

66 Zur Vermögensbindung der AG vgl. *Hüffer*, § 57 Rn. 1ff; *Grunewald*, Gesellschaftsrecht, 2.C.150 f; *Lutter*, FS Stiefel, S. 505, 526. Gemäß § 57 Abs. 1 AktG dürfen den Aktionären Einlagen nicht zurückgewährt werden, Abs. 3 stellt klar, dass an Aktionäre vor Auflösung der Gesellschaft nur der Bilanzgewinn verteilt werden darf, zum einheitlichen Sinn und Zweck beider Absätze *Hüffer*, § 57 Rn. 2 f., 22. Zu diesem Unterschied zwischen GmbH und AG mit Blick auf die Kapitalbindung Scholz/*H.P. Westermann*, § 30 Rn. 7 f; *Lutter/Hommelhoff*, § 30 Rn. 3; *Lutter*, FS Stiefel, S. 505, 525 ff.

67 Vgl. *BGHZ* 31, 258, 276; *BGH* NJW 1991, 357; Scholz/*H.P.Westermann*, § 30 Rn. 15; Roth/*Altmeppen*, § 30 Rn. 8; Baumbach/*Hueck/Fastrich*, § 30 Rn. 12; *Grunewald*, Gesellschaftsrecht, 2.F.114; *Joost*, GmbHR 1983, 285, 286; *ders*., ZHR 148, 27 f.

68 So aber noch eine früher in Rechtsprechung und Literatur weit verbreitete Ansicht, hierzu mit entsprechender Kritik *Joost*, GmbHR 1983, 285, 286 mwN.

69 Vgl. *Joost*, GmbHR 1983, 285, 286.

70 So *Joost*, GmbHR 1983, 285, 286.

71 Vgl. *BGH* 150, 61 (L. Kosmetik); *Lutter/Hommelhoff*, § 30 Rn. 26; *Grunewald*, Gesellschaftsrecht, 2.F.114.

Nähe des Dritten zum Gesellschafter diesem als Auszahlung zugerechnet werden muss.[72]

Nach allgemeiner Meinung muss das Auszahlungsverbot auch dann Anwendung finden, wenn die Überschuldung der Gesellschaft herbeigeführt oder vertieft wird.[73] Auch in diesem Fall sind die §§ 30 f. GmbHG direkt anwendbar, da diese als rein rechnerischer Schutz des Gesellschaftsvermögens angelegt sind, welcher auch im Überschuldungsfalle greifen muss.[74] Eine Überschuldung ist gegeben, wenn das Vermögen der Gesellschaft nicht einmal mehr die Verbindlichkeiten deckt, vgl. § 19 InsO, das gesamte Eigenkapital also aufgezehrt ist und die Leistungen an den Gesellschafter also praktisch komplett aus Fremdmitteln erfolgen.[75]

II. Ermittlung des Anwendungsbereichs nach bilanziellen Grundsätzen

Aus dem dargestellten bilanziellen Mechanismus ergibt sich, dass es sich bei dem geschützten Vermögen um ein rechnerisch wertmäßiges und somit abstrakt bestimmtes Vermögen handelt, und eben nicht um ein konkretes, gegenständlich bestimmtes,[76] was auch an der Entscheidung des Gesetzgerbers deutlich wird, dass die GmbH weder über ein konserviertes Geldvermögen, noch über ein konkret thesauriertes sonstiges Vermögen verfügt.[77] Die Frage, ob eine Leistung an den Gesellschafter aus freiem, nicht zum Erhalt des Stammkapitals erforderlichem Nettovermögen erfolgt oder ob bereits eine Unterbilanz besteht, beurteilt sich grundsätzlich nach handelsbilanziellen Maßgaben, was sich nach allgemeiner Ansicht aus § 42 Abs. 1 GmbHG ergibt.[78] Insofern kann hier auch von einer Maßgeblichkeit der Handelsbilanz für die Kapitalschutzbilanz gesprochen werden,[79] wie man sie aus § 5 Abs. 1 Satz 1 EStG für die Steuerbilanz kennt. Eine solche Anlehnung rechtfertigt sich bereits aus Gründen der Praktikabilität und Vereinfachung,[80] die auch der Idee der steuerrechtlichen Maßgeb-

---

72 Zu mittelbaren Zuwendungen *BGHZ* 81, 311, 315; Roth/*Altmeppen*, § 30 Rn. 31 ff; Michalski/*Heidinger*, § 30 Rz. 80 ff.

73 Vgl. *BGH* NJW 2006, 225 f; *BGHZ* 76, 335; Roth/*Altmeppen*, § 30 Rn. 17; *Lutter/Hommelhoff*, § 30 Rn. 13; *Ulmer*, FS GmbHG, 1992, S. 363, 365.

74 *BGH* NJW 1990, 1730 ff., 1732; Roth/*Altmeppen*, § 30 Rn. 17. A.A. jedoch noch *BGHZ* 60, 324, 331 für eine - lediglich - analoge Anwendung, da bei Überschuldung kein nach diesen Vorschriften zu schützendes, die Stammkapitalziffer deckendes Vermögen mehr vorhanden ist. Jedoch wäre es widersprüchlich, den Gesellschafter in diesem Falle aus der Haftung zu entlassen, während bei (teilweise) noch vorhandenem Stammkapital eine unbeschränkte Haftung greifen würde.

75 Vgl. *Grunewald*, Gesellschaftsrecht, 2.F.114.

76 Vgl. *BGH* NJW 1990, 1730, 1732; *Sernetz*/Haas, Rn. 6 ff; *Joost*, ZHR 148 (1984), 27 ff, 43; *Flume*, ZHR 144 (1980), 18, 23; *Cahn*, DK 2004, 335. Für den Schutz eines gegenständlichen Vermögens jedoch *Wilhelmi*, Kapitalerhaltung, S. 105 ff.

77 So ausdrücklich *Sernetz*/Haas, Rn. 9.

78 Statt aller Scholz/*H.P. Westermann*, § 30 Rn. 16; Roth/*Altmeppen*, § 30 Rn. 10; *Hentzen*, ZGR 2005, 480, 489: Der Gesetzgeber hat die Handelsbilanz als Medium zur Ermittlung einer Unterbilanz vorgesehen.

79 So etwa *Ekkenga*, AG 2006, 389, 392.

80 Statt aller *Wilhelmi*, Kapitalerhaltung, S. 127; *Stimpel*, FS GmbHG, S. 335, 337; *Vetter*, ZGR 2005, 788, 805.

lichkeit zugrunde lag.[81] Maßgebender Zeitpunkt für die Frage, ob das zur Erhaltung des Stammkapitals erforderliche Vermögen berührt wird, ist der Zeitpunkt der Auszahlung.[82] Bei unterjährigen Auszahlungen sind die Aktiva dem letzten Jahresabschluss zu entnehmen und mit fortgeführten Buchwerten – also nicht zu Verkehrs-, Liquidations- oder Zerschlagungswerten – in Ansatz zu bringen. Dies verbietet es insbesondere, stille Reserven für die Zwecke des § 30 GmbHG in Anrechnung zu bringen,[83] es sei denn, dass deren Auflösung ordnungsgemäßer Bilanzierung entspricht.[84] Ob zur Ermittlung des geschützten Vermögens unterjährig die Aufstellung einer Zwischenbilanz erforderlich ist, hat der BGH bislang unbeantwortet gelassen.[85] Jedenfalls wird man eine solche zum Zwecke der Beweisführung über die Zulässigkeit der Auszahlung dem jeweiligen Geschäftsführer nahe legen und bei Zweifeln sogar verlangen müssen.[86] Der Schutz des handelsbilanziell ermittelten Nettovermögens soll anhand folgenden Beispiels verdeutlicht werden:

Die A-GmbH verfügt über ein Anlagevermögen in Höhe von 60.000 € und ein Umlaufvermögen von 40.000 €. Sie hat ein Stammkapital von 30.000 €. Verbindlichkeiten bestehen in Höhe von 50.000 €.

Die A-GmbH darf einen Betrag von maximal 20.000 € an Gesellschafter zahlen: Bruttovermögen i.H.v. 100.000 € ./. Verbindlichkeiten i.H.v. 50.000 € = 50.000 € = zur Erhaltung des Stammkapitals (= 30.000 €) erforderliches (Netto-) Vermögen, von dem zwecks Deckung des Stammkapitals 30.000 € nicht ausgezahlt werden dürfen und folglich 20.000 € frei verfügbar sind.

---

81 Das steuerrechtliche Maßgeblichkeitsprinzip wurde im Jahre 1874 erstmals erwähnt und basierte auf der Idee, dass Mehrfacharbeit durch die doppelte Erstellung von Jahresabschlüssen für Handels- und Steuerrecht vermieden werden soll, dass die Handelsbilanz auch zur Erstellung der Steuerbilanz „die relativ sicherste Grundlage" sei und dass dogmatisch gesehen von einer Gleichstellungsthese zwischen Gesellschafter und Fiskus auszugehen ist, zum Ganzen *Versin*, Maßgeblichkeitsprinzip, S. 27 ff; *Strunk*, StuB 2003, 397, 398; *Hennrichs*, StuW 1999, 138, 144. Zu den Konfliktbereichen von Handels- und Steuerbilanz, der umgekehrten Maßgeblichkeit gemäß § 5 Abs. 1 Satz 2 EStG der Steuer- für die Handelsbilanz und der resultierenden Kritik an der Maßgeblichkeit *Sittel*, Maßgeblichkeit, S. 69 ff, 95 ff; *Hennrichs*, StuW 1999, 138, 146. Zur Zukunft der Maßgeblichkeit vor dem Hintergrund internationaler Rechnungslegungsentwicklungen ausführlich *Versin*, Maßgeblichkeitsprinzip, S. 176 ff; *Sittel*, Maßgeblichkeit, S. 197 ff; *Strunk*, StuW 2003, 397, 400 ff.

82 Vgl. *BGHZ* 144, 336 (Balsam Procedo I); *Lutter/Hommelhoff*, § 30 Rn. 20; Michalski/*Heidinger*, § 30 Rn. 28.

83 Vgl. *BGHZ* 109, 334, 337; Roth/*Altmeppen*, § 30 Rn. 11; Baumbach/*Hueck/Fastrich*, § 30 Rn. 11; *Fleck*, FS GmbHG, S. 391 ff. Mit Blick auf die realen Verkehrswerte *Sonnenhol/Stützle*, DB 1979, 928; *Meister*, WM 1980, 394, dagegen zu Recht statt vieler *Fiedler*, Verdeckte Vermögensverlagerungen, S. 16 f.

84 Vgl. *BGHZ* 109, 334, 338; Baumbach/*Hueck/Fastrich*, § 30 Rn. 11.

85 Vgl. *BGH* NJW 1988, 139 f. Dafür jedoch *Meister*, WM 1980, 390, 394.

86 Vgl. Hachenburg/*Goerdeler/Müller*, § 30 Rn. 43; Michalski/*Heidinger*, § 30 Rn. 28.

III. Abgrenzung zulässiger Leistungen von verbotenen Auszahlungen

Von der Frage der Abgrenzung des durch § 30 GmbHG geschützten Vermögens, ob also eine Unterbilanz besteht oder aber das notwendige Nettovermögen vorhanden ist, ist die Frage zu trennen, nach welchen Kriterien eine - gemäß § 30 Abs. 1 GmbHG verbotene - Auszahlung von einer - zulässigen - Leistung abzugrenzen ist. Diese beiden unterschiedlichen Fragen werden nicht immer klar genug unterschieden.[87]

Der Begriff der Auszahlung ist weit auszulegen, so dass neben Geldleistungen auch sämtliche andere Leistungen in Betracht kommen.[88] Ob eine Unterbilanz durch die Leistung herbeigeführt oder vertieft wird und somit keine zulässige Leistung, sondern eine verbotene Auszahlung vorliegt, beurteilt sich zunächst genauso wie die vorgelagerte Frage, wie nämlich das geschützte Nettovermögen zu ermitteln ist, grundsätzlich nach handelsbilanziellen Maßgaben. Allerdings wird seit jeher von den handelsbilanziellen Grundsätzen abgewichen. *Stimpel*,[89] als einer der maßgeblichen Verfechter dieser – als solche bezeichneten – „wirtschaftlichen Betrachtungsweise“, begründet dies wie folgt:

Nach Sinn und Zweck des § 30 GmbHG gehe es darum, *„das (im Handelsregister offenbarte, nach Handelsbilanzgrundsätzen berechnete) Mindestvermögen der GmbH als Betriebskapital und den Gesellschaftern als Haftungsreserve möglichst zu erhalten und deshalb wenigstens jedem privaten Zugriff der Gesellschafter zu entziehen.“* Damit vertrage sich unterhalb der Stammkapitalziffer, so *Stimpel* weiter, *„keinerlei Wertminderung des gebundenen Gesellschaftsvermögens zugunsten der Gesellschafter, und es hat deshalb in jenem Bereich auch keinen Sinn, für die Auszahlung Wertmaßstäbe wie die der Handelsbilanz (...)anzuwenden.“*

Die Ausführungen *Stimpels* knüpfen an die Überlegungen des Gesetzgebers aus dem Jahre 1892 an, wonach Sinn und Zweck des Stammkapitals darin bestand, einen *„dauernden Grundstock des Unternehmens und zugleich ein bestimmtes Befriedigungsobjekt für die Gesellschaftsgläubiger“* bereit zu halten.[90]

---

87 So zu Recht und ausdrücklich *Vetter*, BB 2004, 1509, 1511 sowie S. 1512 ff. ausführlich und getrennt zu den beiden Phasen mit Blick auf Darlehensgewährungen. Zur Unterscheidung dieser zwei Phasen besonders deutlich auch *Stimpel*, FS GmbHG, S. 341: „Zwar ist, um das zu wiederholen, das freie von dem geschützten Gesellschaftsvermögen nach fortgeführten Werten der Handelsbilanz abzugrenzen. Die Antwort auf die Frage, was im geschützten Bereich, also bei Unterbilanz, aus GmbH-Vermögen an Gesellschafter ausgezahlt oder nicht ausgezahlt werden darf, ist aber konsequent vom handelsbilanziellen Denken zu befreien.“ Zu dieser Auffassung näher unter E.I. u. II.

88 Vgl. *RGZ* 136, 264; *BGH* NJW 1987, 1194; Baumbach/*Hueck*/*Fastrich*, § 30 Rn. 20; *Lutter*/*Hommelhoff*, § 30 Rn. 8.

89 Vgl. *Stimpel*, FS GmbHG, 1993, S. 335, 340 f. In diesem Sinne statt vieler auch *Schön*, ZHR 159 (1995), 351, 359 ff; Roth/*Altmeppen*, § 30 Rn. 97.

90 So *GmbHG-Entwurf*, S. 3715, 3729.

IV. Die praktische Relevanz verdeckter Vermögensverlagerungen

Die hieran anknüpfende wirtschaftliche, von handelsbilanziellen Grundsätzen losgelöste Interpretation des Auszahlungsbegriffs führt zu einer vielschichtigen Kasuistik. Mit besonderem Gewicht diskutiert wird eine Abkehr vom handelsbilanziellen Denken in den Fällen, in denen die Gesellschaft an den Gesellschafter Kreditleistungen erbringt, so etwa bei Darlehensgewährungen oder der Stellung von Sicherheiten zugunsten des Gesellschafters, sowie bei zwischen Gesellschaft und Gesellschaftern geschlossenen Kauf- und weiteren Austauschverträgen. Solche Fälle werden gemeinhin unter dem Stichwort der verdeckten Gewinnausschüttung thematisiert.[91] Rein begrifflich soll dem nicht gefolgt werden. Die dem Steuerrecht entnommene Bezeichnung als verdeckte Gewinnausschüttung empfiehlt sich zivil- bzw. handelsrechtlich deswegen nicht, weil für den gesellschaftsrechtlichen Tatbestand nicht die Gewinnermittlung, sondern die Kapitalbindung im Vordergrund steht.[92] Allgemeiner und somit treffender ist der Begriff der verdeckten Vermögensverlagerung.[93]

Die Besonderheit dieser Fälle liegt darin, dass etwaige Auszahlungen von Gesellschaftsvermögen hier nicht offen erkennbar, sondern unter dem Deckmantel schuldrechtlicher Leistungsbeziehungen erfolgen, wie sie auch zu Dritten bestehen können, der Tatbestand des Auszahlungsverbotes also *„zwar nicht buchstäblich, aber nach Sinn und Zweck"* erfüllt wird.[94] Die Kommentierungen zum GmbH-rechtlichen Auszahlungsverbot sprechen hinsichtlich der praktischen, sowie der hieraus resultierenden dogmatischen Bedeutung dieser Fälle eine klare Sprache.[95] Nach *Lutter/Hommelhoff* handelt es sich hierbei - neben den Fällen der eigenkapitalersetzenden Darlehen - um die praktisch bedeutsamsten Fälle des § 30 GmbHG.[96] Sie stehen im Mittelpunkt der vorliegenden Untersuchung. Ihnen soll schon bei der folgenden Darstellung der Grundzüge des Rückerstattungsanspruches aus § 31 GmbH besonderes Augenmerk geschenkt werden.

---

91 Zum ganzen überblicksweise Baumbach/*Hueck/Fastrich*, § 30 Rn. 22 ff; Roth/*Altmeppen*, § 30 Rn. 74 ff; Scholz/*H.P.Westermann*, § 30 Rn. 32.

92 Zu Recht *Lutter/Hommelhoff*, § 29 Rn. 50 ff; Roth/*Altmeppen*, § 30 Rn. 74; *Tries*, Verdeckte Gewinnausschüttungen, S. 27; *Bitter*, ZHR 168 (2004), 302, 308; *Schulze-Osterloh*, in FS Stimpel, 1985, S. 487, 488; *ders.*, ZIP 1993, 1838, 1841; *U.H.Schneider*, ZGR 1985, 279, 280; *Stimpel*, FS GmbHG, S. 335, 341. Zur Terminologie ausführlich *Geuting*, Haftungsfondsverlagerung, S. 3 ff.

93 Begriff nach *Wiedemann*, Gesellschaftsrecht, § 8 III 1 a, S. 440; dem durchweg folgend die vorgenannten Autoren.

94 So anschaulich *Hüffer*, § 57 Rn. 7 zur parallelen Problematik bei der AG. Vgl. auch *Lutter*, FS Stiefel, S. 505, 528: unter dem Deckmantel normaler Drittgeschäfte aber zu vergünstigten Konditionen.

95 Vgl. *Wilhelmi*, Kapitalerhaltung, S. 119: Auszahlungsverbot insbesondere als Frage des Schutzes vor verdeckten Gewinnausschüttungen. Vgl. auch die entsprechenden Schwerpunkte in den Kommentierungen, so Michalski/*Heidinger*, § 30 Rn. 47 ff: „Problemfälle"; Baumbach/*Hueck/Fastrich*, § 30 Rn. 23 ff: „Kasuistik"; *Lutter*, FS Stiefel, S. 505, 523: „nahezu uferloses Gebiet". Die besondere praktische Bedeutung verdeckter Auszahlungen gleichermaßen bei AG und GmbH betonen auch *Hüffer*, § 57 Rn. 5; *Grunewald*, 2.C.151; *Schön*, FS Röhricht, S. 559, 561.

96 *Lutter/Hommelhoff*, § 30 Rn. 4.

V. Rechtsfolgen einer verbotenen Auszahlung

Verstößt eine Leistung gegen das Auszahlungsverbot, so bleibt die Wirksamkeit von Verpflichtungs- und Erfüllungsgeschäft hiervon unberührt,[97] was nach heute herrschender Meinung auch bei bewussten Zuwiderhandlungen gegen die Kapitalerhaltungsvorschriften gilt.[98] Die Besonderheiten des Bereicherungsrechts, etwa §§ 814, 817, 818 BGB sind auf den selbstständigen gesellschaftsrechtlichen Rückgewähranspruch aus § 31 Abs. 1 GmbHG nicht anwendbar. Sind Verpflichtungs- oder Verfügungsgeschäft aber aus anderen Gründen nichtig, so bestehen Bereicherungs-, Vindikations- oder sonstige Ansprüche selbstständig neben dem Erstattungsanspruch des § 31 GmbHG und sind gesondert nach den jeweils für sie geltenden Regeln zu beurteilen.[99]

Erfolgt die Vereinbarung einer unzulässigen Auszahlung, so hat die Gesellschaft ein Leistungsverweigerungsrecht,[100] bei bereits erbrachter Leistung hat sie den verschuldensunabhängigen Rückgewähranspruch aus § 31 Abs. 1 GmbHG. Dieser kann nicht dadurch entfallen, dass er anderweitig nachträglich – durch Gewinne – wieder aufgefüllt wird.[101] Auch ist darauf hinzuweisen, dass der Erstattungsanspruch sofort erfüllt werden muss und nicht gestundet werden darf. Diese lange Zeit umstrittene Frage hat der BGH über eine Analogie des § 19 Abs. 2 Satz 2 GmbHG und im Einzelnen unter Verweis auf den engen Zusammenhang von Kapitalaufbringung und -erhaltung entschieden.[102]

Durch den Erstattungsanspruch ist das Vermögen der Gesellschaft wieder auf den der Stammkapitalziffer entsprechenden Stand zu bringen. Bei Unterbilanz ist der Erstattungsanspruch nach oben durch die Stammkapitalziffer begrenzt, eine über diese Zahl hinausgehende Leistung der GmbH kann der Gesellschafter in diesem Fall behalten, sobald die Unterbilanz ausgeglichen ist.[103] Ist die GmbH aber überschuldet, erfasst der Erstattungsanspruch nicht nur den der Stammkapitalziffer entsprechenden, sondern darüber hinaus den zur Beseitigung der Überschuldung erforderlichen Betrag. In diesem Fall darf der Gesellschafter einen etwa verbleibenden Betrag erst dann für sich

---

97 Vgl. *BGHZ* 148, 167, 171; Baumbach/*Hueck*/*Fastrich*, § 30 Rn. 32.

98 Für eine Unwirksamkeit aber noch *BGH* LM Nr. 1 zu § 30 GmbHG; *Winter*, ZHR 148 (1984), 578, 588. Dagegen bereits *Joost*, ZHR 148 (1984), S. 27, 34 ff.

99 Hierzu statt aller Baumbach/*Hueck*/*Fastrich*, § 31 Rn. 4 mwN.

100 Vgl. *BGHZ* 148, 167, 171; Scholz/*H.P. Westermann*, § 30 Rn. 13; *Lutter*/*Hommelhoff*, § 30 Rn. 38. Zur umstrittenen Frage, ob es sich um eine echte Einrede oder ein von Amts wegen zu beachtendes Leistungshindernis, also um eine Einwendung handelt Roth/*Altmeppen*, § 30 Rn. 81; *Stimpel*, FS 100 Jahre GmbHG, 1992, S. 335, 356.

101 Vgl. *BGHZ* 144, 336 (Balsam/Procedo I); Baumbach/*Hueck*/*Fastrich*, § 31 Rn. 17; *Goette*, GmbH, S. 80. Früher bereits trotz der entgegenstehenden Rechtsprechung des *BGH* (NJW 1988, 139, 144) statt vieler *Ulmer*, FS GmbHG, S. 363, 383 ff; *Hommelhoff*, FS Kellermann, S. 165 ff.

102 Vgl. *BGHZ* 146, 105; Baumbach/*Hueck*/*Fastrich*, § 31 Rn. 26; *Goette*, GmbH, S. 79. Früher bereits *Hommelhoff*, FS Kellermann, S. 175 f; *Ulmer*, FS GmbHG, S. 363, 381.

103 Vgl. *BGHZ* 136, 125, 127; 122, 333, 339; 76, 326, 335; Hachenburg/*Goerdeler*/*Müller*, § 31 Rn. 25; Sernetz/*Haas*, Rn. 559; *Wilhelmi*, Kapitalerhaltung, S. 198; *Goette*, GmbH, S. 78; *ders.*, DStR 1997, 1495, 1497, 1499.

behalten, wenn Unterbilanz und Überschuldung beseitigt sind.[104] Bleibt nach vollständiger Rückgewähr der verbotswidrigen Auszahlung immer noch eine Überschuldung oder Unterbilanz, besteht keine weitere Zahlungspflicht, da hierdurch keine Nachschusspflicht begründet wird.[105] Die Haftung der Mitgesellschafter, die grundsätzlich gemäß § 31 Abs. 3 GmbHG subsidiär verschuldensunabhängig und anteilig im Verhältnis ihrer Geschäftsanteile neben dem Empfänger haften, ist im Fall der Überschuldung auf den Betrag der Stammkapitalziffer begrenzt, da sich ihr Risiko in kalkulierbaren Grenzen halten muss.[106]

Mehr Schwierigkeiten hingegen bereitet die – gerade in Fällen verdeckter Vermögensverlagerungen relevante – Frage, welchen Inhalt der Erstattungsanspruch hat, insbesondere ob es sich um einen gegenständlichen oder um einen wertmäßigen Anspruch handelt. Hat eine verbotene *Geld*leistung stattgefunden, so erstreckt sich der Erstattungsanspruch unproblematisch auf den empfangenen Geldbetrag. Gleiches gilt auch bei Sachleistungen, wenn die Herausgabe des Gegenstandes unmöglich ist.[107] Eine gegenständliche Rückgewähr scheidet ebenso aus, wenn der Gesellschafter gegen das Auszahlungsverbot verstoßene Dienstleistungen oder Nutzungsüberlassungen in Anspruch genommen hat.[108] Seit jeher umstritten ist hingegen die Frage, ob der Gesellschafter eine von der Gesellschaft erworbene Sache gegenständlich zurückzugewähren hat oder ob die Leistung eines entsprechenden Wertausgleichs ausreichend ist.[109] Von besonderer Relevanz ist dies in Fällen verdeckter Verlagerung von Gesellschaftsvermögen, etwa wenn die Gesellschaft einen Gegenstand des Sachanlagevermögens unter Verstoß gegen das Auszahlungsverbot verkauft bzw. verschenkt und übereignet.[110]

Nach einer Auffassung soll die Gesellschaft nicht mit dem Risiko belastet werden dürfen, den Nachweis des richtigen Sachwertes zu führen, so dass der Gegenstand grundsätzlich zurückzugewähren sei.[111] Andere wollen die Rückerstattungspflicht des Gesellschafters auch hier auf einen reinen Wertausgleich beschränken, was damit begründet wird, dass eine wertmäßige Erstattung der wertmäßigen – und eben nicht gegenständlichen - Vermögensbindung des § 30 GmbHG entspricht.[112]

Ein gegenständlicher Rückerstattungsanspruch widerspricht der Tatsache, dass der Erstattungsanspruch nach oben grundsätzlich durch die Stammkapitalziffer begrenzt

---

104 Vgl. *BGHZ* 95, 188, 193; 76, 326, 335; *Goette*, GmbH, S. 78; Sernetz/*Haas*, Rn. 560.

105 So Michalski/*Heidinger*, § 31 Rn. 27; *Goette*, DStR 1997, 1495, 1497.

106 Vgl. *BGHZ* 150, 61 (L. Kosmetik); Baumbach/*Hueck*/*Fastrich*, § 31 Rn. 23 f. mwN; *Grunewald*, Gesellschaftsrecht, 2.F.116 mwN.

107 Vgl. *BGHZ* 122, 333, 339; statt aller auch Baumbach/*Fastrich*/*Hueck*, § 31 Rn. 16; *Lutter*/*Hommelhoff*, Rn. 13; Scholz/*H.P.Westermann*, § 31 Rn. 2.

108 Vgl. Baumbach/*Hueck*/*Fastrich*, § 31 Rn. 16; Roth/*Altmeppen*, § 31 Rn. 10.

109 Offen gelassen von *BGHZ* 122, 333, 338.

110 Zur Frage, unter welchen Voraussetzungen eine solche Leistung gegen das Auszahlungsverbot verstößt de lege lata unten D., sowie de lege ferenda unten G.

111 Vgl. Baumbach/*Fastrich*/*Hueck*, § 31 Rn. 16; Scholz/*H.P.Westermann*, § 31 Rn. 2.

112 Vgl. grundlegend *Joost*, ZHR 148 (1984), 27, 53 f mwN; Hachenburg/*Goerdeler*/*Müller*, § 31 Rn. 25; *Tries*, Verdeckte Gewinnausschüttungen, S. 43; mit Blick auf verdeckte Vermögensverlagerungen ausführlich auch *Flume*, ZHR 144 (1980), 18, 23.

ist und der Gesellschafter eine über diese Zahl hinausgehende Leistung behalten darf, sobald die Unterbilanz ausgeglichen ist. Eine solch begrenzte Erstattungspflicht macht aber nur bei einer Werterstattung Sinn, dies jedenfalls dann, wenn die betroffene Sache einen hierüber hinausgehenden Wert besitzt.[113] Allerdings kann auch ein Wertersatz zu äußerst missliebigen Ergebnissen führen. Erwirbt der Gesellschafter von der Gesellschaft im Rahmen eines Austauschvertrages eine Sache zu einem Vorzugspreis und geht der gewährte Vorteil vollständig zu Lasten der Stammkapitaldeckung, führt eine Werterstattung in Geld faktisch zu einer zwangsweisen nachträglichen Vertragsanpassung,[114] die im Falle solcher Geschäfte jedoch abzulehnen und die Rechtsfolge somit auf einen Erstattungsanspruch zu beschränken ist.[115] Vor diesem Hintergrund ist sowohl den Grundgedanken des § 30 GmbHG als auch den Interessen des Gesellschafters hinreichend Rechnung getragen, wenn man diesem ein Wahlrecht dahingehend einräumt, ob er die Sache zurückerstatten oder den *„die verdeckte Vermögensverlagerung ausmachenden Spitzenbetrag"* in Geld ablösen möchte.[116] Dies muss jedoch dann ausgeschlossen sein, wenn der betroffene Gegenstand zur Erfüllung satzungsmäßiger Ziele erforderlich und am Markt nicht ohne weiteres wiederbeschaffbar ist. In diesen Fällen ist die Sache im Interesse der Gesellschaft gegenständlich zurückzuleisten.[117]

VI. Über Sinn und Unsinn des Auszahlungsverbots - Die Staumauer *Würdingers*`

Sofern das Auszahlungsverbot des § 30 Abs. 1 GmbHG als ein wesentlicher Bestandteil des Gläubigerschutzes im GmbH-Recht gilt,[118] so ist von Anfang an grundlegend darauf hinzuweisen, worin der hiermit verfolgte Nutzen besteht und worin eben nicht.

Das Kapitalerhaltungsrecht gewährt einen Gläubigerschutz nicht etwa dadurch, dass bei ihr ein bestimmter Vermögensstock als Reservefonds zugunsten der Gläubiger gehalten werden muss. Das Vermögen, und zwar das gesamte Aktivvermögen, steht vielmehr der GmbH für ihr Handeln im Wirtschafts- und Rechtsverkehr zur Verfügung.[119] Für nicht rechtskundige Gläubiger ist die Aussage, es gebe ein Mindestkapital, irreführend im Sinne der Vorstellung einer unantastbaren Geldreserve.[120] Das Auszahlungsverbot verbietet lediglich, dass das Kapital an die Gesellschafter zurückfließt, es schützt hingegen nicht vor Verwirtschaftung des Kapitals, denn das einmal nach Maßgabe des § 7 GmbHG aufgebrachte Kapital kann durch den in Gang gesetzten Geschäftsbetrieb rasch verbraucht sein,[121] die Momentaufnahme im Zeitpunkt der Han-

---

113 In diese Richtung auch *Kleffner*, Stammkapital, S. 130: Wertersatz sei flexibler.

114 Zu Recht Scholz/*H.P. Westermann*, § 31 Rn. 2; *Kleffner*, Stammkapital, S. 131.

115 So *Flume*, ZHR 144 (1980), 18, 23 mwN.

116 So *Lutter/Hommelhoff*, § 29 Rn. 53. Vgl. auch Baumbach/*Fastrich/Hueck*, § 31 Rn. 16; Scholz/*H.P. Westermann*, § 31 Rn. 2; *Karsten Schmidt*, Gesellschaftsrecht, § 37 III 2a; *Ulmer*, FS GmbHG, S. 363, 379.

117 Vgl. *Ulmer*, FS GmbHG, S. 363, 379. Dem folgend *Lutter/Hommelhoff*, § 31 Rn. 7; Scholz/*H.P. Westermann*, § 31 Rn. 3; Michalski/*Heidinger*, § 31 Rn. 32.

118 Statt aller Baumbach/*Fastrich/Hueck*, § 30 Rn. 1; Roth/*Altmeppen*, § 30 Rn. 1 mwN.

119 So ausdrücklich *Joost*, ZHR 148 (1984), 27, 28.

120 So deutlich *Grunewald/Noack*, GmbHR 2005, 190 f.

121 Vgl. *Schön*, DK 2004, 162, 165.

delsregistereintragung ist nahezu bedeutungslos.[122] Insofern lässt sich festhalten, dass das Auszahlungsverbot einen Beitrag zum Gläubigerschutz lediglich durch einen Schutz vor entnahmebedingter Insolvenz der Gesellschaft leistet, der Kapitalerhaltung bzw. dem hier im Mittelpunkt stehenden Auszahlungsverbot somit lediglich eine „indirekte Insolvenzprophylaxefunktion“ zukommt.[123]

Würdinger[124] hat das beschriebene - nur bedingt kapitalerhaltende - System mit einem Stausee verglichen. Demnach wirkt das Stammkapital als Passivposten der Bilanz wie eine Stauschleuse, indem es zwar nicht davor schützen kann, dass es nicht regnet, auch kann es nicht vor Verdunstung des Vermögens durch Verluste schützen, wohl aber kann es ein Abfließen desselben an die Gesellschafter verhindern und auch bewirken, dass erst nach Wiederauffüllung des Vermögens, etwa nach einem Regenstoß, oder sogar bei Überschwappen des Wassers ein Überschuss an die Gesellschafter verteilt werden kann.

---

122 Vgl. *Kallmeyer*, GmbHR 2004, 377, 378.

123 So *Marx*, Solvenztest, S. 73. In die gleiche Richtung *Wilhelm*, DB 2007, 1510, 1512.

124 *Würdinger*, Aktienrecht, S. 32. Diesem Bildnis schließen sich – teilweise weiter bunt ausmalend an - *Heidinger*, DNotZ 2005, 97, 104; *Grunewald/Noack*, GmbHR 2005, 189; *Phillip/Weber*; DB 2006, 140, 144 f; *Drygala*, ZGR 2006, 587, 593.

C. Das Auszahlungsverbot im zukünftigen bilanzgestützten Kapitalschutz

I. Einleitung

Wie gesehen geht es bei der Beurteilung von Auszahlungen im Sinne des § 30 Abs. 1 GmbHG im Kern um die Frage, inwiefern die über § 42 Abs. 1 GmbHG in Bezug genommene Handelsbilanz hier einen überzeugenden Beurteilungsmaßstab bilden und dementsprechend auf eine bilanzielle Betrachtung abgestellt werden kann. Dies lässt sich aber nicht allein mit Blick auf die Darstellung einzelner Bilanzierungsregeln beantworten. Auf einer vorgelagerten Stufe muss danach gefragt werden, welche Grundprinzipien das Auszahlungsverbot als Teil eines bilanzgestützten Kapitalschutzes prägen. Erst wenn die zusammen fließenden sowohl handelsbilanziellen als auch kapitalgesellschaftsrechtlichen Grundstrukturen gleichermaßen klar sind, lässt sich die Geeignetheit der bilanziellen Betrachtung für einzelne in Frage stehende Auszahlungen beurteilen. Die Inbezugnahme der Handelsbilanz und des dort gebotenen Rechenwerkes erfolgt nicht nur aus Praktikabilitätsgründen,[125] vielmehr bildet gerade das - materielle - Handelsbilanzrecht eine verlässliche Basis für einen effektiven Gläubigerschutz. Auch der Regierungsentwurf zum MoMiG bezeichnet die bilanzielle Betrachtung als „roten Faden" des zukünftigen Kapitalschutzes.[126] Dem entgegen wurden im Rahmen der in den letzten Jahren stattfindenden Diskussionen um die Reformierung des GmbH-rechtlichen Gläubigerschutzes Stimmen laut, die sich für eine Abkehr von bilanziellen Maßgaben und für eine Umstellung auf einen liquiditätsorientierten Gläubigerschutz nach anglo-amerikanischem Vorbild einsetzen. Soll ein an die Handelsbilanz angelehntes Auszahlungsverbot auch weiterhin die Grundlage für den Gläubigerschutz bilden, so müssen sich die Grundprinzipien der handelsbilanziellen Rechnungslegung gegen solche internationalen Einflüsse behaupten.

II. Gläubigerschutz durch bilanzgestützten Kapitalschutz

1. Überblick über die Funktionen der Handelsbilanz

Dem handelsbilanziellen Jahresabschluss, welcher sich gemäß § 242 Abs. 3 HGB aus der Handelsbilanz und der Gewinn- und Verlustrechung sowie - im Falle von Kapitalgesellschaften gemäß § 264 Abs. 1 HGB ergänzend – aus dem Anhang und einem Lagebericht zusammensetzt, kommen nach geltendem deutschen Bilanzrecht vielfältige Funktionen zu,[127] von denen hier die wesentlichsten genannt werden sollen.

Entsprechend der Aufgabe der Buchführung gemäß § 238 Abs. 1 Satz 2 HGB soll der handelsbilanzielle Jahresabschluss über die Lage des Unternehmens, für Kapitalgesellschaften nach § 264 Abs. 2 HGB über die Vermögens-, Finanz- und Ertragslage der Gesellschaft, informieren. Somit lässt sich trotz der unterschiedlichen Formulierungen für Einzelkaufleute und Personenhandelsgesellschaften einerseits sowie für

---

[125] Hierzu oben B.II.

[126] Vgl. *Begr. RegE MoMiG*, BT-Drucks. 16/6140, S. 78.

[127] Vgl. *Claussen*, in FS Huber, S. 677, 683 mwN: 30 Bilanzierungszwecke. Ausführlich auch *Küting/Weber*, I Rn. 180 ff.

Kapitalgesellschaften andererseits eine einheitliche Informationsfunktion feststellen.[128] Den Geschäftsleitern ermöglicht der handelsbilanzielle Jahresabschluss die Erfüllung ihrer Rechenschaftspflicht gegenüber den Anteilseignern, nicht ohne Grund setzt die Entlastung der Organe in der AG gemäß § 120 Abs. 3 AktG die Vorlage des Jahresabschlusses voraus.[129] Insgesamt lässt sich insoweit eine Informations- und Rechenschaftsfunktion des handelsbilanziellen Jahresabschlusses festhalten. Gemäß § 5 Abs. 1 Satz 1 EStG ist der handelsbilanzielle Jahresabschluss Grundlage für die Ermittlung des steuerpflichtigen Gewinns, so dass ihm ferner eine Steuerbemessungsfunktion zukommt.[130] „Last but not least" dient er dem nachfolgend näher darzustellenden Kapitalschutz.

2. Kapitalschutz durch bilanzgestützte Ausschüttungsbemessung

Die Kapitalschutzfunktion tritt zumindest gleichrangig neben die dargestellten Funktionen,[131] kann jedoch auch als die zentrale Funktion der Handelsbilanz bezeichnet werden.[132] Der Jahresabschluss bestimmt im Interesse der Gläubiger, welche Teile des Gesellschaftsvermögens an die Gesellschafter ausgeschüttet werden dürfen, so dass auch von einer Ausschüttungsbemessungs- bzw. –Begrenzungsfunktion gesprochen werden kann.[133]

Nur wenn das Gesellschaftsrecht gewährleistet, dass das dem Zugriff der Gläubiger allein zur Verfügung stehende Gesellschaftsvermögen vollständig und richtig aufgebracht ist und nicht an die Gesellschafter wieder zurückgewährt wird, ist eine Haftungsbeschränkung hinnehmbar.[134] Denn die Haftungsbeschränkung schafft vielfach nicht nur den Anreiz, überhaupt unternehmerisch tätig zu werden, da sie wie ein „*per-*

---

128 So mit Blick auf die entsprechenden Normen des HGB ausdrücklich *Schulze-Osterloh*, ZIP 2004, 1128. Vgl. auch *Arbeitskreis Bilanzrecht der Hochschullehrer Rechtswissenschaft*, BB 2002, 2372, 2373. Im Einzelnen sind die Selbstinformation des Kaufmannes sowie die insbesondere durch die Hinterlegung im Handelsregister erreichte Information Dritter, insbesondere der Anleger, Gläubiger und Arbeitnehmer, zu unterscheiden.

129 Vgl. *Müller*, in Henze/Hoffmann-Becking (Hrsg.), S. 73, 80.

130 Grundlegend und ausführlich *Stobbe*, Verknüpfung, passim; *Küting/Weber*, I Rn. 194 ff.

131 Statt vieler *Schön*, ZGR 2000, 706, 708 ff; Hennrichs, Wahlrechte, S. 94 ff, 137 ff; ders., StuW 2005, 256 ff; *Arbeitskreis Bilanzrecht der Hochschullehrer Rechtswissenschaft*, BB 2002, 2372, 2373.

132 Statt vieler *Stobbe*, Verknüpfung, S. 24; *Küting/Weber*, I Rn. 188; *Schulze-Osterloh*, DK 2004, 173, 176; *Strunk*, StuB 2003, 397, 401. Ausführlich zur Gläubigerschutzfunktion *Wüstemann/Bischof/Kierzek*, BB 2007, BB-Special 5, 13, 14 f. mwN.

133 Differenzierend nach unterschiedlichen Perspektiven *Hennrichs*, Wahlrechte, S. 13 ff., es gehe um Gläubigerschutz durch Kapitalerhaltung und zusätzlich um Gesellschafterschutz durch Normierung der Ausschüttungsregeln.

134 Vgl. *Karsten Schmidt*, Gesellschaftsrecht, § 18 IV 1c); *Röhricht*, FS BGH, 2000, Bd. I, S. 83, 93 ff; *Haas*, Gutachten, E 12: das (aus der Haftungsbeschränkung resultierende) Bedürfnis für einen gesetzlichen Mindestschutz der Gläubiger ist daher - mehr oder weniger - Konsens in allen europäischen GmbH-Rechten; auch a.a.O., E. 107. Kritisch hingegen zur Begründung zwingender gesellschaftsrechtlicher Gläubigerschutzbestimmungen aus ökonomischer Sicht *Kuhner*, ZGR 2005, 753, 759 ff. Zu diesen Grundwertung und etwaigen Durchbrechungen auch der BGH in *BGHZ* 149, 10 (Bremer Vulkan); nun *BGH* ZIP 2007, 1552 ff. (Trihotel).

sönliches Sicherheitsnetz für den Unternehmer"[135] wirkt. Als Kehrseite besteht hier ein nicht unerheblicher Anreiz, diese haftungsrechtliche Struktur zu instrumentalisieren, um durch eine chancen- aber auch risikoreiche Unternehmensführung gewissermaßen auf Kosten der Gläubiger zu spekulieren.[136] Die Kapitalschutzfunktion ist also zwingende Folge des kapitalgesellschaftsrechtlichen Haftungsprivilegs, wonach den Gläubigern für Verbindlichkeiten gemäß § 1 Abs. 1 Satz 2 AktG bzw. § 13 Abs. 2 GmbHG grundsätzlich nur das Gesellschaftsvermögen haftet. Das Kapitalschutzsystem und hier insbesondere das Kapitalerhaltungsrecht konkretisieren das kapitalgesellschaftsrechtliche Trennungsprinzip, das in der Verselbstständigung und Abgrenzung des Vermögens der Kapitalgesellschaft gegenüber ihren Gesellschaftern besteht.[137] Kapital- und Gläubigerschutz schaffen somit eine Risikoallokation zwischen Gesellschaftern und externen Gläubigern und sind somit Teil eines zum Schutz des Wettbewerbs unabdingbaren Ordnungssystems.[138] Vor dem Hintergrund dieser allgemeinen kapitalgesellschaftsrechtlichen Grundsätze wurde durch die 2. gesellschaftsrechtliche EG-Richtlinie aus dem Jahre 1976, sog. Kapitalrichtlinie, der Kapitalschutz für die AG durch Regelungen der Kapitalaufbringung und -erhaltung in seiner heutigen Ausprägung festgelegt und durch den deutschen Gesetzgeber durch entsprechende Regelungen in den §§ 57 ff. und 150 AktG - unter Hinzufügung eines Mindestkapitals – umgesetzt. Auch für die GmbH, die von der Richtlinie nicht erfasst ist, wurde national ein weitgehend vergleichbares Regelungssystem aufgestellt.[139]

Die Kapitalrichtlinie kann aber nicht isoliert, sondern muss im Zusammenhang mit der 4. gesellschaftsrechtlichen EG-Richtlinie, sog. Bilanzrichtlinie, gesehen werden, bei der es sich eben gleichsam um eine gesellschaftsrechtliche Richtlinie handelt, erst durch beide gesellschaftsrechtlichen Richtlinien gemeinsam, Kapitalrichtlinie und Bilanzrichtlinie, wird der durch die Kapitalrichtlinie angestrebte Zweck eines einheitlichen Kapitalschutzes erreicht.[140] Denn das Kapitalschutzsystem macht nur dann Sinn, wenn das Gesellschaftsrecht neben den erforderlichen Ausschüttungsverboten auch normiert, wie die Ausschüttungsgröße und –grenze zu ermitteln ist. Die Bilanzrichtlinie und - in deren Umsetzung - das HGB liefern hier also die rechnungsmäßige Grundlage.[141] Daher ist das Rechnungslegungsrecht auch nicht nur ein Teilrechtsgebiet

---

[135] So *Lehmann*, ZGR 1986, 345, 352. Zum Risikoanreizproblem ausführlich auch *Eidenmüller/Grunewald/Noack*, in Lutter (Hrsg.), Kapital, S. 17, 23 f; sowie *Meier*, Haftungsbeschränkung, S. 1038 ff., der hier zwischen Anlagegesellschafter und Unternehmergesellschafter unterscheidet.

[136] Sog. moral hazard, vgl. *Group of German Experts of Corporate Law*, ZIP 2002, 1310, 1318; *Kahle*, WPg 2003, 262, 267 f.

[137] So *Wiedemann*, Gesellschaftsrecht, Bd. I, § 4 I 2 b); *Schulze-Osterloh*, StuW 1994, 131 f, 133 f; *ders.*, ZIP 1993, 1838, 1842. Zum Trennungsprinzip auch Baumbach/*Hueck*/*Fastrich*, § 1 Rn. 56, § 13 Rn. 8; Michalski/*Heidinger*, § 30 Rn. 306; *Petrak*, GmbHR 2007, 1009, 1010; *Philipp*/*Weber*, BB 2006, 142 ff.

[138] Ausführlich zur ordnungspolitischen Funktion des Kapitalschutzrechts *Merschmeyer*, Kapitalschutzfunktion, S. 72 mwN.

[139] Vgl. *Fuchs*/*Stibi*, BB 2007, 93, wenngleich die Richtlinie nur für die Aktiengesellschaft Geltung hat und andere Gesellschaftsformen nicht direkt erfasst sind, statt aller ausführlich *Eidenmüller/Grunewald/Noack*, in Lutter (Hrsg.), Kapital, S. 17, 36 f.

[140] Vgl. *Hennrichs*, Wahlrechte, S. 13 ff, 18 ff; *ders.* StuW 2005, 256, 257.

[141] Vgl. *Hennrichs*, Wahlrechte, S. 13 ff, 18 ff; *ders.* StuW 2005, 256, 257.

des Handelsrechts, sondern auch des Gesellschaftsrechts (im weiteren Sinne).[142] Insgesamt lässt sich also von einem bilanzgestützten Kapitalschutz sprechen. Erst durch die Rechnungslegungsvorschriften des HGB lässt sich die aus der Haftungsbeschränkung notwendig werdende Vermögenstrennung rechtssicher vollziehen und kontrollieren.

3. Vorsichtsprinzip und stille Reserven

Sofern der Jahresabschluss im Interesse der Gläubiger den ausschüttungsfähigen Teil des Gesellschaftsvermögens bestimmt, so dürfen im Einzelnen nur solche Vermögensmehrungen an die Gesellschafter als Gewinn ausgeschüttet werden, die als ausreichend sicher angesehen werden, so dass – umgekehrt – „fiktive Dividenden" und „Scheingewinne" vermieden werden.[143] Das so erklärte Vorsichtsprinzip gemäß § 252 Abs. 1 Satz 4 HGB beinhaltet im Einzelnen, dass Gewinne erst dann berücksichtigt werden, wenn sie durch ein Umsatzgeschäft realisiert sind – Realisationsprinzip - , vorhersehbare Risiken und Verluste jedoch sofort in Ansatz zu bringen und somit im Vergleich zu den Gewinnen unterschiedlich zu behandeln sind – Imparitätsprinzip -.[144] Des Weiteren lassen sich so das mit dem Realisationsprinzip zusammenhängende Anschaffungs- bzw. Herstellungskostenprinzip (§ 255 HGB), das Prinzip der Bewertungsstetigkeit (§ 252 Abs. 1 Nr. 6 HGB) und das Objektivierungsgebot erklären, aber auch das Verbot gemäß § 248 Abs. 2 HGB, selbst erstellte Anlagewerte zu aktivieren, sowie die Ansatzpflichten für Verbindlichkeits- und Drohverlustrückstellungen nach § 249 Abs. 1 Satz 1 HGB.[145] Insgesamt fördert das Gesetz also die Überbewertung von Risiken und die Unterbewertung von Chancen, um den ausschüttbaren Gewinn zu verringern und die Vermögenssubstanz zu erhöhen.[146]

Die aus dieser Unterbewertung von Aktiva und Überbewertung von Passiva entstehenden „stillen Reserven" sind konstitutives Element des Kapital- und hieraus resultierenden Gläubigerschutzes. Denn der den Schulden entsprechende Teil des Aktivvermögens ist einmal gesichert durch das dem Stammkapital betragsmäßig entsprechende Reinvermögen, sodass das Stammkapital wie ein „Sicherungsring" um den Teil des Aktivvermögens wirkt, der den Schulden entspricht.[147] Hierin besteht die vordergründige, „rechnerische" Ausschüttungsbemessungsfunktion der Handelsbilanz bzw. des hierauf aufbauenden Auszahlungsverbotes. Jedoch wird der den Schulden entsprechende Teil des Aktivvermögens auf Grund der dargestellten Bilanzierungsprinzipien zusätzlich durch die in den Bilanzansätzen enthaltenen stillen Reserven gesichert, die

---

142 So *Claussen*, FS Kropff, S. 431, 436.

143 Ausführlich *Merschmeyer*, Kapitalschutzfunktion, S. 105, 115 ff; *Wüstemann/Bischof/Kierzek*, BB 2007, BB-Special 5, 13, 14 f. Auch *Böcking/Dutzi*, DK 2007, 435, 438.

144 Zu den einzelnen Prinzipien ausführlich *Baetge/Kirsch/Thiele*, Bilanzen, S. 135 ff; *Küting/Weber*, I Rn. 335 ff; *Wüstemann/Bischof/Kierzek*, BB 2007, BB-Special 5, 13, 14 f. Zur Objektivierungsfunktion des Realisationsprinzips ausführlich *Merschmeyer*, Kapitalschutzfunktion, S. 121 f.

145 Vgl. zu diesen „Einbruchstellen" des Kapitalschutzes in das Bilanzrecht statt vieler *Müller*, in Henze/Hoffmann-Becking (Hrsg.), S. 79.; *Hennrichs*, StuW 2005, 258; *Wüstemann/Bischof/Kierzek*, BB 2007, BB-Special 5, 13, 14 f.

146 So anschaulich zu den technischen Zusammenhängen und den zugrunde liegenden Intentionen *Kübler*, ZHR 159 (1995), 550, 552.

147 So *Joost*, GmbHR 1983, 285, 286; hierzu bereits oben B.I.

somit einen „zweiten Sicherungsring" neben dem Stammkapital bilden, da sie bei einem Zugriff der Gläubiger realisiert werden können.[148] Denn da die stillen Reserven nicht aufgedeckt werden, kann der höhere Zeitwert bzw. Verkehrswert rechnerisch nicht zur Deckung des Stammkapitals herangezogen werden. Es werden also mehr Vermögenswerte zur rechnerischen Deckung der Stammkapitalziffer benötigt und die Vermögensbindung wird entsprechend verstärkt.[149] Stille Reserven stellen aus gesellschaftsrechtlicher Sicht also ein Mittel der Insolvenzvorsorge dar.[150] Aus betriebswirtschaftlicher Sicht leisten sie einen wesentlichen Beitrag zur Unternehmensfinanzierung.[151]

4. Ergebnis

Es bleibt festzuhalten, dass der Kapitalschutz wesentliches Ziel der handelsbilanziellen Rechnungslegung ist. Hier wird er durch ein hohes Maß an Objektivierung und Vorsicht bestimmt. Die hieraus resultierenden stillen Reserven unterstützen den auf das Stammkapital bezogenen Kapitalschutz und stellen somit ein konstitutives Element eines bilanzgestützten Kapital- und Gläubigerschutzes dar.

III. Kritik an Handelsbilanz und bilanzieller Ausschüttungssperre

1. Deutsche Einzelabschlüsse nach internationalen Standards?

Gerade gegen die dargestellte Unsichtbarkeit des nicht ausgewiesenen zweiten Sicherungsrings richten sich seit jeher Kritiker, die amerikanische accounting theory spricht hier - nicht von stillen, sondern - von „hidden reserves"[152]. Auf den Punkt gebracht geht es um die Vernachlässigung der Informationsfunktion im handelsbilanziellen Jahresabschluss in seiner heutigen, durch das Vorsichtsprinzip geprägten Form. *Kübler*[153] hat mehrfach Zweifel an einem Kapitalschutzsystem deutscher Prägung formuliert und versucht herauszuarbeiten, dass sich das bestehende System insbesondere zu Lasten von Finanzmärkten und Anlegern auswirke. In dem Maße, indem sich die Unternehmensfinanzierung von Institutionen, etwa den „Hausbanken", auf anonyme Märkte verlagere, würden die Informationsbedürfnisse der Geldgeber wachsen, was zur Folge habe, dass die Kapitalkosten zunehmend von Umfang und Qualität der Unterrichtung abhingen. Die von den Investoren erhofften künftigen Zahlungsströme ließen sich bes-

---

148 So anschaulich *Joost*, in VGR 2006, S. 43, 44; bereits *ders.*, GmbHR 1983, 285, 287, sowie jüngst *ders.*, ZIP 2007, 2242, 2246.

149 Vgl. *Joost*, in VGR 2006, S. 43, 44; *Marx*, Solvenztest, S. 82; *Pellens/Jödicke/Schmidt*, DK 2007, 427, 429. Vgl. auch *Kleffner*, Stammkapital, S. 54: zusätzliches Verlustpolster; in dieselbe Richtung *Kübler*, ZHR 159 (1995), 550, 553 unter Verweis auf die Sichtweise amerikanischer Beobachter: die stillen Reserven bilden also ein „Kissen", das im Fall unternehmerischen Scheiterns vor hartem Aufprall bewahren soll.

150 Vgl. *Küting/Weber*, § 279 Rn. 6: Konkursvorsorge.

151 Vgl. *Thommen/Achleitner*, Betriebswirtschaftslehre, S. 543: „stille Selbstfinanzierung".

152 Vgl. *Kübler*, ZHR 159 (1995), 550, 553, mit umfangreichen, insbes. rechtsvergl. Nachw.

153 Vgl. *Kübler*, Kapitalmarkt, S. 59 ff; *ders.*, FS Budde, 1995, S. 361 ff; *ders.* ZHR (1995), 550 ff; *ders.* NZG 2003, 358 ff; *Busse von Colbe*, ZfbF 2002, 159, 170. In die gleiche Richtung auch *Bauer*, Gläubigerschutz S. 331 ff.

ser einschätzen, wenn die aktuelle Lage der Gesellschaft genauer und zuverlässiger mitgeteilt würde.[154] Kapitalkosten könnten so durch eine transparente Bilanzierung erheblich verringert werden.[155]

Die Stimmen für eine Konzentration auf die Informationsfunktion des Jahresabschlusses sind solche für eine Übernahme anglo-amerikanischer Bilanzierungsgrundsätze, deren alleiniger Zweck in der Informationsvermittlung besteht, wobei eine Ausschüttungssperre auf einen reinen Insolvenzschutz beschränkt und ein gesetzliches Mindestkapital nicht verlangt ist.[156] Dieses Bilanzverständnis hat in den letzten Jahren immensen Aufwind bekommen und in Europa im Jahre 2002 seine Rechtsgrundlage gefunden. Art. 4 der EG-Verordnung betreffend die Anwendung internationaler Rechnungslegungsstandards vom 19.7.2002, sog. IAS-Verordnung, bestimmt, dass Kapitalgesellschaften, die dem Recht eines Mitgliedstaates unterliegen und deren Wertpapiere zum Handel an einem geregelten Markt zugelassen sind, ihre konsolidierten Abschlüsse auf der Grundlage der International Accounting Standards / International Financial Accounting Standards (IAS / IFRS) erstellen müssen.[157] Nach par. 12 des IASB Framework ist es das ausschließliche Ziel des IAS-Abschlusses, für die ökonomischen Entscheidungen von Investoren, Kreditgebern und anderen, die ähnliche Entscheidungen über die Verwendung von Kapital treffen, Informationen zu vermitteln, sog. Konzept der decision usefullness.[158] Die Ausschüttungs- und Kapitalschutzfunktion sowie die über den Maßgeblichkeitsgrundsatz bestehende Steuerbemessungsfunktion spielen keine Rolle.[159] Zwar würde es bei Übernahme dieser Rechnungslegungsstandards zunächst bei dem hergebrachten System eines bilanzgestützten Kapitalschutzes bleiben, denn dieser ist grundsätzlich unabhängig von der dem Jahresabschluss zugrunde gelegten Rechnungslegungsvorschriften.[160] Die Rechnungslegung nach den IFRS weist aber

---

154 Vgl. *Kübler*, ZGR 2000, 550, 555.

155 Vgl. *Kübler*, NZG 2003, 358, 360; *ders.*, ZGR 2000, 550, 555. Statt vieler auch *Jungmann*, ZGR 2006, 638, 680; *Böcking*, DK 2004, 177, 179; *Peemöller/Spanier/Weller*, BB 2002, 1799, 1800 vor dem Hintergrund von Basel II.

156 Zum U.S.-amerikanischen Recht *Kübler*, ZHR 159 (1995), 550 ff.

157 Somit entfällt sowohl die Möglichkeit, auf Grundlage des bis dato geltenden § 292a HGB – lediglich wahlweise – nach nationalen Grundsätzen zu bilanzieren, auch kommt der Bilanzierung nach den US-GAAP grundsätzlich keine befreiende Wirkung mehr zu. Die amerikanischen Generally Accepted Accounting Principles, sog. US GAAP und die IAS bzw. IFRS sind nicht identisch aber in wesentlichen Grundzügen – insbesondere in der Informationsfunktion – vergleichbar, vgl. *Kübler*, NZG 2003, 358; *Weber-Grellet*, BB 1999, 2659, 2663. Zu den US GAAP ausführlich *Wüstemann*, US-GAAP, passim.

158 Vgl. *Achleitner/Behr*, IAS, S. 97.

159 Vgl. *Arbeitskreis Bilanzrecht der Hochschullehrer Rechtswissenschaft*, BB 2002, 2372, 2373; *Schulze-Osterloh*, ZIP 2003, 93, 95.
Gegen einen bilanzgestützten Kapital- und somit Gläubigerschutz auch *Merkt*, ZGR 2004, 305, 312: Nach anglo-amerikanischem Verständnis seien Gesellschafts- und Gläubigerschutzrecht säuberlich voneinander zu trennen, Aufgabe des Gesellschaftsrechts sei allein die Regelung der inneren Organisation der Gesellschaft.

160 Dies schließt es aber nicht aus, dass einige Instrumente bzw. Vorschriften wie etwa die Überschuldungsmessung anzupassen wären, vgl. *Koch*, Existenzvernichtungshaftung, S. 41 mwN; *Böcking/Dutzi*, DK 2007, 435, 439.

nicht die dem Handelsbilanzrecht immanente Vorsicht auf und ist grundsätzlich eher auf eine prosperierende Darstellung der finanziellen Situation ausgerichtet, so dass im Rahmen der gleichen gesellschaftsrechtlichen Vorschriften über unterschiedliche in Bezug genommene Rechnungslegungsvorschriften materiell ein völlig anderes Ergebnis erzielt wird. Bei einer solchen auf den zukünftigen Cashflow gerichteten Informationsvermittlung geht es also um *„einen und nur einen einzigen Rechnungslegungszweck“*.[161] Dass Art und Weise der angestrebten Informationsvermittlung genau im Widerspruch zu den dargestellten Prinzipien einer kapitalschutzorientierten Bilanzierung des Einzelabschlusses stehen, wird an einzelnen Bilanzpositionen deutlich. So findet abweichend von den historischen Anschaffungs- bzw. Herstellungskosten zunehmend eine Bewertung zu Zeitwerten, sog. fair-value, statt, selbst geschaffene immaterielle Vermögenswerte werden teilweise aktiviert, das Realisationsprinzip aufgeweicht und Passivierungsvoraussetzungen eingeengt.[162] Insgesamt wird also grundsätzlich ein größeres Aktivierungspotential bei gleichzeitiger Verminderung der Passivierungsmöglichkeiten eröffnet und die Ausschüttungsmöglichkeiten hierdurch deutlich erweitert.[163] Die IFRS-Bilanzierung bildet somit keinen geeigneten Maßstab für die Beurteilung von an Gesellschafter zulässige Ausschüttungen.[164]

Die Verordnung ist unmittelbar geltendes Recht. Über die Bilanzierung börsennotierter Unternehmen hinaus eröffnet Art. 5 lit. b IAS-VO den Mitgliedstaaten die Möglichkeit, auch für den konsolidierten Abschluss nicht notierter Unternehmen eine Bilanzierung nach den IAS/IFRS anzuordnen, ein entsprechendes Wahlrecht sieht Art. 5 lit. a, b schließlich für den Einzelabschluss notierter und nicht notierter Unternehmen vor. Wenngleich der deutsche Gesetzgeber hiervon im Bilanzrechtsreformgesetz vom 4.12.2004, sog. BilReG – in Anerkennung der deutschen Kapitalschutz- und Bilanzierungsgrundsätze[165] - noch keinen Gebrauch gemacht hat, so reißen die Reformbestrebungen dennoch nicht ab.[166]

Die Kapitalschutzfunktion mit dem für sie charakteristischen, unsichtbaren zweiten Sicherungsring steht der Informationsfunktion - dies ist einzugestehen - tatsächlich

---

[161] Selbst die mit der Informationsfunktion eng verbundene Rechenschaftsfunktion, wird allenfalls als Nebenzweck bezeichnet. Zum Ganzen *Müller*, in Henze/Hoffmann-Becking (Hrsg.), S. 88. Zur einheitlichen Informations- und Rechenschaftsfunktion oben C.II.1. Gegen die - dargestellte bereits stattfindende - Anwendung der internationalen Rechnungslegungsvorschriften auf den Konzernabschluss ergeben sich die prinzipiellen, durch einen Zielkonflikt gekennzeichneten Bedenken nicht, da der Konzernabschluss allein die Informations-, und eben keine Ausschüttungsbemessungsfunktion hat, vgl. nur *Hennrichs*, Wahlrechte, S. 31.

[162] Im Einzelnen *Merschmeyer*, Kapitalschutzfunktion, S. 269 ff; *Hennrichs*, in Henze/Hoffmann-Becking (Hrsg.), S. 101, 107 ff.

[163] Vgl. *Arbeitskreis Bilanzrecht der Hochschullehrer Rechtswissenschaft*, BB 2002, 2372, 2373 f; *Schön*, ZHR 2002, 1, 3; *Mülbert*, DK 2004, 151, 152.

[164] Vgl. *Arbeitskreis Bilanzrecht der Hochschullehrer Rechtswissenschaft*, BB 2002, 2372, 2374.

[165] Der in § 325 Abs. 2a HGB vorgesehene Einzelabschluss nach IAS/IFRS dient allein Informationszwecken, für die Ausschüttungsbemessung bleibt es bei der Maßgeblichkeit des Jahresabschlusses.

[166] Zur Diskussion über einen Entwurf eines internationalen Rechnungslegungsstandards für kleine und mittelgroße Unternehmen (IFRS for SMEs) *Haller/Beiersdorf/Eierle*, BB 2007, 540 ff; *Luttermann*, ZIP 2006, 1137 ff.

entgegen,[167] der Vergleich der beiden Rechnungslegungssysteme mündet also in einem Zielkonflikt zwischen Gläubigerschutz und Informationsvermittlung,[168] den es zumindest zu entschärfen gilt.[169] Dem Zielkonflikt kann durch eine Umstellung der Einzelabschlüsse auf die IFRS-Bilanzierung im Rahmen der vorliegenden, dem Kapitalerhaltungsrecht der GmbH gewidmeten Untersuchung nur dann interessensgerecht begegnet werden, wenn dem hier angelegten - bisher bilanztechnisch gewährten - Gläubigerschutz hinreichend Rechnung getragen wird und sich ein verlässlicher Maßstab für an Gesellschafter zulässige Ausschüttungen finden lässt, denn ein nach den IFRS erstellter Jahresabschluss, dies gilt es nochmals zu betonen, dient nicht dem Gläubigerschutz, so dass dieser anderweitig gewährleistet werden müsste. Nur wenn sich ein sicheres Alternativkonzept herausarbeiten lässt, kann das deutsche Handelsbilanzrecht als Beurteilungsmaßstab für die Kapitalerhaltung zur Disposition gestellt werden.[170]

2. Gläubigerschutz nach anglo-amerikanischem Vorbild?

Da die IFRS-Bilanz keinen – über eine Informationsvermittlung – hinausgehenden, insbesondere auf dem Kapitalschutz fußenden Gläubigerschutz vorsieht, soll dieser in den betroffenen Rechtskreisen über zusätzliche Schutzinstrumente gewährt werden.[171] Seit einigen Jahren häufen sich die Stellungnahmen verschiedener Arbeitsgruppen.[172]

---

167 Statt vieler *Arbeitskreis Bilanzrecht der Hochschullehrer Rechtswissenschaft*, BB 2002, 2372, 2375.

168 Hierzu auch *Müller*, in Henze/Hoffmann-Becking (Hrsg.), S. 81 f; *Merschmeyer*, Kapitalschutzfunktion, S. 111; *Wilhelmi*, Kapitalerhaltung, S. 119; *Pellens/Jödicke/Richard*, BB 2005, 1393, 1394. Hingegen zum Zielkonflikt zwischen Informations- und Steuerbemessungsfunktion *Moxter*, DB 2001, 605, 606.

169 Auch der 4. Richtlinie kommt im Rahmen dieses Zielkonflikts nur eine Koordinierungsfunktion zu, sie bemüht sich bislang um eine „additive Harmonisierung", so *Kleindiek*, Rechnungslegung S. 4, denn die Festlegung eines einheitlichen und somit konsistenten Rechungslegungszwecks ist auch dem europäischen Gesetzgeber noch nicht gelungen. Einerseits ist gemäß Art. 2 Abs. 3 ein den tatsächlichen Verhältnissen entsprechendes Bild der Vermögens-, Finanz- und Ertragslage der Gesellschaft zu vermitteln, ebenso ist nach Art. 31 Abs. 1c aber auch der Grundsatz der Vorsicht zu beachten. Ausschüttungsbemessungs- und Informationsfunktion stehen sich also gleichberechtigt gegenüber, eine Gewichtung besteht nicht, vgl. *Köhler*, BB 2007, BB-Special 6, S. 2, 7.

170 In diesem Sinne statt vieler *Schulze-Osterloh*, DK 2004, 173, 177; *Hüttemann*, BB 2004, 203, 206; *Wulfetange*, BB 2006, 19, 21. Deutlich *Merschmeyer*, Kapitalschutzfunktion, S. 94 f.: Daraus folgt, dass dem Gesetzgeber des GmbH-Gesetzes im Falle eines nachhaltigen Eingriffs in die Rechnungslegungsordnung unweigerlich eine Modifikation der ursprünglich intendierten Kapitalschutzintensität „aufgedrängt" würde. Denn die ihr zugedachte Wirkung entwickelt die GmbH-rechtliche Kapitalschutzkonzeption ausschließlich im Zusammenwirken mit den hergebrachten Ansatz- und Bewertungsvorschriften des Handelsbilanzrechts.

171 Zum – lediglich, aber notwendigerweise - ergänzenden Charakter dieser Schutzinstrumente neben dem informationellen Gläubigerschutz statt vieler *Pellens/Jödicke/Richard*, BB 2005, 1393, 1394, 1401; *Hennrichs*, in Henze/Hoffmann-Becking (Hrsg.), S. 126; deutlich der *Arbeitskreis Bilanzrecht der Hochschullehrer Rechtswissenschaft*, BB 2002, 2372, 2375: „Weitgehende Einigkeit sollte zunächst darin bestehen, dass die bloße Verbesserung der Unternehmensinformation (...) hierfür nicht ausreicht."

172 Zu nennen sind hier insbesondere die „Winter-Gruppe", die ihren Abschlussbericht im Jahre 2002 vorgelegt hat. Dieser wurde gefolgt von einer britischen Kommission unter der Leitung von *J.*

Diese knüpfen an die Unzulänglichkeit der IFRS für den Gläubigerschutz an. Zugleich stellen sie aber das System eines an einem festen Kapital orientierten Gläubigerschutzes an sich in Frage. Die Diskussion wurde mit Blick auf die AG entfacht, sie wird mittlerweile aber gleichsam für die GmbH geführt.[173] Ein solches System sei unflexibel und kostspielig, der Jahresabschlusses und hierauf bezogene Ausschüttungssperren seien für die Ausschüttungsbemessung nicht geeignet, da die Volatilität der Abschlussposten das Ausschüttungspotential entweder unangemessen großzügig oder restriktiv ermittele, in jedem Fall aber zu keinem Verhältnis zu den tatsächlichen Fähigkeiten des Unternehmens hinsichtlich seines Ausschüttungspotentials.[174]

Ausschüttungen seien somit unter Berücksichtigung der zukünftigen Zahlungsströme vorzunehmen. Diese sollen anhand sog. Solvenztests beurteilt werden. Demnach sind – insofern lässt sich unabhängig von den vielfach unterschiedlichen Ausgestaltungen ein gemeinsamer Nenner bilden[175] - Ausschüttungen und Dividenden an die Anteilseigner nur dann aber auch gerade dann zulässig, wenn die Liquidität und die hieraus resultierende Fähigkeit der Gesellschaft zur Erfüllung ihrer Verbindlichkeiten hierdurch nicht gefährdet wird. Gläubiger werden also insofern geschützt, als die Gesellschaft nur dann Ausschüttungen vornehmen darf, wenn sämtliche Ansprüche der Gläubiger in dem festgelegten Zeitraum befriedigt werden können. Zugleich soll so frei verfügbares Kapital nutzbar sein. Im Vergleich zu einem bilanzgestützten Kapitalschutz, der eher vergangenheitsorientiert und somit für Gläubiger weniger interessant sei, erfolgt der Gläubigerschutz durch Solvenztests primär anhand von durch die Geschäftsleiter im Rahmen eines ihnen zustehenden Beurteilungsspielraumes vorzunehmenden zukunftsorientierten Cashflow-Prognosen.[176]

Eine weitere Absicherungsmöglichkeit sollen schließlich vertragliche Ausschüttungssperren, sog. financial convenants bieten.[177] Inhaltlich ähneln diese sehr stark dem Kapitalschutzrecht deutscher Prägung. Die hier teilweise bereits in den 60er Jahren des letzten Jahrhunderts entwickelten Musterklauseln sind weitgehend kommentiert und werden hierzulande immer wieder als ein deutschen Kommentaren zu den

---

Rickford, die ihren Bericht im Jahr 2004 veröffentlichte, vgl. *Rickford u.a.*, EBLR 2004, 919 ff. Eine Zusammenfassung bieten *Pellens/Jödicke/Schmidt*, DK 2007, 427, 430; *Fuchs/Stibi*, BB 2007, 93, 94. Als Reaktion hierauf wurde die weitgehend mit deutschen Wissenschaftlern besetzte *„Lutter-Gruppe"* gegründet, die ihren Abschlussbericht im Jahre 2006 vorlegte, vgl. *Lutter* (Hrsg.), Das Kapital der Aktiengesellschaft in Europa, ZGR-Sonderheft 17/2006.

173 Statt aller *Kleindiek*, BB 2007, BB-Special 5, S. 2.

174 Vgl. *Rickford u.a.*, EBLR 2004, 930 ff.

175 Vgl. zur Rechtslage im US-amerikanischen Recht *Pellens/Jödicke/Richard*, BB 2005, 1393, 1395 ff. sowie *Cahn*, DK 2004, 235, 239; *Mülbert*, DK 2004, 151, 160. Zur Rechtslage in Großbritannien *Jungmann*, ZGR 2006, 638, 649 ff; *Micheler*, ZGR 2004, 324 ff; in Neuseeland *Jungmann*, a.a.O.; sowie *Weiss*, DK 2007, 109 ff. Zu allen drei Rechtskreisen ausführlich *Marx*, Solvenztest, S. 112 ff.

176 Statt vieler *Marx*, Solvenztest, S. 112 ff; *Veil*, in Lutter (Hrsg.), Kapital, S. 92, 96 ff; *Pellens/Sellhorn*, in Lutter (Hrsg.), Kapital, S. 451, 480 ff; *Pellens/Jödicke/Richard*, BB 2005, 1393, 1395; *Fuchs/Stibi*, BB 2007, 93, 94 f mwN.

177 So insbesondere im U.S.-amerikanischen Recht; ausführlich *Kästle*, Convenantsn S. 62 ff; *Wüstemann/Bischof/Kierzek*, BB 2007, BB-Special 5, S. 13, 15 mwN.

Kapitalschutzvorschriften ähnliches Werk in Bezug genommen.[178] Im Folgenden gilt es, eine Umstellung auf internationale Rechnungslegungsprinzipien sowie den dargestellten Gläubigerschutz einer kritischen Würdigung zu unterziehen.

3. Gegenkritik - Plädoyer für einen *handels*bilanzgestützten Kapitalschutz

a) Beibehaltung der Handelsbilanz für die Ausschüttungsbemessung

Hinsichtlich der Umstellung auf die IFRS ist zwar für die Aktiengesellschaft zuzugestehen, dass es der Marktintegration deutscher Unternehmen durchaus dienlich wäre, sich einem einheitlichen Rechnungslegungssystem anzuschließen, um somit grenzüberschreitende Vergleichbarkeit und Transparenz zu fördern.[179] Bereits einschränkend ist hier jedoch darauf hinzuweisen, dass das Interesse an einer Bilanzierung nach internationalen Standards dem entgegen für die zahlenmäßig durchaus überlegenen GmbHs, GmbH&Co.KGs sowie nicht notierte Aktiengesellschaften sehr gering ist, da es hier schlicht an dem Interesse fehlt, Investoren an internationalen Kapitalmärkten einen grenzüberschreitenden Vergleich zwischen den Unternehmensinformationen verschiedener Gesellschaften zu ermöglichen.[180] Aber auch ein rechtsformunabhängiger finanzieller Nutzen – im Sinne gesunkener Finanzierungskosten auf Grund eines besseren Ratingergebnisses – ist zweifelhaft. Denn zum einen sind das Eintreten und der Umfang der erhofften informationsbedingten positiven Effekte einer Umstellung auf die IFRS bis heute nicht belegt,[181] vielmehr bestehen auch bei einer realitätsnäheren IFRS-Bilanzierung erhebliche Bedenken dahingehend, dass dem aus dem Abstellen auf den Zeitwert und dem breiteren Ansatz immaterieller Werte resultierenden höheren Aktivierungspotential gleichsam höhere – weil ebenfalls realitätsnäher – bewertete Passivposten gegenüber stehen, was für mittelständische Gesellschaften im Einzelfall nicht nur das Ausbleiben einer verbesserten Eigenkapitalquote sondern sogar eine hierüber hinausgehende Schwächung der Finanzsituation nach sich ziehen kann.[182] Zum anderen stünden einer - einmal unterstellten - Verbesserung der Eigenkapitalquote gerade bei lediglich einen Einzelabschluss erstellenden mittelständischen Gesellschaften gestiegene Verwaltungskosten gegenüber, was dazu führen würde, dass Kreditgeber ihre Kredite für eine risikoadäquate Verzinsung für IFRS-Bilanzierer verteuern müssten und auch der Bilanzierende selbst auf seinen Kosten für das teurere Rechnungswesen sitzen bleiben müsste.[183] Auch ist der durch eine Rechnungslegung nach

---

178 Vgl. *Mülbert*, DK 2004, 151, 156.

179 Zum Ziel gesteigerter Wettbewerbsfähigkeit statt vieler *Böcking*, DK 2004, 177, 179.

180 So der *Arbeitskreis Bilanzrecht der Hochschullehrer Rechtswissenschaft*, BB 2002, 2372, 2377.

181 Vgl. *Küting*, BB 2007, Heft 19, Die Erste Seite; *Watrin*, DB 2001, 933, 938.

182 Ausführlich *Hennrichs*, in Henze/Hoffmann-Becking (Hrsg.), S. 118; *ders.* StuW 2005, 261, 265 mit Blick auf die nach den IAS 19 realitätsnäher und somit höher bewerteten Pensionsrückstellungen sowie auf die bei der Interpretation der IAS 32 bestehende Gefahr, dass – im Fall von mittelständischen Personenhandelsgesellschaften – die Kapitalanteile als Verbindlichkeit auszuweisen sind.

183 Vgl. *Küting*, BB 2007, Heft 19, Die Erste Seite, mit prägnanter Überschrift: „Der Preis einer Umstellung ist zu hoch!". Weitergehend noch *Schulze-Osterloh*, BB 2004, 2567, 2569. Zu den Kos-

internationalen Standards erhoffte Informationsgewinn zwiespältig. Denn der Ansatz von marktnäheren Zeitwerten und die prospektive Ausrichtung erfordern umfangreiche Einschätzungswahlrechte, die sogar den Umfang der handelsbilanziellen Wahlrechte übersteigen.[184] Wegen genau dieser Zukunftsbezogenheit und den hiermit verbundenen Unwägbarkeiten erweist sich die IFRS als für die Ausschüttungsbemessung ungeeignet. Während das Vorsichtsprinzip des HGB gerade auf die Vermeidung von Scheingewinnen abzielt, so präsentiert sich die Beurteilung nach den IFRS zwar als realitätsnäher, zugleich jedoch als schlicht unvorsichtig. Die auf zukünftige (Schein-) Gewinne abstellenden Unternehmen entpuppen sich vielfach als finanzielle Luftblasen und ermöglichen die Ausschüttung nicht vorhandener Gewinne.[185]

Demgegenüber sind die Stärken der Handelsbilanz zu betonen. Entgegen der vielfachen Kritik hinsichtlich einer reinen Vergangenheitsbetrachtung, die auf der zahlenmäßigen Zusammenstellung einer vergangenen Entwicklung beruht, weist auch das Handelsbilanzrecht mannigfache, jedoch maßvolle Prognoseelemente auf, die es bei weitem nicht so realitätsfern aussehen lassen wie vielfach behauptet wird.[186] Augenscheinlich zukunftsbezogen ist der Lagebericht. Gemäß § 289 Abs. 1 Satz 4 HGB ist hier „die voraussichtliche Entwicklung mit ihren wesentlichen Chancen und Risiken zu beurteilen und erläutern". Zukunftsbezogene Posten im Jahresabschluss an sich finden sich in § 249 Abs. 1 HGB. Demnach sind für ungewisse aber wahrscheinliche Verbindlichkeiten Rückstellungen zu bilden. Auch sämtliche Abschreibungsvorschriften stellen auf eine zukünftige Situation ab. Bei planmäßigen Abschreibungen ist gemäß § 253 Abs. 2 Satz 2 HGB die Nutzungsdauer des Vermögensgegenstandes abzuschätzen, außerplanmäßige Abschreibungen setzen nach Satz 3 eine voraussichtlich dauerhafte Wertminderung voraus.[187] Ein Prognoseelement von fundamentaler Bedeutung beinhaltet schließlich der in § 252 Abs. 1 Nr. 2 HGB verankerte Grundsatz der Unternehmensfortführung, sog. going concern. Dieser verlangt dem Bilanzierenden eine realistische Einschätzung tatsächlicher Gegebenheiten und insbesondere wirtschaftlicher Schwierigkeiten ab, die gegen die Unternehmensfortführung sprechen, sich aber nicht schon aus den Insolvenzgründen der Überschuldung und Zahlungsunfähigkeit ergeben müssen.[188] Allerdings erfordern auch letztere schon einen detaillier-

ten einer aus einer Mehrfachbilanzierung erforderlich werdenden Überleitungsrechnung der *Arbeitskreis Bilanzrecht der Hochschullehrer Rechtswissenschaft*, BB 2002, 2372, 2376.

184 Vgl. *Küting*, BB 2005, 706 ff; *Müller*, in Henze/Hoffmann-Becking (Hrsg.), S. 73, 95; ausführlich und besonders kritisch *Merschmeyer*, Kapitalschutzfunktion, S. 281 f. mwN sowie S. 232, mit der Hinwendung zu einem „Full Fair Value-Konzept" ginge unweigerlich eine Abkehr von Mindestobjektivierungsanforderungen einher. Vgl. auch *ders.*, S. 192 zur Aktivierung immaterieller Vermögenswerte: IAS 38 entziehe der Rechnungslegung ihre objektivierte Grundlage. Ausführlich zum Prognose- und hiermit verbundenen Unsicherheitsreichtum der IFRS *Hennrichs*, AG 2006, 698, 700 ff, 703 ff.

185 Anschaulich auch *Böcking/Dutzi*, DK 2007, 435, 439. Zur Vermeidung von Scheingewinnen im Rahmen der Handelsbilanz oben C.II.3.

186 Ausführlich *Haas*, Gutachten, E. 135 f; *Hennrichs*, AG 2006, 698, 699 f. Auch *Arnold*, DK 2007, 118, 121; *Spindler*, JZ 2006, 839, 844.

187 Mit weiteren Beispielen *Hennrichs*, AG 2006, 698, 700.

188 Vgl. Baumbach/Hueck/*Schulze-Osterloh*, § 42 Rn. 319.

ten Finanzplan mit allen Mittelab- und –zuflüssen inklusive Ausschüttungen, so dass bei den Tatbeständen der §§ 17-19 InsO sowie des going-concern-Grundsatzes nicht nur Prognoseelemente bestehen, vielmehr nehmen diese bereits die den Solvenztests zugesprochenen Aufgaben wahr.[189]

Der praktische Nutzen mit Blick auf die Finanzsituation der Unternehmen ist also bereits zweifelhaft, auch erweist sich die Rechnungslegung nach den IFRS bei weitem nicht als dermaßen überlegen, denn auch die Handelsbilanz weist durchaus zahlreiche Prognoseelemente auf. Schließlich gilt es aber, die Konsequenzen aus dem Entfallen der hier im Mittelpunkt stehenden Kapitalschutzfunktion und die hier für den Gläubigerschutz ersatzweise in Frage stehenden Instrumente kritisch zu betrachten.[190]

b) Kein Gläubigerschutz nach anglo-amerikanischem Vorbild

Zunächst stellt sich die Frage, ob der Schutz der Gläubiger einer haftungsprivilegierten Gesellschaft allein der Vertragsfreiheit und hier den dargestellten convenances überantwortet werden kann. Dies ist im Sinne eines allgemeingültigen und verlässlichen Gläubigerschutzes zu verneinen. So interessensgerecht diese mittlerweile umfassend standardisierten Vertragswerke ausgestaltet sein mögen, so schützen sie zum einen nur die an ihnen Beteiligten, denn Deliktsgläubigern bleibt die Möglichkeit, Verhandlungsstärke zu beweisen, denklogisch verschlossen. Doch auch weiten Teilen von Vertragspartnern, wie etwa Arbeitnehmern, kleinen Lieferanten oder Handwerkern, fehlt die erforderliche Verhandlungsmacht für solche originär für Kreditverträge konzipierte Regelungen.[191] Zwar resultiert zugunsten dieser kleineren Vertragsgläubiger ein gewisser Reflexschutz daraus, dass sie durch Bilanzierungs- und Ausschüttungsklauseln in Verträgen mit verhandlungsstarken Kreditgebern mittelbar mitgeschützt werden, doch ist dieser Schutz wegen der Relativität des Schuldverhältnisses nur sehr unvollkommen - vertragliche Rechte und Pflichten wirken nur zwischen den Vertragspartei-

---

189 Vgl. *Marx*, Solvenztest, S. 190 ff; Pellens/Sellhorn, in Lutter (Hrsg.), Kapital, S. 451, 479 f; *Böcking/Dutzi*, DK 2007, 435, 440; *Knof*, DStR 2007, 1536, 1541.

190 Auch ist hinsichtlich der Umstellung auf die IFRS auf das Entfallen der bislang von der Handelsbilanz über den Maßgeblichkeitsgrundsatz wahrgenommenen Steuerbemessungsfunktion hinzuweisen. Hier erscheint es bereits bedenklich, dass die IFRS in ihrer ursprünglichen Eigenschaft als Bilanzierungsgepflogenheiten nicht zur Normsetzung legitimierter Privatpersonen eine steuerliche Bemessungsgrundlage bilden könnten. Ausführlich zur Charakterisierung und mit entsprechenden Bedenken gegen den Einfluss des International Accounting Standards Board (IASB) *Schulze-Osterloh*, DK 2004, 173 ff: Selbst wenn man die IFRS als europarechtlich hinreichend legitimiert ansehe, so sei die Befugnis zur Rechtssetzung dennoch einer privatrechtlichen Institution anvertraut, was mit dem Demokratieprinzip nicht zu vereinbaren sei. Zu rechtsstaatlichen Bedenken auch *Moxter*, DB 2001, 605, 606; *Kirchhoff*, ZGR 2000, 681 ff. Einer umfassenden Umstellung auf internationale Rechnungslegungsstandards müsste eine Diskussion über die Zukunft der deutschen - von anderen Normen vollständig losgelösten und eigenständigen Steuerbemessung – vorweg gehen, vgl. statt aller *Schulze-Osterloh*, ZGR 2000, 595, 602 mwN; *Naumann*, DK 2007, 422, 423. Zu Denkanstößen *Herzig*, WPg 2005, 211.

191 Zu diesen verbleibenden Schutzlücken statt vieler *Schön*, ZHR 166 (2002), 1, 4; *Hennrichs*, in Henze/Hoffmann-Becking (Hrsg.), S. 127 f; *ders.*, StuW 2005, 260; *Kahle*, ZfB 2002, 695, 701 f; *ders.*, WPg 2003, 262, 270; *Arbeitskreis Bilanzrecht der Hochschullehrer Rechtswissenschaft*, BB 2002, 2372, 2375 f; *Lutter*, in ders. (Hrsg.), Kapital, 4 ff.

en und sind auch nur zwischen ihnen gerichtlich durchsetzbar.[192] Sofern hinsichtlich des Schutzdefizits der Deliktsgläubiger auf Pflichtversicherungen als eine leistungsfähigere Kompensationslösung hingewiesen wird,[193] so erscheint es fraglich, ob ein so - durch teure Versicherungsprämien - erkaufter Verzicht auf ein gesetzlich vorgegebenes, allgemeingültiges Kapital- und Gläubigerschutzsystem noch mit dem bei einer Umstellung auf die IFRS verfolgten Ziel eingesparter Kapitalkosten harmoniert.[194] Hierüber hinaus lässt sich als Argument für eine Beibehaltung des bisherigen Schutzsystems schließlich betonen, dass es sich bei den Convenants in ihrer praktischen, weitgehend standardisierten Ausgestaltung regelmäßig ohnehin um - durch eine vorsichtige Gewinnausschüttung charakterisierte - Kapitalschutzregeln nach deutschem Vorbild im Kostüm privatautonomer Verträge handelt,[195] sie also eine schuldrechtliche Simulation des gesetzlichen Kapitalschutzes darstellen,[196] die im Gegensatz zu den bewährten, weil abstrakt-generellen Regeln aber eben ihre Allgemeinverbindlichkeit für sämtliche Gläubigerkreise verweigern.

Auch gegen Solvenztests bestehen grundlegende Bedenken. Ihre ausschließliche Zukunftbezogenheit ist naturgemäß mit einem hohen Maß an Unsicherheit verbunden. Der Solvenztest sieht sich durch sein ausgeprägtes Prognoseelement also genauso wie auch die Rechnungslegung nach den IFRS dem Vorwurf fehlender Objektivität und Justiziabilität ausgesetzt,[197] somit kann ein Solvenztest auch nicht die aus der Rechnungslegung nach den IFRS resultierenden Schutzlücken schließen. Auch ist unklar, welche Haftungssanktionen den Geschäftsleitern drohen, wenn sie der schwierigen Aufgabe einer ordnungsgemäßen Risikoprognose nicht hinreichend gerecht werden. Zur Diskussion steht eine verschuldensunabhängige Haftung, auch ist offen, ob eine Haftung auf die Entnahme zu beschränken ist oder z.B. auch Folgeschäden umfassen soll. Auch könnte man erwägen, nicht nur die Geschäftsführer sondern auch die Gesellschafter zur Verantwortung zu ziehen.[198] Neben der insofern uneinheitlichen Diskussion lässt ein Blick auf das U.S.-amerikanische Vorbild jedenfalls den Schluss zu, dass sich ein liquiditäts- und prognoseorientierter Gläubigerschutz nur um den Preis

---

192 Vgl. *Hennrichs*, in Henze/Hoffmann-Becking (Hrsg.), S. 127 f; *ders.*, StuW 2005, 260;

193 So *Mülbert*, DK 2004, 151, 157; Schön, DK 2004, 162, 165. Ausführlich zum vollständigen Ersatz eines Mindestkapitalsystems ausschließlich durch eine Pflichtversicherungslösung *Krüger*, Mindestkapital, S. 285 ff.

194 Kritisch auch *Eidenmüller/Engert*, GmbHR 2005, 433, 434 f; *Wilhelmi*, GmbHR 2006, 13, 20. Zu den Kosten des individualvertraglichen Schutzes gegenüber Vertragsgläubigern vgl. *Wilhelmi*, GmbHR 2006, 13, 16; *Lutter*, in ders. (Hrsg.), Kapital, 4 ff., zu den Vorzügen eines festen Kapitals, welches die Kapitalkosten senke, da nicht jeder Gläubiger auf privatrechtlicher Ebene Vereinbarungen treffen müsse.

195 Auf diese weitgehend gleiche Ausgestaltung weisen hin statt vieler Schön, ZHR 166 (2002), 1, 4; Mülbert, DK 2004, 151, 156; *Arbeitskreis Bilanzrecht der Hochschullehrer Rechtswissenschaft*, BB 2002, 2372, 2375 f.

196 So *Vetter*, ZGR 2005, 780, 801, Anm. 37.

197 Statt vieler *Joost*, in VGR 2006, 31, 48; *Arbeitskreis Bilanzrecht der Hochschullehrer Rechtswissenschaft*, BB 2002, 2372, 2375; *Hennrichs*, StuW 2005, 256, 261; *Schön*, DK 2004, 162, 169; *Arnold*, DK 2007, 118, 121; *Vetter*, ZGR 2005, 788, 805 f.

198 Zum Diskussionsstand *Arnold*, DK 2007, 118, 124 mwN.

einer strengeren Verhaltenshaftung der Beteiligten erkaufen lässt.[199] Zwar dürfte dem regelmäßig ein verhaltenssteuernder Effekt zukommen, würde man eine solche Haftung jedoch durch D & O-Versicherungen abdecken, so ginge auch diese Verhaltenssteuerung bei zusätzlichem Verzicht auf einen empfindlichen Selbstvorbehalt wieder verloren.[200] Insbesondere würden aber auch hier wiederum die bei einer Umstellung der Rechnungslegung erwünschten Finanzeffekte niedriger ausfallen.[201]

Schließlich geraten Solvenztests bei einzelnen Bilanzierungspositionen denklogisch an ihre Grenzen. Denn gerade langfristige Verpflichtungen, die erst in einigen Jahren zu Zahlungsströmen führen, lassen sich hier nicht hinreichend berücksichtigen. Dies gilt insbesondere für Pensionsrückstellungen.[202] Der Prognosezeitraum eines Solvenztests erstreckt sich auf maximal drei Jahre.[203] Gerade die über einen sehr viel längeren Zeitraum gebildeten Pensionsrückstellungen erfordern somit zwingend eine vermögens- und nicht bloß liquiditätsorientierte Erfassung.

4. Ergebnis

Zwar ist zuzugestehen, dass die IFRS auf den ersten Blick realitätsnäher und informationsfreundlicher erscheinen. Doch geht die reine Zukunftsbezogenheit hier mit einem erheblichen Maß an Unsicherheit einher. Dem entgegen beinhaltet auch die Handelsbilanz durchaus Prognoseelemente. Auch der Solvenztest anglo-amerikanischen Vorbilds ist durch ein erhebliches Maß an Unsicherheiten gekennzeichnet.[204] Insgesamt ist also an einem (handels-) bilanzgestützten und somit an objektiven Regeln orientierten Kapitalschutz festzuhalten und eine behutsame Fortentwicklung des Systems einem revolutionären Umsturz vorzuziehen.[205]

Allerdings ist darauf hinzuweisen, dass – neben den dargestellten Prognoseelementen der handelsbilanziellen Rechnungslegung - auch das Gesellschaftsrecht durchaus dem Solvenztest vergleichbare, auf die Liquidität der Gesellschaft ausgerichtete Instrumente kennt, die einen zusätzlichen liquiditätsorientierten Gläubigerschutz gewähren. Wie im einzelnen noch zu zeigen sein wird, sind Gesellschafter und Geschäftsfüh-

---

199 So *Merkt*, ZGR 2004, 305, 315; *Vetter*, ZGR 2005, 788, 806. Vgl. auch *Arbeitskreis Bilanzrecht der Hochschullehrer Rechtswissenschaft*, BB 2002, 2372, 2375.

200 Vgl. *Lutter*, in ders. (Hrsg.), Kapital, 10 f; *Arbeitskreis Bilanzrecht der Hochschullehrer Rechtswissenschaft, BB 2002, 2372, 2375.*

201 Zur Fragwürdigkeit der erhofften Finanzvorteile einer Umstellung deutlich *Lutter:* „(…) die heute bei der Gründung „vorne" erforderlichen und laut beklagten Kosten würden zwangsläufig „hinten", im Kampf der Gesellschafter um die Wirksamkeit der ihnen zugesagten Haftungsfreistellung entstehen. Aber diese am Ende entstehenden (hohen) Kosten werden ebenfalls geflissentlich übersehen." - vgl. *Lutter*, GmbHR 2007, R97.

202 Vgl. *Naumann*, DK 2007, 422, 425; *Spindler*, JZ 2006, 839, 844.

203 Zum Meinungsstand ausführlich *Arnold*, DK 2007, 118, 122.

204 Die fehlende Rechtssicherheit gesteht auch Rickford ein, vgl. *Rickford u.a.*, EBLR 2004, 919, 981: „We concluded that a real safe harbour is not achievable, because in the final analysis the ultimate test must be as to solvency and this does not admit of a bright line definition."

205 Vgl. *Hennrichs*, StuW 2005, 256, 262, der bei einem „argumentativen Patt" zur Zurückhaltung und zur Beachtung der gebotenen Rechtskontinuität anhält. So auch *Fuchs/Stibi*, BB 2007, 93, 97: nach wie vor offene Folgefragen.

rer auch bislang schon zu einer umfassenden Liquiditätskontrolle verpflichtet.[206] *Röhricht*[207], auf den die Grundsätze der Existenzvernichtungshaftung maßgeblich zurückgehen, weist darauf hin, die Existenzvernichtungshaftung komme *„dem aus dem US-amerikanischen Rechtskreis bekannten Solvenztest nahe.“* *BDI/Hengeler*[208] sehen in einem eigenständigen Solvenztest lediglich eine Festlegung und Weiterentwicklung der Existenzvernichtungshaftung. Der (handels-) bilanzgestützte Kapitalschutz mit den ihn begleitenden Solvenztests deutscher Prägung präsentiert sich als ein verlässliches und hinreichend liquiditätsorientiertes, zweigleisiges Gläubigerschutzkonzept. Der Verhaltenshaftung der Beteiligten und den in diesem Rahmen erforderlichen Solvenztests deutscher Prägung kommt hier eine wesentliche Ergänzungsfunktion zu.[209] Sie kommt allerdings erst dann zum tragen, wenn nicht bereits ein an objektiven Regeln orientiertes System Schutz bietet.

Die Schwächen des auf die Handelsbilanz gestützten Kapitalschutzes in seiner gegenwärtigen Ausprägung sollen hier nicht geleugnet werden. Diese bestehen zum einen mit Blick auf die Objektivierung des Jahresabschlusses. Zeichnet sich der bilanzgestützte Kapitalschutz grundsätzlich doch gerade hierdurch aus, so muss es nach wie vor gelten, den bestehenden Zielkonflikt zwischen dem bilanzorientierten Kapitalschutz in seiner bisherigen Ausgestaltung einerseits und der Informationsfunktion des Jahresabschlusses andererseits zu entschärfen, denn nur wenn der Kapitalschutz frei von Manipulationsmöglichkeiten ist, ist er den Konkurrenzmodellen mit den dargestellten Schwächen endgültig überlegen.[210] Eine Lösung ist hier in einer Reformierung des Handelsbilanzrechts zu suchen.

IV. Vorschläge für ein effizienteres bilanzgestütztes Auszahlungsverbot

1. Abschaffung handelsbilanzieller Wahlrechte

Trotz der hohen Bedeutung der stillen Reserven muss es bei dem Zugeständnis bleiben, dass diese - wegen ihrer Unsichtbarkeit - mit der Informationsfunktion des Jahresabschlusses kollidieren.[211] An dieser Stelle muss näher differenziert werden. Nicht alle stillen Reserven sind „gleich still“, nicht alle stillen Reserven verfälschen das Bild der Vermögens-, Finanz- und Ertragslage i.S.d. § 264 Abs. 2 HGB in gleichem Umfang.[212] Stille Reserven entstehen entweder durch eine sich aus dem Vergleich von Buch- und Zeitwert ergebende Unterbewertung von Aktiva oder eine Überbewertung

---

206 Hierzu unten E.IV.

207 Vgl. *Röhricht*, FS BGH, S. 83, 117; *ders.*, ZIP 2005, 506, 514.

208 Vgl. *BDI/Hengeler*, GmbH, S. 28 f. In diesem Sinne auch *Vetter*, ZGR 2005, 788, 812; *Haas*, Gutachten, E 133; *Spindler*, JZ 2006, 839, 844.

209 Zu einer solchen Zweigleisigkeit statt aller *Spindler*, ZHR 171 (2007), 245, 248; *Vetter*, ZGR 2005, 789, 797.

210 Auch *Merschmeyer*, Kapitalschutzfunktion, S. 267: Denn die Kapitalschutzadäquanz einer Rechnungslegung hängt nicht nur von ihrer Objektivierungsstrenge, sondern auch von ihrer vorsichtsbedachten Ausrichtung ab.

211 Hierzu oben C.III.1. u. 4.

212 Zu den Grenzen der Wahlrechte i.R.d. § 264 Abs. 2 HGB Baumbach/Hueck/*Schulze-Osterloh*, § 42 Rn. 33.

von Passiva. Zu unterscheiden sind sog. Zwangsreserven, die aus der Einhaltung zwingender gesetzlicher Vorschriften, insbesondere des Prinzips der historischen Anschaffungs- und Herstellungskosten, resultieren. Hingegen werden sog. Ermessensreserven durch die Ausübung bilanzieller Wahlrechte gebildet.[213]

Diese Unterscheidung lenkt den Blick neben der Beeinträchtigung der Informationsfunktion auf einen weiteren Zielkonflikt. Zwar kommen die stillen Reserven dem Kapitalschutz durch die Bildung eines „zweiten Sicherungsrings" zu gute, dies gilt so uneingeschränkt jedoch nur für Zwangsreserven. Ermessensreserven hingegen schaffen – wenngleich auch sie zunächst zur Bildung eines zweiten Sicherungsrings beitragen – zugleich erhebliches Konfliktpotential bei der Kapitalsicherung. Sie kollidieren mit der im Gläubigerschutzinteresse stehenden Kapitalerhaltung deswegen, weil ihre Ausübung dazu führt, dass die Grenze für den Schutz des Eigenkapitals im Rahmen der Wahlrechte weitgehend beliebig bestimmt werden kann.[214] Sie widersprechen somit dem Ziel einer an objektivierten Regeln ausgerichteten Bemessung der Ausschüttungsgrenze.[215] Durch die Ausübung entsprechender Wahlrechte können wirtschaftliche Schwierigkeiten verschleiert werden, indem sie in Krisenzeiten ebenso still, wie sie gebildet wurden, auch wieder aufgelöst werden. Wird durch eine gezielte Stille-Reserven-Politik der Jahresabschluss „geschönt", obwohl die Lage der Gesellschaft sich bereits verschlechtert hat, können Gläubiger des Unternehmens gefährdet werden. Eine derart schön gefärbte Bilanz kann ferner zu Fehleinschätzungen der Geschäftsführung selbst oder der Anteilseigner führen, so dass wirtschaftlich geforderte Anpassungs- und Umstrukturierungsmaßnahmen möglicherweise unterbleiben oder aufgeschoben werden.[216] Vor diesem Hintergrund ließe sich einerseits erwägen, die Maßgeblichkeit der Handelsbilanz für die Kapitalschutzbilanz zu durchbrechen, in dem man für die Kapitalschutzbilanz und eben nicht schon für die zugrunde liegende Handelsbilanz die Bildung stiller Ermessensreserven versagt,[217] was unter Praktikabilitäts-

---

213 Vgl. ausführlich bereits *Hommelhoff*, GmbHR 1979, 102 ff; *Hennrichs*, Wahlrechte, S. 9 f., dort auch zu den stillen „Schätzungsreserven" als der dritten Form der stillen Reserven, die darauf beruhen, dass der Wert einer Aktiv- oder Passivposition im Jahresabschluss aufgrund der mangelnden menschlichen Voraussicht nur unzutreffend geschätzt wird.

214 Ausführlich zu diesem Konflikt *Hennrichs*, Wahlrechte, S. 12 ff; *Engert*, ZHR 2006, 296, 310 ff; *Schulze-Osterloh*, ZIP 2004, 1228, 1230; *ders*., ZIP 2003, 93, 101; *ders*., BB 2004, 2567, 2570; *Schön*, StuW 1995, 366, 376. Aus betriebswirtschaftlicher Sicht: *Thommen/Achleitner*, Betriebswirtschaftslehre, S. 543: Verwässerung betriebswirtschaftlicher Tatbestände.

215 So ausdrücklich *Schulze-Osterloh*, ZIP 2003, 93, 101.

216 Vgl. *Hennrichs*, Wahlrechte, S. 12; *Vetter*, ZGR 2005, 788, 804 f., jew. mwN. Zu weiteren Konflikten für Mitgesellschafter und ausscheidende Gesellschafter *Hennrichs*, Wahlrechte, S. 16 ff.

217 In diese Richtung auch *Lutter/Hommelhoff*, die mit Blick auf eine noch stärkere Objektivierung Spielräume im Rahmen des § 30 GmbHG unterbinden möchten, weil sie mit zu großen Unsicherheiten behaftet und daher unter Gläubigerschutzaspekten zur Deckung des Stammkapitals ungeeignet seien. So dürfe aus Gründen des effektiven Stammkapitalschutzes auch der derivative Firmenwert – genauso wie der selbst geschaffene Geschäfts- oder Firmenwert – nicht aktiviert werden, da dieser ganz unsicher und überdies nicht zugunsten einzelner Gesellschaftsgläubiger zu verwerten sei. Herauszurechnen seien zudem die Aufwendungen für Ingangsetzungen des Geschäftsbetriebs und dessen Erweiterung nach § 269 HGB, schließlich sei auch die Fortschreibung

gesichtspunkten jedoch abzulehnen und die Anlehnung des § 30 Abs. 1 GmbHG an die Handelsbilanz auch hier weitgehend aufrechtzuerhalten ist.[218] Weite Teile der Bilanzrechtler haben dementsprechend einen Schritt früher angesetzt und die Abschaffung handelsbilanzieller Wahlrechte auf die Agenda einer Reformierung des HGB gesetzt – und zwar durchaus mit einem gezielten Blick auf das Kapitalerhaltungsrecht.[219]

Einer Reformierung des HGB und somit - einer lediglich mittelbaren - Modifizierung der in § 30 GmbHG geltenden Grundsätze soll hier gefolgt werden.[220] Wahlrechte beeinträchtigen sowohl die Informations-, als auch die Kapitalschutzfunktion, so dass der Jahresabschluss von ihnen befreit werden sollte. Es wurde bereits dargelegt, dass der zweite Sicherungsring stets um den Preis einer beeinträchtigten Informationsfunktion zu erkaufen ist. Doch ist dieser Preis im Fall von Zwangsreserven durchaus bezahlbar. Kommen diese weitestgehend auf Grund des historischen Anschaffungswertprinzips zustande, so lassen sich Informationen über die stillen Reserven mit einem überschaubaren „Wissensaufwand" durch einen gezielten Blick in den Anlagespiegel (vgl. § 268 Abs. 2 HGB) gewinnen. Problemlos sind hier die ursprünglichen Anschaffungs- und Herstellungskosten aller zu dem im Unternehmen noch vorhandenen Vermögensgegenstände sowie die Gesamtsumme der auf diese Vermögensgegenstände vorgenommenen (kumulierten) Abschreibungen und der resultierende Restbuchwert zu entnehmen,[221] so dass dieser lediglich noch einem zu ermittelnden Zeitwert gegenüber zu stellen ist. Zwar kann die Bestimmung des Zeitwertes mit gewissen Unwägbarkeiten behaftet sein, doch stellt man diese dem verbleibenden Informationsgehalt einer – wahlrechtsfreudigen – Bilanzpolitik mit dem Ziel der Bildung stiller Ermessensreserven, gegenüber, so bleibt der Preis nach wie vor bezahlbar. Denn im Gegensatz zu dem dargestellten Prinzip der historischen Anschaffungskosten, liegen die Wirkungen bilanzieller Wahlrechte eher im Verborgenen und sind dem normalen Gesellschafter somit häufig nicht bewusst.[222] Die weitgehende Intransparenz der - wenn auch im Anhang darzustellenden - Wahlrechte ergibt sich schlicht aus ihrer materiellen Komplexität, die gerade - aber auch nur - dem „zugriffsbefugten" Kenner der Materie ein beträchtliches Missbrauchspotential eröffnet. So fällt das Ergebnisbeeinflussungspotential der zusätzlichen Reserven gemäß § 253 Abs. 4 HGB noch ins Auge,

---

der aktivischen Rechnungsabgrenzung außer Betracht zu lassen, vgl. *Lutter/Hommelhoff*, § 30 Rn. 15 ff; in die gleiche Richtung *Wilhelmi*, Kapitalerhaltung, S. 121, 125.

218 Dementsprechend wird den von *Lutter/Hommelhoff* vorgeschlagenen Modifizierungen weitestgehend nicht gefolgt, vgl. *Ekkenga*, AG 2006, 389, 392 mwN aus der Komm.-Lit.

219 Vgl. *Arbeitskreis Bilanzrecht der Hochschullehrer Rechtswissenschaft*, BB 2002, 2372, 2378; *Schulze-Osterloh*, ZIP 2004, 1228, 1230; *ders.*, ZIP 2003, 93, 101; *ders.*, BB 2004, 2567, 2570; *Hennrichs*, in Henze/Hoffmann-Becking (Hrsg.), S. 101, 132 ff; *ders.*, StuW 2005, 256, 262; *Weber-Grellet*, BB 1999, 2659, 2666; Interview mit dem Sprecher der Hauptgeschäftsführung des BDI *Bräuning*, WPg 2007, 114, 116. aus Sicht der Wirtschaftsprüferpraxis *Naumann*, DK 2007, 422, 423 f.

220 Für Kapitalgesellschaften besteht im Gegensatz zu anderen bilanzierenden Kaufleuten bereits die Einschränkung des § 279 Abs. 5 iVm. § 254 Ab. 4 HGB, hierzu statt aller *Küting/Weber*, § 279 Rn. 5 f.

221 Hierzu mit graphischer Darstellung statt aller Koller/Roth/*Morck*, § 268 Rn. 2 f.

222 So *Hennrichs*, Wahlrechte, S. 19.

weniger ersichtlich ist aber, dass beispielsweise auch in Vorräten stille Reserven versteckt sein können, indem Erzeugnisse nur zu Teilkosten angesetzt werden (vgl. § 255 Abs. 2, 3 HGB) oder lifo bewertet wird (§ 256 Satz 1 HGB).[223]

Zusammenfassend ist die Handelsbilanz zur Verbesserung der Informationsfunktion sowie zur Förderung der an objektiven Regeln ausgerichteten und als Basis des Gläubigerschutzes dienende Ausschüttungssperre des § 30 GmbHG von Wahlrechten zu befreien und die aus den Wahlrechten resultierenden Ermessensreserven somit zurückzudrängen. Um welche Wahlrechte es sich hierbei im Einzelnen handelt, kann nicht Gegenstand einer dem Auszahlungsverbot verpflichteten Untersuchung sein. Im bilanzrechtlichen Schrifttum wird insbesondere die Abschaffung folgender Wahlrechte diskutiert:[224] Wahlrecht zur Passivierung von Aufwandsrückstellungen (§ 249 Abs. 2 HGB), Wahlrechte im Bereich der Herstellungskostenbewertung (§ 255 Abs. 2 Sätze 3-5, Abs. 2 Satz 3 HGB), Wahlrecht zur LIFO-Bewertung (§ 256 Satz 1 HGB) sowie die mit der umgekehrten Maßgeblichkeit verbundenen Wahlrechte (§ 247 Abs. 3, §§ 273, 254, 279 Abs. 2 HGB).

Festzuhalten bleibt an dieser Stelle, dass ein weitgehend objektivierter bilanzgestützter Kapitalschutz, welcher über §§ 42 Abs. 1, 30 Abs. 1 GmbHG vermittelt wird, eine verlässliche Grundlage des Gläubigerschutzes bei der GmbH bildet. Im Rahmen dieses Gläubigerschutzes kann aber nur den von Missbräuchen freien stillen Zwangsreserven und dem hierdurch gebildeten „zweiten Sicherungsring" weiterhin eine tragende Rolle zukommen.

2. Der Entwurf eines Bilanzrechtsmodernisierungsgesetzes (BilMoG)

Nach nunmehr vierjähriger intensiver Diskussion hat die Bundesregierung Anfang November 2007 den Referentenentwurf eines Gesetzes zur Modernisierung des Bilanzrechts (Bilanzrechtsmodernisierungsgesetz – BilMoG) veröffentlicht.[225] Die gesetzgeberischen Bestrebungen sollen in Grundzügen dargestellt und der Frage nachgegangen werden, inwiefern der Entwurf dem Bestreben nach einem verbesserten bilanzgestützten Kapitalschutz und einem hierfür von Wahlrechten befreiten und somit stärker objektivierten Handelsbilanzrecht nachkommt.[226]

a) Ziel des Entwurfs

Der Entwurf gibt unmissverständlich zu erkennen, dass nach wie vor an den bewährten Grundsätzen des deutschen Handelsbilanzrechts festzuhalten ist.[227] Zwar wird nicht verkannt, dass sich die Rechnungslegung gegenwärtig in einem durch die Globalisierung ausgelösten fortschreitenden Internationalisierungsprozess befindet, wodurch international tätige Unternehmen aus Gründen der Wettbewerbsfähigkeit im internatio-

---

223 So die Einschätzung von *Hennrichs*, Wahlrechte, S. 19.

224 Vgl. statt vieler *Hennrichs*, in Henze/Hoffmann-Becking (Hrsg.), S. 101, 133; *Schulze-Osterloh*, ZIP 2004, 1128, 1130 f. Zu einem Überblick auch Baumbach/Hueck/*Schulze-Osterloh*, § 42 Rn. 26. Mit Detailanalysen zu einzelnen Wahlrechten *Hennrichs*, Wahlrechte, S. 155 ff.

225 Überblicksweise zur vorausgegangenen Diskussion *Fülbier/Gassen*, DB 2007, 2605.

226 Hierzu oben C.IV.1.

227 Vgl. S. 60 BilMoG-RefE.

nalen Geschäftsverkehr faktisch zur Rechnungslegung nach international akzeptierten Standards gezwungen werden. Allerdings sei derzeit noch offen, ob sich die noch jungen IFRS als international anerkanntes Rechnungslegungssystem durchsetzen und bewähren werden.[228] Insbesondere sei es gerade kleinen und mittelgroßen Unternehmen nicht zuzumuten, von der etablierten, einfachen und kostengünstigen handelsrechtlichen Rechnungslegung auf die IFRS überzugehen.[229] Auch betont der Entwurf die konzeptionelle Unzulänglichkeit der IFRS für die Gewinnausschüttung und die steuerliche Gewinnermittlung.[230] Selbst wenn Kapitalgesellschaften von der durch § 264e HGB-E eröffneten Möglichkeit Gebrauch machen, den Jahresabschluss nach den IFRS zu erstellen, so sind in den Anhang aber dennoch eine HGB-Bilanz und eine HGB-Gewinn- und Verlustrechnung aufzunehmen, um das System der bilanziellen Kapitalerhaltung und die Maßgeblichkeit der Handelsbilanz für die Steuerbilanz zu wahren.[231] Dennoch soll auch eine übergreifende Annäherung an internationale Standards erfolgen. Hierfür soll es aber zunächst ausreichen, wenn wichtige Komponenten der IFRS – das gilt für Ansatz, Bewertung, Ausweis und Anhangangaben – nur teilweise, soweit notwendig in die handelsrechtliche Rechnungslegung integriert werden und so deren Informationswert erhöht wird, als wenn die IFRS unterschiedslos und vollumfänglich zur Anwendung kämen.[232] Insgesamt soll also eine maßvolle Annäherung erfolgen. Dies bedeutet zum einen die Beseitigung bestehender Wahlrechte. Zum anderen werden einzelne Bilanzierungspositionen unmittelbar den internationalen Standards angenähert.

b) Abschaffung von Wahlrechten

Ein wesentliches Anliegen des Entwurfs ist die Einschränkung bzw. Abschaffung bestehender Wahlrechte. Hierdurch soll das Informationsniveau erhöht werden.[233] Exemplarisch sei hier auf folgende Änderungen hingewiesen. In § 255 Abs. 2 HGB HGB-RegE wird der handelsrechtliche Herstellungsbegriff an den steuerlichen Herstellungsbegriff angepasst. Hiermit ist eine Einschränkung des handelsrechtlichen Aktivierungswahlrechts verbunden, die zu einer verbesserten Vergleichbarkeit und einer Anhebung des Informationsniveaus führt.[234] Das Wahlrecht zur Bildung von Aufwandsrückstellungen für Instandhaltung gemäß § 249 Abs. 1 Satz 2, Abs. 2 HGB wird aufgehoben. Die Aufhebung dient ebenfalls der Stärkung der Informationsfunktion.[235] Schließlich wird der in § 5 Abs. 1 Satz 2 EStG festgeschriebene Grundsatz der umgekehrten Maßgeblichkeit und die hiermit im Zusammenhang stehenden handelsrechtli-

228 Vgl. S. 60 BilMoG-RefE.

229 Vgl. S. 60 BilMoG-RefE.

230 Vgl. S. 62 BilMoG-RefE.

231 Vgl. S. 67 f, 130 BilMoG-RefE. Auf den Anhang wird hier allerdings verzichtet. Dies ist hinnehmbar, bestand – gerade mit Blick auf den Kapitalschutz - eine seiner wesentlichen Aufgaben bisher darin, die Ausübung der den Kapitalschutz erschwerenden Wahlrechte transparenter zu machen.

232 Vgl. S. 61 BilMoG-RefE.

233 Vgl. S. 61 BilMoG-RefE.

234 Vgl. S. 67, 120 f. BilMoG-RefE.

235 Vgl. S. 65, 99 f. BilMoG-RefE.

chen Vorschriften aufgehoben.[236] Gleiches gilt für das Wahlrecht gemäß § 253 Abs. 3 Satz 3 HGB (Abschreibungen wegen künftiger Wertschwankungen) sowie des § 253 Abs. 4 HGB (Abschreibungen im Rahmen vernünftiger kaufmännischer Beurteilung). Auch hier betont der Entwurf jeweils den Konflikt zur Darstellung einer reellen Vermögens-, Finanz- und Ertragslage und somit zur Informationsfunktion des Jahresabschlusses.[237]

Neben dem so erzielten Informationsgewinn werden insbesondere zu Lasten des Kapitalschutzes gehende Manipulationsspielräume beseitigt. Das dem Auszahlungsverbot zugrunde gelegte Zahlenwerk beruht somit insofern auf stärker objektivierten Maßgaben, die „stille Bildung" von Ermessensreserven sowie deren gleichsam „stille Auflösung" werden weitgehend eingeschränkt.[238] Demgegenüber hält der Entwurf ausdrücklich an dem System der historischen Anschaffungskosten und der hier aus dem Vorsichtsprinzip resultierenden Möglichkeit der Bildung stiller Zwangsreserven fest.[239] Insgesamt entspricht der Entwurf also dem Bestreben nach einem bilanzgestützten Kapitalschutz, in dem stille (Zwangs-) Reserven einen wesentlichen Beitrag zum Gläubigerschutz leisten, die Möglichkeit zu Lasten der Informations- und Ausschüttungsbemessungsfunktion gehender Ermessensreserven jedoch weitgehend eingeschränkt wird.

c) Der Einzug von Zeitwerten in die Handelsbilanz

Eine Annäherung an internationale Standards verlangt zugleich auch eine zumindest schrittweise Annäherung an realitätsnähere Bilanzierungsgrundsätze. So wird beispielsweise das Verbot der Aktivierung selbst geschaffener immaterieller Vermögensgegenstände des Anlagevermögens gemäß dem bisherigen § 248 Abs. 2 HGB aufgehoben und durch die Pflicht zur Aktivierung der auf die Entwicklungsphase entfallenden Herstellungskosten ersetzt.[240] Für zu Handelszwecken erworbene Finanzinstrumente wird in § 253 Abs. 1 Satz 3 HGB die Zeitwertbewertung eingeführt.[241] Hierdurch findet die deutlichste Annäherung an internationale Standards und die hier herrschende fair value-Bewertung statt.

Das Abstellen auf - über den historischen Anschaffungs- bzw. Herstellungskosten liegende - Zeitwerte ist mit Unsicherheiten verbunden.[242] Die traditionellen Pfeiler des Imparitäts- und Realisationsprinzips als Ausfluss des Vorsichtsprinzips werden hier durchbrochen. Eine realitätsnähere Bilanzierung und insbesondere der Ansatz von marktnäheren Zeitwerten geht erneut mit einer Entobjektivierung einher und erfordert erneut einen Rückgriff auf erhebliche Ermessensspielräume, so dass der durch die Befreiung von originär handelsrechtlichen Wahlrechten erreichte Vorsprung wieder in Frage gestellt wird. *Wüstemann* spricht von einem *„Frontalangriff auf die Grundfesten*

---

[236] Im Einzelnen § 247 Abs. 3, §§ 254, 273, 279 Abs. 2, § 280 Abs. 1, §§ 281, 285 Satz 1 Nr. 5 HGB; vgl. S. 65 BilMoG-RefE.

[237] Vgl. S. 66, 110 f, 113 f. BilMoG-RefE.

[238] Hierzu oben C.IV.

[239] § 253 Abs. 2 a.F. findet sich in § 253 Abs. 2 RefE.

[240] Vgl. S. 64, 97 f. BilMoG-RefE.

[241] Vgl. S. 65, 103 ff. BilMoG-RefE.

[242] Hierzu oben C.III.3.a).

des deutschen Bilanzrechts".[243] In Anerkennung dieser Gefahr sieht der Entwurf selber in § 268 Abs. 8 HGB-E eine Ausschüttungssperre vor und setzt sich somit selbst in Widerspruch zu seinem Plädoyer für eine zeitgemäße Bilanzierung.[244]

3. Ergebnis

Die Handelsbilanz als Grundlage für den Kapitalschutz bei der GmbH sollte von Wahlrechten und der hier resultierenden Möglichkeit der Bildung stiller Ermessensreserven befreit werden. Der vorliegende Entwurf kommt diesem Bestreben weitgehend nach. Gleichzeitig werden jedoch vergleichbare Spielräume durch die schrittweise Einführung der Zeitwertbewertung wieder eröffnet. Es bleibt abzuwarten, ob das Austauschen von originär handelsrechtlichen Wahlrechten gegen solche, die aus einer realitätsnäheren Bilanzierung resultieren, einen echten Vorsprung in einem der Information und dem bilanzgestützten Kapitalschutz gleichermaßen verpflichteten Handelsbilanzrecht schafft. Das alt bewehrte System eines handelsbilanzgestützten Kapitalschutzes bei der GmbH würde durch eine dem Entwurf entsprechende Reformierung des HGB jedenfalls grundsätzlich bestätigt.

V. Ergebnis und Ausblick

Der bilanzgestützte Kapitalschutz mit dem hier vorherrschenden Vorsichtsprinzip und den resultierenden stillen Reserven erweist sich als verlässliche Grundlage für den Gläubigerschutz bei der GmbH. Im Vergleich zu rein situativen Ausschüttungssperren ist eine bilanzgestützte Ausschüttungssperre – genauso wie auch das Rechnungslegungsrecht des HGB an sich – von dem für einen effektiven und verlässlichen Gläubigerschutz erforderlichen Maß an Objektivität gekennzeichnet, anstatt ausschließlich auf Zukunftsprognosen und ein hierfür erforderliches Ermessen der Geschäftsleiter zu setzen. Allerdings wird auch der bilanzgestützte Kapitalschutz bereits de lege lata von weiteren, vornehmlich auf den Liquiditätsschutz ausgerichteten Instrumenten in Form von Solvenztests deutscher Prägung und der hieran anknüpfenden Verhaltenshaftung der Beteiligten in vertretbarem Maße begleitet.

Dieser vornehmlich bilanzorientierte Gläubigerschutzes ist jedoch durch die Abschaffung der zu stillen Ermessensreserven führenden Wahlrechte stärker zu objektivieren und von Missbrauchsmöglichkeiten zu befreien, um Informations- und Kapitalschutzfunktion gleichermaßen zu stärken. Mit *Schulze-Osterloh*[245] lässt sich zusammenfassen, dass durch die Hinwendung des Jahresabschlusses zu einer stärkeren Objektivierung zu seinen Aussagen und die hierzu erforderliche Abschaffung der Wahlrechte die Einwendungen gegen ein bilanzgestütztes Kapitalschutzprinzip somit endgültig entkräftet würden, wobei die Regeln wegen der verstärkten Objektivierung einfacher zu handhaben sein und somit auch den internationalen Alternativen wegen der

---

243 Vgl. *Wüstemann*, BB 2007, Heft 47, Die Erste Seite.

244 Vgl. *Wüstemann*, BB 2007, Heft 47, Die Erste Seite.

245 Vgl. *Schulze-Osterloh*, ZIP 2004, 1128, 1137. Vgl. auch den Sprecher der Hauptgeschäftsführung des BDI *Bräuning*, WPg 2007, 114, 116: eine solche behutsame Reform stellt sich jedenfalls für nicht kapitalmarktorientierte Unternehmen als ein richtiger Schritt in die internationale Wettbewerbsfähigkeit dar.

dort bestehenden Beurteilungsspielräume und den resultierenden Unsicherheiten in Anwendung und Abschlussprüfung voraus sein werden. Das Rechnungslegungsrecht des HGB ist nach dem momentanen Stand des internationalen Rechnungslegungswettbewerbs die verlässlichste und kosteneffizienteste Grundlage für den aus dem Haftungsprivileg notwendig werdenden Kapital- und Gläubigerschutz. Insofern darf man der Prophezeiung, in zehn Jahren seien die IFRS auch auf den deutschen Einzelabschluss anzuwenden,[246] durchaus noch mit guten Gründen trotzen.[247] Das HGB und somit auch seine Bedeutung für den Kapitalschutz wird – wenngleich mit Öffnung für internationale Einflüsse – gerade erst im Rahmen des BilMoG bestätigt. Allerdings bleibt hier abzuwarten, wieweit der Einzug von Zeitwerten in die Handelsbilanz wiederum zu Lasten ihrer Objektivität sowie den grundlegenden handelsbilanziellen Prinzipien von Vorsicht und Realisierung gehen wird.

Erweist sich ein auf die Handelsbilanz gestützter Gläubigerschutz also auch zukünftig als grundsätzlich verlässliche Grundlage für den Gläubigerschutz bei der GmbH, so ist der Weg frei, einzelne Auszahlungsvorgänge im Rahmen des Auszahlungsverbotes zu untersuchen.

---

[246] So etwa Klaus-Peter *Naumann*, Vorstandssprecher des Instituts der Wirtschaftsprüfer, in FAZ vom 23.1.2006, Nr. 19, S. 20 („Die deutsche Rechnungslegung stirbt“).

[247] So auch *Moxter*, BB 2006, Heft 13, Die Erste Seite; *Küting*, BB 2007, *ders.*, BB 2007, Heft 19, Die Erste Seite.

ZWEITER TEIL – Lex lata

D. Austauschverträge de lege lata

Sofern in der vorliegenden Untersuchung von verdeckten Vermögensverlagerungen im Rahmen von Austauschverträgen einerseits und solchen bei Kreditverträgen andererseits die Rede ist, so soll nicht verkannt werden, dass es sich auch bei Darlehensverträgen, als dem Hauptfall des Kreditvertrages,[248] gleichsam um Austauschverträge handelt.[249] In Anlehnung an die grundlegenden Ausführungen *Stimpels*', der von Austauschverträgen ohne ein Kreditelement ausgeht und sodann ein „Fortdenken der wirtschaftlichen Betrachtung" für Kreditverträge vornimmt, soll hier wie auch in der überwiegenden Literatur verallgemeinernd von Austauschverträgen einerseits und Kreditverträgen andererseits die Rede sein.

I. Fallgruppen

1. Das Schulbeispiel und *Stimpels* „wirtschaftliche Betrachtung"

Bereits bei Darstellung der Rechtsfolgen verbotener Auszahlungen wurde die Bedeutung der Fälle deutlich, in denen eine etwaige Auszahlung von Gesellschaftsvermögen nicht offen erkennbar, sondern unter dem Deckmantel schuldrechtlicher Leistungsbeziehungen erfolgt. Dies kann im Rahmen von Darlehensverträgen oder Sicherheiten zugunsten eines Gesellschafters, sowie bei Kauf- und sämtlichen weiteren Austauschverträgen der Fall sein. Solche Fälle bilden seit jeher den Paradefall der „Abkehr vom handelsbilanziellen Denken". In den Kommentierungen findet sich als Schulbeispiel stets der Fall, dass die Gesellschaft ein zum Gesellschaftsvermögen gehörendes Grundstück an den Gesellschafter zu einem unter dem Verkehrswert liegenden (Buch-) Wert veräußert und hierbei eine Unterbilanz besteht oder, wenn man ihre Bilanzwirksamkeit einmal unterstellt, entsteht. Nach nahezu einhelliger Meinung sollen die stillen Reserven, die durch den Ansatz fortgeführter Buchwerte anstelle der wahren (Verkehrs-) Werte entstehen, durch einen Drittvergleich und die hiermit erfolgende Extension des Auszahlungsverbotes im Stadium der Unterbilanz geschützt werden, obwohl die bilanzielle Betrachtung einen solchen Schutz gerade nicht biete.[250] Paradigmatisch führt *Stimpel* hierzu aus:

---

[248] Bei Sicherheiten, wie beispielsweise der Bürgschaft, handelt es sich regelmäßig nicht um einen - gegenseitigen - Austauschvertrag, vgl. Palandt-*Sprau*, § 765 Rn. 1.

[249] Vgl. zum Darlehenvertrag als gegenseitiger Vertrag Palandt-*Putzo*, § 488 Rn. 1, 3.

[250] Zu dem Schulbeispiel als dem Ausgangspunkt der Kritik an der bilanziellen Betrachtung statt aller Baumbach/*Hueck*/*Fastrich*, § 30 Rn. 25; Roth/*Altmeppen*, § 30 Rn. 12; Rowedder/Schmidt-Leithoff/*Pentz*, § 30 Rn. 11; Hachenburg/*Goerdeler*/*Müller*, § 30 Rn. 41; *Fiedler*, Verdeckte Vermögensverlagerungen, S. 17; *Tries*, Verdeckte Gewinnausschüttungen, S. 36; *Wilhelmi*, Kapitalerhaltung, S. 164; *Bitter*, ZHR 168 (2004), 302, 303; *Helmreich*, GmbHR 2004, 457, 458; zu einem vergleichbaren Beispiel *Vetter*/*Schwandtner*, DK 200407, 420: „Paradebeispiel". Früher grundlegend *Stimpel*, FS GmbHG, S. 335, 340; auch bereits *Joost*, GmbHR 1983, 285, 286 f; *U.H.Schneider*, ZGR 1985, 279, 282. Aus jüngerer Zeit im Rahmen der Diskussion über ein Auszahlungsverbot de lege ferenda statt vieler *Grunewald*, WM 2006, 2333, 2336.

„Bei Unterbilanz wird mithin durch § 30 Abs. 1 GmbHG meist ein höherer realer Vermögenswert als derjenige gebunden, den die Handelsbilanz jeweils ausweist; denn zu deren Buchwert treten die in den Bilanzansätzen enthaltenen stillen Reserven hinzu. (...) Ist aber, wenn erst einmal die Stammkapitalziffer unterschritten ist, ein Vermögen von höherem realen Wert als dem Buchwert zur 'Erhaltung des Stammkapitals erforderlich' und damit dem Zugriff der Gesellschafter zu eigenem Vorteil entzogen, dann wäre es widersprüchlich zuzulassen, dass ein einzelner, in jenem Sinne zur Erhaltung des Stammkapitals erforderlicher höherwertiger Vermögensgegenstand zum Buchwert an den Gesellschafter veräußert und damit das gebundene Gesellschaftsvermögen real geschmälert wird. (...) Bei Unterbilanz darf daher ein Wirtschaftsgut nur an Gesellschafter veräußert werden, wenn die Gegenleistung den aus dem Gesellschaftsvermögen ausscheidenden Wert des Gegenstands voll und nicht nur buchmäßig ausgleicht."[251] Alles andere, so *Stimpel*, würde Folgendes bedeuten: *„(...) eine GmbH mit einem Stammkapital von 100.000 DM und einem Reinvermögen von nur noch 80.000 DM dürfte kapitalsicherungsrechtlich unbedenklich ein mit einem Buchwert von 20.000 DM ausgewiesenes Gesellschaftsgrundstück zum Preise von 20.000 DM an einen Gesellschafter verkaufen, auch wenn der Verkehrswert 40.000 DM betragen und die Gesellschaft real einen Vermögenswert von 20.000 DM verlieren würde; die Unterbilanz hätte das nicht 'vertieft', sie wiese das Nettovermögen immer noch mit 80.000 DM aus."*[252]

In Abkehr von einer solch bilanziellen Betrachtung, so *Stimpel,* dürfe daher ein Wirtschaftsgut an Gesellschafter bei Unterbilanz nur veräußert werden, wenn die Gegenleistung den aus dem Gesellschaftsvermögen ausscheidenden Wert des Gegenstandes ausgleiche:

„Das im Beispielsfall (...) mit 20.000 DM verbuchte Grundstück darf dem Gesellschafter trotz Ausgleich der Bilanz nicht übertragen werden, wenn der Verkehrswert 40.000 DM beträgt und ein Kaufpreis von weniger als 40.000 DM – etwa nur 20.000 DM – vereinbart wird."[253]

2. Weitere Fälle

In Anlehnung an dieses Schulbeispiel sollen neben der Veräußerung von aktivierten Wirtschaftsgütern - und der hierdurch erfolgenden sanktionslosen Weggabe stiller Reserven - auch die Veräußerung nicht bilanzierter, insbesondere nicht entgeltlich erworbener immaterieller Wirtschaftsgüter,[254] die Nutzungsüberlassung sowie das Zurverfügungstellen von Dienst- oder Werkleistungen zu einer geringen oder überhaupt keiner Vergütung[255] oder – in umgekehrter Richtung – die Zahlung überhöhter Entgelte durch die Gesellschaft bei der Erbringung solcher Leistungen durch den Gesellschafter an

---

[251] Vgl. *Stimpel*, FS GmbHG, S. 335, 340 f.
[252] Vgl. *Stimpel*, FS GmbHG, S. 335, 338 f.
[253] Vgl. *Stimpel*, FS GmbHG, S. 335, 342.
[254] Vgl. Baumbach/*Hueck/Fastrich*, § 30 Rn. 20; Rowedder/Schmidt-Leithoff/*Pentz*, § 30 Rn. 11; Hachenburg/*Goerdeler/Müller*, § 30 Rn. 41; *Kleffner*, Stammkapital, S. 57.
[255] Vgl. aus der Rechtsprechung *BGHZ* 31, 258 (Nutzungsgebühr für „Lufttaxi"); *BGH* NJW 1987, 1194 (zu billige Werkleistung); *BGHZ* 111, 224 (überhöhte Geschäftsführerbezüge). Zum Ganzen auch Baumbach/*Hueck/Fastrich*, § 30 Rn. 22; *Lutter/Hommelhoff*, § 30 Rn. 11; MünchHdb-GmbH/*Priester*, § 57 Rn. 117; *Stimpel*, FS GmbHG, S. 335, 343 ff; *Koch*, Existenzvernichtungshaftung, S. 45 f; *Geißler*, GmbHR 2003, 394, 396 f; *Servatius*, GmbHR 1998, 723, 724.

die Gesellschaft im Stadium der Unterbilanz verboten sein, obwohl sich ein Auszahlungsverbot hier wiederum nicht aus handelsbilanziellen Grundsätzen ableiten lässt, aber doch von einem weiten Auszahlungsverständnis in § 30 Abs. 1 GmbHG erfasst ist. Die in Frage stehenden Auszahlungen lassen sich in zwei Gruppen zusammenfassen:[256]

- Lieferungen und Leistungen der Gesellschaft an den Gesellschafter bzw. an einen ihm gleichgestellten Dritten zu einem unter dem erzielbaren Preis liegenden Entgelt oder ohne Gegenleistung;
- Lieferungen und Leistungen des Gesellschafters bzw. eines ihm gleichgestellten Dritten an die Gesellschaft zu einem über dem erzielbaren Preis liegenden Entgelt.[257]

Lutter[258] bringt es auf den Punkt: Mit verdeckten Ausschüttungen „*ist ein nahezu uferloses Gebiet angesprochen*", die „*Beispiele sind Legion.*"

Selbstverständlich müssen die dargestellten Grundsätze nicht nur bei teilweise unausgeglichenen Leistungen, sondern auch dann gelten, wenn die Gesellschaft keinerlei Gegenleistung erhält. Vollständig unentgeltlichen Leistungen liegen aber keine als solche zu bezeichnenden Austauschverträge zugrunde, da es an der hierfür erforderlichen Verknüpfung von Leistung und Gegenleistung fehlt.[259] Der Einfachheit halber ist

---

256 So Rowedder/Schmidt-Leithoff/*Pentz*, § 29 Rn. 163. Im Ergebnis auch *Döllerer*, Verdeckte Gewinnausschüttungen, S. 38; Hachenburg/*Goerdeler/Müller*, § 29 Rn. 126.

257 Bei genauerem Hinsehen fällt auf, dass die einhellig verbreitete These der Unzulänglichkeit einer bilanziellen Betrachtung einer Differenzierung bedarf. Eine Unzulänglichkeit der Handelsbilanz zur kapitalerhaltungsrechtlichen Ablichtung einer verdeckten Vermögensverlagerung besteht zweifellos dann, wenn – wie im Schulbeispiel – ein Vermögenswert zu einem unter dem Verkehrswert liegenden Buchwert veräußert wird. Denn bilanziell schlagen sich lediglich unter dem Buchwert erfolgende Veräußerungen als Verlust, oder aber über dem Buchwert liegende Veräußerungen als Ertrag nieder. Da bilanziell allein vom Buchwert ausgegangen wird, schlägt sich eine zum Verkehrswert bestehende Differenz hingegen nicht wertmindernd nieder. Gleiches gilt bei solchen Leistungen, die gar nicht aktiviert werden, wie etwa bei selbst geschaffenen immateriellen Wirtschaftsgütern sowie bei Dienst- oder Werkleistungen.
Hingegen wird der Erwerb von einem Gesellschafter zu einem unangemessen hohen Preis sehr wohl bilanziell erfasst, so dass hierdurch eine Unterbilanz begründet oder vertieft werden kann. Denn nach gängiger Buchhaltungspraxis ist der unangemessen hohe Kaufpreis in voller Höhe zu aktivieren, anschließend erfolgt korregierend eine vermögensmindernde Abschreibung auf den angemessenen Betrag. Allerdings wird auch dieser – bilanziell durchaus erfasste Fall – einhellig dem in § 30 Abs. 1 GmbHG korregierend hereingelesenen Drittvergleich unterworfen, ohne auf eine am Ende des Wirtschaftsjahres erfolgende Korrektur im Jahresabschluss zu warten. *Schulze-Osterloh* (ZIP 1993, 1838, 1842) und *Priester* (ZGR 1993, 512, 530) begründen diese somit bei sämtlichen Leistungsbeziehungen vorzunehmende Korrektur mit der durch die verdeckte Vermögensverlagerung erfolgenden Verletzung des Trennungsprinzips. Auch in dem Beispielsfall sei die Vermögensverlagerung – trotz bilanzieller Erfassung – als Aufwand getarnt und somit unsichtbar. Der Drittvergleich und die Rückgewährpflicht aus § 31 Abs. 1 GmbHG habe bei sämtlichen verdeckten Vermögensverlagerungen sanktionierende Funktion.

258 Vgl. *Lutter*, FS Stiefel, S. 505, 521, 525.

259 Vgl. Palandt/*Heinrichs*, Einf v § 320 Rn. 7.

im Rahmen der bisherigen und weiteren Untersuchung aber auch hier einheitlich von Austauschverträgen die Rede. Schließlich soll an dieser Stelle nicht unerwähnt bleiben, dass die Problematik verdeckter Vermögensverlagerungen auch in der Konzernpraxis einen besonderen Stellenwert hat.[260] Die verbundenen Unternehmen stehen regelmäßig in vielfältigem Leistungsaustausch miteinander, verdeckte Vermögensverlagerungen sind hier gerade unter dem Gesichtspunkt der Konzernverrechnungspreise Gegenstand umfangreicher interdisziplinärer Betrachtungen.[261] Da für Vertragskonzerne weitgehend ein eigenes Regelungsregime besteht, soll sich die vorliegende, dem Auszahlungsverbot der GmbH gewidmete Untersuchung auch bei verdeckten Vermögensverlagerungen auf konzernfreie Sachverhalte beschränken.[262]

II. Der Drittvergleich als Korrektiv im Rahmen der „wirtschaftlichen Betrachtung"

1. Drittvergleich - Verdeckte Vermögensverlagerung – „causa societatis"

Im Rahmen des mit *Stimpel* anhand des Schulbeispiels bereits deutlich gemachten „wirtschaftlichen Verständnisses" fordern Rechtsprechung und Literatur seit jeher, dass in § 30 Abs. 1 GmbHG als weitere ungeschriebene Voraussetzung ein Drittvergleich vorzunehmen ist. Hierdurch soll ein zulässiges Austauschgeschäft von einer Leistung abgegrenzt werden, die gerade mit Rücksicht auf die Gesellschafterstellung erfolgt, sog. Leistung causa societatis.[263] Auf diese Weise sollen durch den Mantel des Austauschgeschäfts verdeckte Vermögensverlagerungen von der Gesellschaft auf den Gesellschafter erfasst werden. Eine verdeckte Vermögensverlagerungen liegt vor, wenn außerhalb einer förmlichen Gewinnverwendung zu Lasten der GmbH eine Leistung an einen Gesellschafter bewirkt wird, der keine angemessene Gegenleistung gegenübersteht, was im Rahmen eines Drittvergleichs zu ermitteln ist.[264]

Unter dem Aspekt der verdeckten Vermögenslagerung und der „causa societatis" werden schließlich auch Kreditbeziehungen zwischen Gesellschaft und Gesellschaftern diskutiert,[265] wenngleich sich die dort stattfindende Diskussion anders als bei

---

260 Dies betont *Fleischer*, in Lutter (Hrsg.), Kapital, S. 114, 117.

261 Hierzu ausführlich *Wiedemann/Fleischer*, in Lutter u.a. (Hrsg.), Konzernfinanzierung, Rn. 29.1 ff.

262 Zu verdeckten Vermögensverlagerungen im GmbH-Vertragskonzern Lutter, FS Stiefel, S. 505, 530 ff; *U.H.Schneider*, ZGR 1995, 279 ff. Auf Besonderheiten verschiedener Konzernformen im Zusammenhang mit dem Cash Pooling wird in der vorliegenden Untersuchung in gebotener Kürze eingegangen, hierzu unten E.V.3.

263 Vgl. statt vieler *BGHZ* 141, 79, 87 f (auf der Gesellschafterstellung beruhende (verdeckte) Leistungen); bereits *BGHZ* 13, 49, 54; grundlegend *Ballerstedt*, Kapital, S. 114 ff; MünchHdb-GmbH/*Priester*, § 67 Rn. 116 (auf Grund des Gesellschaftsverhältnisses); so auch Hachenburg/*Müller/Goerdeler*, § 29 Rn. 129, 133.

264 Vgl. Baumbach/*Hueck/Fastrich*, § 29 Rn. 68; Rowedder/Schmidt-Leithoff/*Pentz*, § 29 Rn. 160; Scholz/*Emmerich*, § 29 Rn. 68; *Geßler*, GmbHR 2003, 394, 396.

265 Dies gilt nicht nur für die hier im Mittelpunkt stehende Frage einer Zulässigkeit aufsteigender Darlehen, hierzu ausführlich unten E., sondern auch - in umgekehrter Richtung - bei Darlehen des Gesellschafters an die Gesellschaft zu einem zu hohen Zinssatz, vgl. Rowedder/Schmidt-Leithoff/*Pentz*, § 29 Rn. 177. Zu aufsteigenden Darlehen unter dem Gesichtspunkt der verdeckten Gewinnausschüttung statt vieler *Grunewald*, Gesellschaftsrecht, 2.C.151; *Sotiropoulos*, Kredite,

sonstigen Austauschverträgen weniger auf das vollständige Fehlen einer bilanziellen Ablichtung und den dort bereits immanenten Drittvergleich bezieht, sondern auf die hierüber hinausgehende Berücksichtigung der aus dem Kreditelement resultierenden Besonderheiten, insbesondere der Liquiditätseinbuße.[266]

2. Ausgestaltung des Drittvergleichs

Während das Reichsgericht[267] und im Anschluss hieran anfänglich auch der BGH[268] ausschließlich auf die Vergleichbarkeit der konkreten Vertragskonditionen abstellten, stellen BGH und Literatur heute – in Anlehnung an die vom BFH zur steuerrechtlichen verdeckten Gewinnausschüttung entwickelten Grundsätze[269] - darauf ab, „ob ein gewissenhaft nach kaufmännischen Grundsätzen handelnder Geschäftsführer das Geschäft unter sonst gleichen Umständen zu gleichen Bedingungen auch mit einem Nichtgesellschafter abgeschlossen hätte und die Leistung durch betriebliche Gründe gerechtfertigt ist".[270] Ist dies zu verneinen, so handelt es sich um eine unzulässige Leistung auf Grund des Gesellschaftsverhältnisses, sog. Leistung causa societatis.[271] Die so vorzunehmende Abgrenzung schließt einen Ermessensspielraum ein, dessen Ausfüllung einer durch den Maßstab ordentlichen kaufmännischen Handelns objektivierten Beurteilung unterliegt.[272] Weitere subjektive Merkmale, wie etwa eine Begünstigungsabsicht oder etwaige Fehlvorstellungen, sind hierüber hinaus unerheblich.[273] Selbst wenn subjektive Merkmale häufig fehlen,[274] so kann doch das Bewusstsein, causa societatis zu handeln, mit Rücksicht auf die objektiven Zwecke der Vermögensbindung rechtlich nicht erforderlich sein.[275]

S. 24 ff; *Karsten Schmidt*, DB 1994, 2013, 2014. Aufsteigender Darlehen ausschließlich unter dem Gesichtspunkt der Leistung „causa societatis" behandelt *Wilhelm*, DB 2006, 2729 ff; so auch *H.P. Westermann*, FS Priester, S. 835, 848: „Ebenso ist schwer zu bestreiten, dass die Darlehensgewährung im cash-pool 'causa societatis' erfolgt." So auch *Joost*, in VGR 2006, S. 38.

266 Hierzu nachfolgend E.

267 Vgl. *RGZ* 133, 393, 395; *RGZ* 136, 260, 264; *RG*, LZ 1932, 1143.

268 Vgl. *BGH* LM § 30 GmbHG Nr. 1; *BGH* LM § 30 GmbHG Nr. 3.

269 Zum Verhältnis der gesellschaftsrechtlichen und steuerrechtlichen Grundsätze näher BeckBil-Komm/*Förschle/Büssow*, § 278 Rn. 101 f; *Wagner*, Verdeckte Gewinnausschüttungen, S. 18. Zu steuerrechtlichen Fragen ausführlich MünchHdb-GmbH/*Wrede/Busch*, § 60 ff; jüngst *Schulte/Behnes*, BB 2007, BB-Special 9, S. 1 ff. Zum Auseinanderfallen in konkreten Fällen *Geißler*, GmbHR 2003, 394, 395.

270 So *BGH* NJW 1996, 589 f; NJW 1987, 1194; ZIP 1986, 459 f. Vgl. auch Baumbach/*Hueck/Fastrich*, § 29 Rn. 70; Scholz/*H.P. Westermann*, § 30 Rn. 32; *Winter*, ZHR 148 (1984), 579, 583 ff.

271 Vgl. Scholz/*Westermann*, § 30 Rn. 32; Baumbach/*Hueck/Fastrich*, § 30 Rn. 22.

272 Vgl. *BGH* NJW 1992, 2894, 2896; *OLG Karlsruhe*, WM 1984, 656, 660; Roth/*Altmeppen*, § 30 Rn. 76; Baumbach/*Hueck/Fastrich*, § 29 Rn. 71; *Lutter*, FS Stiefel, S. 505, 528 f; *Geißler*, GmbHR 2003, 394, 396. Gegen einen Ermessensspielraum Scholz/*H.P. Westermann*, § 30 Rn. 33.

273 So die wohl herrschende Meinung, vgl. *BGH* NJW 1996, 589; Baumbach/*Hueck/Fastrich*, § 29 Rn. 70; Scholz/*H.P. Westermann*, § 30 Rn. 32; *Winter*, ZHR 148 (1984), 579, 584 ff; *Geißler*, GmbHR 2003, 394, 396. Für die a.A. grundlegend *Wilhelm*, FS Flume, 1978, Bd. II, S. 378 ff.

274 *Hüffer*, § 57 Rn. 11, sieht in dem Fehlen der subjektiven Elemente sogar den empirischen Regelfall.

275 Zutreffend parallel zur AG *Hüffer*, § 57 Rn. 11.

Im Einzelnen lassen sich hier zwei Prüfungsschritte unterscheiden.[276] Zum einen ist zu fragen, ob die Leistung durch betriebliche Gründe gerechtfertigt war, „ob" nämlich ein solches Geschäft mit einem Dritten überhaupt abgeschlossen worden wäre. Des Weiteren ist die Leistung hinsichtlich des „wie" auf die hypothetisch vereinbarten Konditionen hin mit einem mit Dritten abgeschlossenen Vertrag zu vergleichen.[277] Jedoch lässt sich weder in Rechtsprechung noch in Literatur ein klares Meinungsbild darüber zeichnen, in welchem Verhältnis die beiden Elemente zueinander stehen. Das Merkmal der Leistung „causa societatis" lädt zu mannigfachen Interpretationen ein.[278] So soll eine verbotene Auszahlung vorliegen, wenn dem Gesellschafter ein Vorteil gerade wegen seiner Gesellschafterstellung und somit causa societatis gewährt werde, wovon bei objektiver Unausgewogenheit von Leistung und Gegenleistung im Rahmen einer Vermutung auszugehen sei.[279] Dies bedeutet umgekehrt, dass eine Leistung auch dann noch zulässig sein kann, wenn sie zwar dem konkreten Drittvergleich mit Marktkonditionen nicht standhält, die Leistung aber dennoch durch betriebliche Gründe gerechtfertigt ist.[280] Andererseits soll das Abstellen auf die konkreten Konditionen dann überflüssig sein, wenn bereits davon auszugehen sei, dass die Leistung an keinen Dritten gewährt worden wäre, in solchen Fällen - wie sie insbesondere in Konzernverhältnissen liegen sollen - sei auch bei rechnerischer Ausgeglichenheit stets von einer Leistung causa societatis auszugehen.[281] Schließlich besinnen sich andere auf die ursprüngliche, in der frühen Rechtsprechung manifestierte Bedeutung des Drittvergleichs zurück und stellen für die Beurteilung der Zulässigkeit allein auf die rechnerische Ausgeglichenheit von Leistung und Gegenleistung ab.[282]

---

276 Ausdrücklich Rowedder/Schmidt-Leithoff/*Pentz*, § 30 Rn. 32.

277 Auch Baumbach/*Hueck*/*Fastrich*, § 30 Rn. 22: „Ob und Wie". Zu dieser Unterscheidung grundlegend *Flume*, ZHR 144 (1980), 18 ff; *Winter*, ZHR 148 (1984), 579, 584 ff. Ähnlich *Servatius*, DStR 2004, 1176, 1181: satzungsgemäße Ziele (ob) einerseits und Vergleich mit den marktüblichen Konditionen (wie) anderseits.

278 Kritisch daher auch *Lutter*, FS Stiefel, S. 505, 528 mwN.

279 Vgl. *OLG Hamburg*, ZIP 2005, 1968, 1969; *OLG Koblenz* AG 1977, 231; Scholz/*H.P. Westermann*, § 30 Rn. 32; *Hüffer*, § 57 Rn. 11 zur AG; *Ballerstedt*, Kapital, S. 118 f; *Geßler*, FS Fischer, S. 131, 135; *Winter*, ZHR 148 (1984), 579, 586; *Geißler*, GmbHR 2003, 394, 396.

280 Deutlich *Hüffer*, § 57 Rn. 9 unter Verweis auf *BGH* NJW 1987, 1194, 1195: Abweichungen nach unten müssten jedenfalls durch betriebliche Gründe gerechtfertigt sein. Ausführlich *Tries*, Verdeckte Gewinnausschüttungen, S. 180 f; *Geißler*, GmbHR 2003, 394, 396; auch – wenngleich kritisch - *Wilhelmi*, Kapitalerhaltung, S. 173 mit umfangr. Nachw. Früher bereits *BGHZ* 13, 49, 54; *Flume*, ZHR 144 (1980), 18, 21 f; *Wilhelm*, FS Flume, Bd. II, 1978, S. 337, 379 ff; *Winter*, ZHR 148 (1984), 579, 586.

281 Diese Sichtweise ist in jüngerer Zeit insbesondere mit Blick auf den Drittvergleich bei Darlehen und Sicherheiten – gleichermaßen für AG und GmbH - verdeutlicht worden, vgl. MünchKomm-AktG/*Bayer*, § 57 Rn. 81; Roth/*Altmeppen*, § 30 Rn. 97; *Schön*, ZHR 159 (1995), 367; *Bayer*, FS Lutter, 2000, S. 1011, 1025; *Maier-Reimer*, in Lutter (Hrsg.), Holding-Handbuch, Rn. 16.18; *Joost*, in VGR 2006, S. 31, 34.

282 So *Koch*, Existenzvernichtungshaftung, S. 32 f; *Wilhelmi*, Kapitalerhaltung, S. 177 f; *Tries*, Verdeckte Gewinnausschüttungen, S. 53, 155; *Falkenstein*, Entnahmerechte, S. 84; *Fleck*, FS GmbHG, S. 391, 400; *Lutter*, FS Stiefel, S. 505, 528; *Reemann*, MittRhNotK 1996, 113, 125; *Schulze-Osterloh*, ZIP 1993, 1838, 1842.

III. Beschränkung auf das gebundene Vermögen

Nach überwiegender Meinung verstößt eine verdeckte Vermögensverlagerung nur dann gegen das Auszahlungsverbot des § 30 Abs. 1 GmbHG, wenn das zur Erhaltung des Stammkapitals erforderliche Vermögen berührt wird.[283] Als Begründung hierfür verweist man insbesondere auf die von *Stimpel* aufgestellte These, jeder - auch tatsächliche - Vermögenswert sei zur Erhaltung des Stammkapitals in seiner Funktion als Mindestbetriebsvermögen und Mindesthaftungsreserve *erforderlich*, soweit das Stammkapital bilanziell nicht mehr gesichert sei.[284] An dieser Stelle zeigen sich die Unterschiede der Vermögensbindung bei GmbH und AG. Bei der AG besteht ein konsequentes Verbot verdeckter Vermögensverlagerungen.[285] Verdeckte Vermögensverlagerungen verstoßen dort also stets und unabhängig von der Vermögenssituation der Gesellschaft gegen die Vermögensbindung.

Bei der GmbH hingegen werden verdeckte Vermögensverlagerungen jenseits der Unterbilanz lediglich an ihrem Innenrecht gemessen, nämlich am Gleichbehandlungsgrundsatz, der Treuepflicht sowie an der innergesellschaftlichen Kompetenzverteilung. Der Gleichbehandlungsgrundsatz verbietet es, dass durch die verdeckte Vermögensverlagerung einzelne Gesellschafter einseitig bevorzugt werden.[286] Ist die Vermögensverlagerung des Weiteren an der Treuepflicht zu messen,[287] so wird hier teilweise auf eine lediglich ergänzende Funktion zum Gleichbehandlungsgrundsatz hingewiesen, da die Gleichbehandlung im Vordergrund stehe.[288] Ein Verstoß gegen diese Grundsätze ist nur dann zu verneinen, wenn der in der verdeckten Vermögensverlagerung liegende Sondervorteil mit Zustimmung der Benachteiligten erfolgt.[289] Mit Blick auf die innergesellschaftliche Kompetenzverteilung sind solche Vorgänge wie auch die allgemeine Ergebnisverwendung nach §§ 29 Abs. 1 und 2, 42a Abs. 2, 46 Nr. 1 GmbHG der Gesellschafterversammlung zugewiesen,[290] so dass bei fehlendem Beschluss gegen die

---

283 Vgl. jüngst *BGH* DStR 2007, 2270 f. Bereits *BGHZ* 31, 258, 276; 136, 125, 127; *BGH* NJW 1987, 1194, 1195; *Lutter/Hommelhoff*, § 29 Rn. 50; *Wagner*, Verdeckte Gewinnausschüttungen, S. 19 f; *Tries*, Verdeckte Gewinnausschüttungen, S. 63 mwN; *Lutter*, FS Stiefel, S. 505, 525.

284 So zur Erweiterung des *erforderlichen* Vermögens *Tries*, Verdeckte Gewinnausschüttungen, S. 36; *Kleffner*, Stammkapital, S. 56. Grundlegend *Stimpel*, FS GmbHG, S. 331, 335.

285 Vgl. *BGHZ* 141, 79, 84, 87 f; *Hüffer*, § 57 Rn. 8 ff; *Karsten Schmidt*, Gesellschaftsrecht, § 29 II 2a; *Grunewald*, Gesellschaftsrecht, 2.C.151; *Fiedler*, Verdeckte Vermögensverlagerungen, S. 4 ff; *Tries*, Verdeckte Gewinnausschüttungen, S. 64 ff; *Bitter*, ZHR 168 (2004), 303, 308 ff. Zur Frage, inwiefern sich dieses Verbot auch schon aus der Kapitalrichtlinie ergibt ausführlich *Fleischer*, in Lutter (Hrsg.), Kapital, S. 114, 118 ff.

286 Vgl. *BGH* NJW 1996, 589, 590; Baumbach/*Hueck/Fastrich*, § 29 Rn. 73; *Karsten Schmidt*, Gesellschaftsrecht, § 37 III 2d); *Schulze-Osterloh*, FS Stimpel, S. 487, 499; *Winter*, ZHR 148 81984), 579, 583.

287 Vgl. *BGH* NJW 1996, 589 f; Baumbach/*Hueck/Fastrich*, § 29 Rn. 74, 78; *Schulze-Osterloh*, FS Stimpel, 1985, S. 487, 499, 505 ff; *Bitter*, ZHR 168 (2004), 302, 313 f.

288 So Baumbach/*Hueck/Fastrich*, § 29 Rn. 74; *Schulze-Osterloh*, FS Stimpel, S. 487, 499; *Hager*, ZGR 1989, 71, 87; *Geißler*, GmbHR 2003, 394, 395.

289 Vgl. *BGH* NJW 1996, 589, 590; Baumbach/*Hueck/Fastrich*, § 29 Rn. 73; *Schulze-Osterloh*, FS Stimpel, S. 487, 499; *Bitter*, ZHR 168 (2004), 302, 314.

290 Vgl. Baumbach/Hueck/Fastrich, § 29 Rn. 75; Schulze-Osterloh, FS Stimpel, S. 487, 491 f; *U.H.Schneider*, ZGR 1985, 279, 283 f; *Bitter*, ZHR 168 (2004), 302, 314.

gesetzliche Zuständigkeitsordnung verstoßen wird und der Sondervorteil unzulässig ist.[291]

IV. Stellungnahme und Ausblick

Auch wenn der von Bilanzierungsfragen losgelöste Schutz der Verkehrswerte im Ergebnis überzeugt, so erscheint die auf *Stimpel* zurückgehende, auf die Funktionen des Stammkapitals abstellende Argumentation nicht mehr zeitgemäß. Der Hinweis, bei Austauschverträgen für die Frage einer verbotenen Auszahlung die tatsächlich erzielbaren Werte heranzuziehen, da im Stadium der Unterbilanz nicht nur das bilanzielle, sondern auch das tatsächliche Vermögen zur Erhaltung des Stammkapitals als Mindestbetriebsvermögen und Mindesthaftungsmasse erforderlich und somit jede Auszahlung von Gesellschaftsvermögen unabhängig von ihrer bilanziellen Betrachtung verboten sei, steht im Widerspruch zu einem gewandelten Kapitalverständis. Zumal neben der aufgezeigten Argumentation auch bei der - im folgenden Kapitel darzustellenden - Beurteilung aufsteigender Darlehen auf entsprechende Stammkapitalfunktionen verwiesen wird, so kann an dieser Stelle kein Weg daran vorbeiführen, einen kurzen Blick auf die zum Stamm- bzw. Mindestkapital aktuell geführte Diskussion zu werfen.

Nach traditionellem, auch der Argumentation *Stimpels*` zugrunde liegendem Verständnis hatte das Stammkapital vornehmlich die Funktion eines Haftungs- und Zugriffsfonds.[292] In der Entwurfsbegründung zum GmbH-Gesetz aus dem Jahre 1892 heißt es, das Kapital solle „*den dauernden Grundstock des Unternehmens und zugleich ein bestimmtes Befriedigungsobjekt für die Gesellschaftsgläubiger*“ bilden.[293] Durch das Stammkapital in einer gesetzlich vorgeschriebenen Mindesthöhe solle die Ausstattung mit einem Mindestbetriebskapital gewährleistet werden.[294]

Eingangs gilt es zu betonen, dass die Gesellschaft durch die freiwillige Aufbringung eines der tatsächlichen Unternehmensgröße entsprechenden Kapitals durchaus einen realistischen Haftungsfonds bilden kann. Auch kann gerade von einem freiwillig aufgebrachten, umfangreichen Kapital ein Seriösitätssignal ausgehen. Eine solche Wirkung ist bei der Vielzahl der kleineren, lediglich ein gesetzliches Mindestkapital von 25.000 € aufbringenden GmbHs heute jedoch nicht mehr gegeben. Ein gesetzliches Mindestkapital von 25.000 € kann die im Mittelpunkt der traditionellen Sichtweise stehende Funktion eines Haftungs- und Zugriffsfonds nicht mehr erfüllen. Ein allgemeingültiger Betrag von 25.000 € kann keinen nennenswerten Beitrag zur Insolvenz-

---

291 Zur umstrittenen Frage, inwieweit die Kompetenz von der gesetzlichen Grundregel abweichend auf die Geschäftsführer übertragen werden kann Baumbach/*Hueck/Fastrich*, § 29 Rn. 75. Zu den Rechtsfolgen, insbesondere der umstrittenen Frage, ob eine verschuldensunabhängige Haftung gemäß § 31 GmbHG analog in Betracht kommt Hachenburg/*Goerdeler/Müller*, § 29 Rn. 134; *Lutter/Hommelhoff*, § 29 Rn. 54; *Flume*, ZHR 144 (1980), 27; *Winter*, ZHR 148 (1984), 579, 588 ff.

292 Vgl. Roth/*Altmeppen*, § 5 Rn. 4; *Stimpel*, FS GmbHG, 1992, S. 335, 349; *Wilhelmi*, GmbHR 2006, 13.

293 Vgl. *GmbHG-Entwurf*, S. 3715, 3729.

294 Auch der BGH hat dies mehrfach als Kernstück des Gläubigerschutzes im Kapitalgesellschaftsrecht bezeichnet, so etwa in *BGHZ* 28, 77; 51, 157, 162.

vermeidung leisten.[295] Die Höhe des Mindestkapitals steht heutzutage gerade nicht in einem angemessenen Verhältnis zu dem tatsächlichen Bedarf an Betriebsmitteln und dem Risikoprofil des Unternehmens.[296] Auch ist in Erinnerung zu rufen, dass das Stammkapital nur gegen Rückflüsse an die Gesellschafter, nicht jedoch vor Verwirtschaftung geschützt ist.[297] Gerade hier führt der Gedanke eines Mindestkapitals im Sinne eines Haftungsfonds zu Missverständnissen, denn er erweckt den Anschein, es handele sich um eine unantastbare Geldreserve.[298] Nach heutigem Kapitalverständnis wird dem Stammkapital in einer gesetzlich vorgesehenen Mindesthöhe allenfalls noch die bereits angesprochene Seriösitätsfunktion zugesprochen.[299] Die entscheidende Bedeutung kommt dem Mindestkapital hier bei Gründung der Gesellschaft zu.[300] Denn das Mindestkapital wirkt hier als „Seriösitätsschwelle"[301] bzw. als „Eintrittskarte"[302] in die Haftungsbeschränkung. Allerdings kann auch diese Funktion durch ein gesetzliches Mindestkapital von 25.000 € nicht mehr allgemeingültig erfüllt werden.[303] Insge-

---

295 Zur Insolvenzanfälligkeit der GmbH trotz des Mindestkapitals auch *Fastrich*, DStR 2006, 656; J. *Meyer*, GmbHR 2004, 1417, 1420. Bei Inkrafttreten des GmbHG bedeutete ein Nettovermögen in Höhe des Mindestkapitals von 20.000 Reichsmark noch ein beträchtliches „Sicherheitsreservoir"; vgl. *Fleck*, FS GmbHG, S. 391, 392; *Heidinger*, DNotZ 2005, 97, 104. Seit dieser Zeit hat der Anwendungsbereich der Kapitalerhaltung und so auch der Schutzzweck des Verlustpuffers eine unaufhaltsame Erosion erfahren.

296 Vgl. *Grunewald/Noack*, GmbHR 2005, 189, 190; *Mülbert*, DK 2004, 151, 154; *Schön*, DK 2004, 162, 165. Ein Betrag von 25.000 € genügt tatsächlich nur ganz ausnahmsweise, um den Eigenkapitalbedarf eines Unternehmens zu decken, so *H.P. Westermann*, ZIP 2005, 1849, 1854; *Meyer/Hermes*, GmbHR 2005, 807, 811 – in der Literatur wird ein heutiges, dem damaligen Haftungsfonds von 20.000 Reichsmark entsprechendes Sicherheitsreservoir mit einem Betrag von 2.000.000 € beziffert, so *Heidinger*, DNotZ 2005, 97, 104. Umgekehrt betrachtet konnte man für 20.000 Reichsmark noch eine „relativ noble Villa" kaufen, 25.000 € hingegen dürften höchstens für eine kleine Eigentumswohnung genügen, so *Priester*, FS GmbHG, S. 159, 161.

297 Hierzu oben B.II.

298 Vgl. *Sernetz*/Haas, Rn. 10; *Eidenmüller/Grunewald/Noack*, in Lutter (Hrsg.), Kapital, S. 17, 26; *Grunewald/Noack*, GmbHR 2005, 190 f; *Engert*, BB 2005, 1951. Zu Sinn und Unsinn des Auszahlungsverbotes bereits oben B.VI. Zur Wiederbelebung der alten Funktionen wäre zu erwägen, das gesetzliche Mindestkapital anzuheben und somit seinen ursprünglich - zu Zeiten der Reichsmark - definierten Funktionen zurückzuführen, allerdings ist die Bestimmung einer allgemeingültigen Größenordnung des Mindestkapitals ohnehin nicht möglich, vgl. *Fleischer*, ZGR 2001, 1, 11; *Eidenmüller/Engert*, AG 2005, 97, 100, weshalb auch der Gedanke scheitert, die Höhe eines Mindestkapitals flexibel an der jeweiligen Geschäftstätigkeit und dem jeweiligen Risiko zu orientieren, vgl. *Haas*, Gutachten, E. 49; *Wiedemann*, ZGR 2003, 283, 296.

299 Dieses Mindestkapitalverständnis lag insbesondere der GmbH-Novelle im Jahre 1980 zugrunde, vgl. *Bericht des Rechtsausschusses*, *BT-Drucks*. 8/3908 v. 15.4.1980, S. 69.

300 Vgl. Scholz/*H. Winter/Veil*, § 7 Rn. 2; *Mülbert*, DK 2004, 151, 158; *Priester*, DB 2005, 1315, 1317; *Kleindiek*, DStR 2005, 1366, 1369; *Böcking/Dutzi*, DK 2007, 435, 437.

301 So *Vetter*, ZGR 2005, 780, 789.

302 So anschaulich *Blaurock*, FS Raiser, S. 3, 11; *Priester*, DB 2005, 1315, 1317; *Kleindiek*, DStR 2005, 1366, 1369.

303 Auch die Seriösitätsfunktion ist je nach Betriebsgröße unterschiedlich ausgeprägt. Jedenfalls kann von einem Mindestkapital von 25.000 € - geschweige denn von 10.000 € oder weniger, kein allgemeingültiges, verlässliches Signal im Rahmen der Kapitalerhaltung ausgehen, vgl. auch *Gehb/Drange/Heckelmann*, NZG 2006, 88, 93, eine derart beliebige Summe (von 25.000 €) ver-

samt sollte man das gesetzliche Mindestkapital daher bis auf einen Euro abschaffen[304] und das Auszahlungsverbot dadurch allein auf seine bilanzgestützte Ausschüttungsbemessungsfunktion beschränken.[305] Hierdurch ließe sich schließlich die Wettbewerbsfähigkeit der GmbH im internationalen Wettbewerb steigern.[306]

Kommt einem Stammkapital in einer gesetzlich vorgegebenen Mindesthöhe nach heutigem Verständnis also allenfalls noch eine Seriösitätsfunktion bei Gründung der Gesellschaft, aber jedenfalls nicht mehr die Funktion eines Mindestbetriebsvermögens bzw. einer Mindesthaftungsmasse zu, so kann die bisherige, gerade auf diese Funktionen abstellende Rechtfertigung eines Drittvergleichs im Rahmen des § 30 Abs. 1 GmbHG nicht mehr überzeugen. Allein das Abstellen auf ein überholtes Stammkapitalverständnis kann es nicht rechtfertigen, von der in § 42 Abs. 1 GmbHG angewiesenen Maßgeblichkeit der Handels- für die Kapitalschutzbilanz abzuweichen. Der Drittvergleich bedarf somit einer neuen Begründung. Gegen den hier vertretenen Standpunkt könnte man - im Sinne von *Fleck*[307] - argumentieren, dass gerade das Schwinden des Stammkapitals dazu führen muss, zukünftig noch stärker ein wirtschaftliches Verständnis zugrunde zu legen, um den nach einer Herabsenkung verbleibenden Haftungsfonds erst recht stärker zu schützen. In diese Richtung lässt sich auch die Kapitalschutzpraxis des BGH deuten, die von einer immer stärkeren Verschärfung im Schutz

---

mag die Welt der Unternehmen nicht in seriöse und zweifelhafte zu unterscheiden; auch *Bittermann*, GmbHR 2007, 70, 75. *Vetter*, ZGR 2005, 788, 800; *Blaurock*, FS Raiser, S. 3, 12 ff; *Grunewald/Noack*, GmbHR 2005, 189, 190; *Merkt*, ZGR 2004, 305, 317 f.; *Wilhelm*, DB 2007, 1510, 1512.

304 Für eine Abschaffung eines gesetzlichen Mindestkapital auch *Blaurock*, FS Raiser, S. 3 ff, 15 ff; *Barta*, GmbHR 2005, 657, 662; *Grunewald/Noack*, GmbHR 2005, 189 f, 193; *Mülbert*, DK 2004, 151, 157 f; *Schön*, DK 2004, 162, 164 ff.

305 *Schön*, DK 2004, 162, 168 sieht hierin die wichtigste Funktion. Vgl. auch *BGH* NJW 2000, 1571; *Altmeppen*, NJW 2004, 97, 102; *Röhricht*, ZIP 2005, 505, 511 f. Zur fortbestehenden Bedeutung der Ausschüttungssperre bei einem Mindestkapital von 1 € zum Schutz vor Überschuldung vgl. *Altmeppen*, NJW 2004, 97, 102; *Bitter*, WM 2004, 2190, 2194; *Mülbert*, DK 2004, 151, 159; *Röhricht*, ZIP 2005, 505, 512; *Haas*, Gutachten, E 130, 141; *Karsten Schmidt*, GmbHR 2007, 1, 3; *Schön*, ZHR 166 (2002), 1, 5; *ders.*, DK 2004, 162, 168; *Ulmer*, NJW 2004, 1201, 1209. Erst in diesem Bereich ist die Kapitalerhaltungshaftung in aller Regel von praktischer Relevanz, vgl. *Röhricht*, ZIP 2005, 505, 512; *Altmeppen*, NJW 2004, 97, 102.

306 Zum Wettbewerb der Gesellschaftsrechtsordnungen *Eidenmüller*, ZGR 2007, 168, 704 f; *Schön*, FS Lutter, S. 685, 704 f. Zum Wettbewerbsnachteil auf Grund von Transaktions- und Opportunitätskosten *Krüger*, Mindestkapital, S. 257 mwN; *Grunewald*/Noack, GmbHR 2005, 189, 190; *Drygala*, ZGR 2006, 587, 591; *Eidenmüller/Engert*, GmbHR 2005, 433, 436; *Mülbert*, DK 2004, 151, 153. Selbst wenn sich rechtspolitisch zunächst nur eine Absenkung – etwa auf 10.000 € oder 5.000 € - erreichen lässt, so ändert dies langfristig jedoch nichts an einer vollständigen Abkehr von einem Mindestkapital, ähnlich *Bayer*, ZGR 2007, 221, 232.

307 Vgl. *Fleck*, GmbHG, S. 391, 393, vor dem Hintergrund, dass das Stammkapital von ursprünglich 20.000 Reichsmark seinem im Jahre 1892 definierten Zweck auf Grund der Inflation nicht mehr in gleichem Umfang nachkommen könne, sei der Schutz des Stammkapitals auszuweiten und die Stauwehr nicht nur zu festigen, sondern noch zu verstärken, in dem die Regeln der Kapitalerhaltung noch strenger angewendet werden.

des auch dort als solchen bezeichneten „Haftungsfonds" geprägt ist.[308] In concreto würde dies bedeuten, dass erst recht bei einem Mindestkapital von lediglich noch – beispielsweise – 10.000 € oder auch 1 € der somit geschrumpfte „Haftungsfonds" durch einen Drittvergleich zu bewahren sei. Eine solche Argumentation wäre aber nur dann überzeugend, wenn die Absenkung des Mindestkapitals lediglich in Anbetracht der hiermit verbundenen Belastungen als eine abgenötigte Antwort auf den internationalen Wettbewerb der Gesellschaftsrechtsformen erfolgen würde, obwohl man weiterhin von den bisherigen Stammkapitalfunktionen überzeugt ist. Die weitgehende Absenkung oder Abschaffung des Stammkapitals wird dem Gesetzgeber jedoch nicht aus wirtschaftlichen Gesichtspunkten abgenötigt, vielmehr erfolgt sie vor dem Hintergrund der dargestellten Kritik aus der Überzeugung heraus, dass der dem Mindestkapital ursprünglich zugesprochene Nutzen schlicht nicht mehr besteht. Auch wenn ein wo auch immer angesetzter Betrag verbleibt, so rechtfertigt sich dieser allenfalls noch unter dem Gesichtspunkt eines Seriösitätsnachweises, der sich aber insbesondere durch die anfängliche Bezahlung einer „Eintrittskarte in die Haftungsbeschränkung" auszeichnet, nicht jedoch als Mindestbetriebsreserve oder Mindesthaftungsfonds. Eine wirtschaftliche, auf einen ersten Blick von bilanziellen Grundsätzen verschärfend abweichende Betrachtung lässt sich also auch nicht mit einem nun gesteigerten Schutzbedürfnis rechtfertigen. Vielmehr sollte ein am Stammkapital orientierter Haftungsfondsgedanke argumentativ nicht mehr herangezogen werden.

Unklarheiten verbleiben schließlich bei dem Inhalt des Drittvergleichs, insbesondere bei der Frage, inwiefern dieser eine zweistufige Ausgestaltung erfordert und in welchem Verhältnis die Stufen des „ob" und „wie" zueinander stehen. So überzeugend der bereits vom Reichsgericht und zunächst auch vom BGH ausschließlich vorgenommene hypothetische Vergleich von Vertrags- und Marktkonditionen erscheint, wenn man von handelsbilanziellen Grundsätzen und den dort fortgeführten Buchwerten abweichen und auf die wahren wirtschaftlichen Werte abstellen möchte, so kann es vor dem Hintergrund des so anklingenden Bedürfnisses nach einer (markt-) wertmäßigen Ausgeglichenheit nicht überzeugen, die Zulässigkeit einer Leistung – wie etwa in Konzernsachverhalten - trotz rechnerisch ausgleichender Gegenleistung zu verneinen, weil diese „causa societatis" erfolge.

Die aufgeworfenen Fragen werden auf der Suche nach einem Auszahlungsverbot de lege ferenda beantwortet. Im Folgenden wird zunächst die geltende Rechtslage der Zulässigkeit aufsteigender Kredite dargestellt.

---

[308] In diesem Sinne auch Baumbach/*Hueck*/*Fastrich*, § 30 Rn. 3. Zu diesen Tendenzen gerade wegen des Entfallens der traditionellen Kapitalfunktionen auch *Drygala*, ZGR 2006, 587, 605 sowie Scholz/Westermann, § 30 Rn. 21.

E. Aufsteigende Kredite de lege lata - Insbesondere Cash Pooling

Im Folgenden ist der Blick darauf zu richten, welche Auswirkungen eine wirtschaftliche Betrachtung auf die Zulässigkeit der im Mittelpunkt dieser Untersuchung stehenden aufsteigenden Kredite hat. Hierbei wird es schwerpunktmäßig um Darlehen, und zwar solche in einem konzernweiten Cash Pool gehen. Im Anschluss werden auf Grund des dort gleichsam enthaltenen Kreditelements aufsteigende Sicherheiten betrachtet.[309]

I. *Stimpels* Fortdenken der „wirtschaftlichen Betrachtung" bei Krediten

Grundsätzlich, also bei Darlehensgewährungen an Dritte, stellt der Darlehensrückzahlungsanspruch gegen den Darlehensnehmer bei entsprechender Vollwertigkeit in voller Höhe einen Vermögenswert dar, so dass Darlehensgewährungen grundsätzlich bilanzneutral sind und eine Unterbilanz weder herbeiführen noch vertiefen können, vielmehr bleibt die Bilanz unverändert. Es findet lediglich ein sog. Aktivtausch statt, Barmittel i.S.d. § 266 Abs. 2 B IV HGB fließen von der Aktivseite ab, jedoch tritt eine neue Forderung i.S.d. § 266 Abs. 2 II Nr. 3 HGB tauschweise hinzu. Wenngleich die Frage der Beurteilung aufsteigender Darlehen durch die Novemberentscheidung im Jahre 2003 eine neue Qualität erfahren hat, so sind diese Grundsätze bei Darlehensgewährungen an Gesellschafter seit jeher umstritten. Auch hier ist *Stimpel* als Verfechter und Vorreiter einer von handelsbilanziellen Grundsätzen abweichenden, wirtschaftlichen Betrachtung hervorzuheben. Nachdem er bei Austauschverträgen das Erfordernis der Zugrundelegung wahrer Werte betont hat, lenkt er seine wirtschaftliche Betrachtung auf Darlehensbeziehungen:

> *„Erweist sich die handelsbilanzielle Betrachtung aus Rechtsgründen als ungeeignet, um in jedem Falle endgültig zu bestimmen, was nicht ausgezahlt werden darf, ist der Weg frei, um weiter zu fragen, ob man bei dem reinen Wertausgleich von Leistung und Gegenleistung stehen bleiben oder nach Sinn und Zweck des § 30 Abs. 1 GmbHG noch andere Maßstäbe einzubringen hat, deretwegen eine Auszahlung trotz ausgeglichener beidseitiger Leistungen durch § 30 geschützte Interessen der GmbH und ihrer Gläubiger verletzt und deshalb verboten sein kann. (...) Aus mehreren Gründen drängt sich (...) die Frage auf, ob es denn noch eine mit § 30 GmbHG zu vereinbarende Auszahlung ist, wenn bei einem Geschäft der GmbH mit einem Gesellschafter die beiderseitigen Leistungen zwar im übrigen wertmäßig ausgeglichen sind, die Fälligkeit der Ansprüche der GmbH aber auf einen späteren Zeitpunkt hinausgeschoben ist. Für die Handelsbilanz bleibt das ein reiner Aktiventausch, der das bilanzielle Vermögen der GmbH der Höhe nach nicht berührt (...). Sind aber die Grundsätze der Handelsbilanz kein ausreichender Maßstab, kann man sich, wie noch zu zeigen sein wird, nicht einfach bei der Feststellung eines bloßen Aktiventauschs beruhigen."*[310]

[309] Hierzu unten E.VI.

[310] So *Stimpel*, FS GmbHG, S. 335, 346 f.

II. Die Rechtslage bis zum Jahr 2003

1. Lehre von der wirtschaftlichen Betrachtung

Stimpel fügt der wirtschaftlichen Betrachtung bei Krediten weitere Aspekte hinzu, die über die Berücksichtigung der Verkehrswerte hinausgehen. So sei es mit dem Auszahlungsverbot nicht ohne weiteres vereinbar, dass die GmbH dem Gesellschafter einen liquiden Vermögenswert gegen eine nicht ebenfalls sofort fällige schuldrechtliche Forderung überlasse, und zwar gleichgültig, ob der Gesellschafter den Leistungsaufschub durch Zinsen oder auf andere Weise vergütet.[311] Obgleich angemessen verzinste Darlehen an zahlungskräftige Gesellschafter Geschäfte seien, die nach dem Wert der beiderseitigen Leistungen ausgeglichen sind, so *Stimpel* weiter, sei es dennoch etwas anderes, ob eine GmbH, die sich in der Krise befindet oder sich ihr nähert, die Darlehensvaluta für kürzere oder längere Zeit dem Gesellschafter überlässt und in dieser Zeit nur auf Zinsen angewiesen ist, oder ob sie das Kapital in dieser Zeit selbst für Geschäftszwecke aller Art nutzen könne.[312]

Stimpel verweist auf Sinn und Zweck des § 30 Abs. 1 GmbHG und auch hier – wie bereits bei Begründung der wirtschaftlichen Betrachtung für Austauschverträge – auf die Funktionen des Stammkapitals:[313] Das Vermögen solle bis zur Höhe der Stammkapitalziffer für Privatzwecke der Gesellschafter nicht angegriffen werden dürfen, um der GmbH möglichst als bestandsschützendes Mindestbetriebsvermögen und den Gesellschaftsgläubigern als Befriedigungsreserve zur Verfügung zu stehen.[314] Zeitverschobene schuldrechtliche Ansprüche gegen Gesellschafter seien nach § 30 GmbHG kein adäquater Ausgleich für Leistungen der GmbH. Kapitalsicherungsrecht wolle bei Unterbilanz nicht nur den realen Wert des restlichen Gesellschaftsvermögens bewahren, sondern gegenüber den Gesellschaftern auch dessen Substanz zusammenhalten und dessen Auflösung in nur schuldrechtliche Ansprüche gegen den Gesellschafter verhindern.[315]

Teile des Schrifttums sind *Stimpel* in seiner extensiven Anwendung des § 30 Abs. 1 GmbHG gefolgt,[316] andere Stimmen haben seit jeher versucht, die Gewährung von Darlehen aus dem geschützten Vermögen mit einer Analogie zu § 43 a GmbHG zu versagen.[317] Dem kann jedoch in aller Kürze entgegnet werden, dass es an der für die Analogiebildung erforderlichen Regelungslücke fehlt. Bereits in der Begründung zum Regierungsentwurf gibt der Gesetzgeber klar zu verstehen, dass Gesellschafter von

---

311 Vgl. *Stimpel*, FS GmbHG, S. 335, 348. In diesem Sinne bereits *Joost*, ZHR 148 (1984), 27, 33 (Anm. 23); *Fleck*, JbFSt 1984/85, 543, 554; *Brockfeld*, Darlehen, S. 50 ff.

312 Vgl. *Stimpel*, FS GmbHG, S. 335, 349.

313 Vgl. *Stimpel*, FS GmbHG, S. 335, 349 f. in Anlehnung an *BGHZ* 81, 311 ff. Der BGH, so Stimpel, hatte sich hierdurch eine wissenschaftliche Auseinandersetzung erhofft, die jedoch ausgeblieben sei.

314 Vgl. *Stimpel*, FS GmbHG, S. 335, 349 f.

315 Vgl. *Stimpel*, FS GmbHG, S. 335, 352.

316 Vgl. Roth/*Altmeppen*, § 30 Rn. 91 ff. *Kühbacher*, Darlehen, S. 44 f; *Schön*, ZHR 159 (1995), 356 ff.

317 So insbesondere *U. H. Schneider*, GmbHR 1982, 197, 201; *ders.*, FS Döllerer, 1988, S. 537, 547 ff; *Sotiropoulos*, Kredite, S. 37 ff; *ders.*, GmbHR 1996, 653, 655 f.

§43a GmbHG nicht erfasst sein sollen und eine Überprüfung entsprechender Darlehen an den allgemeinen Regelungen der Kapitalerhaltung zu erfolgen hat.[318] Andere wiederum engen die Möglichkeit der Gewährung noch weiter ein, indem sie nicht nur solche Darlehensgewährungen grundsätzlich versagen und von besonderen Voraussetzungen abhängig machen, die eine Unterbilanz begründen oder vertiefen. Vielmehr noch soll die rein wirtschaftliche Betrachtung unter Ausblendung des Rückforderungsanspruchs und lediglich mit Blick auf den Liquiditätsabfluss auch bei der Frage maßgeblich sein, ob eine Leistung an den Gesellschafter aus freiem, nicht zum Erhalt des Stammkapitals erforderlichem Nettovermögen erfolgt, oder ob bereits eine Unterbilanz besteht, wenn es also zu bestimmen gilt, ob der Anwendungsbereich der Kapitalerhaltungsvorschriften überhaupt eröffnet ist.[319] Bei dem im Mittelpunkt dieser Untersuchung stehenden Cash Pooling werden Darlehen allenfalls dann für zulässig erachtet, wenn sie besichert und hinreichend verzinst sind.[320] Ist dies nicht der Fall, so soll der Rückzahlungsanspruch trotz seiner Vollwertigkeit stets unberücksichtigt bleiben.[321]

2. Lehre von der bilanziellen Betrachtung

Nach dem überwiegenden Teil der Literatur sowie bereits nach reichsgerichtlicher Rechtsprechung können aufsteigende Darlehen dann nicht eine Unterbilanz begründen oder vertiefen, wenn der Darlehensrückzahlungsanspruch nach Maßgaben des Handelsbilanzrechts vollwertig ist und einem Drittvergleich standhält und somit lediglich -

---

318 Vgl. *Begr.-RegE, BT-Drucks.* 8/1347, S. 74. Gegen eine Analogie des § 43a GmbHG die seit jeher überwiegende Meinung im Schrifttum, vgl. statt vieler Roth/*Altmeppen*, § 30 Rn. 94; Baumbach/*Hück*/*Zöllner*, § 43 a Rn. 3; Hachenburg/*Stein*, § 43 a Rn. 5; *Cahn*, Kapitalerhaltung, S. 254 ff; *Vetter*/*Stadler*, in VGR 2003, S. 36.

319 Im Sinne eines solch umfassenden grundsätzlichen Kreditvergabeverbotes *Wilhelmi*, Kapitalerhaltung, S. 128, 205; *Kleffner*, Stammkapital, S. 67 f; *Bayer*, FS Lutter, S, 1011, 1021 f; *Schön*, ZHR 159 (1995), S. 359, 363; *Jäger*, DStR 2000, 1736 f; *Becker*, DStR 1998, 1528, 1531 f; *Jula*/*Breitbarth*, AG 1997, 256, 264.

320 So *Bayer*, FS Lutter, S. 1011, 1019 ff; *Eichholz*, Darlehen, S. 40 ff; *Kleffner*, Stammkapital, S. 67 f; *Jäger*, DStR 2000, 1736 f; *Becker*, DStR 1998, 1528, 1531 f; *Jula*/*Breitbarth*, AG 1997, 256, 264.

321 Es wurde bereits dargestellt, dass eine Auszahlung beim Cash Pooling nicht nur direkt an die Muttergesellschaft als herrschender Gesellschafter denkbar ist, sondern dass die Leistung vielfach auch unmittelbar zwischen den einzelnen verbundenen Konzernunternehmen, also zwischen den Schwestergesellschaften erfolgt und dass § 30 Abs. 1 GmbHG ganz allgemein über seinen Wortlaut hinaus auch Leistungen an Dritte – insbesondere auch an verbundene Unternehmen - erfasst, wenn die Leistung dem Gesellschafter wegen der bestehenden Nähe als Auszahlung zugerechnet werden muss, hierzu oben B.I. Auf Grund dieser Grundsätze sind beim Cash Pooling im Fall einer solchen Auszahlung nach überwiegender Meinung sowohl die Mutter, als auch die das Darlehen empfangene Schwestergesellschaft zur Rückgewähr gemäß § 31 Abs. 1 GmbHG verpflichtet, ausführlich statt vieler *Vetter*/*Stadler*, in VGR 2003, S. 39; *Deckart*, Cash Pooling, S. 28 ff. jew. mwN. Die weiteren Pool-Gesellschaften trifft schließlich nach Maßgabe des § 31 Abs. 5 GmbHG eine auf den Betrag des Stammkapitals beschränkte Ausfallhaftung, diese wiederum können beim Geschäftsführer im Fall seines Verschuldens nach § 31 Abs. 6 GmbHG Rückgriff nehmen, zum ganzen *Vetter*/*Stadler*, in VGR 2003, S. 39 mwN.

wie auch bei Darlehensgewährungen an Dritte - ein bilanzneutraler Aktivtausch vorliegt.[322]

Die dargestellten Grundsätze des Drittvergleichs zur Abgrenzung zulässiger Leistungen von verbotenen Auszahlungen – insbesondere in Gestalt verdeckter Vermögensverlagerungen – finden also nicht nur bei der Beurteilung von Austauschgeschäften sondern auch bei der Darlehensgewährung Anwendung,[323] allerdings stellt der Drittvergleich im Fall von Darlehen nicht ein ungeschriebenes Tatbestandsmerkmal bzw. ein Korrektiv dar,[324] vielmehr ist die Vornahme eines Drittvergleichs der handelsbilanziellen Beurteilung von Darlehensforderungen immanent. Bestandteil des Drittvergleichs sind Darlehensverzinsung und -besicherung. Bei gescheitertem Drittvergleich ist die Forderung zu einem entsprechend niedrigeren Wert anzusetzen bzw. zu bewerten.[325] Während die Lehre von der wirtschaftlichen Betrachtung bei nicht hinreichender Verzinsung nach einem Alles-oder-Nichts-Prinzip stets die gesamte ausgezahlte Darlehensvaluta vom Auszahlungsverbot des § 30 Abs. 1 GmbHG erfasst wissen möchte, mit der Folge, dass die gesamte Darlehensvaluta zurück zu erstatteten ist,[326] erfolgt nach bilanzrechtlichem Verständnis ein bilanzieller Abschlag für die Unterverzinslichkeit des ansonsten vollwertigen Darlehensrückzahlungsanspruches lediglich in Höhe des Barwertes des Zinsverlustes, der Verstoß gegen § 30 Abs. 1 GmbHG liegt lediglich in den entgangenen Zinsen.[327] Auch kann im Rahmen der bilanziellen Betrachtungsweise eine Sicherheit lediglich dann erforderlich werden, wenn die Vollwertigkeit des Rückzahlungsanspruches im Einzelfall nicht anderweitig gegeben ist, insbesondere weil die Bonität des Schuldners nicht außer Zweifel steht und sich ein Risikoausgleich auch nicht bereits über eine höhere Verzinsung schaffen lässt.[328]

---

322 So die seit jeher herrschende Meinung, vgl. bereits *RG* HRR 1935 Nr. 1403; *RGZ* 150, 28, 34 ff; sowie in der Literatur *Hommelhoff*, FS Kellermann, S. 166; *Lutter/Hommelhoff*, § 30 Rn. 9; Baumbach/*Hueck/Fastrich*, § 30 Rn. 14, 16; Rowedder/Schmidt-Leithoff/*Pentz*, § 30 Rn. 34; Scholz/*H.P. Westermann*, § 30 Rn. 19 f; Michalski/*Heidinger*, § 30 Rn. 47 f.

323 Vgl. zu Darlehen unter dem Gesichtspunkt einer verdeckten Gewinnausschüttung ausführlich *Satiropoulos*, Kredite, S. 24 ff; *Karsten Schmidt*, DB 1994, 2013, 2014.

324 Für die ergänzende Bedeutung des Drittvergleichs als Korrektiv auch bei der Beurteilung aufsteigender Darlehen aber *Helmreich*, GmbHR 2004, 457, 458 f.

325 So aus der gesellschaftsrechtlichen Literatur Rowedder/Schmidt-Leithoff/*Pentz*, § 30 Rn. 34; *Karsten Schmidt*, Gesellschaftsrecht, § 37 III 1 c); *Vetter/Stadler*, in VGR 2003, S. 36. Ausführlich zu den handelsbilanziellen Grundsätzen der Forderungsbewertung – insbesondere auch mit Blick auf das Cash Pooling – ausführlich unten H.I.

326 So *Bayer*, FS Lutter, S. 1011, 1019 ff; *Eichholz*, Darlehen, S. 40 ff; *Kleffner*, Stammkapital, S. 67 f; *Jäger*, DStR 2000, 1736 f; *Becker*, DStR 1998, 1528, 1531 f; *Jula/Breitbarth*, AG 1997, 256, 264 gehen pauschal von der Unzulässigkeit des Darlehens und somit von einem Rückforderungsanspruch in voller Höhe aus, wenn das Darlehen nicht marktgerecht verzinst und besichert ist.

327 Vgl. Rowedder/Schmidt-Leithoff/*Pentz*, § 30 Rn. 34; *Vetter/Stadler*, in VGR 2003, S. 36. Hierzu ausführlich unten H.I.2.

328 Vgl. *Vetter/Stadler*, in VGR 2003, S. 36. Ausführlich zur Berücksichtigung von Sicherheiten bei der Bilanzierung von Darlehensforderungen unten H.I.3.

3. Stellungnahme und Ausblick

Es kann nicht überzeugen, ein einem Drittvergleich standhaltendes Darlehen einer bilanziellen Betrachtungsweise zu entziehen und somit abweichend von sonstigen Darlehen an außen stehende Dritte zu beurteilen und ausschließlich auf den tatsächlichen Liquiditätsverlust abzustellen. Während ein Abweichen von dem in § 42 Abs. 1 GmbHG verankerten Grundsatz der bilanziellen Betrachtung im Fall von Austauschverträgen auf den ersten Blick insofern überzeugt, als dass man dort ergänzend einen Drittvergleich fordert, um Geschäfte mit Gesellschaftern nur unter gleichen Voraussetzungen wie mit Dritten zuzulassen, so fällt auf, dass das der Vermeidung verdeckter Vermögensverlagerungen dienende ungeschriebene Korrektiv des Drittvergleichs bei Darlehensforderungen aber sehr wohl fester Bestandteil der bilanziellen Betrachtung ist. Vor diesem Hintergrund kann es nicht überzeugen, nach einem Alles-oder-Nichts-Prinzip neben einer Verzinsung zwingend eine Besicherung zu fordern und das Darlehen bei Nichtvorliegen einer der beiden Voraussetzungen vollständig als verbotene Auszahlung zu werten. Eine solche Sichtweise bleibt eine Antwort auf die Frage schuldig, wie genau die entsprechenden Zahlungsvorgänge bilanziell zu erfassen, also im Sinne von Gesellschaft, Gesellschaftern und Gläubigern zu dokumentieren sind. Ein schlichter Verzicht auf eine Aktivierung des Rückforderungsanspruchs[329] dürfte nicht mit dem aus § 264 Abs. 2 HGB hervorgehenden Gebot zu vereinbaren sein, dass der Jahresabschluss der Kapitalgesellschaft unter Beachtung der Grundsätze ordnungsgemäßer Buchführung ein den tatsächlichen Verhältnissen entsprechendes Bild der Vermögens-, Finanz- und Ertragslage der Kapitalgesellschaft vermitteln muss.

Einer Darlehensbesicherung kann nur im Einzelfall Bedeutung zukommen, wenn die Bonität des Schuldners und somit die Vollwertigkeit der Darlehensforderung zweifelhaft ist, auch dies entspricht, wie gesehen und noch zu vertiefen sein wird, durchaus handelsbilanziellen Grundsätzen. Auch lässt die Rechtsprechung nicht erkennen, dass es sich bei der Bestellung von Sicherheiten um eine zwingende Voraussetzung für eine vollwertige und somit kapitalerhaltungsrechtlich unbedenkliche Darlehensforderung handelt. Zwar wird hier mehrheitlich auf Grund fehlender Sicherheiten ein Verstoß gegen Vorschriften des Kapitalerhaltungsrechts und eine hieran anschließende Haftung der zuständigen Organe bejaht. Doch zeigt eine nähere Analyse auch hier, dass Sicherheiten in den einzelnen Fällen wieder nur mangels anderweitiger Kompensationsmöglichkeiten von Nöten sind. In seiner Harpener/Omni-Entscheidung hat das OLG Hamm[330] einen Verstoß gegen das Auszahlungsverbot des § 57 AktG zwar damit begründet, dass das Darlehen an den Gesellschafter nicht besichert worden war, wobei gerade nicht entscheidend gewesen sei, ob die Geschäftsleiter der Gesellschaft bei Auszahlung des Darlehens Veranlassung hatten, Zweifel an der Bonität des Gesellschafters zu hegen. *Vetter/Stadler*[331] weisen jedoch zu Recht darauf hin, dass sich auf Grund der Besonderheiten des Sachverhaltes aus der Entscheidung dennoch nicht das

---

329 So beispielsweise *Wilhelmi*, Kapitalerhaltung, S. 117.

330 Vgl. *OLG Hamm*, AG 1995, 512 ff. (Harpener Omni) zur AG. Da die Vermögensbindung bei der AG strenger ist als bei der GmbH, gelten die hier gezogenen Schlüsse erst Recht für die GmbH, vgl. auch *Vetter/Stadler*, in VGR 2003, S. 38.

331 *Vetter/Stadler*, in VGR 2003, S. 38.

generelle Erfordernis einer Besicherung ableiten lässt, denn der Gesellschafter gab den empfangenen Darlehensbetrag an eine Schwestergesellschaft weiter, die sich - bekanntermaßen - in Schwierigkeiten befand. Somit kann ein zwingendes Besicherungserfordernis auch hier wieder nur aus dem Fehlen einer anderweitigen Risikokompensation abgeleitet werden.[332] Gleiches hat jüngst das OLG Jena bestätigt. Zwar wird auch dort ein Verstoß gegen das Einlagenrückgewährverbot des § 57 AktG wegen fehlender Besicherung bei einer Darlehensgewährung einer abhängigen AG an die Mehrheitsaktionärin bejaht. Doch wird wieder darauf hingewiesen, dass eine fehlende Besicherung durch eine entsprechend höhere Verzinsung kompensiert werden kann.[333]

Die Ablehnung einer liquiditätsorientierten Betrachtungsweise im Rahmen des § 30 Abs. 1 GmbHG bedeutet jedoch nicht, dass jeglicher Liquiditätsschutz der GmbH zu versagen sei – ganz im Gegenteil. Der Liquiditätsschutz bei der GmbH ist seit jeher eigenständiger Bestandteil des GmbH-rechtlichen Gläubigerschutzes, hierzu wurden zunächst unter dem Schlagwort des „qualifiziert faktischen Konzerns“ sowie anschließend mit Blick auf „existenzvernichtende Eingriffe“ in den letzten Jahren eigenständige Grundsätze mit Blick auf die Liquidität der Gesellschaft - und mit besonderen Augenmerk auf das konzernweite Cash Pooling - entwickelt, wie sie an geeigneter Stelle noch näher darzustellen sind. Zunächst gilt es jedoch, sich der Novemberentscheidung des BGH aus dem Jahre 2003 anzunehmen.

III. Die Rechtslage seit der Novemberentscheidung des BGH

Durch die Novemberentscheidung des BGH hat die Diskussion über die Zulässigkeit von aufsteigenden Darlehen eine neue Qualität erlangt. Zwar waren diese - wie gesehen - schon zuvor Gegenstand wissenschaftlicher Auseinandersetzungen über die Reichweite des Auszahlungsverbotes. Während der BGH in der Zwischenzeit aber mehrfach zu Fragen des existenzvernichtenden Eingriffes Stellung bezogen und den Gläubigerschutz im Ganzen hierdurch weitgehend vervollständigt hatte, blieben höchstrichterliche Grundsätze zum Kapitalerhaltungsrecht in diesem Zusammenhang lange aus. Durch die Novemberentscheidung hat der BGH schließlich der bis dahin wohl herrschenden Meinung in der Literatur zu einem bilanziellen Verständnis des Auszahlungsbegriffes in § 30 Abs. 1 GmbHG eine Absage erteilt.

Während es in der höchstrichterliche Entscheidung um aufsteigende Darlehen im Allgemeinen ging, war die Frage der Zulässigkeit von Darlehensgewährungen in einem Cash-Pool-System Gegenstand einer Entscheidung des OLG München. Nachfolgend werden die seit dem Jahre 2003 durch die Rechtsprechung aufgestellten Grund-

---

332 Auch einer Entscheidung des *BGH* aus dem Jahre 2001 lässt sich ein generelles Besicherungsbedürfnis nicht entnehmen. Der Senat hatte die Haftung des Vorstandes einer Genossenschaftsbank mangels Besicherung einer Darlehensgewährung bejaht, *BGH*, ZIP 2002, 213, 214. Allerdings mangelte es hier im Vorfeld bereits an einer hinreichenden Bonitätsprüfung. Des Weiteren unterscheidet sich die beurteilte Situation vom aufsteigenden Darlehen ohnehin ganz erheblich dadurch, dass bei Krediten eines Kreditinstituts - gerade mit Blick auf die in Frage stehende Organhaftung und die hier erforderliche Sorgfalt - durch die aufsichtrechtlichen Normen des Kreditwesengesetzes ohnehin ein engerer Rahmen gesteckt ist, vgl. *BGH* ZIP 2002, 213, 214.

333 Vgl. *OLG Jena*, DB 2007, 2079, 2080.

sätze für die Beurteilung aufsteigender Darlehen im Allgemeinen sowie für das Cash Pooling im Speziellen anhand der zwei erwähnten Entscheidungen dargestellt.

1. Die Entscheidungen

a) Die Novemberentscheidung vom 24.11.2003 - *BGHZ* 157, 72 ff.

In der besagten Novemberentscheidung ging es um eine GmbH mit einem Stammkapital von 50.000 DM, an der ihre Gesellschafter mit 45.000 bzw. 5.000 DM beteiligt waren. Dem nicht zur Geschäftsführung berechtigten Gesellschafter wurden aus dem gebundenen Vermögen Darlehen in Gesamthöhe von 850.000 DM gewährt.[334] Der BGH hatte im Rahmen der Schadensersatzhaftung des Geschäftsführers nach § 43 GmbHG darüber zu befinden, ob das an einen Gesellschafter gewährte Darlehen eine verbotene Auszahlung gemäß § 30 Abs. 1 GmbHG darstellt.

In Anlehnung an den weiten Auszahlungsbegriff in der Literatur und insbesondere an die grundlegenden Ausführungen *Stimpels*` erkennt der Senat eine verbotene Auszahlung. Kreditgewährungen an Gesellschafter, die nicht aus Rücklagen oder Gewinnvorträgen, sondern zu Lasten des gebundenen Vermögens der GmbH erfolgen, seien auch dann grundsätzlich als verbotene Auszahlungen von Gesellschaftsvermögen zu bewerten, wenn der Rückzahlungsanspruch gegen den Gesellschafter im Einzelfall vollwertig sei.[335] Die rein bilanzielle Betrachtungsweise, nach der bei Gewährung eines angemessen verzinsten Darlehens an einen dauerhaft solventen und kreditwürdigen Gesellschafter und somit einem vollwertigen Rückzahlungsanspruch ein bilanzrechtlich neutraler Aktivtausch vorläge, greife zu kurz. Der BGH führt aus, dass der Vermögensschutz, wie er in § 30 Abs. 1 GmbHG zum Ausdruck komme, sich nicht in der Garantie einer bilanzmäßigen Rechnungsziffer erschöpfe, sondern die Erhaltung einer die Stammkapitalziffer deckenden Haftungsmasse gebiete,[336] und der GmbH ein ihren Bestand schützendes Mindestbetriebsvermögen und ihren Gläubigern eine Befriedigungsreserve gesichert werden müsse.[337] In Anlehnung an die Argumentation in der Literatur, wonach die liquide Haftungsmasse der GmbH nicht durch einen zeitlich hinausgeschobener schuldrechtlicher Rückzahlungsanspruch ausgetauscht werden dürfe, weist der Senat darauf hin, dass durch die Darlehenshingabe die Gläubiger des Gesellschafters zum Nachteil der Gläubiger der Gesellschaft im Ergebnis einen vollstreckungs- und insolvenzrechtlich vorrangigen Zugriff auf Vermögenswerte der Gesellschaft erhielten.

---

334 Zwar war der Beklagte bei Abschluss der Kreditgeschäfte nicht Gesellschafter, sein Geschäftsanteil wurde für ihn aber treuhänderisch vom Geschäftsführer gehalten. Auf Grund dieses Treuhandverhältnisses ist der Beklagte somit selbst als mittelbarer Gesellschafter der GmbH zu behandeln, als solcher haftet er nach ständiger Rechtsprechung für die Rückzahlung von Geldern, die ihm entgegen dem Verbot des § 30 GmbHG zugeflossen sind, vgl. *BGHZ* 107, 7, 11 f; *BGHZ* 75, 334, 335 f.

335 *BGHZ* 157, 72.

336 Vgl. *BGHZ* 157, 72, 75.

337 Besonders deutlich zur Entscheidungsrelevanz dieser Funktionen *Deckart*, Cash Pooling, S. 48 ff; *Böcker*, ZGR 2006, 213, 214 f.

Des Weiteren beuge das Kreditgewährungsverbot einer Aushöhlung des § 30 GmbHG durch Umbuchung verbotener Zahlungen in Darlehen vor. Der mit seinem Entstehen sofort fällige Erstattungsanspruch aus § 31 Abs. 1 GmbHG könne dem Gesellschafter gem. § 31 Abs. 4 GmbHG nicht erlassen werden, ebenso wie die Einlageforderung dürfe der funktionell vergleichbare Erstattungsanspruch nicht gestundet werden.[338] Wegen der Gefahr der Umgehung dieses Stundungsverbotes könne die Gewährung eines Darlehens nicht gebilligt werden, denn andererseits wäre zu befürchten, dass verbotene Zahlungen aus dem Stammkapital bilanzneutral als Darlehen verschleiert werden.[339] Im Weiteren lässt der Senat dahingestellt, ob die Gewährung eines Darlehens aus gebundenem Vermögen ausnahmsweise zulässig sein kann, wenn die Darlehensvergabe im Interesse der Gesellschaft liege, die Darlehensbedingungen dem Drittvergleich standhalten und die Kreditwürdigkeit des Gesellschafters selbst bei Anlegung strengster Maßstäbe außerhalb jedes vernünftigen Zweifels stehe oder die Rückzahlung des Darlehens durch werthaltige Sicherheiten voll gewährleistet sei.[340]

Nach der Entscheidung bestand zunächst Uneinigkeit darüber, inwiefern die aufgezeigten Grundsätze auf das konzernweite Cash Pooling als die praktisch bedeutsamste Form der von der GmbH an Gesellschafter gewährten Darlehen anwendbar sein sollten. Während man im Schrifttum nahezu einhellig davon ausging, dass es sich bei den Zahlungsströmen beim Cash Pooling um Darlehensleistungen handelt und die Novemberentscheidung somit grundsätzlich auch hier relevant sei, verneinten vereinzelte, aber doch gewichtige Stimmen nach wie vor eine Übertragbarkeit unter Hinweis auf die tägliche Fälligkeit der Forderungen und die resultierende Kurzfristigkeit der Darlehensbeziehungen.[341] Solche Stimmen verstummten aber mit der nun darzustellenden Entscheidung des OLG München.

b) Die Entscheidung des *OLG München* vom 24.11.2005 - ZIP 2006, 25 ff.

In der Entscheidung des OLG München vom 24.11.2005 klagte der Insolvenzverwalter einer sich im Unternehmensverbund befindenden GmbH gegen den Geschäftsführer der GmbH, der zugleich Angestellter deren Muttergesellschaft war, auf Rückzahlung gebundenen Vermögens, welches dieser an eine für die Konzernfinanzierung zuständige Schwestergesellschaft ausgezahlt hatte.

Ein Finanzierungs- und Liquiditätsaustausch zwischen verbundenen Unternehmen (Cash-Pool-Management) unter Einbeziehung gebundenen Vermögens – so der Senat - verstoße jedenfalls dann gegen § 30 Abs. 1 GmbHG, wenn die Erhaltung des Stammkapitals nicht hinreichend gesichert sei. Er präzisiert die Novemberentscheidung des BGH mit Blick auf das Cash Pooling dahingehend, dass von einem durch Eigenkapital nicht gedeckten Fehlbetrag allein schon deshalb auszugehen sei, weil der Bilanzansatz „Forderungen gegen verbundene Unternehmen" – auch bei Vollwertigkeit - außer Betracht gelassen werden müsse.[342] Auch bestehe keine Rechtfertigung, die im Streit ste-

---

338 *BGHZ* 157, 72, 76 f. mwN.

339 *BGHZ* 157, 72, 76 f. mwN.

340 *BGHZ* 157, 72, 77.

341 Vgl. *Schäfer*, GmbHR 2005, 133, 135 f; *ders.*, BB 2006, Beilage 7, S. 5, 6; *Ulmer*, ZHR 169, 1, 4.

342 *OLG München*, ZIP 2006, 25, 26.

henden Zahlungen von der Anwendbarkeit des § 30 GmbHG mit Rücksicht auf ein praktiziertes Cash-Pool-Verfahren auszunehmen, ein Unterschied zu den vom BGH aufgestellten Grundsätzen sei nicht ersichtlich. Ein funktionierendes Cash Pooling könne zwar unter Umständen auch im Interesse der Gesellschaft liegen, dies genüge jedoch keinesfalls, um eine Gefährdung des Kapitalerhaltungsgrundsatzes zu rechtfertigen, zumal es regelmäßig an ausreichenden Sicherheiten und angemessenen Kreditbedingungen fehle.[343]

Wenngleich sich auch das OLG zur Rechtsnatur der Zahlungsströme nicht ausdrücklich äußert, so können keine Zweifel mehr daran bestehen, dass dem Cash Pooling Darlehensverträge zugrunde liegen und die Novemberentscheidung somit grundsätzlich auf das Cash Pooling übertragbar ist.[344] Insofern liegt die Entscheidung auch auf der Linie der zur Kapitalaufbringung im Cash Pool ergangenen Entscheidung des BGH vom 16.1.2006, in der der BGH ebenfalls von Darlehensbeziehungen ausgeht und betont, dass es ein Sonderrecht für das Cash Pooling nicht gäbe.[345]

Insgesamt ist festzuhalten, dass das OLG bedingungslos auf die Novemberentscheidung Bezug nimmt und deren Grundsätze somit auch für das Cash Pooling bestätigt. Die durch die dargestellten Entscheidungen für aufsteigende Darlehen im Allgemeinen sowie für das Cash Pooling im Speziellen einheitlich geprägte Rechtslage gilt es im Folgenden kritisch zu würdigen.

2. Wirtschaftliche Bedenken

Die Entscheidungen stoßen auf einen ersten Blick bereits auf weit reichende wirtschaftliche Bedenken. Es kann durchaus lohnend sein, einem Gesellschafter zu einem angemessenen Zins ein Darlehen zu gewähren.[346] Sieht man nun von Missbrauchsfällen ab, die nicht in typisierender Weise zum Grundsatz erhoben werden dürfen, so kann man einem Gesellschafter häufig mehr vertrauen als einem Dritten. Diese zunächst untechnisch ausgedrückte Tatsache impliziert vielfach ein niedrigeres Ausfallrisiko, insbesondere lässt sich weder empirisch noch normativ behaupten, dass Gesellschafter grundsätzlich schlechtere Schuldner seien als Dritte.[347] Die Befriedigung der Gesellschaftsgläubiger ist beispielsweise erheblich höher gefährdet, wenn die Gesellschaft in Junk Bonds,[348] sog. Schrottanleihen, investiert, also in Anleihen, die durch Ratingagenturen - charakteristisch - eine schlechte Bewertung erhalten haben, weil die Emittenten dieser Anleihen eben nicht die sonst üblichen Bonitätserfordernisse erfüllen und somit ein immenses Ausfallrisiko besteht. Die im Unterschied zum aufsteigenden Darlehen kapitalschutzrechtliche Unbedenklichkeit solcher qua Definition riskan-

---

343 *OLG München*, ZIP 2006, 25, 26.

344 Überblicksweise und zusammenfassend zum Meinungsstand *Koch*, Existenzvernichtungshaftung, S. 96 f.

345 Vgl. *BGH* ZIP 2006, 665 ff. zur Problematik der Kapitalaufbringung bzw. – insbesondere – Kapitalerhöhung im Cash Pool statt vieler *Vetter/Schwandtner*, DK 2006, 407 ff; *Hentzen*, DStR 2006, 948 ff. Früher ausführlich bereits *Hellwig*, FS Peltzer, S. 163 ff; *Cahn*, ZHR 166 (2002), 278 ff.

346 Statt vieler *Cahn*, DK 2004, 235, 242; *Drygala*, ZGR 2006, 587, 625.

347 Vgl. *Cahn*, ZHR 166 (2002), 278, 298; *ders.*, DK 2004, 235, 239; *Hentzen*, ZGR 2005, 480, 491; *Grunewald*, WM 2006, 2333; *Drygala*, ZGR 2006, 587, 625 f.

348 Vgl. *Drygala*, ZGR 2006, 587, 626.

ten Investitionen entzieht der auf einen besseren Gläubigerschutz gerichteten Novemberentscheidung im Rahmen einer wirtschaftlichen Betrachtung jeglichen Boden. Insofern ist bereits zweifelhaft, ob ein Verbot einer solchen Darlehensgewährung dem Gläubigerschutz dient.[349]

Aber gerade auch für das im Mittelpunkt der vorliegenden Untersuchung stehende konzernweite Cash Pooling und das hiermit verfolgte Ziel einer effektiven Konzerninnenfinanzierung ergeben sich erhebliche Erschwernisse und Probleme, sind bei einem Kreditverbot doch gerade die durch ein konzernweites Cash Pooling angestrebten Zinsvorteile gefährdet. Möchte man auf diesen Vorteil aber nicht verzichten, so macht es die Kurzfristigkeit der Zahlungsflüsse - bereits auf einen ersten Blick[350] - aber praktisch unmöglich, die bilanzielle Situation der kreditgewährenden Gesellschaft verlässlich im Auge zu haben. Insbesondere ist durch die rechtlichen Unsicherheiten eine weit verbreitete Konzernfinanzierungspraxis mit den hier erzielten Einspareffekten bedroht. Bereits die weit reichenden wirtschaftlichen Konsequenzen steigern das Verlangen nach einer kritischen Auseinandersetzung mit den vorliegenden Entscheidungen.

3. Kritische Würdigung der Entscheidungsgründe

a) Stundungsverbot

Sofern der BGH darauf hinweist, dass der mit seinem Entstehen sofort fällige Erstattungsanspruch aus § 31 Abs. 1 GmbHG dem Gesellschafter gem. § 31 Abs. 4 GmbHG nicht erlassen und nicht gestundet werden dürfe und durch das Kreditgewährungsverbot hier einer Aushöhlung des § 30 GmbHG durch Umbuchung verbotener Zahlungen in bilanzneutrale Darlehen vorgebeugt werden soll,[351] so folgt der Senat einer These von *Schön,* wonach aus dem Stundungsverbot ein Hinweis darauf folge, dass die Stundung selbst als Auszahlung i.S.d. § 30 Abs. 1 GmbHG anzusehen sei.[352] Selbst wenn man ein Stundungsverbot für den Erstattungsanspruch aus § 31 Abs. 1 GmbHG über eine analoge Anwendung des § 19 Abs. 2 GmbHG anerkennt,[353] so kann ein Kreditvergabeverbot hierüber jedoch nicht begründet werden. Eine solche Argumentation erfordert einen unsinnigen Zirkelschluss, weil von einer Rechtsfolge auf den Tatbestand geschlossen werden soll. Denn § 31 GmbHG setzt - als Rechtsfolgenregelung – einen Verstoß gegen den Kapitalerhaltungsgrundsatz des § 30 Abs. 1 GmbHG – als Tatbestandsregelung – voraus, dieser Verstoß soll hier aber doch gerade erst unter Hinweis auf seine Konsequenzen begründet werden. Der Verweis auf § 31 GmbHG

---

349 In diesem Sinne auch *Drygala*, ZGR 2006, 587, 628: Schulden eines Gesellschafters mit „recht guter Qualität"; *Helmreich*, GmbHR 2004, 457, 460.

350 Zur Frage, ob vor diesen Schwierigkeiten die Einführung einer Sonderrücklage bewahren kann, unten E.V.1.

351 *BGHZ* 157, 72, 76 f. mwN.

352 Vgl. *Schön*, ZHR 159 (1995), 351, 361.

353 Hierzu oben B.V.

kann also nicht dazu dienen, einen Verstoß gegen das Kapitalerhaltungsgebot des § 30 GmbHG zu begründen.[354]

b) Vollstreckungsargument

Auch der Hinweis darauf, dass die Gläubiger des Gesellschafters zum Nachteil der Gläubiger der Gesellschaft durch die Darlehenshingabe im Ergebnis einen vollstreckungs- und insolvenzrechtlich vorrangigen Zugriff auf Vermögenswerte der Gesellschaft erhielten,[355] kann ein Kreditgewährungsverbot nicht begründen. Hiergegen spricht bereits, dass der kapitalerhaltungsrechtlich unbedenkliche Erwerb eines Gegenstandes des Anlagevermögens von einem Gesellschafter zu einem angemessenen Preis die Befriedigungsmöglichkeiten der Gesellschaftsgläubiger trotz der unmittelbaren Zugriffsmöglichkeit de facto erheblich stärker beeinträchtigen kann als die Gewährung eines angemessen verzinsten Darlehens an einen solventen Gesellschafter.[356] Des Weiteren tätigt die Gesellschaft ohnehin häufig kapitalerhaltungsrechtlich unbedenkliche Investitionen, die stets zu einem faktischen Entzug entsprechender Haftungsmasse führen, was die Gläubiger unzweifelhaft hinzunehmen haben. So kann das Kapital für die Anschaffung einer betriebsspezifischen Software verwendet worden sein oder für die besondere Herrichtung der Betriebsräume für die Zwecke des Unternehmens.[357] Ein Auszahlungsverbot kann aber in all diesen Fällen nicht und somit auch nicht im Fall einer Darlehensgewährung angenommen werden, denn der Grundsatz der Kapitalerhaltung funktioniert nicht positiv, um den Zugriff der Gläubiger auf einen tatsächlich vorhandenen Haftungsfonds oder sogar auf bestimmte Gegenstände sicherzustellen, sondern negativ, um Vermögensverlagerungen in Richtung auf die Gesellschafter zu verhindern.[358]

Das Argument der Nachrangigkeit kann in den meisten Fällen aber ohnehin nicht überzeugen. Denn entsprechende Darlehen an Gesellschafter werden nicht durch eine Barzahlung sondern durch Überweisung (eines bei einer Bank bestehenden Guthabens) getätigt. Die Darlehensauskehrung erfolgt also regelmäßig durch die Verfügung über eine gegenüber dem Kreditinstitut bestehende Forderung. Vor der Darlehensvergabe können die Gläubiger der Gesellschaft auf deren Forderung - auf eine entsprechende Valuta bzw. das Surrogat - gegen das Kreditinstitut zugreifen, nach Darlehensvergabe auf die Forderung der Gesellschaft gegen den Gesellschafter. Aus der Darle-

---

354 In diesem Sinne bereits *Karsten Schmidt*, Gesellschaftsrecht, § 37 III 1.c); *Cahn*, Kapitalerhaltung, S. 251. Ausdrücklich gegen einen solchen Zirkelschlusses statt vieler *Servatius*, DStR 2004, 1176, 1178; *Schilmar*, DB 2004, 411, 412; *Reiner/Brakemeier*, BB 2005, 1458, 1459; *Schäfer*, GmbHR 2005, 133, 136.

355 So bereits *Stimpel*, FS GmbHG, S. 335, 350; *Schön*, ZHR 159 (1995), 352.

356 Vgl. *Brockfeld*, Darlehen, S. 14 f; *Cahn*, DK 2004, 235, 241.

357 So *Drygala*, ZGR 2006, 587, 625, Fälle dieser Art, in denen die angeschafften Vermögenswerte speziell auf die Bedürfnisse des Unternehmens zugeschnitten und deshalb im Verwertungsfall wenig ertragreich sind, seien aus der Diskussion aus der eigenkapitalersetzenden Gebrauchsüberlassung bekannt, *Drygala*, ZGR 2006, 587, 625 mwN.

358 Vgl. *Joost*, GmbHR 1998, 285; *ders.* ZHR 148 (1984), 27 ff.

hensgewährung an den Gesellschafter resultiert somit keine Verschlechterung des Zugriffsranges sondern lediglich eine Auswechslung des Schuldners.[359]

Zugestanden sei, dass sich die Befriedigungsaussichten verschlechtern können, denn ein Gesellschafter wird faktisch wohl nie dieselbe Bonität aufweisen wie ein Kreditinstitut. Die Berücksichtigung des hier bestehenden Insolvenzrisikos ist – wie gesehen – also keine Frage des Ranges. Gläubiger der Gesellschaft haben schließlich keinen Anspruch darauf, sich zur Befriedigung ihrer Forderungen nicht an einen Gesellschafter halten zu *müssen*, sondern an ein Kreditinstitut halten zu *dürfen*. Dies muss jedenfalls dann gelten, wenn die Darlehensforderung gegen den Gesellschafter ohnehin bilanziell vollwertig ist. Auch hier möchte der Senat darauf hinaus, dass der Maßstab der bilanzrechtlichen Vollwertigkeit bei einem aufsteigenden Darlehen nicht ausreichend und somit „Forderung nicht gleich Forderung" ist. Bei aus Bankmitteln ausgereichten Darlehen kann das Rangargument also nicht überzeugen.

Aber selbst wenn ein Darlehen durch die Übergabe von Bargeld gewährt wird, greift das Rangargument nicht. Wenn ein Gläubiger der Gesellschaft nicht – sachenrechtlich - auf liquide Mittel sondern lediglich – schuldrechtlich - auf die Forderung aus § 488 Abs. 1 Satz 2 BGB zugreifen kann, so verschlechtern sich zwar zweifellos seine Zugriffschancen. Doch besteht hier kein spezifischer Bezug zum Kapitalerhaltungsrecht. Das Rangargument kann daher für die Auslegung der Kapitalerhaltungsregeln nicht herangezogen werden, denn dieser strukturelle Unterschied zwischen Schuld- und Sachenrecht zeigt sich bei allen Gesellschaftsformen und betrifft gleichermaßen freies und gebundenes Vermögen.[360] Dem könnte man entgegen gehalten, dass das Erreichen der in § 30 Abs. 1 GmbHG festgelegten Schwelle zur Unterbilanz eine besondere Schutzwürdigkeit der Gläubiger eröffne, wodurch sehr wohl ein spezifische Zusammenhang zu den Kapitalerhaltungsregeln geschaffen werde. Durch den Tausch von einer dinglichen Rechtsposition in eine Forderung werde dieser Schutz verletzt. Dies überzeugt jedoch nicht. Zum einen lässt sich der Novemberentscheidung nicht eindeutig entnehmen, ob die vom BGH aufgestellten Grundsätze, und so auch das Rangargument, nur im Stadium der Unterbilanz gelten.[361] Aber auch bei Bestehen einer Unterbilanz rechtfertigt ein solcher Verweis auf das Kapitalerhaltungsrecht keine Nachrangigkeit. Erwirbt die Gesellschaft von einem Gesellschafter zu einem angemessenen Preis einen Gegenstand des Anlagevermögens und entrichtet bereits den Kaufpreis, so wird auch hier Liquidität gegen einen schuldrechtlichen Anspruch auf Übereignung umgewandelt und somit wieder eine dingliche in eine schuldrechtliche Rechtsposition getauscht. Auch hier lässt sich die unterschiedliche Behandlung von – kapitalerhaltungsrechtlich unbedenklichem – Übereignungsanspruch und Darlehensrückzahlungsanspruch lediglich mit grundsätzlichen Zweifeln an der tatsächlichen Werthaltigkeit bilanziell vollwertiger Darlehensansprüche erklären. Dem Rangargument kommt somit keine eigenständige Bedeutung zu.

---

[359] In diesem Sinne auch *Cahn*, DK 2004, 235, 241; *Schäfer*, GmbHR 2005, 133, 137.

[360] So *Wessels*, ZIP 2004, 793, 794.

[361] Hierzu unten E.III.6.a).

c) Liquiditätsschutz

Auf die wohl schwerwiegendsten dogmatischen Bedenken stoßen die Ausführungen des Senats, dass sich der Vermögensschutz nicht in der Garantie einer bilanzmäßigen Rechnungsziffer erschöpfe, sondern die Erhaltung einer das Stammkapital deckenden liquiden Haftungsmasse gebiete und ein bestandsschützendes Mindestbetriebsvermögen bzw. eine Befriedigungsreserve für die Gläubiger zu erhalten sei. [362]

Während man bei der Beurteilung aufsteigender Austauschverträge eine – jedenfalls im Ergebnis – überzeugende wirtschaftliche Betrachtung anstellt, um eine Auszahlung der wahren Vermögenswerte zu erfassen, so findet bei einer Darlehensgewährung weder bilanziell noch rein tatsächlich betrachtet eine Auszahlung statt. Dieses insbesondere auf *Stimpel*[363] zurückgehende Fortdenken der wirtschaftlichen Betrachtung führt also zu einem völlig neuen Verständnis und zu einer Neubestimmung des Auszahlungsbegriffs, die aus dem Wortlaut des § 30 Abs. 1 GmbHG selbst dann nicht hervorgeht, wenn man dort nicht nur ein bilanzielles, sondern ein wirtschaftliches Verständnis zugrunde legt.[364] Die Erweiterung setzt sich somit über das Erfordernis hinweg, dass das Gesellschaftsvermögen durch das Drittgeschäft rein wertmäßig verringert wird und erweitert den Anwendungsbereich des § 30 Abs. 1 GmbHG auf die Erhaltung einer bestimmten „Struktur des Gesellschaftsvermögens“,[365] in der liquiden Vermögenspositionen, z.B. dem Bankguthaben, ein höherer Stellenwert eingeräumt wird als weniger liquiden Positionen, insbesondere Forderungen. Somit führt der BGH in § 30 GmbHG endgültig einen über den bislang rein wertmäßigen Schutz – mag man diesen rein bilanziell betrachten oder auch um die wahren Vermögenswerte erweitern - hinausgehenden Schutz des Vermögens in seiner konkreten Zusammensetzung und somit einen gegenständlichen Vermögens- bzw. Liquiditätsschutz ein.

Jedoch lässt sich ein Liquiditätsschutz aus dem bisherigen Verständnis des Kapitalerhaltungsrechts nicht ableiten,[366] - so der durchgängige Einwand gegen die Novemberentscheidung,[367] was auch die Verfechter der Novemberentscheidung einräumen müssen und diesen verzweifelte Deutungsversuche abverlangt, die Entscheidung dogmatisch zu festigen.[368] Die Neuausrichtung ist jedoch nicht zu verkennen, die Novem-

---

362 Vgl. *BGHZ* 157, 72, 75.

363 Vgl. *Stimpel*, FS GmbHG, S. 335, 351 f. Hierzu ausführlich oben E.I.

364 So - wenngleich dem BGH im Ergebnis folgend - *Servatius*, DStR 2004, 1176, 1179. Vgl. auch *Böcker*, ZGR 2006, 213: nachhaltige Veränderung im System der §§ 30, 31 GmbHG, sowie s. 215: „systemändernd“; *Koch*, Existenzvernichtungshaftung, S. 85: Kapitalschutz auf eine höhere Stufe gestellt. Besonders kritisch gegen eine dermaßen vom Wortlaut abweichende Auslegung des § 30 Abs. 1 GmbHG früher bereits *Sotiropoulos*, Kredite, S. 34 f.

365 So ausdrücklich *Lutter/Hommelhoff*, § 30 Rn. 10.

366 Vgl. bereits *RG* HRR 1935, 1403. Aus der Literatur statt aller *Lutter/Hommelhoff*, § 30 Rn. 5 ff; Hachenburg/*Goerdeler/Müller*, § 30 Rn. 4, 24; *Röhricht*, FS BGH, S. 83, 93 ff; *Kleffner*, Stammkapital, S. 67.

367 Vgl. *Böcker*, ZGR 2006, 213, 217; *Vetter*, BB 2004, 1509, 1513; *Helmreich*, GmbHR 2004, 457, 460; *Cahn*, DK 2004, 235, 238 ff; *Wessels*, ZIP 2004, 793 ff; *Fuhrmann*, NZG 2004, 552 ff; *Schilmar*, DB 2004, 1411 ff.

368 So etwa *Burgard*, AG 2006, 527, 528, die Entscheidung ziele entgegen einer verbreiteten Interpretation nicht auf einen Schutz der Liquidität der Gesellschaft ab. Zwar enthalte das Urteil einige Ausführungen, die man dahingehend verstehen könne. Auch werde ein Liquiditätsschutz reflexar-

berentscheidung und die hier maßgeblich zugrunde liegenden Aussagen von *Stimpel*, welcher zunächst selber einen Liquiditätsschutz zu leugnen versucht *(„Mit Recht wird gesagt, §.30 Abs. 1 GmbHG schützte nicht die Liquidität der GmbH.")*[369], führen in § 30 Abs. 1 GmbHG unverkennbar einen Liquiditätsschutz ein, wie er bei einem Blick auf die betriebswirtschaftliche Begriffsdefinition nicht deutlicher sein kann. Denn wenn *Stimpel* - trotz seiner ausdrücklichen Negierung - argumentiert, dass ein Tausch von Barmitteln gegen eine Forderung trotz Vollwertigkeit nicht toleriert werden könne, da die Gesellschaft wegen der hinausgeschobenen Fälligkeit mit dem Anspruch nicht wirtschaften könne wie mit Bargeld, so trifft gerade dies den Kern. Denn unter Liquidität versteht man die Fähigkeit der Gesellschaft, fällige Zahlungsverpflichtungen uneingeschränkt erfüllen zu können.[370] Da derartige Verpflichtungen aber zeitlich determiniert sind, gehört zum Aspekt der Liquidität ganz entscheidend der Aspekt der (sofortigen) Verfügbarkeit der Zahlungsmittel. Wer auf die Frage der sofortigen Verfügbarkeit der Zahlungsmittel abstellt, stellt mit anderen Worten auf Liquidität ab.[371]

Fraglich ist nun aber, ob ein solcher Aspekt in § 30 Abs. 1 GmbHG Platz greifen kann. Hiergegen sprechen zunächst systematische sowie rein praktische Gesichtspunkte. Das Kapitalerhaltungsrecht kennt kein Gebot der Gewinnthesaurierung,[372] die von der Gesellschaft erwirtschafteten Gewinne müssen also grundsätzlich nicht in der Gesellschaft verbleiben, sondern dürfen ausgegeben oder ausgeschüttet werden. Auch wurden die - im Einzelnen noch darzustellenden[373] - Grundsätze des existenzvernichtenden Eingriffs gerade deswegen entwickelt, weil § 30 GmbHG nicht die Liquidität der Gesellschaft, sondern lediglich ein rechnerisches Vermögen schützt.[374] Schließlich sprechen rein praktische Überlegungen dagegen, gerade bei Darlehensgewährungen einen Liquiditätsschutz zu statuieren. Mit Blick auf das Vollstreckungsargument des BGH wurde bereits darauf hingewiesen, dass der kapitalerhaltungsrechtlich unbedenkliche Erwerb eines Gegenstandes des Anlagevermögens von einem Gesellschafter zu einem angemessenen Preis die Befriedigungsmöglichkeiten der Gesellschaftsgläubiger trotz der unmittelbaren Zugriffsmöglichkeit de facto erheblich stärker beeinträchtigen

---

tig bewirkt. Rechtsgrundlage der Entscheidung sei jedoch § 30 GmbHG, und diese Vorschrift schütze nicht die Liquidität, sondern das Stammkapital der Gesellschaft. In die gleiche Richtung *Bayer/Lieder*, ZGR 2005, 133, 141 f., die Entscheidung sei teilweise missverständlich, keineswegs entferne sich der BGH mit seiner neuen Entscheidung vom bisherigen Verständnis des § 30 GmbHG. *Niemann*, NZI 2004, 397, 399 hält die Formulierungen „ungewollt" für zu weit geraten.

369 So ausdrücklich gegen einen Liquiditätsschutz *Stimpel*, FS GmbHG, S. 335, 346.

370 Vgl. allgemein *Thommen/Achleitner*, Betriebswirtschaftslehre, S. 108 sowie *Deckart*, Cash Pooling, S. 45 mwN. aus der finanzwirtschaftlichen Literatur. Zur Liquiditätsverbesserung im Rahmen des Cash Pooling oben A.II.1.

371 Zu Recht *Deckart*, Cash Pooling, S. 45.

372 Insofern abgrenzend zu § 73 GmbHG, der die liquidationsrechtliche Verschärfung der kapitalgesellschaftlichen Ausschüttungssperre des § 30 GmbHG darstellt, ausführlich *Karsten Schmidt*, DB 1994, 2013 ff. Vgl. hierzu auch Baumbach/Hueck/*Schulze-Osterloh/Noack*, § 73 Rn. 2; Michalski/*Nerlich*, § 73 Rn. 4.

373 Hierzu ausführlich unten E.IV.

374 Wegen des durchaus gegebenen Liquiditätsschutzes bei existenzvernichtenden Eingriffen statt vieler kritisch gegen die Novemberentscheidung *Helmreich*, GmbHR 2004, 457, 460; *Henzen*, ZGR 2005, 481, 490, 491; *Vetter*, BB 2004, 1509, 1516.

kann als die Gewährung eines angemessen verzinsten Darlehens an einen solventen Gesellschafter.[375] Dieses Beispiel zeigt aber zugleich die Unzulänglichkeit eines auf Darlehensgewährungen bezogenen Liquiditätsschutzes, denn auch der Erwerb eines Gegenstandes entzieht der Gesellschaft auf Dauer Liquidität, die sie ansonsten für andere Zwecke hätte verwenden können. Denn derartige Güter lassen sich häufig nicht oder jedenfalls nicht zum vollen Anschaffungspreis wieder veräußern.[376]

Richtet man den Blick nun aber auf Sinn und Zweck des Auszahlungsverbotes,[377] so fällt auf, dass der Liquiditätsschutz mit den gleichen Argumenten begründet wird, wie sie auch bei Austauschverträgen zur Rechtfertigung der Zugrundelegung der Verkehrswerte verwendet wurden. Der BGH führt aus, dass der Vermögensschutz, wie er in § 30 Abs. 1 GmbHG zum Ausdruck komme, sich nicht in der Garantie einer bilanzmäßigen Rechnungsziffer erschöpfe, sondern die Erhaltung einer die Stammkapitalziffer deckenden Haftungsmasse gebiete[378] und der GmbH ein ihren Bestand schützendes Mindestbetriebsvermögen und ihren Gläubigern eine Befriedigungsreserve gesichert werden müsse.[379] Diesen vom BGH vorgetragenen Funktionen des Stammkapitals hat sich speziell mit Blick auf die Liquidität der Gesellschaft *Deckart* angenommen. Er betont die ursprüngliche, auch von *Stimpel* ins' Feld geführte Intention des Gesetzgebers, durch das Stammkapital einen *„dauernden Grundstock des Unternehmens und zugleich ein bestimmtes Befriedigungsobjekt für die Gesellschaftsgläubiger“* bereit zu halten.[380] Hinsichtlich eines bestandsschützenden Mindestbetriebsvermögens führt *Deckart* aus, dass die Frage, ob ein Mindestbetriebsvermögen ausreichend sei, nicht rein juristisch, sondern danach zu beurteilen sei, ob die Gesellschaft nachhaltig in der Lage sei, ihre Produkte erfolgreich am Markt anzubieten. Gerade die betriebswirtschaftliche Unterscheidung zwischen Anlage- und Umlaufvermögen mache deutlich, dass im Rahmen einer wirtschaftlichen Vermögensanalyse die Dauerhaftigkeit oder sog. Fristigkeit des Vermögens zentrale Bedeutung erlange. Mit geringerer Fristigkeit der Vermögensbindung werde das Liquiditätspotential der Gesellschaft erhöht und somit die Gefahr von Illiquidität gesenkt.[381] Aus wirtschaftswissenschaftlicher Sicht sei somit im Hinblick auf die Zusammensetzung des Vermögens und die Frage, was eine hinreichende Vermögensausstattung ist, die Liquidität von entscheidender Bedeu-

---

375 Hierzu oben E.III.3.b).

376 So zu Recht *Cahn*, DK 2004, 235, 238 mwN.

377 Vom Wortlaut her ist ein liquiditätsorientiertes Verständnis vor dem Hintergrund des allgemein anerkannten weiten Auszahlungsverständnisses durchaus gedeckt, hierzu oben B.III. Tiefer gehend zu dieser Frage allein *Wilhelmi*, Kapitalerhaltung, S. 131 sowie *Deckart*, Cash Pooling, S. 47, die aber ebenfalls ein - zumindest - wortlautgetreues Verständnis des § 30 Abs. 1 GmbHG erkennen.

378 Vgl. *BGHZ* 157, 72, 75.

379 Besonders deutlich zur Entscheidungsrelevanz dieser Funktionen *Böcker*, ZGR 2006, 213, 214 f; *Deckart*, Cash Pooling, S. 48 ff.

380 So *GmbHG-Entwurf*, S. 3715, 3729. Hierzu *Deckart*, Cash Pooling, S. 47.

381 *Deckart*, Cash Pooling, S. 48 mwN. aus der betriebswirtschaftlichen Literatur.

tung.[382] Insgesamt lasse sich vor dem Hintergrund einer solchen wirtschaftswissenschaftlichen Beurteilung des Mindestbetriebsvermögens festhalten, dass der effiziente Schutz des Gesellschaftsvermögens nicht von der Forderung zu trennen sei, dieses Vermögen möglichst liquide zu halten.[383]

Hinsichtlich der vom BGH betonten Befriedigungsreserve lasse der Gesetzgeber durch die Betonung eines „bestimmten Befriedigungsobjekts" erkennen, so *Deckart*, dass dies der ebenfalls bestimmten und für jedermann erkennbaren Höhe des Stammkapitals entsprechen solle.[384] Einer so verstandenen Befriedigungsreserve in Höhe des Stammkapitals werde allein ein handelsbilanziell vollwertiger Darlehensrückforderungsanspruch nicht gerecht, da sich eine solche Beurteilung auf den Zeitpunkt der Darlehensausreichung beziehe, während das Gesellschaftsvermögen als Befriedigungsobjekt für die Gläubiger erst zu einem späteren Zeitpunkt, nämlich im Zeitpunkt einer Einzelvollstreckung oder der Liquidierung der Gesellschaft bedeutsam werde. Über die Bonität des darlehensnehmenden Gesellschafters und die hieraus resultierende Einbringlichkeit der Forderung sage die Handelsbilanz aber nichts aus, so dass die Übernahme des Bonitätsrisikos des Gesellschafters - anstelle der Sicherung eines entsprechenden Liquiditätsvorrats – somit dem Zweck der Kapitalerhaltung widerspreche, eine Befriedigungsreserve für die Gesellschaftsgläubiger zu erhalten.

Zunächst ist *Deckart* beizupflichten, dass der weitgehend unbestimmte Begriff eines „bestandsschützenden Mindestbetriebsvermögens" einer rein wirtschaftlichen Auslegung durchaus zugänglich ist, so dass der dort erkennbare Stellenwert der Liquidität insofern sehr wohl in die Beurteilung einfließen kann. Auch kann nicht geleugnet werden, dass die vom BGH betonte Befriedigungsreserve – unabhängig von ihrem rein vermögensmäßigen Wert - durchaus dann größer ist, wenn sie nicht mit dem Insolvenzrisiko des Darlehensnehmers belastet ist, sondern sich ausschließlich aus liquiden Positionen zusammensetzt. Insgesamt lässt sich anhand der von *Deckart* unter Einbeziehung wirtschaftlicher Gesichtspunkte vorgebrachten Argumente also – schlüssig - vertreten, dass die vom BGH betonten Aspekte eines Mindestbetriebsvermögens sowie einer Befriedigungsreserve die Bereithaltung einer Liquidität und somit eine gewisse Struktur des Gesellschaftsvermögens erfordern. Hierin ist der Verdienst der Monographie *Deckarts* zu sehen, sie versucht nicht nur einen überzeugenden Erklärungsansatz für einen Liquiditätsschutz im Rahmen des § 30 Abs. 1 GmbHG zu bieten, vielmehr noch handelt es sich hierbei um den *einzigen* auffindbaren Erklärungsansatz in der Literatur, während man bislang - vor und auch nach der Novemberentscheidung - einhellig und ohne nähere Begründung schlicht darauf verwies, dass § 30 Abs. 1 GmbHG einen solchen Schutz nicht gewähre.

Doch kann auch die Argumentation *Deckarts*` letztlich nicht überzeugen. Auch für einen Liquiditätsschutz sollte ein am Stammkapital orientierter Haftungsfondsgedanke argumentativ nicht mehr herangezogen werden, da die dem Stammkapital hier beige-

---

[382] *Deckart*, Cash Pooling, S. 48, mit zunehmender Kurzfristigkeit verfüge die Unternehmung über eine gewisse Elastizität, die es ihr ermögliche, sich an Beschäftigungs- und Strukturveränderungen anzupassen, die an freien wirtschaftlichen Märkten regelmäßig anzutreffen seien.

[383] *Deckart*, Cash Pooling, S. 49.

[384] *Deckart*, Cash Pooling, S. 50.

messenen Funktionen nicht mehr zeitgemäß sind.[385] Auch hier lässt sich nicht argumentieren, eine solche Sichtweise sei aber der Novemberentscheidung zu entnehmen,[386] dass gerade das Schwinden des Stammkapitals dazu führen muss, zukünftig noch stärker ein wirtschaftliches Verständnis zugrunde zu legen, um den nach einer Herabsenkung verbleibenden Haftungsfonds erst recht stärker zu schützen.[387] In concreto hieße dies, dass erst recht bei einem Mindestkapital von lediglich noch – beispielsweise – 10.000 € oder auch 1 € der somit geschrumpfte „Haftungsfonds" durch einen über bilanzielle Grundsätze hinausgehenden Liquiditätsschutz zu bewahren sei. Doch ist auch diese Argumentation nicht überzeugend. Ein am Stammkapital orientierter Haftungsfondsgedanke sollte – aus bereits vorgetragenen Gründen –[388] auch hinsichtlich eines Liquiditätsschutzes argumentativ nicht mehr herangezogen werden.

4. Systematische Wertungswidersprüche

Wie gesehen können das Stundungsverbot und das Rangargument nicht überzeugen. Vielmehr stellen sie sich bei Lichte gesehen lediglich als Hilfsargumente dafür dar, in § 30 Abs. 1 GmbHG einen äußerst zweifelhaften gegenständlichen Liquiditätsschutz einzuführen. Die Novemberentscheidung stößt schließlich auf weitergehende Bedenken. Denn neben der Außerachtlassung wirtschaftlicher Aspekte führt sie insbesondere zu Wertungswidersprüchen zwischen Kapitalerhaltungs- und Kapitalaufbringungsrecht.

a) Widerspruch zu § 7 Abs. 2 GmbHG

Die nur sehr eingeschränkte Möglichkeit der Gewährung von aufsteigenden Darlehen steht im Widerspruch zu § 7 Abs. 2 GmbHG. Nach § 7 Abs. 2 Satz 1 GmbHG darf die Anmeldung einer Mehrpersonengesellschaft erst – aber auch bereits - dann erfolgen, wenn auf jede Stammeinlage, soweit nicht Sacheinlagen vereinbart sind, ein Viertel eingezahlt ist. Das Gesetz selbst sieht also eine Forderung der Gesellschaft gegen einen Gesellschafter vor.[389] Über die Höhe und den Zeitpunkt der konkreten Einforderung des ausstehenden Betrages entscheiden grundsätzlich gem. § 46 Nr. 2 GmbHG die Gesellschafter unter Mitwirkung der von einer solchen Einforderung Betroffenen.[390] Das aus dem Befreiungsverbot des § 19 Abs. 2 Satz 1 GmbHG abgeleitete Stundungsverbot greift erst dann ein, wenn ein entsprechender Beschluss gefasst ist. Die Gesellschafter haben es hier also in der Hand, über eine sichere Kapitalaufbringung zu entscheiden.[391] Auch sind an die Gewährung eines solchen Darlehens keine

---

385 Daher sollte man das Auszahlungsverbot mit einem weitgehend abgeschafften Mindestkapital - bis auf 1 € - auf seine Ausschüttungssperrfunktion reduzieren. In diesem Sinne bereits gegen die am Stammkapital orientierte Rechtfertigung eines Drittvergleichs bei Austauschverträgen oben D.IV.

386 Zu Recht *Drygala*, ZGR 2006, 587, 605.

387 In diesem Sinne bereits *Fleck*, FS GmbHG, S. 391, 393.

388 Hierzu oben D.IV.

389 Zur rechtlichen Qualifizierung der ausstehenden Einlage als Forderung statt aller Roth/Koller/*Morck*, § 272 Rn. 4.

390 Vgl. *BGH* WM 1990, 1618 f; Rowedder/Schmidt-Leithoff/*Koppensteiner*, § 47 Rn. 74.

391 So *Servatius*, DStR 2004, 1176, 1179; *Henze*, WM 2005, 717, 719.

besonderen Anforderungen zu stellen. Hinsichtlich der ausstehenden Einlagenzahlung begnügt sich das Gesetz mit dem bloßen Leistungsversprechen, eine dingliche Sicherung der Einlageforderung ist grundsätzlich nicht vorgesehen.[392] Schließlich ist weder eine Prüfung der Leistungsfähigkeit des Schuldners noch ein Fälligkeitszeitraum vorgeschrieben, die hinausgeschobene Fälligkeit wird auch nicht durch eine Verzinsungspflicht oder einen Abzinsungsabschlag vom Nominalwert berücksichtigt.[393]

Als Sicherheit dient lediglich die Ausfallhaftung des § 24 GmbHG. Doch rechtfertigt auch diese keine Ungleichbehandlung von Forderungen der GmbH gegen ihre Gesellschafter in den unterschiedlichen Stadien der Kapitalaufbringung bzw. -erhaltung. Zum einen kann auch der Einlageanspruch gegen die übrigen Gesellschafter uneinbringlich sein. Zum anderen ist es gerade verwunderlich, eine Forderung gegen einen Gesellschafter in einem Stadium bedingungslos zu akzeptieren, in dem die Gesellschaft faktisch noch gar nicht vollständig ins` Leben gerufen wurde. Zwar ist es durchaus legitim – und auch ökonomisch sinnvoll -, nur so viel bares Kapital aufzuwenden wie notwendig. Doch werden sich gerade hier Fälle finden lassen, in denen auf eine sofortige vollständige Einzahlung der Bareinlage deswegen verzichtet wird, weil die notwendigen liquiden Mittel schlicht fehlen. Hierzu lädt die Regelung des § 7 Abs. 2 GmbHG förmlich ein, zielt sie doch darauf ab, den Gründungsvorgang nicht über Gebühr dadurch zu belasten oder möglicherweise hinauszuzögern, dass die Gesellschafter das satzungsmäßig versprochene Kapital kurzfristig nicht aufbringen können.[394] Von daher kann auch die in der Literatur in diesem Zusammenhang geäußerte These in Bezug auf die Missbrauchsgefahr nicht überzeugen, bei Gründung einer GmbH glaube der Gesellschafter an das Gelingen seiner Unternehmung, da er das Geld doch sonst anderweitig anlegen würde, wogegen es doch gerade im Stadium des § 30 GmbHG wahrscheinlicher als im Stadium der Kapitalaufbringung sei, dass der Gesellschafter nicht mehr an das Erfolgspotential seiner Gesellschaft glaube, was eher zu Missbräuchen führe.[395] Eine solch naive Sichtweise widerspricht der Seriösitätsfunktion des gesetzlichen Mindestkapitals. Denn für den Effekt einer Seriösitätsschwelle ist es insbesondere entscheidend, inwieweit die Gründer ihrer Einlageverpflichtung im Gründungsstadium nachkommen.[396] Somit ist es auch eher – oder zumindest genauso – hinnehmbar, Gesellschaftern später ein Darlehen zu gewähren als bereits bei Gründung, zumal der Gesetzgeber auch ansonsten im Bereich der Kapitalaufbringung strengere Maßstäbe vorgibt als bei der Kapitalerhaltung, wie insbesondere die Werthaltigkeitsprüfung bei Sacheinlagen zeigt.[397]

---

392 Vgl. *Cahn*, DK 2004, 235, 243; *Henze*, WM 2005, 717, 719.

393 Vgl. *ADS*, § 272 HGB Rn. 69; Baumbach/Hueck/*Schulze-Osterloh*, § 42 Rn. 418.

394 So ausdrücklich statt vieler *Bayer/Lieder*, GmbHR 2006, 1121, 1124, die jedoch ohne überzeugende Gründe einen bestehenden Wertungswiderspruch in der Argumentation des BGH verneinen. Ohne nähere Gründe auch *Kerber*, ZGR 2005, 437, 445.

395 *Deckart*, Cash Pooling, S. 52.

396 Hierzu oben D.IV.

397 Auf diesen Zusammenhang weist *Drygala*, ZGR 2006, 587, 628 hin. Im Ergebnis zu diesem Wertungswiderspruch des Kreditvergabeverbots zu § 7 Abs. 2 GmbHG auch *Pentz*, ZIP 2006, 781, 783; *Reiner/Brakemeier*, BB 1995, 1458, 1463; *Schilmar*, DB 2004, 1411, 1412; *Vetter*, ZGR 2005, 789, 823; *Wessels*, ZIP 2004, 793, 794. Schließlich ergibt sich in diesem Zusammenhang

b) Widerspruch zu § 43 Abs. 3 GmbHG

Im Weiteren ergeben sich Wertungswidersprüche zwischen der liquiditätsorientierten Argumentation bei der Frage einer verbotenen Auszahlung gemäß § 30 Abs. 1 GmbHG auf der einen und der Höhe des vom Geschäftsführer auf Grund einer verbotenen Auszahlung zu leistenden Schadenersatzes gemäß § 43 Abs. 3 GmbHG auf der anderen Seite.

Nach ständiger Rechtsprechung des BGH entspricht der gemäß § 43 Abs. 3 GmbHG nach einem Verstoß gegen das Auszahlungsverbot zu ersetzende Schaden „zumindest der erbrachten Leistung".[398] Dies überzeugt in den Fällen, in denen die Auszahlung an den Gesellschafter das Reinvermögen der Gesellschaft in einer der Zahlung entsprechenden Höhe mindert.[399] Hingegen überzeugt es nicht, den Schaden auch im vorliegenden Fall in Höhe der gesamten ausgezahlten Darlehensvaluta zu sehen. Dies könnte nur dann gelten, wenn der Gesellschafter ein weder gesichertes, noch verzinstes Darlehen erhalten hätte und der Gesellschaft somit kein vollwertiges Äquivalent zugeflossen wäre. In diesem Falle wäre gegen § 30 Abs. 1 GmbHG verstoßen, der vom Geschäftsführer zu ersetzende Schaden bestünde in voller Höhe. Zwar begründet der Senat selber die Vermögensverschlechterung der GmbH mit dem zeitlich begrenzten Entzug der Darlehensvaluta.[400] Würde er nun aber konsequent auch bei der Ermittlung des Schadens nur das zeitliche Moment in Ansatz bringen, so könnte der Schaden lediglich in dem der Gesellschaft entzogenen Nutzungswert der Darlehensvaluta liegen. Da im vorliegenden Fall jedoch von einer marktüblichen Verzinsung auszugehen ist, liegt ein solcher Schaden gerade nicht vor.[401]

Fraglich ist, ob sich eine solche Weiterung des § 43 Abs. 3 GmbHG im Rahmen eines aufsteigenden Darlehens dadurch rechtfertigen lässt, dass der BGH den Schaden *zumindest* in der erbrachten Leistung sieht.[402] Dies würde jedoch voraussetzen, dass die erbrachte Leistung überhaupt zu einem Schaden geführt hat. Bei einer angemessenen Kompensation des Nutzungswertes durch eine marktgerechte Verzinsung liegt aber gerade keinerlei Schaden vor. Somit verbleibt es bei einem unlösbaren Wertungswiderspruch bei der Beurteilung der Auszahlung gemäß § 30 Abs. 1 GmbHG und des hier vom Geschäftsführer zu leistenden Schadenersatzes gemäß § 43 Abs. 3 GmbHG.

---

ein weiterer Widerspruch zu dem Kreditierungsfall bei der Vorbelastungshaftung der Gesellschafter für Verluste zwischen Anmeldung und Eintragung der Gesellschaft. Auch hier wird betont, der vollwertige Anspruch der GmbH gegen den Gesellschafter sichere hinreichend die wertmäßige Unversehrtheit des Kapitals. Das Registergericht könne eine Eintragung nur ausnahmsweise ablehnen, wenn es begründete Zweifel hat, ob die Gründer die Vorbelastungshaftung später ausgleichen können, vgl. *Vetter*, ZGR 2005, 789, 823 unter Hinweis auf Lutter/Hommelhoff/*Bayer*, § 11 Rn. 34 mwN.

398 Vgl. *BGHZ* 157, 72, 78; *BGH* ZIP 1987, 1050.

399 Baumbach/Hueck/*Zöllner*, § 43 Rn. 39; *Helmreich*, GmbHR 2004, 457, 462.

400 Vgl. *BGHZ* 157, 72, 78.

401 So auch *Helmreich*, GmbHR 2004, 457, 462; *Reiner/Brakemeier*, 1458, 1461, 1463.

402 Vgl. *BGHZ* 157, 72, 77; *BGH* ZIP 1987, 1050.

c) Widerspruch zu § 43a GmbHG

§ 43a GmbHG dient genauso wie § 30 GmbHG der Sicherung des Stammkapitals zugunsten der Gesellschaft und deren Gläubiger.[403] § 43a GmbHG liegt die Erkenntnis zu Grunde, dass Darlehen an Geschäftsleiter mangels unzureichender Angemessenheitskontrolle häufig nicht werthaltig sind, mit der Folge, dass der Rückzahlungsanspruch typisierend als vollständig wertlos fingiert wird.[404] Sofern der BGH aufsteigende Darlehen an Gesellschafter nun – wie vom Gesetzgeber des § 43a GmbHG gewollt – an § 30 GmbHG misst, so kann es nicht überzeugen, hier gleichermaßen typisierend unter stetiger Ausblendung einer angemessenen Verzinsung von einer Wertlosigkeit des Darlehensanspruch auszugehen. Eine solch typisierende Betrachtung ist nur im Rahmen des § 43a GmbHG gerechtfertigt, im Rahmen von § 30 Abs. 1 GmbHG kann sich ein Darlehensverbot nur im Einzelfall ergeben. Ein solches besteht aber eben nicht, wenn der Rückzahlungsanspruch vollwertig ist. Es wird deutlich, dass die Grundsätze des BGH auf eine „'faktische' analoge Anwendung des § 43 a GmbHG auf Gesellschafter" hinauslaufen.[405]

Es bleibt festzuhalten, dass der BGH keine überzeugenden Gründe für das Kreditvergabeverbot liefert, hierüber hinaus ergeben sich diverse Wertungswidersprüche innerhalb des Kapitalschutzsystems. Im Folgenden gilt es zu untersuchen, inwiefern der im obiter dictum angedeutete Ausnahmetatbestand Möglichkeiten für eine Kreditvergabe an Gesellschafter bietet.

5. Ausnahmen vom Kreditvergabeverbot - Das obiter dictum des BGH

Der BGH stellt die dargestellten Grundsätze obiter dicter unter Vorbehalt. In der Urteilsbegründung heißt es[406]:

> *„Es kann dahinstehen, ob die Gewährung eines Darlehens aus gebundenem Vermögen ausnahmsweise zulässig sein kann, wenn die Darlehensvergabe im Interesse der Gesellschaft liegt, die Darlehensbedingungen dem Drittvergleich stand halten und die Kreditwürdigkeit eines Gesellschafters selbst bei Anlegung strengster Maßstäbe außerhalb jedes vernünftigen Zweifels steht oder die Rückzahlung des Darlehens durch werthaltige Sicherheiten voll gewährleistet ist. Für die Voraussetzungen eines solchen Ausnahmetatbestandes, der im Streitfall ersichtlich nicht eingreift, wäre indes der Gesellschafter darlegungs- und beweispflichtig."*

Zwar hat der BGH nicht positiv entschieden, dass aufsteigende Darlehen aus gebundenem Vermögen unter den genannten Voraussetzungen zulässig sind, vielmehr hat er dies ausdrücklich offen gelassen.[407] Es besteht jedoch Einigkeit darüber, dass

---

403 Statt vieler *Lutter/Hommelhoff*, § 43a Rn. 1; Baumbach/Hueck/*Zöllner*, § 43a Rn. 1; *Helmreich*, GmbHR 2004, 457, 461.

404 *Lutter/Hommelhoff*, § 43a Rn. 1; *Cahn*, Kapitalerhaltung, S. 257; *Helmreich*, GmbHR 2004, 457, 461; *Vetter*, BB 2004, 1509, 1515. A. A. *Böcker*, ZGR 2006, 213, 217: unwiderlegliche Vermutung.

405 So *Böcker*, ZGR 2006, 213, 217; *Reiner/Brakemeier*, BB 2005, 1457, 1460.

406 *BGHZ* 157, 72, 77.

407 Dies gibt *Maier-Reimer*, in VGR 2005, S. 127, 149 zu bedenken. Ähnlich auch *Vetter*, BB 2004, 1509, 1516, jedoch gestehen beide im Ergebnis gleichermaßen einen Ausnahmetatbestand ein.

der Vorbehalt als Ausnahme zu verstehen ist, wenn die Kriterien erfüllt sind.[408] Ein solcher Ausnahmefall ist dann gegeben, wenn alle drei Voraussetzungen kumulativ erfüllt sind, wobei neben Gesellschaftsinteresse und Drittvergleich innerhalb der dritten Voraussetzung Alternativität besteht zwischen einer zweifellosen Kreditwürdigkeit oder einer an deren Stelle tretenden werthaltigen Besicherung.[409]

Die im Streitfall nicht relevanten Ausführungen des BGH wurden in der Literatur als Hinweis darauf verstanden, dass gerade aufsteigende Darlehen beim Cash Pooling im Lichte dieses Ausnahmetatbestandes zu betrachten seien.[410] Schließlich wird das Cash Pooling auch in der Entscheidung des OLG München, welches dem BGH durchgehend folgt, im Lichte des Ausnahmetatbestand betrachtet, wenn der Senat ausführt, dass ein funktionierendes Cash-Pool-Verfahren zwar unter Umstände im Interesse der Gesellschaft liegen könne. Allerdings lässt das OLG unmissverständlich seine restriktive Haltung erkennen, wenn es im Weiteren betont, dass allein ein solches Interesse der Gesellschaft nicht genüge, um eine Gefährdung des Kapitalerhaltungsgrundsatzes zu rechtfertigen, zumal es regelmäßig an ausreichenden Sicherheiten und angemessenen Kreditbedingungen fehle.[411]

Möchte man die nur abstrakte Formulierung des obiter dictums mit Leben füllen und sie somit auf ihre praktische Bedeutung hin untersuchen, so drängt sich das Cash Pooling als häufigste und bedeutendste Form des aufsteigenden Darlehens zwar auf. Doch darf es auch hier nicht versäumt werden, Darlehensgewährungen der GmbH an ihre Gesellschafter im Allgemeinen zu betrachten. Zum einen belegt der Sachverhalt der Novemberentscheidung, dass auch diese der Rechtswirklichkeit entsprechen, zum anderen wird sich im Laufe der vorliegenden Untersuchung zeigen, dass aufsteigende Darlehen im Allgemeinen und solche beim Cash Pooling auf Grund der hier bestehenden Konzernrisiken nicht ohne weiteres einheitlich beurteilt werden können. Dementsprechend gilt es nachfolgend, die einzelnen Kriterien des Ausnahmetatbestandes für aufsteigende Darlehen im Allgemeinen kritisch zu betrachten und anschließend jeweils die besondere Situation des Cash Pooling zu berücksichtigen.

a) Darlehensvergabe im Interesse der Gesellschaft

Den vom BGH verwendeten unbestimmten Rechtsbegriff des Interesses gilt es mit Leben zu füllen. Von einem Interesse der Gesellschaft an der Darlehensgewährung kann dann die Rede sein, wenn der Gesellschaftszweck gefördert wird, welcher bei einer wirtschaftlich tätigen GmbH regelmäßig in der Gewinnerzielung liegt.[412] Vor diesem Hintergrund wird es der Gesellschaft vordergründig darum gehen, das Darlehen zumindest zu einem marktüblichen Habenzins zu gewähren. An dieser Stelle wird aber deutlich, dass die Formulierung des BGH bereits durch das Abstellen auf das Ge-

---

408 Statt vieler *Hentzen*, ZGR 2005, 480, 494; *Reidenbach*, WM 2004, 1421, 1424.
409 Statt aller *Maier-Reimer*, in VGR 2005, S. 127, 149; *Goette*, ZIP 2005, 1481, 1484.
410 Ausdrücklich statt vieler *Bayer/Lieder*, ZGR 2005, 133, 144.
411 Vgl. *OLG München* ZIP 2006, 25, 27.
412 Vgl. *Deckart*, Cash Pooling, S. 84; ähnlich *Servatius*, DStR 2004, 1176, 1180: „Verwirklichung der satzungsmäßigen Ziele“.

sellschaftsinteresse nicht der Rechtssicherheit dienlich ist.[413] Denn die Frage einer angemessenen Verzinsung ist eine Frage eines konkreten Drittvergleichs, den der BGH aber kumulativ verlangt.[414] Eine eigenständige Bedeutung kommt dem Kriterium des Interesses allenfalls als Indikator für eine normative Grundausrichtung zu. Denn die durch die Verwendung des unbestimmten Rechtsbegriffes indizierte Einzelfallbezogenheit dient insbesondere dem verstärkten Hinweis darauf, dass in dem vom BGH postulierten Regel-Ausnahme-Verhältnis ein strenger, am Einzelfall orientierter Maßstab anzulegen ist.[415] Nicht mehr, aber auch nicht weniger ist dem Kriterium des Interesses für die Frage der Zulässigkeit aufsteigender Darlehen zu entnehmen.[416]

Unabhängig von dieser normativen Grundausrichtung kann das Cash Pooling jedenfalls nur dann im Interesse der Gesellschaft sein, wenn die Vorteile die Nachteile im Einzelfall überwiegen. Hinsichtlich der Vorteile kann hier insbesondere auf die zentralisierungsbedingten Einsparpotentiale und die Unabhängigkeit der Gesellschaft gegenüber externen Kreditgebern verwiesen werden.[417] In der Literatur wird an dieser Stelle der Eindruck erweckt, dass das erforderliche Interesse und somit eine der geforderten Ausnahmevoraussetzungen auf Grund der konzernspezifischen Vorteile des Cash Pooling grundsätzlich zu bejahen ist.[418] Dem kann nicht gefolgt werden, setzt sich ein solcher Hinweis doch über die Einzelfallbezogenheit des Kriteriums hinweg, wie sie sich aus dem Regel-Ausnahme-Prinzip ergibt.[419] Demnach ist allein im Einzelfall zu entscheiden, ob die Darlehensvergabe im Interesse der Gesellschaft liegt. Hierüber lassen sich aber keinerlei allgemeingültigen und rechtssicheren Aussagen treffen.

b) Drittvergleich – Das Cash Pooling als Leistung „causa societatis"?

Der Senat bestätigt die Ansicht, dass bei einem Verstoß gegen den Drittvergleich stets die gesamte ausgezahlte Darlehensvaluta vom Auszahlungsverbot des § 30 Abs. 1 GmbHG erfasst sei, mit der Folge, dass die gesamten Darlehensvaluta gemäß § 31

---

413 Statt vieler Scholz/*H.P.Westermann*, § 30 Rn. 23, im Gegensatz zu den Zulässigkeitsvoraussetzungen handele es sich eher um eine theoretische Frage.

414 Nicht genau differenzierend *Cahn*, DK 2004, 235, 243. Hingegen für eine strikte Trennung der Kriterien *Maier-Reimer*, in VGR 2005, S. 127, 149; *Langner/Mentgen*, GmbHR 2004, 1121, 1124.

415 So zu Recht *Deckart*, Cash Pooling, S. 85. Vgl. zu einer solchen normativen Gesamtschau auch *Mülbert*, WM 2006, 1977, 1983, bei genauerem Hinsehen zeige sich, dass mit der Erfüllung einzelner oder gar aller Kriterien nicht zugleich positiv feststehe, dass die Leistung im Gesellschaftsinteresse erfolge.

416 Kritisch gegen die Ergiebigkeit des Interessenerfordernisses auch *Noack*, DB 2006, 1475, 1482: „schwarzer Kasten". Allgemein zu den vielfältigen Interpretationen des Gesellschafts- bzw. Unternehmensinteresses MünchKomm-AktG/*Semler/Spindler*, Vor § 76 Rn. 84 ff; *Fleischer*, DB 2006, 542.

417 Zur „Saldierung" von Vor- und Nachteilen zur Ermittlung des Interesses auch *Deckart*, Cash Pooling S. 89.

418 In diesem Sinne *Cahn*, DK 2004, 235, 243; *Hahn*, DK 2004, 641, 644; *Fuhrmann*, NZG 2004, 552, 554; *Habersack/Schürnbrand*, NZG 2004, 689, 695.

419 In diesem Sinne auch *Schilmar*, DStR 2006, 568, 571, allein das objektive Gesellschaftsinteresse am Cash Pooling rechtfertige keine Gefährdung des Kapitalerhaltungsgrundsatzes.

GmbHG zurückerstattet werden müssten.[420] Genau an dieser Stelle kehrt der Senat der bilanziellen Betrachtung den Rücken zu, denn die Un- bzw. Unterverzinslichkeit wird somit nicht mehr – lediglich – durch einen bilanziellen Abschlag berücksichtigt.[421] Vielmehr blendet er bei mangelndem Drittvergleich den Darlehensrückzahlungsanspruch nach einem Alles-oder-Nichts-Prinzip vollständig aus und kommt so zur verbotenen Auszahlung bzw. - nach bereits erfolgter Auszahlung – zu einem Rückerstattungsanspruch gemäß § 31 Abs. 1 GmbHG in Höhe der vollen Darlehensvaluta. Es sind jedoch keine Gründe ersichtlich, warum der Verstoß gegen einen Drittvergleich solch drakonische Rechtsfolgen nach sich ziehen soll.

Auch nach Auffassung des OLG führt der gescheiterte Drittvergleich - dem BGH folgend - zu einer Unzulässigkeit der Darlehensgewährung im Sinne eines Alles-oder-Nichts-Prinzips, wenn der Senat darauf hinweist, dass es bei einem Cash Pooling regelmäßig an angemessenen Kreditkonditionen fehle.[422] Geht man auf Grund des Fehlens eines schriftlichen belastbaren Vertragswerkes davon aus, dass auch in dem konkreten Sachverhalt keinerlei Verzinsung vereinbart wurde,[423] so kann dem Senat hinsichtlich des Verstoßes gegen das Auszahlungsverbot mit der Folge der vollständigen Unzulässigkeit der Darlehensgewährung aber auch hier nicht gefolgt werden. Auch hier würde der gescheiterte Drittvergleich im Rahmen der Bilanzierung berücksichtigt, und zwar bei Unterverzinslichkeit gleichermaßen wie bei einem vollständigen Verzicht auf eine Verzinsung.[424] Das bedeutet aber nicht, dies gilt es näheren Ausführungen vorwegzunehmen, dass eine Darlehensgewährung ohne nachvollziehbare Konditionen oder sogar ohne jegliche Vertragsgrundlage sanktionslos bliebe. Solche leichtsinnigen Darlehensgewährungen sind eine Frage der Verhaltenshaftung der Beteiligten.[425]

Schließlich möchten gewichtige Stimmen in der Literatur eine Darlehensgewährung selbst bei marktgerechter Verzinsung versagen, weil sich ein erfolgreicher Drittvergleich unabhängig von den konkreten Vergleichskonditionen deswegen nicht durchführen lasse, weil entsprechende Darlehen nicht an konzernunbeteiligte Dritte gewährt würden und somit stets eine Leistung causa societatis vorliege.[426] Die hier anklingende zweistufige Prüfung eines Drittvergleichs wird vornehmlich bei der Abgrenzung verbotener Auszahlungen von zulässigen Leistungen im Fall von Austauschverträgen dis-

---

420 So bereits früher *Kleffner*, Stammkapital, S. 67 f; *Jäger*, DStR 2000, 1736 f; *Becker*, DStR 1998, 1528, 1531 f; *Jula/Breitbarth*, AG 1997, 256, 264, die schon pauschal von der Unzulässigkeit des Darlehens und somit von einem Rückforderungsanspruch in voller Höhe ausgingen, wenn das Darlehen nicht marktgerecht verzinst und besichert ist. Hierzu bereits oben E.II.1.

421 Hierzu bereits oben E.II.2.

422 *OLG München*, ZIP 2006, 25, 26.

423 *OLG München*, ZIP 2006, 25, 26.

424 Zur Berücksichtigung einer Unter- bzw. Unverzinslichkeit bei der Bilanzierung ausführlich unten H.I.

425 Zur Anwendung der Existenzvernichtungshaftung auf den Sachverhalt des OLG München unten E.IV.2.b).

426 So *Joost*, in VGR 2006, S. 31, 34. In diese Richtung auch *Bayer/Lieder*, ZGR 2005, 133, 143 f; *Engert*, BB 2005, 1951, 1953. Für die AG MünchKomm-AktG/*Bayer*, § 57 Rn. 81. Zur parallelen Argumentation bei aufsteigenden Sicherheiten unten E.VI.2.b).

kutiert und lässt bereits dort ein klares Verständnis vermissen.[427] Auch an dieser Stelle sei lediglich darauf hingewiesen, dass für einen solchen Einwand – jedenfalls auf einen ersten Blick und vorbehaltlich einer näheren Untersuchung[428] - dann kein Raum zu bleiben scheint, wenn die Darlehenskonditionen denen am externen Markt entsprechen und ein rechnerischer Nachteil für die Gesellschaft somit nicht ersichtlich ist.

c) Zweifellose Kreditwürdigkeit oder Besicherung

Sofern der BGH und das OLG München verlangen,[429] dass die Kreditwürdigkeit eines Gesellschafters selbst bei Anlegung strengster Maßstäbe außerhalb jedes vernünftigen Zweifels stehen oder die Rückzahlung des Darlehens durch werthaltige Sicherheiten voll gewährleistet sein müssten, so sind auch diese Kriterien nicht neu und standen bereits in der herrschenden bilanziellen Betrachtung in dem vom Senat dargelegten Alternativverhältnis. Eine Sicherheit kann ohnehin dann erforderlich sein, wenn die Vollwertigkeit des Rückzahlungsanspruchs im Einzelfall nicht anderweitig gegeben ist, insbesondere weil die Bonität des Schuldners nicht außer Zweifel steht und auch keine Kompensation durch eine entsprechend höhere Verzinsung erfolgt.[430] Doch nimmt der Senat auch hier – entsprechend dem zuvor aufgezeigten Alles-oder-Nichts-Prinzip beim Drittvergleich – eine immense Verschärfung vor. Er verlangt eine Kreditwürdigkeit, die *„selbst bei Anlegung strengster Maßstäbe außerhalb jedes vernünftigen Zweifels“* steht und somit eine auf den ersten Blick faktisch von kaum jemand erfüllbare Bonität. Das nicht näher präzisierte Kreditwürdigkeitsverlangen hat der Literatur mannigfache Vorschläge für die hier anzulegenden Maßstäbe entlockt. Die immens strenge Formulierung des BGH könne als Hinweis darauf verstanden werden, dass das Unternehmen von externen Ratingagenturen mit dem Top-Rating („AAA“) eingestuft werden müsse.[431] Hiergegen spricht jedoch, dass die meisten deutschen Kreditinstitute nicht auf ein derartiges Rating kommen.[432] Dem entsprechend verlangen manche nachgiebiger ein Rating im „A“-Bereich[433], lediglich ein sog. Best-Rating[434] oder ein sog. Investment-Grade-Rating („BBB“).[435] Insgesamt muss jedoch bezweifelt werden, ob ein externes Rating auf Veränderungen des in Frage stehenden Darlehensnehmers schnell genug reagieren und somit eine verlässliche Entscheidungsgrundlage sein kann.[436] Dementsprechend stellt man im Schrifttum auch darauf ab, ob

---

[427] Zum Drittvergleich zwecks Abgrenzung einer unzulässigen Leistung causa societatis ausführlich oben D.II.1.

[428] Ausführlich zum Inhalt des Drittvergleichs und der Berechtigung des Merkmals „causa societatis“ zur Abgrenzung verbotener Auszahlungen unten G.II.2.

[429] Vgl. *BGZ* 157, 72, 77; *OLG München* ZIP 2006, 25, 26.

[430] Hierzu bereits oben E.II.3. sowie ausführlich unten H.I.3.

[431] So *Fuhrmann*, NZG 2004, 552, 554 f; *Reidenbach*, WM 2004, 1421, 1424.

[432] Statt vieler *Cahn*, DK 2004, 235, 243; *Hentzen*, ZGR 2005, 480, 499.

[433] So *Engert*, BB 2005, 1951, 1954.

[434] Vgl. *Wessels*, ZIP 2004, 793, 794; *Hahn*, DK 2004, 641, 645.

[435] So *Hentzen*, ZGR 2005, 480, 500.

[436] Kritisch *Hentzen*, ZGR 2005, 480, 500, der hier für die Fortentwicklung des betrieblichen Informationssystems plädiert. Allgemein zum Prognoseproblem bei Beurteilung der Kreditwürdigkeit *Langner/Mentgen*, GmbHR 2004, 1121, 1125.

Dritte der Finanzierungsgesellschaft ungesicherte Darlehen geben,[437] andere wiederum suchen den zugrunde zu legenden Maßstab für die Kreditwürdigkeit in bilanzanalytischen Ansätzen.[438]

Eine eigene Interpretation dieses Bonitätserfordernisses ist schon deswegen entbehrlich, weil auch dieser ein nicht vermeidbares Maß an Spekulation verhaften bliebe. Der unklare Bonitätsmaßstab legt es somit nahe, für konzernfreie und konzerngebundene Darlehen eine Besicherung vom Gesellschafter zu fordern. Denn der BGH flankiert den Katalog seiner Ausnahmekriterien mit Ausführungen zur Beweislastverteilung, wonach es nunmehr bei Ansprüchen aus § 31 GmbHG Sache des Gesellschafters bzw. bei Ansprüchen aus § 43 GmbHG Sache des Geschäftsführers ist, darzulegen und zu beweisen, dass der Gesellschafter uneingeschränkt kreditwürdig war, und zwar unter Berücksichtigung aller Umstände derart kreditwürdig, dass es trotz der Gefährdung des Stammkapitals keiner Bestellung von Sicherheiten bedurfte.[439] Die Anforderungen des BGH münden also in einem faktischen Sicherungszwang.[440]

Doch ist dieser Sicherungszwang nicht mit der Praxis des Cash Pooling vereinbar, denn hier besteht ein im Folgenden darzustellender Teufelskreis aus beiden alternativen Ausnahmenkriterien. Bereits die Suche nach entsprechenden Sicherheiten bereitet Schwierigkeiten. Vor dem Hintergrund eines bestehenden Cash Managements und dem hier bestehenden Ziel, von externen Kreditgebern unabhängig zu sein, gilt es zunächst den Blick auf konzerninterne Sicherungsmöglichkeiten zu richten. Tauglich sind hier nur solche Sicherheiten, deren Wert von der Vermögens- und Liquiditätslage des Konzerns unabhängig und die Sicherheit somit als insolvenzfest bezeichnet werden kann.[441] Somit scheiden Personalsicherheiten wie Bürgschaft, Schuldbeitritt, Garantievertrag oder Patronatserklärungen aus.[442] Diese erliegen bereits der Argumentation des BGH, das Vermögen der Gesellschaft sei vor einer Aufspaltung in schuldrechtliche Ansprüche gegen die Gesellschafter zu schützen.[443] Somit kommen hier lediglich dingliche Sicherheiten wie die Abtretung oder Verpfändung von Forderungen gegen Dritte in Betracht, des Weiteren ist mit Blick auf die zu erwartende unterschiedliche Höhe des Schuldensaldos an die Bestellung von Grundschulden zu denken.[444] Gegen die Bestellung konzerninterner Sicherheiten sprechen jedoch zahlreiche Ziel-

---

437 Vgl. *Rümker*, FS Huber, 2006, 919, 923; *Cahn*, DK 2004, 235, 243.

438 Vgl. *Deckart*, Cash Pooling, S. 76: „künstliche neuronale Netze".

439 So ausdrücklich *Burgard*, AG 2006, 527, 529. Somit kehrt der BGH vom bisherigen Grundsatz ab, dass die Beweislast bei der zahlenden Gesellschaft bzw. im Fall der Insolvenz bei deren Insolvenzverwalter liegt, vgl. statt aller Baumbach/*Hueck/Fastrich*, § 30 Rn. 30 mwN. Zu der im Ergebnis Gesellschafter und Geschäftsführer treffenden Beweislastumkehr statt vieler auch *Bayer/Lieder*, ZGR 2005, 133, 134.

440 So zum Cash Pooling statt vieler *Goette*, in Diskussionsbericht zu VGR 2006, 51; *Habersack/Schürnbrand*, NZG 2004, 689, 695; *Seibt*, NJW-Spezial 2004, 219, 220; *Reidenbach*, WM 2004, 1421, 1424; *Bayer/Lieder*, ZGR 2005, 133, 144.

441 *Habersack/Schürnbrand*, NZG 2004, 689, 695. Zur erforderlichen Insolvenzfestigkeit der Sicherheiten deutlich *Wessels*, ZIP 2006, 1701, 1705; *Langner/Mentgen*, GmbHR 2004, 1121, 1126.

442 Statt vieler *Seibt*, NJW-Spezial 2004, 219, 220; *Habersack/Schürnbrand*, NZG 2004, 689, 695; *Langner/Mentgen*, GmbHR 2004, 1121, 1126; *Hüffer*, AG 2004, 416, 419.

443 Hierzu oben E.III.1.a).

444 Vgl. *Hüffer*, AG 2004, 416, 419; *Langner/Mentgen*, GmbHR 2004, 1121, 1126.

konflikte hinsichtlich der Finanzbeziehungen im Außenverhältnis.[445] Es bestehen ohnehin nur enge Spielräume, wenn die Vermögenswerte der anderen Konzerngesellschaften noch als Kreditunterlage für eigene Bankkredite dienen und die Sicherheitenbestellung für andere Konzerngesellschaften diesen Gestaltungsspielraum der individuellen Außenfinanzierung weiter einengen.[446] Oft ist die Gewährung von Sicherheiten durch Konzerngesellschaften schon wegen sog. „negative pledge-Vereinbarungen" untersagt, wie sie häufig bei unbesicherten Kreditlinien zu finden sind, um die Gleichrangigkeit der Gläubiger zu sichern. Schließlich sehen sich kreditgebende Banken bei Kenntniserlangung von konzerninternen Sicherheiten vielfach erst dazu veranlasst, ebenfalls Sicherheiten zu verlangen.

Als - konzernexterne - Sicherheiten Dritter kommen sowohl Personalsicherheiten als auch dingliche Sicherheiten in Betracht. Als Personalsicherheiten ist insbesondere an Globalbürgschaften von Banken zu denken, die sämtliche aus dem Cash Pool zugunsten der darlehensgebenden Tochter resultierende Forderungen abdecken.[447] Die hier zu zahlenden Avalprovisionen können jedoch dazu führen, dass der typische konzernweite Nutzen als kostengünstiges Finanzierungsinstrument durch die zusätzlichen Kosten gemindert wird.[448] Auch dingliche Sicherheiten wie Verpfändungen oder Sicherungsübereignungen scheitern praktisch bereits an einem administrativen Mehraufwand, der daraus entsteht, dass aus der Kurzfristigkeit der einzelnen Darlehensverhältnisse Fälle von Unter- und Übersicherungen eintreten und zusätzliche Rechtsfolgen auslösen.[449]

Es bleibt festzuhalten, dass als vom BGH geforderte Kreditsicherheiten insbesondere konzerninterne dingliche Sicherheiten sowie konzernexterne Personalsicherheiten in Form von Globalbürgschaften in Frage kommen, beide jedoch den Nutzen der Konzernfinanzierung mit Blick auf die angestrebten Ziele der Unabhängigkeit und Finanzierungskosteneinsparung erheblich beeinträchtigen. Eine weitere Erschwerung ergibt sich aber schließlich daraus, dass der BGH das Erfordernis „werthaltiger" Sicherheiten betont. Vor diesem Hintergrund lassen die auf den Schutzzweck des § 30 Abs. 1 GmbHG und hier auf die Liquidität der Gesellschaft gerichteten Äußerungen des Senats Zweifel daran aufkommen, ob die dargestellten Sicherheiten dieser Schutzrichtung - selbst bei unterstellter Insolvenzfestigkeit - überhaupt gerecht werden können. Kommt es zum Ausfall des Darlehensnehmers und somit zur Verwertung der Sicherheiten, so lässt sich die Liquidität, die die darlehensgebende Gesellschaft in der Zwischenzeit benötigt, regelmäßig nicht rechtzeitig wiederherstellen, da die Inanspruch-

---

[445] Hierzu im Einzelnen *Rümker*, FS Huber, S. 919, 926; *Hentzen*, ZGR 2005, 480, 498; *Schilmar*, DStR 2006, 568, 571.

[446] Statt vieler *Merkel*, in Lutter u.a. (Hrsg.), Konzernfinanzierung, 17.13; *Wulfetange*, BB 2006, 19, 23. Dies gesteht auch *Goette*, ZIP 2005, 1481, 1484 ein, jedoch bestünde kein quasi grundgesetzlich geschützter Anspruch auf Ersparnis von Kreditzinsen, der es rechtfertige, die Kapitalerhaltungsvorschriften außer Betracht zu lassen.

[447] Vgl. *Hüffer*, AG 2004, 416, 419.

[448] Vgl. *Hentzen*, ZGR 2005, 480, 498; *Reidenbach*, WM 2004, 1421, 1424.

[449] Vgl. *Wulfetange*, BB 2006, 19, 23. Zu praktischen Schwierigkeiten und entstehenden Mehrkosten auch *Vetter*, in Lutter (Hrsg.), Holdinghandbuch, S. 335.

nahme des Sicherungsgebers naturgemäß einige Zeit in Anspruch nimmt.[450] Somit steht auch eine – ansonsten – voll werthaltige Sicherheit, sei sie dinglich oder personell, für die Gesellschaft hinter der ursprünglich weggegebenen Liquidität zurück. Beugt man sich einem solch konsequenten, aus der Novemberentscheidung hervorgehenden Schutzzweckverständnis und möchte man das Cash Pooling im Einzelfall nicht sogar trotz der Bestellung von Sicherheiten dem Vorwurf einer verbotenen Auszahlung aussetzen, so kommt allein eine Bürgschaft auf erstes Anfordern in Betracht.[451] Hierdurch ist die Liquidität gesichert, der Bürge muss ohne Rücksicht auf die materielle Berechtigung des Gläubigers zunächst zahlen und wird mit seinen Einwendungen auf den Rückforderungsprozess aus § 812 BGB verwiesen.[452]

An dieser Stelle schließt sich der angesprochene Teufelskreis. Denn neben den bereits aufgezeigten, gerade bei der Bürgschaft resultierenden Finanzierungsnachteilen scheidet eine Besicherung zu überschaubaren Kosten in der Praxis vielfach deswegen aus, weil Banken hierzu - wenn überhaupt - nur dann bereit sind, wenn die Bonität der Konzernobergesellschaft so gut ist, dass man sie wiederum als „außerhalb jeden vernünftigen Zweifels“ bezeichnen kann.[453] Die aus einem zu hohen Bonitätsverständnis resultierenden Schwierigkeiten wurden zuvor bereits dargestellt. In allen anderen Fällen dürften die entstehenden Mehrkosten der Besicherung den Einsparungszweck eines effektiven Cash Pooling regelmäßig vereiteln.[454] Es bleibt somit festzuhalten, dass eine Bürgschaft auf erstes Anfordern mit Blick auf die Anforderungen des BGH die einzig rechtssichere Alternative darstellt, für ein kosteneffizientes Cash Pooling jedoch keinen Ausweg bietet, da sie regelmäßig zu erheblichen Mehrbelastungen führen wird.[455]

---

450 Hierzu auch *Deckart*, Cash Pooling, S. 80.

451 So auch *Kallmeyer*, in GmbH-Handbuch, Rn. 348.1; *Deckart*, Cash Pooling, S. 80; *Wessels*, ZIP 2006, 1701, 1705; *Schilmar*, DStR 2006, 568, 571. Auf den genauen Wortlaut der Novemberentscheidung und weniger auf deren Schutzzweck stellen *Langner/Mentgen*, GmbHR 2004, 1121, 1126 ab, der zeitliche Aspekt werde vom BGH lediglich auf den im unmittelbaren Austausch gegen das hingegebene Darlehen erworbenen schuldrechtlichen Rückzahlungsanspruch bezogen. Jedoch befürworten auch sie im Ergebnis eine Bürgschaft auf erstes Anfordern.

452 Grundlegend *BGH* NJW 2003, 2231; NJW 1999, 2361. Einzelheiten bei MünchKomm-BGB/*Habersack*, § 765 Rn. 99 ff, 107.

453 Zu Recht *Schilmar*, DStR 2006, 568, 571.

454 Stringent *Wessels*, ZIP 2006, 1701, 1705, derartige Sicherheiten stünden bei der Konzernfinanzierung nicht zur Debatte.

455 An dieser Stelle sei schließlich noch auf die Beurteilung aufsteigender Darlehen unter dem Aspekt der verdeckten Gewinnausschüttung durch den *BFH* hingewiesen. Auch der *BFH* macht dies nicht zwingend von Sicherheiten abhängig, wie die Entscheidung vom 20.10.2004, in NV 2005, 916 zeigt: Auch wenn die Darlehensvergabe ohne ausreichende Sicherung nicht fremdüblich sei, fehle es infolge der vom FG festgestellten werthaltigen und zu aktivierenden Forderung auf Rückzahlung der ausgeliehenen darlehensmittel an einer Vermögensminderung auf Seiten der Klägerin. Die Wertlosigkeit jener Forderungen sei anhand der Gesamtumstände, insbesondere der Bonität der Schuldner und der ernstlichen Rückzahlungsbereitschaft, nicht allein aus einer ggf. unzulänglichen Besicherung abzuleiten.

d) Ergebnis

Auch der Ausnahmetatbestand des obiter dictums bietet keine verlässliche Entscheidungsgrundlage, da die Kriterium entweder zu unbestimmt sind oder aber den praktischen Möglichkeiten und Bedürfnissen der Beteiligten widersprechen. Insgesamt ist die Gewährung aufsteigender Darlehen somit immens erschwert.

6. Hinterlassene Rechtsunsicherheit

Die dargestellten Entscheidungen stoßen nicht nur auf die dargestellten dogmatischen sowie - gerade für die Praxis des Cash Pooling - wirtschaftlichen Bedenken. Vielmehr noch lassen sie zentrale Fragen unbeantwortet und hinterlassen somit ein erhebliches Maß an Rechtsunsicherheit.

a) Zeitlicher Anwendungsbereich einer wirtschaftlichen Betrachtung

Rechtsunsicherheit resultiert insbesondere daraus, dass sich der zeitliche Anwendungsbereich der vom BGH vorgenommenen tatsächlichen bzw. wirtschaftlichen Betrachtung nicht präzisieren lässt.[456] Während der Urteilsinhalt der Novemberentscheidung an mehreren Stellen ausdrücklich von einer bereits bestehenden Unterbilanz ausgeht,[457] lässt gerade der Leitsatz eine solche Beschränkung nicht eindeutig erkennen und legt eine wirtschaftliche Betrachtung konsequent und unabhängig von der Vermögenssituation der Gesellschaft nahe. Insbesondere die Praxis hat die wirtschaftliche Betrachtung aus Vorsichtsgründen zunächst so umfassend gelesen,[458] wenngleich sich weite Teile der Literatur mittlerweile maßgeblich auf die liberale Urteilsauslegung des dem zweiten Zivilsenat Vorsitzenden Richters *Goette*[459] stützen, der den weiten Auszahlungsbegriff ebenfalls unter Hinweis auf die Entscheidungsgründe und auf den vom Senat zitierten Aufsatz *Stimpels*[460] auf die Phase der bereits bestehenden Unterbilanz beschränkt wissen möchte.[461] Ein eindeutiges Meinungsbild hat sich jedoch auch hier nicht herausgebildet. Zu Recht wurde es in der Literatur aber als bedenklich bezeichnet, sich an außerdienstlichen Äußerungen des Vorsitzenden Richters zu orientieren, die dem Leitsatz einer in die amtliche Sammlung aufgenommene Grundsatzentscheidung zu widersprechen scheinen.[462]

---

456 Statt vieler *Vetter*, BB 2004, 1509, 1511; *Hentzen*, DStR 2006, 948, 953; *Schilmar*, DStR 2006, 568, 571.

457 So etwa die Entscheidungsgründe unter II.2.c): „bei Unterbilanz“ sowie letzter Satz der Urteilsgründe: „in der Zone der Unterdeckung der Stammkapitalziffer“.

458 Ermahnend etwa die – naturgemäß vorsichtige - Sichtweise der Wirtschaftsprüfer in *WP-Handbuch*, Rz. F 193. So statt vieler auch Scholz/*H.P. Westermann*, § 30 Rn. 22; *Henze*, WM 2005, 717, 719 mwN; *Bayer/Lieder*, ZGR 2005, 133, 138 mwN.

459 Vgl. *Goette*, DStR 2006, 767, 768 sowie *ders.*, ZIP 2005, 1481, 1484.

460 Hierzu oben E.I. A.A. zu Unecht aber *Drygala/Kremer*, ZIP 2007, 1289, 1290, auch Stimpel fordere eine vollständige Abkehr von der bilanziellen Betrachtungsweise.

461 So mit umfangreichen Nachweisen aus dem Schrifttum statt vieler *Wessels*, ZIP 2006, 1701, 1704, mit dem fragwürdigen Schluss, die liberale Auffassung sei mittlerweile herrschend.

462 So *Witte/Mehrbrey*, MDR 2007, 7, 8. In die gleiche Richtung *Drygala/Kremer*, ZIP 2007, 1289, 1290. Auch das OLG München setzt sich nicht näher mit dem vom LG München in der Vorinstanz zugrunde gelegten Sachverhalt auseinander, der für eine nähere Analyse des zeitlichen Anwendungsbereichs durchaus Anlass gegeben hätte, zumal dort deutliche Hinweise auf eine beste-

Lassen sich aus den vorliegenden Entscheidungen also keine klaren Aussagen über den Anwendungsbereich der dort manifestierten wirtschaftlichen Betrachtung ziehen, so ist darauf hinzuweisen, dass der Praxis jedenfalls nicht mit einem Wechsel zwischen einer bilanziellen und einer wirtschaftlichen Betrachtung geholfen sein kann. Zum einen kann es für die Anwendung bestimmter Beurteilungsmaßstäbe nicht darauf ankommen, ob die Gesellschaft vor Weggabe noch einen Euro im Plus oder bereits einen Euro im Minus ist.[463] Zum anderen führt ein „Umschlagen der Bewertungskriterien" mit Eintritt einer Unterbilanz – worauf *Grunewald*[464] zu Recht hinweist - zu intriganten Folgefragen. So sei unklar, ob die bilanzielle Bewertung bei Eintritt der Unterbilanz stets „gekippt" werden müsse, oder ob es vielmehr auf ein Stehenlassen ankomme,[465] oder wie zu verfahren sei, wenn eine zwischenzeitlich eingetretene Unterbilanz wieder beseitigt würde. In diesem Fall stünde ein dauerndes Hin und Her der Bewertung eines stets vollwertigen Rückzahlungsanspruches in Frage.

Die Ausführungen zeigen, dass eine rechtssichere Beurteilung aufsteigender Darlehen nur durch eine konsequente Betrachtungsweise möglich ist. Wegen seiner Schnelllebigkeit erfordert es gerade ein rechtssicheres Cash Pooling, bei Ermittlung des geschützten Vermögens sowie bei der Beurteilung einer verbotenen Auszahlung einheitliche Grundsätze anzuwenden.

b) Nachträglicher Eintritt in die Unterbilanz und sog. Stehenlassen

Unklar ist die Rechtslage - wie zuvor bereits angedeutet - schließlich dann, wenn sich die Vermögens- und Finanzlage der Untergesellschaft erst in der Zeit nach Ausreichung des Darlehens derart nachteilig verändert, dass die Gesellschaft eine Unterbilanz aufweist. Diese Frage lässt sich durch eine konsequente bilanzielle Betrachtung beantworten. Der maßgebliche Zeitpunkt, zu dem der Geschäftsführer die Vermögensdeckung im Rahmen des § 30 Abs. 1 GmbHG zu prüfen hat, ist grundsätzlich der Zeitpunkt der Auszahlung,[466] bei der Gewährung eines Darlehens also der Zeitpunkt der Auszahlung der Valuta. Stellt man auf den Wortlaut des § 30 Abs. 1 GmbHG und die hier verlangte „Auszahlung" des zur Erhaltung des Stammkapitals notwendigen Vermögens ab, so scheint ein späteres Eingreifen des Auszahlungsverbotes ausgeschlossen, da bereits eine Auszahlung stattgefunden hat. An dieser Stelle sind jedoch zwei Konstellationen zu unterscheiden.

Tritt eine Unterbilanz deswegen ein, weil die Vollwertigkeit der Darlehensforderung sinkt und diese abzuschreiben ist, so stellt die abschreibungsbedingte, in die Un-

---

hende Unterbilanz enthalten waren, sowie ein streitiger Vortrag zu einem möglichen Forderungsverzicht, durch den die Unterbilanz für die Kapitalerhaltung möglicherweise hätte vermieden werden können, vgl. *Hentzen*, DStR 2006, 948, 953, unter Hinwies auf LG München v. 27.4.2005, 25 O 9684/04.

463 So *Joost*, in Diskussionsbericht zu VGR 2006, S. 52, der für eine konsequent tatsächliche Betrachtung plädiert.

464 *Grunewald*, WM 2006, 2333, 2334, für eine Rückkehr zur bilanziellen Betrachtung.

465 Zum „Stehenlassen" auch nachfolgend unter E.III.6.b).

466 Statt aller *Lutter/Hommelhoff*, § 30 Rn. 20; Michalski/*Heidinger*, § 30 Rn. 28.

terbilanz führende Vermögensminderung sehr wohl eine verbotene Auszahlung dar.[467] Wenn eine Auszahlung eine Vermögensminderung voraussetzt, so kann es keinen Unterschied machen, ob diese bei Erstvalutierung stattfindet, etwa weil das Darlehen von vorneherein nicht vollwertig und ein entsprechend niedrigerer Rückforderungsanspruch zu aktivieren ist, oder ob zunächst eine Aktivierung in voller Höhe, anschließend jedoch eine abschreibungsbedingte Vermögensminderung stattfindet. Sofern die abschreibungsbedingte, in die Unterbilanz führende Vermögensminderung also eine verbotene Auszahlung darstellt, so bedeutet dies selbstverständlich nicht, dass die Abschreibung ansich verboten sei und unterbleiben müsse. Das Gegenteil ist der Fall, bei - kurzfristigen - Forderungen des Umlaufvermögens muss gemäß dem strengen Niederstwertprinzip nach § 253 Abs. 3 HGB eine Abschreibung erfolgen. Die Konsequenz ist aber, dass das Stammkapital auf Grund der - nachträglichen - Auszahlung gemäß § 31 Abs. 1 GmbHG wieder aufzufüllen ist.[468] Dies ergibt sich schlicht aus einer konsequenten bilanziellen Betrachtung und der Anwendung allgemeiner kapitalerhaltungsrechtlicher Grundsätze.

Hiervon zu unterscheiden ist jedoch der Fall, dass sich die Vermögens- und Finanzlage der Untergesellschaft anderweitig verschlechtert und somit eine Unterbilanz entsteht, die also nicht mit einer Minderung der Darlehensforderung ansich einhergeht. In der Literatur wird auch hier ein Rückforderungsanspruch bejaht,[469] und zwar in Höhe der vollen Darlehensvaluta und somit ungeachtet des Grundsatzes, dass der Erstattungsanspruch grundsätzlich auf Wiederauffüllung des Stammkapitals beschränkt ist.[470] Zwar kann eine verbotene Auszahlung im Sinne des § 30 Abs. 1 GmbHG – worauf diese Ansicht verweist[471] - nach Auffassung des BGH grundsätzlich auch in der unterlassenen Durchsetzung einer Forderung liegen.[472] Doch überwindet dieser Hinweis lediglich das Fehlen einer – aktiven – Auszahlung, die näheren Voraussetzungen für die §§ 30 f. GmbHG lässt er aber nicht erkennen. Vielmehr bedarf es hier einer Art „Garantenpflicht", die die „Auszahlung durch Unterlassen" in concreto verbietet. In der Literatur wurde mehrfach darauf hingewiesen, dass eine Auszahlung auch dann in Betracht komme, wenn ein „Stehenlassen" eines kündbaren Darlehens nach den Grundsätzen des Eigenkapitalersatzrechts vorläge. Hiernach sollen Gesellschafterdarlehen, die in einer drohenden Krise nicht in Eigenkapital umgewandelt oder zurückgefordert werden, entsprechend der Anwendung des § 32a Abs. 1 u. 3 GmbHG als ei-

---

467 So auch *Flesner*, NZG 2006, 641, 645. Zu einer solchen abschreibungsbedingten Unterbilanzhaftung und den auf den konkreten Betrag des Vermögensverlustes beschränkten Rückforderungsanspruch auch *Vetter/Stadler*, in VGR 2003, S. 36. Insofern verwundert es, wenn die Autoren im Weiteren eine vollständige Rückforderung nach eigenkapitalersatzrechtlichen Grundsätzen – wie nachfolgend dargestellt - konstruieren.

468 Allgemein zum Umfang des Rückerstattungsanspruchs gemäß § 31 Abs. 1 oben B.IV.

469 So *Drygala/Kremer*, ZIP 2007, 1289, 1293.

470 Ist die GmbH aber überschuldet, erfasst der Erstattungsanspruch nicht nur den der Stammkapitalziffer entsprechenden, sondern darüber hinaus den zur Rückführung der Überschuldung ausgeglichenen Betrag. In diesem Fall darf der Gesellschafter einen etwa verbleibenden Betrag erst dann für sich behalten, wenn Unterbilanz und Überschuldung beseitigt sind, hierzu oben B.IV.

471 Vgl. *Drygala/Kremer*, ZIP 2007, 1289, 1293 Anm. 47.

472 Vgl. *BGHZ* 122, 331, 338; *Lutter/Hommelhoff*, § 30 Rn. 8; *Weber/Brügel*, DB 2004, 1923, 1925.

genkapitalersetzend einzustufen sein.[473] Von einer Umqualifizierung in eine verbotene Auszahlung sei im Falle aufsteigender Darlehen somit dann auszugehen, wenn die Geschäftsführung das Darlehen trotz des Eintritts der Unterbilanz nicht kündigt.[474]

Dem kann nicht gefolgt werden, denn eine solche Argumentation würde den Grundsatz der Bilanzneutralität von Darlehensforderungen wieder aufweichen. Ist eine Unterbilanz nämlich nicht durch eine Abwertung der Darlehensforderung, sondern durch eine anderweitige Vermögensminderung entstanden, so kann die Darlehensforderung dennoch in ihrer Vollwertigkeit unberührt und somit bilanzneutral bleiben. Eine bilanzneutrale Darlehensforderung kann nicht allein deswegen im Rahmen eines „Stehenlassens" dem Auszahlungsverbot unterworfen werden, weil sie sich im Umfeld der Unterbilanz befindet. Hat hingegen eine Abwertung der konkreten Darlehensforderung zum Eintritt der Unterbilanz und somit zu einer verbotenen Auszahlung geführt, so sind die Darlehensvaluta – wie gesehen – aber lediglich bis zum Auffüllen des Stammkapitals zurückzuerstatten. Eine Übertragung der Grundsätze des Eigenkapitalersatzrechts und eine hieraus abgeleitete Rückerstattungspflicht gemäß § 31 GmbH ist also abzulehnen.[475]

Dennoch ist der nachträgliche Eintritt in die Unterbilanz auch hier nicht folgenlos. Im Stadium der Unterbilanz benötigt die Gesellschaft jede erdenkliche Liquidität. Die Liquiditätssicherung ist aber keine Frage des Kapitalerhaltungsrechts, sondern eine Frage der Verhaltenshaftung, auf die im folgenden Kapitel näher eingegangen wird. Der nachträgliche Eintritt einer Unterbilanz nach Auskehrung des Darlehens, sei es bedingt durch eine Abschreibung der zunächst vollwertigen Darlehensforderung oder bedingt durch eine anderweitige Verschlechterung der Vermögenslage, betrifft somit in jedem Fall die Pflichtenwahrung des Geschäftsführers, der eine mögliche Rückführung stets im Rahmen einer Fortführungsprognose zu beurteilen hat. Er ist verpflichtet, das rückzahlungsgefährdete Darlehen zurückzufordern, möchte er sich nicht der Haftung nach § 43 Abs. 1 GmbHG schadensersatzpflichtig machen.[476]

---

473 Hierzu *Lutter/Hommelhoff*, § 32a/b Rn.45; Baumbach/*Hueck/Fastrich*, § 32a Rz. 34, 37.

474 Ohne nähere Begründung *Vetter/Stadler*, in VGR 2003, S. 40; *Vetter/Schwandtner*, DK 2006, 407, 420; *Vetter*, BB 2004, 1509, 1516; *Grothaus/Halberkamp*, GmbHR 2005, 1317, 1320. Ähnlich auch *Mülbert*, ZGR 1995, 578, 596 zum Verzicht auf die Geltendmachung des Freistellungsanspruchs durch die Gesellschaft bei der Bestellung von Sicherheiten zugunsten des Gesellschafters.

475 Vgl. auch *Meier-Reimer*, in VGR 2005, S. 138.

476 So im Ergebnis auch *Maier-Reimer*, in VGR 2005, S. 138; *Böcker*, ZGR 2006, 213, 215; *Wessels*, ZIP 2004, 793, 795; *ders.*, ZIP 2006, 1701, 1704 f; *Goette*, DStR 2006, 768; *Grothaus/Halberkamp*, GmbHR 2005, 1317, 1320. Vgl. auch *Vetter/Stadler*, in VGR 2003, S. 39; *Vetter*, BB 2004, 1513, 1516; die die Haftung des Geschäftsführers lediglich als weitere Konsequenz neben der angedachten Parallele zum eigenkapitalersetzenden Stehenlassen sowie zu einer auf den abschreibungsbedingten Rückforderungsanspruch aus § 31 GmbHG betonen.

IV. Liquiditätsschutz bei existenzvernichtenden Eingriffen

1. Einleitung

Der durch einen an objektiven Regeln orientierten bilanzgestützten Kapitalschutz gewährte Gläubigerschutz wird durch „Solvenztests deutscher Prägung" und die hieran anknüpfende Gesellschafter- und Geschäftsführerhaftung ergänzt.[477] *Haas* bezeichnet das Zusammenspiel der einzelnen Elemente anschaulich als ein „*System kommunizierender Röhren*".[478] Die Metapher macht deutlich, dass die einzelnen Elemente des Gläubigerschutzes, und so auch das Auszahlungsverbot nicht isoliert, sondern im Gesamtzusammenhang betrachtet werden müssen. Neben der Haftung der Geschäftsführer wird gerade durch die Existenzvernichtungshaftung der Gesellschafter ein umfassender Liquiditätsschutz gewährt. Dies erfolgte zunächst durch die in richterlicher Rechtsfortbildung des BGH entwickelten Grundsätze des sog. qualifiziert faktischen Konzerns. Demnach haftete ein herrschendes Unternehmen entsprechend §§ 302, 303 AktG, wenn die Konzernleitungsmacht objektiv missbräuchlich in einer Weise ausgeübt wurde, die keine angemessene Rücksicht auf die eigenen Belange der abhängigen Gesellschaft nahm und sich der zugefügte Nachteil nicht durch einzelne Ausgleichsmaßnahmen kompensieren ließ.[479] Im Jahre 2001 hat sich der BGH mit seiner Bremer-Vulkan-Entscheidung[480] von der bisherigen konzernrechtlichen Einkleidung zugunsten einer eigenständigen Haftungsfigur für „existenzvernichtende Eingriffe" abgewendet, die an den Missbrauch der Rechtsform anknüpfte und als Durchgriffsaußenhaftung des Gesellschafters gegenüber den Gesellschaftsgläubigern ausgestaltet war.[481] Im vergangenen Juli hat der BGH die Haftung für existenzvernichtende Eingriffe, an deren Bezeichnung er ausdrücklich festhält,[482] erneut auf eine neue dogmatische Grundlage gestellt. Hierbei subsumiert er die Existenzvernichtungshaftung des Gesellschafters als eine eigenständige Fallgruppe unter die vorsätzliche sittenwidrige Schädigung im Sinne des § 826 BGB.

Gerade ein im Mittelpunkt dieser Untersuchung stehendes Cash Pooling gab dem BGH in der Entscheidung Bremer-Vulkan – quasi als „leading case"[483] - Anlass, die

---

477 Hierzu bereits oben C.III.4.

478 Vgl. *Haas*, Gutachten, E. 10; *Spindler*, ZHR 171 (2007), 245, 281: integrales Gläubigerschutzkonzept. Für eine Mehrgleisigkeit auch Scholz/*H.P.Westermann*, Einl. § 30 Rn. 20; *Drygala*, in Lutter (Hrsg.), Kapital, S. 277, 280.

479 So die grundlegende TBB-Entscheidung *BGHZ* 122, 123, 130, 132 (TBB). Zum qualifiziert faktischen Konzern zuvor bereits BGHZ 95, 330 (Autokran); *BGH* WM 1989, 528 (Tiefbau). Zur gesamten Entwicklung Emmerich/*Habersack*, Anh § 318 Rn. 34; *Röhricht*, FS BGH, S. 83 ff.

480 *BGHZ* 149, 10 ff. (Bremer Vulkan).

481 Bereits bei einem ersten Blick fällt auf, dass die aus der TBB-Entscheidung hervorgehenden Grundsätze zum qualifiziert faktischen Konzern in der vom Konzernrecht befreiten Entscheidung Bremer Vulkan lediglich fortgeführt werden, zumal beide Entscheidungen auf die in den Verlust der Liquidität mündende fehlende Rücksichtnahme abstellen. Durch die Abkehr von der konzernrechtlichen Einkleidung kommt der BGH gewichtigen Stimmen in der Literatur nach, statt vieler *Bitter*, WM 2001, 2133 ff; *Ulmer*, ZIP 2001, 2021.

482 Vgl. BGH BB 2007, 1970 (Trihotel).

483 Vgl. auch *Maier-Reimer*, in VGR 2005, 156: Der Rang, den die Betonung dieser Grenze in der Diskussion einnimmt, erklärt sich daraus, dass in dem „Leading Case" für die Existenzvernich-

Grundsätze des Liquiditätsschutzes in seiner heutigen Ausformung zu entwickeln.[484] Bereits aus diesem Grunde verwundert es, den Anwendungsbereich des § 30 GmbHG zu Lasten bilanzneutraler Darlehen zu überdehnen. Auch in der Literatur wird ein derart weites kapitalerhaltungsrechtliches Verständnis unter Hinweis darauf für entbehrlich gehalten, dass die Grundsätze des existenzvernichtenden Eingriffes den Gläubigern der Gesellschaft hinreichenden Schutz bieten.[485] Vor diesem Hintergrund sowie bereits auf Grund der begrifflichen Fortführung des „existenzvernichtenden Eingriffs" werden nachfolgend zunächst die Grundsätze der Bremer-Vulkan-Entscheidung aus dem Jahre 2001 dargestellt und aufsteigende Darlehen in deren Licht betrachtet. Vor dem Hintergrund der sich dort ergebenden Schwächen gilt es sich daran anschließend der neuen deliktischen Haftung nach der Trihotel-Entscheidung anzunehmen.

2. Die Rechtslage seit der Entscheidung „Bremer Vulkan" - *BGHZ* 149, 10 ff.

a) Grundsätze

Der Entscheidung Bremer-Vulkan[486] lag ein von der Muttergesellschaft des Bremer Vulkan Konzerns geführtes Cash Pooling zu Grunde, in das unter anderem die Tochtergesellschaft MTW GmbH eingebunden war. Dieser wurden von der Bundesanstalt für vereinigungsbedingte Sonderaufgaben zweckgebundene öffentliche Fördermittel gewährt, die nur der MTW zugute kommen sollte. Auf Veranlassung der Muttergesellschaft, der Bremer Vulkan Verbund AG, brachte die MTW die Fördermittel jedoch in den Pool ein, wo diese auf Grund der finanziellen Konzernkrise von anderen Konzerngesellschaften verbraucht wurden.

Der Schutz einer abhängigen GmbH gegen Eingriffe ihres Alleingesellschafters – so der Senat[487] – folgt nicht dem Haftungssystem des Konzernrechts des Aktienrechts (§§ 291 ff, 311 ff. AktG), sondern ist auf die Erhaltung ihres Stammkapitals und die Gewährleistung ihres Bestandsschutzes beschränkt, der eine angemessene Rücksichtnahme auf die Eigenbelange der GmbH erfordert. An einer solchen Rücksichtnahme fehlt es, wenn die GmbH infolge der Eingriffe ihres Alleingesellschafters ihren Verbindlichkeiten nicht mehr nachkommen kann. Dieses offensichtlich auf das Schutzinteresse der Gläubiger abstellende Haftungskonzept hat der BGH in seiner KBV-Entscheidung[488] vom 24.6.2002 bestätigt und dahingehend präzisiert, dass das Haftungsprivileg des Gesellschafters aus § 13 Abs. 2 GmbHG im Wege teleologischer Reduktion entfallen und dem Gläubiger ein Haftungsdurchgriff zustehen müsse, so

---

tung, Bremer Vulkan, zweckgebundene Mittel in dreistelliger Millionenhöhe in den konzernweiten Liquiditätsverbund eines angeschlagenen Konzerns eingebracht worden waren (...) Dies ist indessen nicht der typische Fall eines konzernweiten Cash Management.

484 Zu einem ausführlichen Überblick über die in der Rechtsprechung behandelten Fälle des qualifiziert faktischen Konzerns und des existenzvernichtenden Eingriffs, wobei die Fälle des Cash Poolings seit jeher eine Vorreiterrolle hatten, ausführlich *Bitter*, WM 2001, 2133 ff; *Lutter/Banerjea*, ZGR 2003, 402 ff.

485 Hierzu bereits oben E.III.3.c).

486 *BGHZ* 149, 10 ff. (Bremer Vulkan).

487 *BGHZ* 149, 10 (Bremer Vulkan).

488 Vgl. *BGHZ* 151, 181, 186 f. (KBV)

dass der Gesellschafter dem Gläubiger unmittelbar und unbeschränkt gemäß §§ 128 f. HGB analog persönlich haftet.[489] Insgesamt geht es darum, vom Kapitalerhaltungsrecht hinterlassene planwidrige Regelungs- und Schutzlücken auszufüllen.[490] Dies bezieht sich zum einen darauf, dass die eingriffsbedingte Schädigung des Gesellschaftsvermögens durch jene Primäransprüche häufig nicht ausgeglichen werden kann, sondern deren negative Folgen bei „Kolateralschäden" darüber hinausreichen.[491] Zum anderen geht es um die Erfassung liquiditätsschädigender Maßnahmen, die sich bilanziell bereits gar nicht erfassen lassen und somit keine kapitalerhaltungsrechtlichen Ansprüche auslösen können,[492] wie etwa der Eingriff in Chancen, die Wegnahme von Produktionslinien sowie personeller Ressourcen oder die Eingehung ganz unverhältnismäßiger Risiken.[493] Insgesamt soll die Existenzvernichtungshaftung also wie eine das Kapitalerhaltungssystem ergänzende, aber deutlich hierüber hinausgehende „Entnahmesperre" wirken.[494] In diesem Zusammenhang verlangt der BGH als Negativvoraussetzung, dass die Existenzvernichtungshaftung im Rahmen einer Subsidiarität erst dann zum tragen kommt, wenn sich die Fähigkeit der GmbH zur Befriedigung ihrer Gläubiger nicht schon durch die Rückführung entzogenen Stammkapitals gemäß § 31 GmbHG wiederherstellen lässt.[495]

b) Cash Pooling

Nach der Entscheidung Bremer Vulkan ist der Tatbestand des existenzvernichtenden Eingriffs spätestens dann erfüllt, wenn die Tochter die *„in den Liquiditätsverbund des Konzerns eingebrachten, zur Erfüllung ihrer Verbindlichkeiten benötigten Mittel mangels eigener Liquidität des (BVV-) Konzerns nicht mehr abrufen kann."*[496] Konkretisierend weist der Senat auf die Pflicht der Mutter hin, ihre Töchter zu informieren, sobald sich abzeichne, dass sie in Folge eines nicht nur vorübergehenden Liquiditätsmangels nicht mehr in der Lage sind, den Liquiditätsbedarf der Tochter über den Cash Pool sicherzustellen.[497]

---

489 Zu dieser Außenhaftung im Einzelnen *Raiser*, FS Ulmer, S. 493, 504 f.; *Bitter*, WM 2001, 2133, 2137 ff. Hingegen dennoch für eine Innenhaftung gegenüber der Gesellschaft auf Schadensersatz *Ulmer*, ZIP 2001, 2021, 2026; *Karsten Schmidt*, NJW 2001, 3580; *Burgard*, in VGR 2002, S. 57 ff. Zu den einzelnen Ansichten über die dogmatische Herleitung und Ausgestaltung einer Innenhaftung, nämlich über eine Analogie zu § 43 Abs. 3 GmbHG i.V.m. § 93 Abs. 5 Satz 2 u. 3 AktG einerseits und über die Verletzung der Treuepflicht andererseits Emmerich/*Habersack*, Anh § 318 Rn. 35 mwN.

490 Diese Unzulänglichkeit betont ausdrücklich *Röhricht*, in Henze/Hoffmann-Becking,S. 1, 13; auch statt vieler *Vetter*, ZIP 2003, 601, 605 mit umfangr. Beisp.

491 Hierzu *Schön*, ZHR 168 (2004), 268, 288 mwN; *Lutter/Banerjea*, ZGR 2003, 402, 421 f.

492 Sog. nicht „bilanzwirksame" Maßnahmen, vgl. statt aller *Lutter/Hommelhoff*, § 13 Rn. 16; *Grunewald*, Gesellschaftsrecht, 2.F.151.

493 Vgl. *Lutter/Hommelhoff*, § 13 Rn. 16; *Grunewald*, Gesellschaftsrecht, 2.F.151; *Burgard*, in VGR 2002, Rn. 53 mwN. Kritisch *Schön*, ZHR 168 (2004), 268, 286 ff.

494 So nach wie vor *BGHZ* 151, 181, 185 (KBV); *BGH* ZIP 2007, 1522, 1556 (Trihotel).

495 *BGHZ* 149, 10, 16 (Bremer Vulkan); *BGH* ZIP 2002, 1578, 1580 (KBV).

496 *BGHZ* 149, 10, 16 (Bremer Vulkan).

497 Vgl. *BGHZ* 149, 10, 19 (Bremer Vulkan).

Die Beurteilung der Frage, ob der Gesellschafter einer Haftung wegen existenzvernichtenden Eingriffs unterliegt, muss aus einer ex-ante Sicht geprüft werden.[498] Die Gesellschafter müssen also prüfen, ob bei normalem Kausalverlauf die Überschuldung oder Zahlungsunfähigkeit der Gesellschaft droht. In Anlehnung an die höchstrichterlichen Vorgaben hat sich hier in der Literatur für Konzernfinanzierungssysteme mit den hier innewohnenden Risiken ein Pflichtenprogramm herauskristallisiert. Um stets eine hinreichende Liquiditätsreserve der einzelnen Töchter zu gewährleisten, muss sich die Muttergesellschaft bzw. deren Organwalter durch Installation entsprechender Frühwarnsysteme einen laufenden Überblick über die Geschäfts-, Finanz- und Liquiditätsausstattung der einzelnen Gesellschaft machen, um auf drohende Engpässe rechtzeitig reagieren zu können, und zwar in dem die Muttergesellschaft die Verträge selber kündigt und die Gelder sodann zurückführt[499] oder aber die Tochtergesellschaft dahingehend aufklärt, dass diese ihrerseits das Darlehensverhältnis kündigt.[500] Gerade die hier angesprochene Beobachtungspflicht und die dadurch bedingte Installation eines Frühwarnsystems zeigt die Nähe zu sog. Solvenztests auf.[501] Ist die Muttergesellschaft diesen Pflichten nachgekommen, so hat sie es an der vom BGH geforderten Rücksichtnahme nicht fehlen lassen, so dass eine – allein aus dem Erfolg, nämlich der Existenzvernichtung abgeleitete - Durchgriffshaftung nicht gerechtfertigt ist. Allerdings ist zweifelhaft, ob es in einem solchen Falle überhaupt noch zur Existenzgefährdung der GmbH kommt. Die Grundsätze der Haftung wegen existenzvernichtenden Eingriffs und der hier insbesondere in der Literatur herausgearbeiteten strengen Verhaltensmaßstäbe entfalten so eine weit reichende gläubigerschützende präventive Wirkung.[502]

Vor diesem Hintergrund hätte es durchaus nahe gelegen, den vom OLG München entschiedenen Cash-Pooling-Sachverhalt nach den Grundsätzen der Durchgriffshaftung zu lösen, wie bei näherer Analyse der Entscheidungsgründe deutlich wird:[503]

„Nach dem vorgetragenen Sachverhalt bewegte sich die Handhabung auf einer derart unsicheren Grundlage, dass ein Vertrauen auf eine rechtzeitige Rückzahlung oder anderweitige finanzielle Unter-

---

498 Vgl. *Koch*, Existenzvernichtungshaftung, S. 137 f. mwN; Vetter, BB 2007, 1965, 1967.

499 Hierzu *Rümker*, FS Huber, S. 919, 929.

500 Zu diesem Pflichtenprogramm statt vieler *Burgard*, in VGR 2002, S. 63 f.; *Henze*, WM 2005, 717, 726; *Schäfer*, GmbHR 2005, 133, 137; *Vetter/Stadler*, in VGR 2003, S. 84, 114; *Wessels*, ZIP 2004, 793, 795; *ders.*, ZIP 2006, 1701, 1708.
Wegen der vielfach zu lange erscheinenden Dreimonatsfrist des § 488 Abs. 3 BGB wird teilweise gefordert, dass der Tochter außerordentliche Kündigungsrechte einzuräumen bzw. Financial Convenants in dem Pool-Vertrag aufzunehmen seien, anhand derer sich der „wichtige (Kündigungs-) Grund" im Sinne des § 490 BGB näher präzisieren lässt, vgl. *Langner*, GmbHR 2004, 1017, 1020. In diesem Sinne auch mit Blick auf die Haftung des Geschäftsführers der am Pool teilnehmenden Tochtergesellschaft *Wessels*, ZIP 2004, 793, 795; *Kerber*, ZGR 2005, 437, 442. A.A. *Grothaus/Halberkamp*, GmbHR 2005, 1317, 1320, die die Ausübung des Kündigungsrechts gemäß § 488 Abs. 3 GmbHG regelmäßig für ausreichend erachten.

501 Hierzu bereits oben C.III.4.

502 Wie hier auch *Schäfer*, BB 2006, Beilage 7, S. 5, 6, 8: somit sei aus Sicht des Gläubigerschutzes alles Notwendige getan, um die Risiken des Cash-Poolings für die Liquidität der Tochter ausreichend zu begrenzen.

503 Vgl. *OLG München*, ZIP 2006, 25, 26.

stützung durch den Konzern nicht gerechtfertigt war. Ein klares belastbares schriftliches Vertragswerk bestand offensichtlich nicht. Die Gelder wurden angefordert von der irischen Konzerntochter, wobei die Herleitung dieser Befugnis und die jeweilige Verantwortlichkeit nicht dokumentiert wurden. Von wem und in welcher Form Rückzahlung verlangt oder finanzielle Unterstützung gefordert werden konnte, blieb undeutlich. Der Beklagte konnte nicht davon ausgehen, dass die informellen Telefaxschreiben (...) eine hinreichende Sicherheit bieten. Bei dieser Sachlage war es voraussehbar, dass die eigene Geldforderung (...) unbeachtet bleiben würde, was dann den Insolvenzantrag notwendig gemacht hat. Der Beklagte (Geschäftsführer) muss sich dementsprechend auch ein Verschulden vorwerfen lassen. Die finanzielle Situation und ihre Gefährdung durch die streitgegenständlichen Zahlungen hätten dem Beklagten zumindest bekannt sein müssen. Darauf, dass die Zahlungen sofort fällige liquide Gegenforderungen begründen würden, konnte er den Umständen nach keinesfalls bauen."

Fehlt es an der Rücksichtnahme auf die Eigenbelange der GmbH beim Cash Pooling in Anbetracht der hier typischerweise bestehenden Risiken also allgemein dann, wenn der Tochtergesellschaft nicht durch entsprechende vertraglichen Vorkehrungen ein eigener Handlungsspielraum verbleibt und hierdurch die Aufrechterhaltung ihrer Liquidität gewährleistet wird, so stellt sich der vom OLG München entschiedene Fall als ein Paradefall eines existenzvernichtenden Eingriffs dar.

c) Sonstige Darlehen

Obwohl die Novemberentscheidung eine konzernfreie Darlehensgewährung zum Gegenstand hatte, wurde sie von Anfang an hauptsächlich mit Blick auf das konzernweite Cash Pooling diskutiert. Jedoch wird auch für den in der Novemberentscheidung an sich entschiedenen Sachverhalt darauf verwiesen, dass eine Lösung nach den Grundsätzen des existenzvernichtenden Eingriffs nahe gelegen hätte.[504] Wie gesehen manifestiert sich eine hinreichende Rücksichtnahme auf die Eigenbelange der GmbH beim Cash Pooling in Anbetracht der hier typischerweise bestehenden Risiken darin, der Tochtergesellschaft die Aufrechterhaltung ihrer Liquidität zu gewährleisten, was die Mutter zu entsprechenden vertraglichen Vorkehrungen verpflichtet.

Betrachtet man jedoch den konzernfreien Sachverhalt der Novemberentscheidung, so fragt sich, worin hier eine hinreichende Rücksichtnahme zum Ausdruck kommt bzw. wodurch sich ein Haftungsdurchgriff hier rechtfertigen ließe. Die Grundsätze zu existenzvernichtenden Eingriffen beim Cash Pooling lassen sich jedenfalls nicht übertragen. Die typischen Risiken, die es rechtfertigen, dem Gesellschafter typisierend laufende Überwachungspflichten und eine solch detaillierte vertragliche Vorsicht abzuverlangen, bestehen in konzernfreien Sachverhalten nicht. An dieser Stelle werden die Schwächen des in der Bremer-Vulkan-Entscheidung aufgestellten Konzepts deutlich. Hiernach soll es an der erforderlichen Rücksichtnahme fehlen, wenn die GmbH infolge der Eingriffe ihres Alleingesellschafters ihren Verbindlichkeiten nicht mehr nachkommen kann.[505] Es zeigt sich, dass es sich um eine reine Erfolgshaftung handelt, weil nämlich vom Erfolg (fehlende Verbindlichkeitserfüllung) auf einen pflichtwidrigen

---

504 Statt vieler *Vetter*, ZGR 2005, 822.

505 Vgl. *BGHZ* 149, 10, 19 (Bremer Vulkan).

Eingriff geschlossen wird.[506] Zwar wäre eine solche Haftung im Ergebnis auch in dem der Novemberentscheidung zugrunde liegenden Sachverhalt gerechtfertigt gewesen. Denn es handelte sich um einen klassischen Missbrauchsfall, in dem eine Bauträgergesellschaft genutzt wurde, um dem Gesellschafter Zugang zu liquiden Mitteln zu verschaffen, wobei sich die Gesellschaft bereits in der Unterbilanz befand und für die Gesellschaft keine Gründe erkennbar waren, die das Darlehen an den Gesellschafter hätten wirtschaftlich tragen können.[507] In weniger „klassischen" Fällen kann eine allein auf den Erfolg abzielende Durchgriffshaftung aber nicht gerechtfertigt sein, insbesondere wenn die finanzielle Anspannung der Gesellschaft und ihr Zusammenbruch weniger offensichtlich sind.

Es stellt sich allgemein die Frage, welche Tatbestandsmerkmale eine solche Durchgriffshaftung verlangt, wann insbesondere von einem Einriff auszugehen ist. Dies ist Gegenstand der im Folgenden darzustellenden allgemeinen, nicht auf Darlehensgewährungen beschränkten Kritik. Für die Novemberentscheidung bleibt festzuhalten, dass auch hier wegen der Offensichtlichkeit des Falles eine Durchgriffshaftung gerechtfertigt gewesen wäre und für eine extensive Interpretation des § 30 Abs. 1 GmbHG mit Blick auf die Liquidität der Gesellschaft auch hier kein Raum ist.

d) Kritik

Die Herausbildung eines subsumtionsfähigen Sachverhaltes aus den Bremer-Vulkan-Grundsätzen bereitet bis heute Schwierigkeiten,[508] insbesondere das „Fehlen einer gebotenen Rücksichtnahme" stellt ein kaum bestimmbares Tatbestandsmerkmal dar.[509] Den einschlägigen Entscheidungen lässt sich keine klare Begründung für eine strenge Durchgriffshaftung entnehmen, gerade diese verlangt aber klare Konturen,[510] wenn man bedenkt, dass dies die unbeschränkte Haftung des Gesellschafters nach sich zieht. Denn wenn man als Folge des Entfallens des Haftungsprivilegs die entsprechende Anwendung der §§ 105, 128 S. 1 HGB als zwingend anerkennt, kann die daraus erwachsende Außenhaftung nur auf eine vollständige Begleichung der Gläubigerforderungen gerichtet sein.[511] Zwar räumt der BGH dem Gesellschafter haftungsbeschränkend die Möglichkeit ein, die zunächst unbegrenzte Durchgriffshaftung in eine ver-

---

506 Vgl. auch *Burgard*, in VGR 2002, S. 61.

507 So *Hentzen*, ZGR 2005, 480 f.

508 So *Lutter/Hommelhoff*, § 13 Rn. 16 (Fn. 6); *Burgard*, in VGR 2002, S. 67; *Vetter/Stadler*, in VGR 2003, S. 42.

509 So *Römermann*, GmbHR 2006, 680.

510 Vgl. *Zöllner*, FS Konzen, S. 999, 1005: Es sei „verblüffend, dass der BGH den Übergang zur Durchgriffshaftung in keiner der einschlägigen Entscheidungen auch nur mit einem Wort begründet. (…). Vielleicht müssen wir den II. Senat mit Jupiter gleichsetzen und uns wissenschaftliches Fußvolk mit der Rinderherde."

511 Vgl. *OLG Düsseldorf*, GmbHR 2007, 310, 313 m. Komm. *Ulrich*; *Bayer*, FS Röhricht, S. 30. Dies wird durch den Gedanken erhellt, dass es schließlich nur um die Weiterleitung des ursprünglichen Erfüllungsanspruchs geht, der aufgrund des Eingriffs des Gesellschafters nicht mehr gegen die GmbH geltend gemacht werden kann, so *Jacob*, GmbHR 2007, 796, 801. Der BGH spricht dementsprechend explizit von einer Ausfallhaftung, vgl. *BGHZ* 150, 61, 67 (L. Kosmetik); 151, 181, 188 (KBV).

schuldensabhängige Schadensersatzhaftung einmünden zu lassen, indem dem Gesellschafter der Nachweis gestattet ist, dass bei ordnungsgemäßem Vorgehen ein geringerer Schaden entstanden wäre, der dann nur in diesem Umfang auszugleichen ist.[512] Eine unbeschränkte Außenhaftung tritt dann bei Nichtführen eines solchen Nachweises ein, was jedoch meistens der Fall sein wird.[513]

Allein durch Verwendung des „*Zauberwortes vom 'Durchgriff*'" darf nicht die Frage offen bleiben, welche konkreten Pflichten der Gesellschafter verletzt haben muss, damit von einer fehlenden Rücksichtnahme gesprochen werden kann.[514] Die Frage ist aber nach wie vor nicht geklärt,[515] nicht in allen Fallgruppen lassen sich solche klaren Anforderungen definieren wie beim Cash Pooling. Sofern es nach Ansicht des BGH an der gebotenen Rücksichtnahme fehlen soll, wenn die GmbH infolge der Eingriffe des Gesellschafters ihren Verbindlichkeiten nicht mehr nachkommen kann, so wird alleine vom Ergebnis auf ein die Durchgriffshaftung rechtfertigendes Verhalten geschlossen, ohne sich mit genaueren Anforderungen an selbiges auseinanderzusetzen. Eine Einschränkung mit Blick auf den erforderlichen Eingriff erfolgt lediglich dadurch, dass dieser planmäßig und gezielt sein sowie betriebsfremden Zwecken dienen muss und somit von bloßen, die Grenzen unternehmerischen Risikos übertretenden Managementfehlern abzugrenzen ist.[516] Doch auch hier bleibt die Abgrenzung problematisch. Veranlasst ein Gesellschafter die Gesellschaft zur Gewährung eines Darlehens an seine Person, welches er mit Rücksicht auf die Belange der Gesellschaft hinreichend verzinst und fällt die Gesellschaft in der Folgezeit in die Insolvenz, so verleiten die bisher weitgehend konturenlosen Grundsätze auch hier dazu, allein von der Insolvenz auf die fehlende Rücksichtnahme des Gesellschafters zu schließen und somit eine (reine Erfolgs-) Haftung zu begründen. *Burgard* bringt es auf den Punkt. Es werde eine einfache Rechnung aufgemacht: „*Erhebliche Vermögensverschiebung + Insolvenz = existenzgefährdender Eingriff*".[517]

Ein Haftungsfilter ließe sich bereits durch das Verlangen eines Vorsatznachweises schaffen, subjektive Elemente sind einem auf § 128 HGB fußendem Haftungsdurchgriff aber fremd.[518] Schließlich bleibt das Verhältnis zu den Vorschriften des Ka-

---

512 Vgl. *BGH* ZIP 2005, 117 ff. (BMW-Vertragshändler); *BGH* ZIP 2005, 250 ff. (Handelsvertreter); *Gehrlein*, BB 2005, 613, 615. Auf diese Weise soll dem zunächst unbegrenzten Durchgriff und einer Überreaktion der Rechtsordnung entgegengetreten werden, so *Röhricht*, ZIP 2005, 514. Zur Kritik an einer unbegrenzten Außenhaftung auch *Grunewald*, Gesellschaftsrecht, 2.F.151; *Vetter*, ZIP 2003, 601, 603 f.

513 Zu Recht *Jacob*, GmbHR 2007, 796, 801.

514 Vgl. *Altmeppen*, ZIP 2002, 1553, 1561.

515 So *Grunewald*, Gesellschaftsrecht, 2.F.150; *Altmeppen*, ZIP 2002, 1553, 1561; *Diem*, ZIP 2003, 1283, 1284.

516 Vgl. *BGH* ZIP 2005, 117 ff. (BMW-Vertragshändler); *BGH* ZIP 2005, 250 ff. (Handelsvertreter); ausführlich zu dieser Einschränkung *Gehrlein*, BB 2005, 613 ff; *Dauner-Lieb*, DStR 2006, 2045, 2038.

517 Vgl. *Burgard*, in VGR 2002, S. 61.

518 Gegen ein subjektives Element der bisherigen Existenzvernichtungshaftung wegen ihrer Ausgestaltung als (rein objektive) Durchgriffshaftung *OLG Düsseldorf*, GmbHR 2007, 310, 313; *Bitter*, WM 2001, 2133, 2139; *Bruns*, WM 2003, 815, 816; *Raiser*, FS Ulmer, S. 493, 502 f; *Vetter/Stadler*, in VGR 2003, S. 80.

pitalerhaltungsrechts unklar. Gegen die vom BGH betonte Subsidiarität spricht bereits der Umstand, dass es sich bei § 31 GmbHG um einen Anspruch der Gesellschaft handelt, der Haftungsdurchgriff jedoch unmittelbar den Gläubigern zur Verfügung steht, so dass es an einer die Subsidiarität begründenden Anspruchskonkurrenz beim Gesellschafter fehlt. Vielmehr handelt es sich um parallele, sich ergänzende Rechtsinstitute.[519]

Als Hauptkritik bleibt festzuhalten, dass sich für eine Haftung wegen existenzvernichtenden Eingriffs durch die Gewährung aufsteigender Darlehen - in konzernfreien Sachverhalten - genauso wenig klare Voraussetzungen herausarbeiten lassen wie für sonstige Eingriffe, in denen die hiermit verbundenen Gefahren nicht offensichtlich sind und sich haftungsauslösende Eingriffe folglich nicht problemlos von bloßen Managementfehlern abgrenzen lassen.

3. Die Rechtslage seit der Entscheidung „Trihotel" - *BGH* ZIP 2007, 1522 ff.

a) Grundsätze

Der Entscheidung „Trihotel" vom 16.7.2007 lag – vereinfacht – folgender Sachverhalt zu Grunde. Der Beklagte verpachtete im Jahre 1993 ein mit einem Hotel bebautes Grundstück an eine Betriebs-GmbH, der Beklagte war Gesellschafter-Geschäftsführer, seine Ehefrau Gesellschafterin und Prokuristin. Im Jahre 1996 veräußerte der Beklagte seine Gesellschaftsanteile an die Hotel-GmbH als Zwischenholding, an der zunächst seine Mutter, ab 1998 er selber sämtliche Anteile hielt, so dass der Beklagte mittelbarer Gesellschafter der Betriebs-GmbH wurde. Der Beklagte entzog der Gesellschaft nach und nach Gesellschaftsvermögen. Er übereignete das Hotelinventar als Sicherheit für einen ihm gewährten Kredit, hob den Pachtvertrag auf und reduzierte eine Beteiligung der Betriebs-GmbH am Umsatz der Hotel-GmbH. Im Jahr 2000 wurde das Insolvenzverfahren eröffnet. Während die Vorinstanzen in allen drei Maßnahmen einen existenzvernichtenden Eingriff sahen und der Klage des Insolvenzverwalters statt gaben, verneint der BGH eine Haftung in sämtlichen Fragen. Jedoch schlägt der BGH dogmatisch einen neuen Weg ein:

„*Der Senat* – so der Leitsatz[520] - *gibt das Konzept einer eigenständigen Haftungsfigur, die an den Missbrauch der Rechtsform anknüpft und als Durchgriffs(-außen-)haftung des Gesellschafters gegenüber den Gesellschaftsgläubigern ausgestaltet, aber mit einer Subsidiaritätsklausel im Verhältnis zu*

---

519 So zu Recht *Diem*, ZIP 2003, 1283, 1285; *Ulmer*, JZ 2002, 1049, 1052. Der BGH selber handhabt das Subsidiaritätsargument äußerst widersprüchlich, vielmehr noch misst er der Subsidiarität selber keine hohe besondere Bedeutung bei. In beiden Fällen, in denen er eine Haftung wegen existenzgefährdenden Eingriffs für möglich hält, vgl. *BGHZ* 149, 10 (Bremer Vulkan); *BGH* 151, 181 (KBV), führt der Eingriff des Gesellschafters gleichzeitig zu einer Auszahlung im Sinne des § 30 Abs. 1 GmbHG, auch übersteigen die geltend gemachten Ansprüche auch der Höhe nach nicht den nach § 31 Abs. 1 GmbHG zurückzuzahlenden Betrag, so dass eigentlich eine Lösung über §§ 30, 31 GmbHG nahe gelegen hätte, vgl. *Vetter*, ZIP 2003, 601, 605 f., sowie *ders.*, ZIP 2003, 601, 606: Hätte der BGH seine eigenen rechtsfortbildend aufgestellten Tatbestandsmerkmale ernst genommen, wäre es also gar nicht erst zu dieser Rechtsfortbildung gekommen.

520 *BGH* ZIP 2007, 1552 (Trihotel).

den §§ 30, 31 GmbHG versehen ist, auf. Stattdessen knüpft er die Existenzvernichtungshaftung des Gesellschafters an die missbräuchliche Schädigung des im Gläubigerinteresse zweckgebundenen Gesellschaftsvermögens an und ordnet sie - in Gestalt einer schadensersatzrechtlichen Innenhaftung gegenüber der Gesellschaft – allein § 826 BGB als eine besondere Fallgruppe der sittenwidrigen vorsätzlichen Schädigung ein."

Im Wege eines „richterlichen Gestaltungsaktes"[521] subsumiert der Senat den existenzvernichtenden Eingriff nicht nur als eigenständige Fallgruppe unter § 826 BGB, was insofern nicht überrascht, als dass eine deliktische Haftung hier auch zuvor bereits vom BGH[522] und Literatur[523] gleichermaßen anerkannt war. Hingegen muss die Ausgestaltung als Innenhaftung im Rahmen des § 826 BGB verwundern, da eine solche bislang nirgends diskutiert zu werden schien.[524] Der BGH liefert jedoch eine durchaus überzeugende Begründung, indem er auf den Grundsatz des über die GmbH mediatisierten und kanalisierten Gläubigerschutz sowie auf den Schutz der Gesellschafter vor dem unmittelbaren Zugriff der Gesellschaftsgläubiger hinweist.[525] Auch nimmt der Senat von der bislang wenig überzeugenden Subsidiarität gegenüber den §§ 30 f. GmbHG Abschied. Beide Anspruchsgrundlagen stehen nunmehr in Konkurrenz, wodurch die Rechtsverfolgung erleichtert wird, weil diese auch bei gescheitertem Nachweis eines Eingriffs im Sinne des § 826 BGB ohne Änderung des prozessualen Streitverhältnisses immer noch wenigstens im Umfang des Vorliegens verbotener Auszahlungen im Sinne der §§ 30 f. GmbHG erfolgreich sein kann.[526]

Der eigentliche Vorteil der Entscheidung besteht jedoch in der Annahme einer verschuldens*ab*hängigen, *beschränkten Verhaltens*haftung in Abkehr von einer grundsätzlich *un*beschränkten, verschuldens*un*abhängigen *Erfolgs*haftung.[527] Die neue Haftungskonzeption verlangt die Feststellung der Sittenwidrigkeit des Gesellschafterverhaltens, weder reicht das bloß objektive Vorliegen eines existenzvernichtenden Eingriffs aus, noch darf die Tatbestandsverwirklichung schlicht in der ex post Betrachtung ohne besonderen Nachweis aus dem Eintritt der Insolvenz abgeleitet werden.[528] Somit lassen sich zumindest auf den ersten Blick schärfere Konturen gewinnen. Der BGH verlangt eine „sittenwidrige, weil insolvenzverursachende oder –vertiefende `Selbstbedienung` des Gesellschafters vor den Gläubigern der Gesellschaft."[529] Das Selbstbe-

---

521 *BGH* ZIP 2007, 1552, 1555 (Trihotel).

522 So bereits *BGHZ* 151, 181, 185 (KBV); *BGH* ZIP 2005, 250, 252 (Handelsvertreter).

523 So statt vieler *Haas*, Gutachten, S. E 90 ff; *Veil*, in VGR 2005, S. 103 ff; *Dauner*-Lieb, DStR 2006, 2034, 2041; *Kleindiek*, ZGR 2007, 276, 301 f.

524 Allerdings bereits zuvor für eine Innenhaftung statt vieler *Burgard*, in VGR 2002, S. 57 ff; *Ulmer*, ZIP 2001, 2021, 2026; *Karsten Schmidt*, NJW 2001, 3580.

525 *BGH* ZIP 2007, 1552, 1557 (Trihotel); kritisch Emmerich/*Habersack*, Anh § 318 AktG Rz. 35.

526 *BGH* BB 2007, 1552, 1557 (Trihotel). Zu Parallelen und den jeweiligen Schwerpunkten Emmerich/*Habersack*, Anh § 318 AktG Rz. 43.

527 Der Senat räumt ein, dass Letztere mit der Gefahr verbunden sei, in einer Vielzahl von Fällen weit über das Ziel hinaus zu schießen und der Gesellschaftsform der GmbH – entgegen den Zielen des Gesetzgebers – den Boden zu entziehen, vgl. *BGH* ZIP 2007, 1552, 1555 (Trihotel).

528 Vgl. *Vetter*, BB 2007, 1965, 1966; *Weller*, ZIP 2007, 1681, 1685.

529 *BGH* ZIP 2007, 1552, 1556 (Trihotel).

dienungskriterium fungiert in Anlehnung an die bisherigen Grundsätze im Hinblick auf Managementfehler als Filter.[530] Diese bleiben für den Gesellschafter, der diese durch Weisung veranlasst hat, unter dem Gesichtspunkt des existenzvernichtenden Eingriffs mangels Sittenverstoßes sanktionslos, da riskantes Wirtschaften – wie schon zuvor – regelmäßig nicht gezielten betriebsfremden Zwecken und somit nicht einer Selbstbedienung dient. Sofern der BGH die Hürde der Sittenwidrigkeit jedoch selber dadurch senkt, dass es nicht bezweckt sein müsse, den Zugriff der Gläubiger auf dieses Vermögen zu verhindern,[531] dürfte es ausreichen, dass der Zweck des Gesellschafterhandelns primär egoistisch motiviert und die Verringerung der Schuldendeckungsfähigkeit der Gesellschaft zu Lasten der Gläubiger die bloße Folge der Selbstbedienung ist.[532]

An dieser Stelle wird aber deutlich, dass auch mit dem Erfordernis der Sittenwidrigkeit bzw. des hierauf hinweisenden Selbstbedienungselements in Grenzfällen nicht allzu viel gewonnen ist. Nach wie vor wird die Schwierigkeit bestehen, durch übermäßiges Risiko geprägte bloße Managementfehler rein objektiv von einer Selbstbedienung abzugrenzen.[533] Hier soll sich nach Ansicht des BGH der nunmehr erforderliche subjektive Tatbestand als weiterer Filter erweisen. Eine rein erfolgsbezogene Verursachungshaftung, so der Senat,[534] ginge über das Ziel einer angemessenen Lückenschließung hinaus, eine verschuldensunabhängige Erfolgshaftung wäre nicht die korrekte Sanktionsreaktion auf den existenzvernichtenden Eingriff als schuldhafter Verletzung einer Verhaltenspflicht. Die Begrenzung der Schadensersatzpflicht nach § 826 BGB auf mindestens eventualvorsätzliches Handeln sei die folgerichtige Beschränkung der Haftung entsprechend dem objektiven Haftungstatbestand, der einen gezielten, betriebsfremden Zwecken dienenden Entzug von Vermögenswerten voraussetzt. Der Senat sieht das Vorsatzerfordernis als erfüllt an, wenn dem handelnden Gesellschafter bewusst ist, dass durch von ihm selbst oder mit seiner Zustimmung veranlasste Maßnahmen das Gesellschaftsvermögen sittenwidrig geschädigt wird.[535] Ein Bewusstsein der Sittenwidrigkeit ist nicht nötig, vielmehr genügt es darzulegen, dass dem Gesellschafter die Tatsachen bewusst sind, die den Eingriff sittenwidrig machen.[536] Ein Eventualvorsatz ist schließlich zu bejahen, wenn die Insolvenz der GmbH *„die voraussehbare Folge des Eingriffs ist und der Gesellschafter diese Rechtsfolge in Erkenntnis ihres möglichen Eintritts billigend in Kauf genommen hat.“*[537]

Es bleibt festzuhalten, dass die Konturenlosigkeit der bisherigen, seit der Bremer-Vulkan-Entscheidung aufgestellten Grundsätze der Existenzvernichtungshaftung und hier insbesondere das wenig scharfe Eingriffserfordernis durch die Einordnung unter §

---

530 Vgl. *Paefgen*, DB 2007, 1907, 1908; *Weller*, ZIP 2007, 1681, 1685.

531 *BGH* ZIP 2007, 1552, 1556 (Trihotel).

532 So zu Recht *Weller*, ZIP 2007, 1681, 1685.

533 Vgl. auch Emmerich/*Habersack*, § 318 Rn. 5, am Tatbestand der Haftung dürfte sich nichts geändert haben.

534 *BGH* ZIP 2007, 1552, 1556 (Trihotel).

535 *BGH* ZIP 2007, 1552, 1556 (Trihotel).

536 *BGH* ZIP 2007, 1552, 1556 (Trihotel).

537 *BGH* ZIP 2007, 1552, 1556 (Trihotel). *Altmeppen*, NJW 2007, 2657, 2660 mwN. plädiert – wie früher – dafür, ein gröblich sorgfaltswidriges Verhalten ausreichen zu lassen.

826 BGB und die hier erforderliche Sittenwidrigkeit, sowie durch das Vorsatzerfordernis an Schärfe gewinnt, die für eine persönliche Haftung des GmbH-Gesellschafters unabdingbar ist. Dennoch ist eine zukünftige Präzisierung der einzelnen Tatbestandsmerkmale durch Rechtsprechung und Literatur unumgänglich.

b) Cash Pooling

Aus der Bremer-Vulkan-Entscheidung hat man gerade mit Blick auf die der Konzernfinanzierung innewohnenden Risiken ein konkretes Pflichtenprogramm abgeleitet, um dem Vorwurf fehlender Rücksichtnahme und eines hieraus resultierenden Einriffs zu entgehen. Selbiges muss für die Frage der - auslegungsbedürftigen - Sittenwidrigkeit im Rahmen des § 826 BGB gelten. Verschließt sich der Gesellschafter bzw. dessen Leitungsorgan vor der konzernspezifischen Risikolage und unterlässt die vom BGH in der Bremer-Vulkan-Entscheidung verlangten Vorkehrungen, so handelt es sich nicht mehr um einen sanktionslosen Managementfehler, in einem solchen Fall ist die Einbindung in die Konzernfinanzierung sittenwidrig. Trifft der Gesellschafter jedoch entsprechende Schutzvorkehrungen, so wird man eine Sittenwidrigkeit verneinen. Entsprechend deuten solche Vorkehrungen auf der subjektiven Seite darauf hin, dass der Gesellschafter die Insolvenz der Gesellschaft nicht billigend in Kauf genommen hat.[538] Es bleibt festzuhalten, dass die Frage einer Existenzvernichtungshaftung beim Cash Pooling nach wie vor von der Installation entsprechender Sicherungsvorkehrungen zugunsten der Tochter abhängt.

c) Sonstige Darlehen

Jedoch bereitet die Beurteilung einer Existenzvernichtungshaftung bei konzernfreien Darlehensgewährungen auch nach neuer Rechtslage mehr Schwierigkeiten, da die im Konzern typischen Risiko- und Gefahrenlagen nicht bestehen und den Beteiligten somit keine vergleichbaren Pflichten auferlegt werden können, anhand derer sich das Tatbestandsmerkmal der Sittenwidrigkeit mit Leben füllen ließe.

Verschafft sich der Gesellschafter – wie in der Novemberentscheidung - liquide Mittel und sind keine Gründe erkennbar, die das Darlehen an den Gesellschafter wirtschaftlich tragen können,[539] so kann zwar auch ohne gesteigerte Konzernpflichten sehr wohl von einer Selbstbedienung und einer hierdurch begründeten Sittenwidrigkeit gesprochen werden. In weniger eindeutigen Fällen besteht aber weiterhin die Gefahr, allein von der Insolvenz auf die Erfüllung von objektivem und subjektivem Tatbestand des § 826 BGB zu schließen. Somit wird es auch im Rahmen des delikitschen Haftungsmodells unumgänglich sein, dass die Rechtsprechung weitere Konkretisierungen vornimmt und den Begriff der Sittenwidrigkeit – in Abgrenzung von bloßen Managementfehlern - mit Leben füllt. Bis dahin wird dem neuen subjektiven Tatbestand die Aufgabe zukommen, einen expansiven Rückgriff auf § 826 BGB abzuwenden. Allerdings könnten sich zukünftig bereits durch die deliktische Einordnung und einen hier-

---

538 So misst *Weller*, ZIP 2007, 1681, 1686 in dem neuen Haftungsmodell dem Vorsatz in den Cash-Pooling-Fällen die entscheidende Bedeutung zu.

539 So *Hentzen*, ZGR 2005, 480 f.

aus resultierenden stärkeren Gleichlauf von Gesellschafter- und Geschäftsführerhaftung klarere Konturen schaffen lassen. Hierauf gilt es im Folgenden einzugehen.

4. Gleichlauf von Gesellschafter- und Geschäftsführerhaftung

Bei Thematisierung einer persönlichen Haftung der Gesellschafter für einen begleitenden Liquiditätsschutz kann die Haftung der Geschäftsführer nicht unerwähnt bleiben. Existenzvernichtende Eingriffe des Gesellschafters sind ohne Hilfe des Geschäftsführers regelmäßig kaum möglich.[540] Auch der BGH hat hierzu in seiner Entscheidung Trihotel unmittelbar neue Grundsätze aufgestellt. Wie sich zeigen wird, lassen sich hier auch für die Gesellschafterhaftung klarere Konturen gewinnen.

a) Grundsätze der Geschäftsführerhaftung

Gemäß § 43 Abs. 2 GmbHG haften Geschäftsführer, welche ihre Obliegenheiten verletzen, der Gesellschaft solidarisch für den entstandenen Schaden. Sie haben gemäß § 43 Abs. 1 GmbHG in den Angelegenheiten der Gesellschaft die Sorgfalt eines ordentlichen Geschäftsmannes anzuwenden. Dies beinhaltet im Allgemeinen die sorgfältige Vorbereitung geschäftlicher und unternehmerischer Entscheidungen.[541] Existenzbedrohende oder unverhältnismäßige Risiken muss der Geschäftsführer stets vermeiden.[542] Hierbei steht ihm ein unternehmerischer Ermessensspielraum nach den business-judgement-rules zu,[543] - insofern besteht bereits eine Parallele zur Existenzvernichtungshaftung des Gesellschafters, der nur dann haftet, wenn der zur Existenzvernichtung führende Eingriff planmäßig und gezielt ist sowie betriebsfremden Zwecken dient und somit von bloßen, die Grenzen unternehmerischen Risikos übertretenden Managementfehlern abzugrenzen ist.[544] Die Sorgfaltspflicht des Geschäftsführers umfasst im Einzelnen gerade solche liquiditätsbezogenen Pflichten, wie sie dem Gesellschafter im Rahmen der Existenzvernichtungshaftung auferlegt werden. Die Geschäftsführer sind zur laufenden, präventiven Kontrolle von Liquidität und Finanzlage verpflichtet, ein Verstoß kann die „Insolvenzverursachungshaftung" des Geschäftsführers nach sich ziehen.[545] Diese ergibt sich zunächst aus § 43 GmbHG.[546] Während § 43 GmbHG aber Ansprüche der GmbH gegen den Gesellschafter regelt, wurde Gläubi-

---

[540] So ausdrücklich *Vetter*, BB 2007, 1965, 1969. Auch *Spindler*, ZHR 171 (2007), 249, 263; *Lutter/Banjera*, ZIP 2003, 2177.

[541] Vgl. Baumbach/Hueck/*Zöllner/Noack*, § 43 Rn. 17; Roth/*Altmeppen*, § 43 Rn. 10.

[542] Nach *Lutter* das 8. der „10. Gebote an den Geschäftsführer", vgl. GmbHR 2000, 301, 305; Roth/*Altmeppen*, § 43 Rn. 11; *Lutter/Banjera*, ZIP 2003, 2177; ausführlich auch Kölner Komm/*Mertens* AktG, § 93 Rn. 48 f mwN. zur AG.

[543] § 93 Abs. 1 Satz 2 AktG, der auf den GmbH-Geschäftsführer entsprechend anwendbar ist, vgl. *BGHZ* 152, 280, 287 unter Verweis auf *BGHZ* 135, 244, 253 (ARAG/Garmenbeck); vgl. auch Baumbach/Hueck/*Zöllner/Noack*, § 43 Rn. 23; *Lutter*, ZIP 2007, 841 ff.

[544] Hierzu oben E.IV.2.a).

[545] So *Karsten Schmidt*, in Karsten Schmidt/Uhlenbruck (Hrsg.), Rn. 1944 ff.

[546] Vgl. *BGH* ZIP 1995, 560 ff; *Lutter*, GmbHR 2000, 301, 305: das 7. der „10. Gebote an den Geschäftsführer"; *Karsten Schmidt*, in Karsten Schmidt/Uhlenbruck (Hrsg.), Rn. 686, 1949; *Raiser/Veil*, Kapitalgesellschaften, § 32 Rn. 85; Baumbach/Hueck/*Zöllner/Noack*, § 43 Rn. 17; Roth/*Altmeppen*, § 43 Rn. 10 mwN. Für die AG GroßKomm-AktG/*Hopt*, § 93 Rn. 96.

gern in Extremfällen bislang schon unmittelbar über § 826 BGB geholfen.[547] Bei genauerem Hinsehen ist auch die Insolvenzverschleppungshaftung des § 64 Abs. 1 GmbHG als Sanktion für eine mangelnde Liquiditäts- und Finanzüberwachung zu verstehen.[548] Ab einer gewissen Größe und Komplexität der Unternehmensstruktur ist vom Geschäftsführer schließlich über die Liquiditätsüberwachung hinaus nach dem Vorbild des § 91 Abs. 2 AktG die Einrichtung eines Risikofrüherkennungs- und -überwachungssystems zu fordern[549] – auch dies wird vom (Allein-) Gesellschafter beim Cash Pooling im Rahmen des ihm auferlegten Pflichtenprogramms gefordert.[550] Selbst wenn man diese durch das KonTraG für die AG eingeführten Grundsätze nur auf große GmbHs im Sinne des § 267 HGB übertragen möchte,[551] so handelt es sich doch gerade hier um diejenigen Gesellschaften, die ein Cash Pooling betreiben. Je

---

547 Vgl. Scholz/*Karsten Schmidt*, § 64 Rn. 63; *Greulich/Bunnemann*, NZG 2006, 681, 687.

548 Gegen die Insolvenzverschleppungshaftung des § 64 Abs. 1 GmbHG wird eingewandt, dass in die Insolvenz führende Maßnahmen hier jedoch nicht sanktioniert würden. Dementsprechend plädiert man für eine Anpassung an das sog. wrongful trading. Hier haftet der director, wenn er erkannt hat oder hätte erkennen können, dass keine vernünftigen Aussichten bestanden, eine insolvenzbedingte Liquidation (insolvent liquidation) der Gesellschaft zu vermeiden und er nicht alle von einem vernünftigen Direktor zu erwartenden Schritte eingeleitet hat, um den Schaden der Gläubiger zu minimieren, vgl. Sec. 214 Insolvency Act 1986. Der Unterschied zur deutschen GmbH soll darin bestehen, dass eine Haftung bereits ab Gründung der Gesellschaft bei eindeutiger Unterkapitalisierung und somit weit im Vorfeld der Insolvenz möglich und eine verbotene Unternehmensfortführung unterbunden werde, vgl. *Forum Europaeum*, ZGR 1998, 672, 754; *Fleischer*, ZGR 2004, 437, 455.
Bei genauerem Hinsehen bietet das deutsche System bereits hinreichend Schutz, auch die Insolvenzverschleppungshaftung des § 64 Abs. 1 GmbHG ist als präventive wirkende Sanktion für eine mangelnde Liquiditäts- und Finanzüberwachung zu verstehen, vgl. auch *BGH* ZIP 1995, 560, 561 (zur rechtzeitigen Kontrolle mit Blick auf § 49 Abs. 3 und § 64 Abs. 1 GmbHG). Die Insolvenzantragspflicht basiert auf der Selbstprüfungspflicht des Unternehmens und dem an die Leitungsorgane gerichteten Verbot, dieses in der Krise fortzuführen. Das materielle Unrecht besteht nicht erst in der Versäumnis des Insolvenzantrages, sondern in der Fortführung trotz materieller Insolvenz und der hier erfolgenden Risikoverlagerung auf die Gläubiger, vgl. ausführlich *Karsten Schmidt*, in Karsten Schmidt/Uhlenbruck (Hrsg.), Rn. 1862 ff; *ders*., in Lutter (Hrsg.), Kapital, S. 188, 198 ff. Der Insolvenzantrag ist nur der „letzte Fluchtweg", die eigentliche Botschaft des § 64 Abs. 1 GmbHG besteht in der Verpflichtung der Organe zur Krisenvermeidung und gegebenenfalls zur rechtzeitigen Krisenüberwindung, so anschaulich *Karsten Schmidt*, GmbHR 2007, 1072, 1077. Ein Blick auf die britische Spruchpraxis zeigt sogar, dass das wrongful trading sogar meist später eingreift als die deutsche Insolvenzverschleppungshaftung, vgl. *Habersack/Verse*, ZHR 168 (2004), 174, 178, so dass eine Vorverlagerung des Gläubigerschutzes zu bezweifeln ist, vgl. *Haas*, Gutachten, E. 28 f. Der Existenz- und der hierfür erforderliche Liquiditätsschutz der Gesellschaft sind über die geltenden Tatbestände der Gesellschafter- und Geschäftsführerhaftung also hinreichend gewährleistet, - auch *Röhricht*, FS BGH, S. 83, 117, auf den die Existenzvernichtungshaftung zurückgeht, spricht hier von „einer Art Insolvenzverursachungshaftung".

549 Vgl. *Lutter*, GmbHR 2000, 301, 305: das 8. von 10 Geboten an den GmbH-Geschäftsführer. Zu einer Übertragung des § 91 Abs. 2 AktG auf die GmbH auch *Veil*, ZGR 2006, 375, 377; *Drygala/Drygala*, ZIP 2000, 297, 302 ff.

550 Hierzu oben E.IV.2.b).

551 So *Drygala/Drygala*, ZIP 2000, 297, 302 ff.

nach Komplexität der Unternehmensstruktur wird man dies jedoch auch bei kleineren Größenklassen bejahen müssen.[552]

Nach den aufgezeigten allgemeinen Grundsätzen der Geschäftsführerpflichten bzw. Geschäftsführerhaftung hat ein Geschäftsführer folglich auch Darlehensgewährungen an Gesellschafter zu beurteilen.[553] Beim konzernweiten Cash Pooling ist die Haftung des Geschäftsführer folglich an dem gleichen Pflichtenprogramm zu messen, wie es dem Gesellschafter bei der Existenzvernichtungshaftung auferlegt ist. Der Geschäftsführer der in den Pool eingebundenen Tochtergesellschaft hat sich also einen ständigen Überblick über die Finanz- und Liquiditätslage zu verschaffen und - aus Gesellschaftssicht – gegenüber der Mutter als herrschendem Gesellschafter auf den Abschluss von Pool-Verträgen hinzuwirken, durch die die Unabhängigkeit und Überlebensfähigkeit der Tochter weitgehend aufrechterhalten werden soll.[554] Neben der dargestellten Haftung aus § 43 GmbHG und §§ 823 Abs. 2 BGB i.V.m. § 64 Abs. 1 GmbHG droht dem Geschäftsführer schließlich die Strafbarkeit wegen Untreue nach § 266 StGB sowie die hieran anknüpfende Haftung gemäß § 823 Abs. 2 BGB.[555]

b) Konturengewinn für die Gesellschafterhaftung seit „Trihotel"

Diese Parallelität von Gesellschafter- und Geschäftsführerpflichten wird durch den BGH in seiner Trihotel-Entscheidung dadurch gewürdigt, dass er die Existenzvernichtungshaftung des Geschäftsführers über § 43 GmbHG hinaus, deren parallele Anwendbarkeit er ausdrücklich bestätigt,[556] ebenfalls deliktisch beurteilt, in dem er den Gesellschafter gemäß § 826 BGB und den Geschäftsführer als Teilnehmer gemäß § 830 BGB unter identischen Voraussetzungen einheitlich zur Verantwortung zieht.[557] Vor dem Hintergrund der dargestellten Schwächen der bisherigen Existenzvernichtungshaftung seit Bremer Vulkan (insbesondere verschuldens*un*abhängige *Erfolgs*haftung) sowie der verbesserten Rechtslage durch die Trihotel-Entscheidung (insbesondere verschuldens*abhängige Verhaltens*haftung) ist darauf hinzuweisen, dass sich gerade durch die bestätigte Parallelität von Gesellschafter- und Geschäftsführerhaftung die bei

---

552 So *Altmeppen*, ZGR 1999, 291, 301 f.

553 So unter Hinweis auf die business-judgement-rules *Grunewald*, WM 2006, 2333, 2334.

554 Vgl. zu dieser parallelen Pflichtenlage beim Cash Pooling *Vetter*, in Lutter (Hrsg.), Holdinghandbuch, Rn. 8.22; *Spindler*, ZHR 171 (2007), 249, 263 f. Zur resultierenden Vertragsgestaltung durch den Geschäftsführer *Kallmeyer*, GmbH-Handbuch, RZ. 353.

555 Vgl. *Burgard*, in VGR 2002, S. 61. Auch ist darauf hinzuweisen, dass auch die Haftung der Geschäftsleiter der Muttergesellschaft nach der Bremer-Vulkan-Entscheidung des 5. Strafsenats nach den Grundsätzen der Existenzvernichtungshaftung zu beurteilen ist, zum Ganzen *Vetter*, in Lutter (Hrsg.), Holding-Handbuch, § 8 Rn. 23 f; *Burgard*, in VGR 2002, S. 61. Gerade die persönliche Haftung der Organe der Muttergesellschaft kann von besonderer Relevanz sein. Schlägt auf Grund des Klumpenrisikos die Krise der einzelnen Tochter auch auf die Muttergesellschaft durch, so wird auch dort nichts zu holen sein, in diesen Fällen kann die an die Existenzvernichtungshaftung angelehnte Haftung der Organe der Muttergesellschaft für die Gläubiger entscheidend sein, vgl. *Vetter/Stadler*, in VGR 2003, S. 85.

556 Vgl. *BGH* ZIP 2007, 1552, 1558 (Trihotel).

557 Näher zu Haftung gemäß § 830 BGB bei existenzvernichtenden Eingriffen *Paefgen*, DB 2007, 1907, 1909; *Weller*, ZIP 2007, 1681, 1687; *Vetter*, BB 2007, 1965, 1968 zur Haftung von Hintermännern und Teilnehmern im allgemeinen sowie auf S. 1969 der Geschäftsführer im Speziellen.

der Gesellschafterhaftung nach wie vor bestehenden Unschärfen weiter beseitigen lassen.[558] Denn im Rahmen des § 43 GmbHG bemüht man sich seit jeher, dem Tatbestandsmerkmal der Pflichtwidrigkeit des Geschäftsführerverhaltens klare Konturen zu verleihen, um Organmitglieder nicht schlechterdings für jeden schädigenden Erfolg ihres Handelns einstehen zu lassen und weil ohne Anknüpfung an konkrete Pflichten die Etablierung eines Verschuldensmaßstabes nicht sinnvoll möglich wäre.[559]

Die herausgearbeiteten Grundsätze der Geschäftsführerhaftung können nach der über die Einordnung in die verschuldensabhängige Deliktshaftung vorgenommenen direkten Verknüpfung durch den BGH folglich dazu dienen, der Gesellschafterhaftung wegen existenzvernichtenden Eingriffs mehr und mehr Schärfe zu verleihen, in dem die bisherigen Grundsätze der Geschäftsführerhaftung verstärkt zur Auslegung der einzelnen Tatbestandsmerkmale des § 826 BGB herangezogen werden.[560]

5. Ergebnis

Zusammenfassend bleibt festzuhalten, dass der BGH mit der Entscheidung Bremer-Vulkan jedenfalls für das Cash Pooling verlässliche Grundsätze für die Beurteilung einer Existenzvernichtungshaftung aufgestellt hat. Demnach kann eine Haftung wegen existenzvernichtenden Eingriffs nur dadurch vermieden werden, dass die Eigenständigkeit der am Pooling teilnehmenden Töchter durch vertragliche Vorkehrungen und hierüber hinaus eine ständige Liquiditätskontrolle gewährleistet ist. Andernfalls droht dem Gesellschafter auch nach neuer Rechtsprechung eine Haftung gemäß § 826 BGB, da im Verstoß gegen diese Grundsätze eine – sittenwidrige – Selbstbedienung zu sehen ist. Auch lässt sich aus einer solchen Weitsicht schließen, dass der Gesellschafter die Insolvenz der Gesellschaft nicht voraussieht und nicht billigend in Kauf nimmt.

Im Übergang zu einer verschuldensabhängigen Verhaltenshaftung ist der Gewinn der Trihotel-Entscheidung zu sehen. Das Erfordernis der Sittenwidrigkeit ist zwar weitgehend ausfüllungsbedürftig, eine expansive Anwendung des § 826 BGB dürfte durch das Vorsatzerfordernis aber weitgehend vermieden werden. Insbesondere ermöglicht aber die weitere Annäherung von Gesellschafter- und Geschäftsführerhaftung durch die konsequente deliktische Einordnung auf Grund der von Rechtsprechung und Literatur herausgearbeiteten Grundsätze der Geschäftsführerhaftung eine bessere Herausbildung einheitlicher Haftungsvoraussetzungen bei existenzvernichtenden Eingriffen, so dass der Gesellschafterhaftung schärfere Konturen verliehen werden können.

---

558 Zu den wegen der Unbestimmtheit der „Sittenwidrigkeit" sowie der hierfür verlangten „Selbstbedienung" nach wie vor bestehenden Unklarheiten und der dadurch bedingt besonderen Bedeutung des Vorsatzerfordernisses E.IV.3.a). Zweifelhaft ist durch die neuen Entscheidung hingegen, ob sich der Alleingesellschafter unter der „Trihotel"-Entscheidung weiterhin der Untreue gemäß § 266 StGB strafbar machen kann, da eine deliktische Haftungsgrundlage nicht für die Begründung einer Treuepflicht i.S.d. § 266 Alt 2 StGB ausreichen dürfte, hierzu *Weller*, ZIP 2007, 1681, 1688.

559 So ausdrücklich Baumbach/Hueck/*Zöllner/Noack*, § 43 Rn. 17, eine solche Erfolgshaftung wäre das Ende effektiver Unternehmertätigkeit

560 Für eine weitere Angleichung auch *Spindler*, ZHR 171 (2007), 245, 263; mit Blick auf den subjektiven Tatbestand *Altmeppen*, NJW 2007, 2657, 2660. Zum Verhältnis von bejahter Gesellschafter- und Geschäftsführerhaftung zueinander *Lutter/Banerjea*, ZIP 2003, 2177 ff.

Sowohl die Novemberentscheidung als auch die Entscheidung des OLG München hätten über die bisherigen Grundsätze der Existenzvernichtungshaftung, aber auch über das neue deliktische Haftungskonzept sachgerecht gelöst werden können, da sich beide Sachverhalte als typische Missbrauchfälle darstellen, so dass – wollte man sie an § 826 BGB messen – auch die erforderliche Sittenwidrigkeit sowie der Vorsatz zu bejahen gewesen wären. Hingegen können die den § 30 Abs. 1 GmbHG mit Blick auf einen Liquiditätsschutz überdehnenden Entscheidungen des BGH und des OLG München nicht überzeugen. Prägen diese Entscheidungen aber dennoch das geltende Recht, so gilt es im Folgenden mögliche Auswege für das Cash Pooling darzustellen und kritisch zu würdigen.

V. Auswege für das Cash Pooling de lege lata?

Im Folgenden gilt es einen Blick darauf zu richten, welche Möglichkeiten der Gewährung aufsteigender Darlehen de lege lata bestehen, wenn man sich den Vorgaben der Novemberentscheidung und der vom OLG München vorgenommenen Übertragung auf das Cash Pooling beugt. Die im obiter dictum der Novemberentscheidung geregelte Ausnahme vom Kreditvergabeverbot bietet keine praktikable Lösung.

1. Kreditgewährungen aus freien Rücklagen oder Gewinnvorträgen

Nach dem Leitsatz der Novemberentscheidung sind Kreditgewährungen an Gesellschafter lediglich dann möglich, wenn sie aus Rücklagen oder Gewinnvorträgen und eben nicht zu Lasten des gebundenen Vermögens erfolgen.[561] Der Geschäftsführung müsste ein verlässliches Kontrollinstrument zur Verfügung stehen, mit dem sie die einzelnen Zahlungen dem jeweiligen Bilanzstatus eindeutig zuordnen kann. Gerade bei der permanenten Finanzierung, nämlich bei den ständigen mal kleineren, mal größeren Zahlungsflüssen im Cash Pool ist aber schwer festzustellen, ob das gebundene Vermögen durch die täglichen Zahlungen angegriffen wird.[562]

Eine rechtssichere Handhabung der höchstrichterlichen Vorgaben ist also nur dann möglich, wenn sich ein automatisierter Schutzmechanismus finden lässt, durch den sicher gestellt ist, dass die Darlehensbeträge die Schwelle zur Unterbilanz nicht „unbemerkt" überschreiten. Ein solcher Mechanismus kann nur in einer gesetzlich angeordneten, der Kapitalbindung unterliegenden und vor Auflösung geschützten Rücklage bestehen.[563] In Betracht kommt eine Analogie zu der für eigene Anteile zu bildenden Rücklage gemäß § 33 Abs. 2 GmbHG iVm. § 272 Abs. 4 HGB.[564] Diese wäre spiegel-

561 Vgl. *BGHZ* 157, 72.

562 Vgl. *Noack*, DB 2006, 1475, 1482; *Spindler*, ZHR 171 (2007), 245, 262, 269; *Hentzen*, ZGR 2005, 480, 503. Kritisch unter Hinweis auf die Grenzen des betrieblichen Rechnungswesen auch *Langner*, GmbHR 2005, 1017, 1022.

563 Das Verlangen nach einer gesetzlichen Rücklage im Fall von an Gesellschafter zu gewährende Darlehen geht zurück auf *Schön*, ZHR 159 (1995), 351, 363. Zu dem Bedarf an einer solchen Sperrfunktion auch *Lutter/Hommelhoff*, § 30 Rn. 16; *Helmreich*, GmbHR 2004, 457, 461.

564 Diese ist gemäß § 272 Abs. 4 Satz 3 HGB aus Gewinnrücklagen oder aber aus dem Jahresüberschuss oder aus Gewinnvorträgen zu speisen. Zum Sinn und Zweck des § 272 IV HGB vgl. *Lutter/Hommelhoff*, § 30 Rn. 16: „Beim Erwerb eigener Anteile ist auf der Aktivseite eine entsprechende Vermögensposition zu aktivieren, wegen der von eigenen Anteilen ausgehenden besonde-

bildlich auf der Passivseite in Höhe der aktivierten Darlehensforderungen auszuweisen, wodurch diese gegen eine Ausschüttung gesperrt würden.[565] In der Unterbilanzrechung müssten also Stammkapital und Sonderrücklage durch das Nettovermögen gedeckt sein.[566] Durch die Installation einer solchen Ausschüttungssperre wäre die Bedeutung der Handelsbilanz als Mittel zum Erkennen der Unterbilanz gewahrt. Auch ließe sich auf diesem Weg vermeiden, die Auszahlung des Rückzahlungsanspruches schlicht als wertlos zu fingieren, wie es in § 43 a GmbHG anerkannt ist,[567] wofür aber auf Grund der - auch durch den BGH in der Novemberentscheidung - abgelehnten Analogie des § 43 a GmbHG bei Darlehen an Gesellschafter konsequentermaßen kein Raum ist.[568] Insgesamt wären die Anforderungen der Novemberentscheidung über die Einrichtung einer solchen Sonderrücklage somit rechtssicherer zu handhaben.

Allerdings liegt die für eine Analogie erforderliche Regelungslücke nicht vor. Vielmehr spricht der Umstand, dass eine solche Sonderrücklage für Darlehen gerade nicht vorgesehen ist, eher dafür, dass Darlehen an Gesellschafter nicht nur aus freien Rücklagen gewährt werden können.[569] Zum anderen ist die für eine Analogie erforderliche Vergleichbarkeit der Interessenslagen nicht gegeben. Denn bei § 33 Abs. 2 GmbHG steht der Rückerwerb eigener Anteile und somit die endgültige Einlagenrückerstattung in Rede, bei der Ausreichung eines Darlehens mit vollwertigem Rückzahlungsanspruch geht es jedoch nur um eine Valutaüberlassung auf Zeit.[570] Die Einrichtung einer Sonderrücklage scheitert also an dem Fehlen einer gesetzlichen Grundlage, die aber erforderlich ist, um einen gebundenen Betrag vor Auflösung zu schützen.[571] Zwar bleibt es den Betroffenen selbstverständlich überlassen, dennoch aus Sicherheitserwägungen - wenn auch ohne gesetzlich angeordnete Sperrung – eine solche Rücklage zu bilden. Aus praktischen Erwägungen spricht hiergegen schließlich, dass bei schrittweiser Rückzahlung ständig das wirtschaftliche Eigenkapital in seiner rechtlichen Zusammensetzung adjustiert werden müsste, in dem laufend Umbuchungen aus der Sonderrücklage zurück z.B. in die Gewinnrücklagen vorgenommen werden müssten.[572] Eine solche schrittweise Auflösung würde jedoch einen Kontrollaufwand erfor-

---

ren Gefahren für den Bestand des Gesellschaftsvermögens ist aber zwingend und zugleich eine neutralisierende Rücklage zu bilden (§ 272 IV HGB).“ Zu weiteren Beispielen für der Kapitalbindung der GmbH unterliegende Sonderrücklagen vgl. Scholz/*H.P. Westermann*, § 30 Rn. 15.

565 Zu dieser Ausschüttungssperrfunktion Baumbach/Hueck/*Schulze-Osterloh*, § 42 Rn. 215; BeckBilKomm/*Förschle/Hoffmann*, § 272 Rn. 118.

566 So speziell im Zusammenhang mit Darlehensforderungen *Böcker*, ZGR 2006, 213, 216; *Helmreich*, GmbHR 2004, 457, 461 f.

567 Statt aller *Lutter/Hommelhoff*, § 43a Rn. 1, 9. Anschaulich *Böcker*, ZGR 2006, 213, 216: eine solche Sonderrücklage stehe im Ergebnis der Ausblendung des Darlehensrückzahlungsanspruches gleich, beides könne somit zur Entstehung oder Vertiefung einer Unterbilanz führen.

568 A.A. *Bayer/Lieder*, GmbHR 2006, 1121, 1124: eine solche Ausblendung des Rückzahlungsanspruches wie bei § 43a GmbHG sei „dogmatisch stimmiger“ als eine Rücklage.

569 Vgl. *Vetter*, BB 2004, 1509, 1515.

570 Vgl. *Deckart*, Cash Pooling, S. 103. Auf das Fehlen einer gesetzlichen Grundlage weist auch *Helmreich*, GmbHR 2004, 457, 462 hin; kritisch deswegen auch *Lutter/Hommelhoff*, § 30 Rn. 10; *Böcker*, ZGR 2005, 213, 216; *Engert*, BB 2005, 1951, 1955.

571 Vgl. *Helmreich*, GmbHR 2004, 457, 461.

572 Hierauf weist *Deckart*, S. 104 hin.

dern, der wiederum dem wirtschaftlichen Nutzen des Cash Management entgegensteht.[573]

2. Senkung des satzungsmäßigen Kapitals

Des Weiteren könnte man erwägen, das satzungsmäßige Kapital zu senken, begleitet von der Erhöhung des Eigenkapitals. Durch Ersteres würde die Annäherung an die kritische Grenze der Unterbilanz verzögert, durch die Erhöhung des Eigenkapitals ließe sich ein zusätzliches Puffer bilden.[574]

Beides ist hier aber weder praktikabel noch sinnvoll. Gerade das zuvor dargestellte Problem einer fehlenden rechtssicheren Beurteilungsgrundlage ließe sich durch eine Herabsenkung der Ausschüttungssperre nicht lösen. Gegen einen höheren Eigenkapitalpuffer spricht schlicht die Konzernpraxis. Die einzelnen Töchter sollen regelmäßig schlank gehalten und kein unnötiges Geld in ihnen geparkt werden. Somit lässt sich auch über die Kapitalausstattung keine überzeugende Lösung herbeiführen.

3. Ausweichen auf alternative Konzernformen

Hinsichtlich der Zukunft des Cash Pooling wurde in der Literatur auf eine durch die Novemberentscheidung ausgelöste Welle von Beherrschungsverträgen hingewiesen.[575] Eine Lösung bietet sich hierüber aber nur an, wenn die durch die Novemberentscheidung im faktischen GmbH-Konzern hervorgerufene Unsicherheit hier nicht besteht. Durch die Novemberentscheidung fühlen sich aber gerade diejenigen bestätigt, die auch in anderen Konzernformen mit Blick auf die – lediglich schuldrechtlichen – Ausgleichsansprüche bereits zuvor ein liquiditätsschutzorientiertes Verständnis vertreten und deswegen eine Absicherung der Ausgleichsansprüche verlangt haben. So wird seit jeher vertreten, der Verlustausgleichsanspruch gemäß § 302 AktG stelle keinen gleichwertigen Ersatz für die Kapitalerhaltungsvorschriften dar, denn die Auszahlungssperre gewähre einen weitergehenden Schutz. Während diese auf den Erhalt liquieder Mittel gerichtet sei, sehe der Verlustausgleichanspruch lediglich einen künftig fällig werdenden schuldrechtlichen Ausgleich für die abgezogenen liquiden Mittel vor.[576] Demgegenüber ist mit der überwiegenden Meinung auch hier allein auf die handelsbilanziell zu beurteilende Vollwertigkeit des Ausgleichsanspruches abzustellen.[577] Gegen einen Liquiditätsschutz spricht der eindeutige Wortlaut des § 291 Abs. 3 AktG und der hierdurch unmissverständlich zum Ausdruck gebrachte Wille des Ge-

---

573 Vor solchen Kosten warnt *Cahn*, DK 2004, 235, 236.

574 Vgl. *Wessels*, ZIP 2006, 1706; *Grothaus/Halberkamp*, GmbHR 2005, 1317, 1323.

575 Vgl. *Ulmer*, ZHR 169 (2005), 1, 3; *Bayer/Lieder*, ZGR 2005, 133, 152.

576 So zum GmbH-Vertragskonzern *Kühbacher*, Darlehen, S. 52; *Peltzer*, GmbHR 1995, 15, 17. Im Ergebnis auch Hachenburg/*Goerdeler/Müller*, § 30 Rn. 72; Scholz/*Emmerich*, Anh KonzernR Rn. 184. Vor diesem Hintergrund für eine Übertragung der Novemberentscheidung auf den GmbH-Vertragskonzern *Wessels*, ZIP 2004, 793, 796; *Langner*, GmbHR 2005, 1017, 1021.

577 Vgl. Michalski/*Heidinger*, § 30 Rn. 119; Roth/*Altmeppen*, § 30 Rn. 55; *Vetter/Sadler*, in VGR 2003, S. 98; *Habersack/Schürnbrand*, NZG 2004, 690, 691 mwN.

setzgebers, ein „Konzernprivileg“[578] einzuräumen. Gleiches gilt für den faktischen Aktienkonzern.[579]

Auch wenn ein liquiditätsorientiertes Verständnis in den anderen Konzernformen jedenfalls nach herrschender Meinung nicht Platz greift, so zeigen die gegenteiligen Bestrebungen in der Literatur doch, dass andere Konzernformen jedenfalls nicht als rechtssichere Allzwecklösung empfohlen werden können.[580] Gegen einen solchen Ausweg bestehen schließlich auch rein praktische Bedenken. Der Abschluss von Unternehmensverträgen wird regelmäßig erst für einen Unternehmenssektor ab einer gewissen Größenordnung in Betracht kommen. Man denke etwa an eine kleine, aus drei GmbHs bestehende „Unternehmensgruppe“, bei denen kein - hoch technologisiertes - Finanzmanagement im Sinne eines physischen Cash Pooling eingerichtet ist, wo aber dennoch Darlehensbeziehungen zwecks regelmäßigen Liquiditätsausgleichs bestehen. Ein Bedarf an gezielter wirtschaftsrechtlicher Beratung wird für die Verantwortlichen meist nicht erkennbar sein und auch einem schwerpunktmäßig mit mittelständischen Unternehmen betrauten Steuerberater dürfte sich eine entsprechende unternehmensvertragliche Gestaltung nicht aufdrängen. Auch ist darauf hinzuweisen, dass § 291 Abs. 3 AktG auf die GmbH zwar nach herrschender Meinung analog anzuwenden ist und die §§ 30 f. GmbHG dadurch suspendiert werden,[581] jedoch ist auch dies nicht unumstrit-

---

578 Zu diesem Konzernprivileg statt vieler *Habersack/Schürnbrand*, NZG 2004, 689, 691. Vgl. auch *Hüffer*, AG 2004, 416, 417: Zulässigkeit des Vermögenstransfers durch Schaffung einer durch den Unternehmensvertrag legitimierten wirtschaftlichen Einheit.

579 Auch hier fühlen sich durch die Novemberentscheidung diejenigen bestätigt, die das Cash Pooling im faktischen Aktienkonzern von einer über eine hinreichende Verzinsung hinausgehende Besicherung abhängig machen wollen, in diesem Sinne MünchKomm-AktG/*Bayer*, § 57 Rn. 81 f; *ders.*, ZGR 2005, 133, 148; *Burgard*, AG 2006, 527, 532; *Schön*, ZHR 195 (1995), 351, 372. Unter Betonung des Liquiditätsargumentes soll eine nicht vertraglich gebundene AG gar nicht an einem Cash Pool teilnehmen können, da gemäß § 57 AktG das gesamte Grundkapital nicht ausgezahlt werden dürfe und die auf die AG zu übertragene Interpretation der Novemberentscheidung somit eine Zersplitterung in schuldrechtliche Ansprüche verbiete, wie sie sowohl in den Darlehensrückzahlungsansprüchen als auch in den aus § 311 AktG resultierenden Ausgleichsansprüchen zu sehen sein soll.
Dem ist nicht zu folgen. Es entspricht auch hier schlicht dem Willen des Gesetzgebers, dass das herrschende Unternehmen in einem faktischen Aktienkonzern durch § 311 AktG privilegiert wird, *Emmerich/Habersack*, § 311 Rn. 3. Erst wenn der Nachteilsausgleichsanspruch nicht oder nicht mehr werthaltig ist und somit ein konkretes Kreditausfallrisiko besteht, muss auch hier eine Kompensation durch die Bestellung von Sicherheiten erfolgen, vgl. Emmerich/*Habersack*, § 311 Rn. 48; *Habersack/Schürnbrand*, NZG 2004, 689, 692 ff mwN; *Hentzen*, ZGR 2005, 480, 509 mwN.

580 Vgl. auch *Langner*, GmbHR 2005, 1017, 1022; *Schilmar*, DB 2004, 1413, 1411: Um rechtlich auf der sicheren Seite zu bleiben, sollte die GmbH-Tochtergesellschaft stets auch im Rahmen einer Vertragskonzernfinanzierung auf die strikte Einhaltung der in §§ 30, 31 GmbHG postulierten Kapitalerhaltungsregeln drängen.

581 Maßgebliches und überzeugendes Argument ist, dass die Kapitalerhaltung in der GmbH ansonsten strenger wäre als die Vermögensbindung in der AG. Dies widerspräche jedoch der eindeutigen gesetzlichen Konzeption, nach der der Vermögensschutz in der AG stärker sei, vgl. *Vetter/Stadler*, in VGR 2003, S. 103 f; *Fleck*, FS GmbHG, S. 391, 395 f; *Flesner*, NZG 2006, 641, 646 mwN; *Habersack/Schürnbrand*, NZG 2004, 690, 691 mwN. Vgl. auch *OLG München*, ZIP

ten.[582] Vor diesem Hintergrund sollte ein gesetzgeberisches Tätigwerden auch die Gelegenheit nutzen, die fundamentale Frage einer Analogie des § 291 Abs. 3 AktG zu klären.[583]

4. Ausweichen auf alternative Formen des Cash Pooling

Auch ist zu erwägen, auf alternative Pooling-Formen auszuweichen. Während bei dem – im Mittelpunkt der Untersuchung stehenden - physischen Cash Pooling ein physischer Geldtransfer stattfindet, werden beim sog. virtuellen Cash Pooling die jeweiligen Guthaben nur virtuell auf einem Bankkonto zusammengeführt.[584] Die Bank verzinst einen positiven Saldo oder stellt für einen negativen Betrag dem Pool Zinsen in Rechnung. Sofern an dem Pooling beteiligte Untergesellschaften einen Liquiditätsbedarf haben, wird dieser von der Bank gedeckt, sofern der Gesamtbetrag aller Konten positiv ist oder nicht unter ein bestimmtes Kreditlimit fällt.[585] Das Notional Cash Pooling ermöglicht also keine Verbesserung der Liquidität des Konzerns, sondern beschränkt sich auf die Zinsoptimierung.[586]

Zum einen ist das virtuelle Cash Pooling betriebswirtschaftlich weniger attraktiv, da es die beim physischen Cash Pooling im Mittelpunkt stehende Liquiditätsverbesserung eben nicht zu leisten vermag, so dass aber eben auch die der Novemberentscheidung entstammenden kapitalerhaltungsrechtlichen Bedenken auf den ersten Blick nicht bestehen. Doch sind die Gefahren bei näherem Hinsehen auch hier nicht gebannt. Denn die Banken verlangen für das grundsätzlich erhöhte Kreditausfallrisiko regelmäßig, dass die einzelnen Konzernunternehmen füreinander haften, so dass das Risiko der Bank auf den Konzernsaldo beschränkt ist. Hierzu werden die Habensalden zugunsten der Bank verpfändet, es kommt zu aufsteigenden Sicherheiten.[587] Die Gewährung aufsteigender Sicherheiten stößt jedoch auf die gleichen kapitalerhaltungsrechtlichen Bedenken wie die Gewährung aufsteigender Darlehen.[588] Somit bietet auch ein Ausweichen auf ein virtuelles Cash Pooling im Ergebnis keinen sicheren Ausweg.[589]

Einem Verstoß gegen das Kapitalerhaltungsrecht könnte möglicherweise aber durch die Einrichtung eines sog. Target Balancing vorgebeugt werden. Hierbei werden bestimmte Werte, etwa zu erreichende oder zu übertragende Salden, vorgegeben, inner-

---

2006, 25, 26; *Hüffer*, § 291 Rn. 6; *Hommelhoff*, WM 1984, 1105, 1110; *Hentzen*, ZGR 2005, 480, 522.

582 Vgl. Scholz/*Emmerich*, Anh KonzernR Rn. 184; Roth/*Altmeppen*, § 30 Rn. 55; *Kühbacher*, Darlehen, S. 52 mwN; *Peltzer*, GmbHR 1995, 15, 17.

583 So *Flesner*, NZG 2006, 641, 646.

584 Vgl. auch *Korts*, Cash Pooling, S. 10; *Hentzen*, ZGR 2005, 480, 525.

585 Zur Funktionsweise statt vieler *Korts*, Cash Pooling, S. 10; *Grothaus/Halberkamp*, GmbHR 2005, 1317, 1323; *Seidel*, DStR 2004, 1130, 1134 f.

586 So *Kallmeyer*, in GmbH-Handbuch, Rz. 351.

587 Ausführlich *Hentzen*, ZGR 2005, 480, 525; *Seidel*, DStR 2004, 130, 135 f. Speziell zu grenzüberschreitenden Transaktionen *Korts*, Cash Pooling, S. 10.

588 Hierzu ausführlich unten E.VI.2.

589 Statt vieler *Altmeppen*, ZIP 2006, 1025, 1034; *Hentzen*, ZGR 2005, 480, 525; *Seidel*, DStR 2004, 130, 135; *Grothaus/Halberkamp*, GmbHR 2005, 1317, 1323. Die Sicherungsproblematik übersieht jedoch *Deckart*, Cash Pooling, S. 9 f.

halb derer sich das Cash Pooling bewegen soll, wodurch vermieden wird, dass sich ein Konzernunternehmen fortlaufend unbemerkt aus der bereit stehenden Liquidität bedient.[590] Jedoch kann auch ein solches Target Balancing nicht den Eintritt in die Unterbilanz vermeiden. Denn dies würde voraussetzen, dass einerseits das Kapital der Gesellschaft ausschließlich aus dem Bankguthaben besteht und andererseits auch sämtliche Verbindlichkeiten über das Konto laufen.[591] Auch alternative Gestaltungen des Cash Pooling bieten somit keinen rechtssicheren Ausweg.

5. Ausweichen auf ausländische Rechtsformen

Schließlich fragt sich, ob die „Flucht aus der GmbH" in ausländische Rechtsformen eine Lösung bieten kann.[592] Hier soll die viel diskutierte englische Limited im Mittelpunkt der Betrachtung stehen. Nach der Gründungstheorie könnten betroffene Gesellschaften in England eine Gesellschaft gründen und anschließend den Sitz nach Deutschland verlegen, mit der Folge, dass sich ihre gesellschaftsrechtlichen Angelegenheiten weiterhin nach englischem Recht richten.[593]

Zum einen sind diese Erleichterungen aber ohnehin nur bei Gründung neuer Gesellschaften denkbar, für bereits existierende AGs, GmbHs und GmbH & Co. KGs kommt eine Umwandlung in eine Limited praktisch kaum in Betracht. Auch erscheint eine Übertragung aller Vermögensgegenstände im Rahmen eines asset deals in eine Limited zu aufwendig und steuerlich unattraktiv.[594] Ein Ausweichen auf ausländische Gesellschaftsrechtsformen kann aber auch im Rahmen einer Neugründung nur dann weiterhelfen, wenn die kapitalerhaltungsrechtlichen Grundsätze des deutschen GmbH-Rechts bei einer in Deutschland ansässigen Limited nicht bestehen.

Zwar kennt die Limited kein gesetzliches Mindestkapital, was jedoch nicht mit dem Fehlen eines Stammkapitals gleichzusetzen wäre.[595] Ein Stammkapital, also die geldmäßig ausgedrückte Summe, bis zu der die Gesellschaft Anteile ausgeben darf, ist vielmehr zwingend, weil das englische Recht nennwertlose Anteile nicht kennt.[596] Auf Grund der fehlenden Mindesthöhe unterliegt die Kapitalaufbringung somit einer umfassenden Satzungsautonomie.[597] Da sie auch nur 1 Cent betragen kann, präsentiert sich die Limited zwar als kostengünstige und somit gründungsfreundliche Alternative, die im Gegensatz zur gegenwärtigen deutschen GmbH nicht durch ein ineffektives

---

590 Hierzu oben A.II.1.

591 Vgl. *Reidenbach*, WM 2004, 1423, 1426.

592 So statt vieler *Stein*, DZWIR 2004, 493, 499; *Cahn*, DK 2004, 235, 242; *Helmreich*, GmbHR 2004, 457, 458; *Wachter*, GmbHR 2004, 88, 91.

593 Vgl. die Entscheidungen des EuGH zur Niederlassungsfreiheit *EuGH*, Urt. v. 9.3.1999, GmbHR 1999, 474 (Centros); *EuGH*, Urt. v. 5.11.2002, GmbHR 2002, 1137 (Überseering); *EuGH*, Urt. v. 30.10.2003, GmbHR 2003, 1260 (Inspire Art) mit Komm. *Meilicke*. Seit der Entscheidung Überseering ist auch der BGH von der Sitztheorie abgerückt, vgl. BGH, Urt. v. 13.3.2003, AG 2003, 386 (Überseering II). Zur Sitztheorie noch Baumbach/*Hueck/Fastrich*, Einl. Rn. 29. Zur - insofern unproblematischen - Anwendung englischen Rechts statt aller *Schall*, ZIP 2005, 965, 973.

594 Zu diesen praktischen Bedenken *Grothaus/Halberkamp*, GmbHR 2005, 1317, 1319.

595 So aber *Fischer*, ZIP 2004, 1477, 1479; *Schumann*, DB 2004, 743, 745.

596 Vgl. *Rehm*, in Eidenmüller (Hrsg.), § 10 Rn. 35 mwN.

597 Vgl. *Neuling*, Limited, S. 54, 146, 157; *Ebert/Levedag*, GmbHR 2003, 1337, 1343.

Mindestkapital erkauft werden muss.[598] Die Bindung dieses – in welcher Höhe auch immer bestehenden – Kapitals ist bei näherem Hinsehen aber weitaus strenger als die §§ 30 f. GmbHG.[599] Gemäß sec. 263 CA 1985 dürfen Zahlungen an die Gesellschafter nur aus dem erwirtschafteten Gewinn erfolgen. Insbesondere besteht ein konsequentes Verbot verdeckter Vermögensverlagerungen.[600] Eine solche „dressed up return of capital" wurde von dem erkennenden Gericht in der Entscheidung *Barclays Bank v British and Commonwealth Holding Plc.* bei Kreditleistungen durch Konzerngesellschaften zugunsten der Muttergesellschaft gesehen, so dass es sich hierbei grundsätzlich um eine unzulässige Einlagenrückgewähr handelt.[601] Auch der als „Ausweg" bezeichnete Verweis auf die englischen Limited geht somit insgesamt fehl.

6. Ergebnis

Nach wie vor lassen sich keine rechtssicheren Auswege für das Cash Pooling finden, denn es bestehen weder reelle und für sämtliche betroffenen Unternehmen allgemeingültige rechtliche Alternativen, etwa in Form eines Vertragskonzerns oder in anderen europäischen Rechtformen, noch lässt sich das physische Cash Pooling durch andere Pooling-Formen ersetzen. Insbesondere verbleibt nach wie vor der Einwand, dass die Abkehr von der bilanziellen Betrachtung und die Ausblendung der Rückforderungsansprüche eine praktikable Durchführung verhindern, was sich auch nicht durch die Installation einer Rücklage lösen lässt. Insgesamt wird das Bedürfnis nach einer gesetzgeberischen Lösung immer lauter. Bevor es sich dem anzunehmen gilt, ist nachfolgend noch auf die Auswirkungen der Novemberentscheidung auf aufsteigende Sicherheiten einzugehen. Dort ist die Rechtslage ähnlich unsicher geworden.

VI. Ausstrahlung auf aufsteigende Sicherheiten

Die Novemberentscheidung hat neben der dargestellten Problematik aufsteigender Darlehen eine vergleichbare Diskussion über die Zulässigkeit aufsteigender Sicherheiten entfacht. Da auch aufsteigende Sicherheiten gerade für die Konzernfinanzierung von besonderer Relevanz sind und sich die Argumente weitgehend decken, soll die Sicherheitenproblematik an dieser Stelle dargestellt werden.

1. Praktische Relevanz von „Haftungskrediten" im Konzern

Solange die Gesellschaft nach dem Verständnis der Novemberentscheidung im Einzelfall mangels hinreichender Rücklagen oder Gewinnvortrages nicht berechtigt wäre, unmittelbar Darlehen an den Gesellschafter auszukehren, so darf sie die verbotene

---

598 Vgl. *Schärtl*, Stammkapital, S. 113; *Kallmeyer*, DB 2004, 636, 637.

599 Dies betonen statt vieler *Joost*, in VGR 2006, S. 42; *Neuling*, Limited, S. 149; *Zöllner*, GmbHR 2006, 1, 6. Der Schutz des Kapitals wird mithin als „wesentliches Grundprinzip" des englischen Gesellschaftsrechts bezeichnet, vgl. *Burg*, GmbHR 2004, 1379, 1381; *Micheler*, ZGR 2004, 324, 325.

600 Vgl. *Fleischer*, in Lutter (Hrsg.), Kapital, S. 114, 121 f; *Neuling*, Limited., S. 149 mwN.; *Schärtl*, Stammkapital, S. 115 f; *Schall*, ZIP 2005, 965, 969.

601 *Barclays Bank v British and Commonwealth Holding Plc* (1996) 1 BCLC 1; hierzu auch *Fleischer*, in Lutter (Hrsg.), Kapital, S. 114, 121 f; *Micheler*, ZGR 2004, 325, 329.

Darlehensgewährung nicht dadurch umgehen können, dass sich der Gesellschafter die Gelder bei einem Dritten verschafft und die Gesellschaft hierfür Sicherheiten leistet.[602] Die Zulässigkeit von Darlehensgewährung und Sicherheitenbestellung sind somit nach einheitlichen Grundsätzen zu beurteilen.[603] Eine denkbare Auszahlung durch die Bestellung von Sicherheiten ist gleichermaßen wie die Darlehensgewährung durch ein Kreditelement gekennzeichnet, bei der Bestellung einer Sicherheit handelt es sich also lediglich um eine besondere Kreditform, nämlich um einen „Haftungskredit".[604] Von entsprechender kapitalerhaltungsrechtlicher Relevanz können sowohl schuldrechtliche Sicherheiten, wie beispielsweise Garantie, Bürgschaft oder eine Mithaftung sein, als auch dingliche, wie Grundpfandrechte, Sicherungsübereignungen oder –zessionen und Verpfändungen.[605]

Zwar handelt es sich bei der kapitalerhaltungsrechtlichen Behandlung aufsteigender Sicherheiten zunächst um kein speziell konzernrechtliches Problem, doch sind diese gerade im Rahmen der Konzernfinanzierung von höchster praktischer Relevanz, denn externe Kreditgeber sehen sich hier spezifischen Risiken ausgesetzt.[606] Eine entscheidende Rolle spielen von der Gesellschaft zugunsten eines Gesellschafters bestellte Sicherheiten in Fällen der Projekt- und der Aquisitionsfinanzierung.[607] Schließlich verlangen Kreditinstitute auch bei dem im Mittelpunkt dieser Untersuchung stehenden Cash Pooling für Kredite, die die Betreibergesellschaft zum Ausgleich von Liquidi-

---

602 Vgl. Grothaus/Halberkamp, GmbHR 2005, 1317, 1321. Ähnlich *Sonnenhol/Groß*, ZHR 159 (1995), 388, 401; *Steinbeck*, WM 1999, 885, 887.

603 Dies ergibt sich auch aus der allgemein anerkannten weiten Auslegung des Auszahlungsbegriffes, wonach abweichend vom Wortlaut des § 30 Abs. 1 GmbHG neben Geldzahlungen auch sämtliche anderen Leistungen der Gesellschaft an einen Gesellschafter erfasst sind, hierzu oben B.III. Eine Auszahlung kann auch darin bestehen, dass die Gesellschaft den Gesellschafter von einer Verbindlichkeit befreit, vgl. *BGH* LM zu § 30. Die Tatsache, dass in der Bestellung von Sicherheiten zugunsten des Gesellschafters zur Befriedigung seiner Gesellschaftergläubiger eine - bedingte - Verpflichtung der Gesellschaft gesehen werden kann, den Gesellschafter von einer Verbindlichkeit zu befreien, so treffend *Maier-Reimer*, in Lutter (Hrsg.), Holding-Handbuch, Rn. 16.17, verdeutlicht die kapitalerhaltungsrechtliche Relevanz aufsteigender Sicherheiten.

604 Statt vieler *Habersack/Schürnbrand*, NZG 2004, 689, 696; *Engert*, BB 2005, 1951, 1952; *Wessels*, ZIP 2004, 793, 797. Dies ergibt sich aus daraus, dass für Gesellschafter bestellte Sicherheiten genau so wie Ausleihungen, Forderungen und Verbindlichkeiten gegenüber Gesellschaftern gemäß § 43 Abs. 3 GmbHG besonders auszuweisen sind, vgl. hierzu BeckBilKomm/*Ellrott*, § 284 Rn. 58; Roth/*Altmeppen*, § 42 Rn. 46.

605 Zu einzelnen Sicherheiten ausführlich *Merkel*, in Lutter u.a. (Hrsg.), Konzernfinanzierung, Rn. 17.62 ff.

606 Ausführlich der Beitrag von *Merkel*, in Lutter u.a. (Hrsg.), Konzernfinanzierung, Rn. 17.2 ff.: „Kreditgeberrisiken bei der Finanzierung von Konzerngesellschaften". Zu einem ausführlichen Überblick über weitere relevante Sicherungstatbestände im Konzern vgl. *Sonnenhol/Groß*, ZHR 159 (1995), 388, 391 ff. Zum Klumpenrisiko oben A.II.3.

607 Allgemein zum Ganzen *Diem*, Aquisitionsfinanzierung, passim. Zur Sicherheitenproblematik Scholz/*H.P.Westermann*, § 30 Rn. 43, 45; *Weitnauer*, ZIP 2005, 790 ff; *Esters*, GmbHR 2004, 105 ff; *Steinbeck*, WM 1999, 885.

tätsengpässen bei externen Kreditgebern aufnimmt, regelmäßig Sicherheiten, die von den Tochtergesellschaften zugunsten der Betreibergesellschaft gestellt werden.[608]

2. Die Rechtslage bis zum Jahr 2003

a) Lehre von der bilanziellen Betrachtung

Im Rahmen einer bilanziellen Betrachtung liegt allein in der Bestellung einer Sicherheit zugunsten eines Gesellschafters keine Auszahlung von Gesellschaftsvermögen im Sinne des § 30 Abs. 1 GmbHG, da die Bestellung nicht bilanzwirksam, sondern lediglich nach §§ 251, 268 Abs. 7 HGB „unter der Bilanz" zu vermerken und somit wie vollwertige Darlehen grundsätzlich bilanzneutral ist.[609] Erst wenn die Sicherheit über den bloßen Vermerk hinaus bilanziellen Niederschlag findet, kann eine Auszahlung in Betracht kommen.[610] Dies ist bei dinglichen Sicherheiten erst bei Verwertung der Fall. Denn auch wenn beispielsweise bei einer Sicherungsabtretung rechtlich ein Wechsel der Inhaberschaft an dem Wirtschaftsgut stattfindet, so verbleibt das wirtschaftliche Eigentum dennoch beim Sicherungsgeber, der das Wirtschaftsgut somit weiterhin bei sich aktiviert.[611] Bei schuldrechtlichen Sicherheiten kommt es darauf an, ob die Inanspruchnahme aus der Sicherheit wahrscheinlich geworden und somit auf Grund des Vorsichtsprinzips eine Rückstellung nach § 249 Abs. 1 S. 1 HGB zu bilden oder sogar, wenn die wahrscheinliche Inanspruchnahme auch der Höhe nach feststeht, eine Verbindlichkeit auszuweisen ist.[612] Eine bilanzielle Verminderung des Gesellschaftsvermögens und somit eine verbotene Auszahlung wegen der drohenden Inanspruchnahme durch den Sicherungsnehmer scheidet trotz einer solchen Passivierung aber auch dann aus, wenn dem ein vollwertiger Regressanspruch des Sicherungsgebers - etwa aus § 670 BGB - gegenübersteht und somit wieder lediglich ein bilanzneutraler Aktivtausch vorliegt.[613] Doch soll nicht verkannt werden, dass die sicherungsgebende Gesellschaft

---

608 Statt aller *Vetter/Stadler*, in VGR 2003, S. 42. Hiervon ist die Frage zu unterscheiden, ob man auch für die Darlehensbeziehungen innerhalb des Konzerns Sicherheiten fordert, hierzu ausführlich oben E.III.5.c).

609 Haftungsverhältnisse gegenüber verbundenen Unternehmen einschließlich gewährter Sicherheiten sind gemäß § 268 Abs. 7 2. HS HGB gesondert auszuweisen, hierzu *ADS*, § 268 Rn. 127; BeckBilKomm/*Ellrott*, § 268 Rn. 127. Zu Einschränkungen bei kleinen Gesellschaften *ADS*, § 268 Rn. 125; BeckBilKomm/*Ellrott*, § 268 Rn. 127.

610 Vgl. *OLG München*, ZIP 1998, 1438, 1439; Baumbach/Hueck/*Schulze-Osterloh*, § 42 Rn. 306; Scholz/*H.P.Westermann*, § 30 Rn. 43 ff; Hachenburg/*Goerdeler/Müller*, § 30 Rn. 66; *Sonnenhohl/Groß*, ZHR 159 (1995), 388, 399; *U.H.Schneider*, FS Döllerer, S. 537, 546; *Sonnenhohl/Stützle*, DB 1979, 925; *Peltzer/Bell*, ZIP 1993, 1758 ff; *Steinbeck*, WM 1999, 885, 886 f.

611 Vgl. *Sonnenhohl/Groß*, ZHR 159 (1995), 388, 399; *Dampf*, DK 2007, 157, 164. Im Einzelnen Baumbach/Hueck/*Schulze-Osterloh*, § 42 Rn. 306 ff.

612 Vgl. *ADS*, § 251 Rn. 5; MünchKomm-AktG/*Hennrichs*, § 251 HGB Rn. 1; *Sonnenhohl/Groß*, ZHR 159 (1995), 388, 399 mwN; *Mülbert*, ZGR 1995, 578, 586; zum erforderlichen Grad der Wahrscheinlichkeit *Diem*, ZIP 2003, 1283, 1286 mwN.

613 Vgl. statt vieler Scholz/*H.P.Westermann*, § 30 Rn. 44; *Sonnenhohl/Groß*, ZHR 159 (1995), 388, 399; *Canaris*, FS Fischer, S. 31, 46; *Meister*, WM 1980, 390, 391. Zur Frage, ob ein etwaiger Verstoß gegen § 30 Abs. 1 GmbHG die Wirksamkeit der Sicherheit berührt *BGHZ* 138, 291 ff; Roth/*Altmeppen*, § 30 Rn. 107; *Dampf*, DK 2007, 157, 170.

unabhängig von einer bilanziellen Abbildung mit einem Ausfallrisiko belastet ist. Dieses gilt es durch eine angemessene Vergütung, etwa eine Avalprovision, auszugleichen, wie sie auch von einem externen Besicherten gezahlt werden würde.[614]

b) Lehre von der wirtschaftlichen Betrachtung

Die Anhänger der wirtschaftlichen Betrachtung sehen schon in der Bestellung einer jeden Sicherheit unabhängig von ihren bilanziellen Auswirkungen eine Auszahlung, da grundsätzlich nicht von einem vollwertigen Rückgriffsanspruch gegen den Gesellschafter ausgegangen werden könne.[615] Im Rahmen einer rein bilanziellen Betrachtung - so *Schön* - verlasse die Kreditsicherheit das haftende Vermögen der GmbH „wie ein bilanzrechtliches U-Boot".[616] Vermögensschutz bestehe aber nicht lediglich in der Garantie einer bilanzmäßigen Rechnungsziffer, sondern in der Erhaltung einer die Schulden deckenden Haftungsmasse.[617] Auch *Stimpel* sieht in der Sicherheitenbestellung – wie auch bei Darlehensgewährungen - eine Auszahlung und in dem Regressanspruch keine hinreichend ausgleichende Wirkung, weil dieser lediglich einen schuldrechtlichen, erst im Verwertungsfalle fällig werdenden Anspruch gegen den Gesellschafter begründe, während durch die Bestellung einer Sicherheit bereits zeitweise Betriebsvermögen und zum Nachteil der Gläubiger gebundenes, vollstreckungsbereites Gesellschaftsvermögen entzogen werde.[618]

Eine Vollwertigkeit des Rückgriffanspruches soll wiederum nur bei entsprechender Absicherung bestehen, die Tatsache, dass der Gesellschafter die Forderung aber nicht selbst besichere, zeige, dass an eine sichere Durchsetzbarkeit des Rückgriffsanspruch regelmäßig nicht zu denken sei.[619] Teilweise wird in Anlehnung an eine Entscheidung des BGH[620] aus dem Jahre 1976 zwischen schuldrechtlichen und dinglichen Sicherheiten unterschieden und lediglich in der Bestellung letzterer eine verbotene Auszahlung gesehen.[621] Eine weitere vermittelnde Meinung möchte auch bei der Bestellung aufsteigender Sicherheiten von einer verbotenen Auszahlung nur dann ausgehen, wenn die Bestellung bei bereits bestehender Unterbilanz erfolgt.[622] Mit Blick auf das im Mittelpunkt der Untersuchung stehende Cash Pooling wird auch vertreten, dass eine Si-

---

614 So *U.H.Schneider*, FS Döllerer, S. 537, 546; *Vetter*, BB 2004, 1509, 1512; *Meister*, WM 1980, 391; *Mülbert*, ZGR 1995, 581; *Canaris*, FS Fischer, 1979, S. 47.

615 Vgl. Roth/*Altmeppen*, § 30 Rn. 97 ff; Rowedder/Schmitt-Leithoff/*Pentz*, § 30 Rn. 37; *Kühbacher*, Darlehen, S. 37 ff; *Bayer*, FS Lutter, S. 1011, 1023 f; *Mülbert*, ZGR 1995, 578 ff; *Schön*, ZHR 159 (1995), 359 ff.

616 *Schön*, ZHR 159 (1995), 351, 358.

617 *Schön*, ZHR 159 81995), 351, 362.

618 Vgl. *Stimpel*, FS GmbHG, S. 335, 357. In die gleiche Richtung gehen auch die Bedenken *Altmeppens*, die Bestellung dinglicher Sicherheiten bedeute den Verzicht der Gesellschaft auf einen Teil ihres Vermögensrechts, *vgl.* Roth/*Altmeppen*, § 30 Rn. 99.

619 So *Bayer*, FS Lutter, S. 1011, 1024.

620 Vgl. *BGH* NJW 1976, 751, 752.

621 So *Canaris*, FS Fischer, S. 46, 49 f; *Reemann*, MittRhNotK 1996, 113, 120.

622 Vgl. *Stimpel*, FS GmbHG, S. 335, 357; dem folgend *Lutter/Hommelhoff*, § 30 Rn. 35.

cherheitenbestellung jedenfalls dann zulässig sei, wenn die sicherungsgebende GmbH ein eigenes Interesse an der Sicherheitenbestellung habe.[623]

Schließlich soll auch die von den Vertretern der bilanziellen Betrachtung geforderte angemessene Risikoprämie unbeachtlich sein bzw. ein Verzicht auf eine solche lediglich zu einer weiteren, über den Betrag der Sicherheit an sich hinausgehenden Auszahlung führen.[624] So wird gegen eine weitergehende Bedeutung einer Risikoprämie und insofern gegen den über den Regressanspruch hinausgehenden Drittvergleich – wie auch bei Darlehen[625] – eingewandt, dass gerade in Konzernsachverhalten die Gesellschaft eine entsprechende Haftung für Schulden konzernfremder Unternehmen nicht übernommen hätte, und zwar auch nicht für eine Avalprovision. In der Regel sei eine solche Sicherung somit als Gesellschaftergeschäft, also als Leistung causa societatis zu qualifizieren.[626]

3. Die Rechtslage seit der Novemberentscheidung

Die - bloße - Bestellung aufsteigender Sicherheiten lässt sich mühelos unter die Argumentation des BGH in der Novemberentscheidung subsumieren.[627] Dies gilt zweifellos für dingliche Sicherheiten. Denn auch durch deren Bestellung wird der Gesellschaft nach den Grundsätzen der Novemberentscheidung liquide Haftungsmasse entzogen, während die Gesellschaft lediglich einen zeitlich hinausgeschobenen schuldrechtlichen Rückgriffsanspruch gegen den Gesellschafter erwirbt.[628] Wenngleich sich demgegenüber die Unzulässigkeit schuldrechtlicher Sicherheiten nicht bereits mit dem Entzug einer liquiden Haftungsmasse begründen lässt, so ist aber das Rangargument des BGH in Erinnerung zu rufen, wonach die Gläubiger des Gesellschafters durch die Darlehenshingabe zum Nachteil der Gläubiger der Gesellschaft einen vollstreckungs- und insolvenzrechtlich vorrangigen Zugriff auf die Vermögenswerte der Gesellschaft erlangen.[629] Bereits mit dem Zustandekommen der schuldrechtlichen Sicherheit verbessert nun aber der Gläubiger des Gesellschafters seine Rechtsstellung, indem er in die par conditio creditorum eintritt und sein Anspruch die Haftungsmasse der Kapitalgesellschaft quotal belastet.[630]

Es ist festzuhalten, dass die Novemberentscheidung die wirtschaftliche Betrachtung aufsteigender - sowohl dinglicher, als auch schuldrechtlicher – Sicherheiten bekräftigt

---

623 Vgl. Bayer, FS Lutter, S. 1011, 1025.

624 So *Mülbert*, ZGR 1995, 578, 600; *Reemann*, MittRhNotK 1996, 113, 125.

625 Hierzu oben E.III.5.b).

626 Vgl. Roth/*Altmeppen*, § 30 Rn. 63; *Schön*, ZHR 159 (1995), 367; *Bayer*, FS Lutter, S. 1011, 1025; *Maier-Reimer*, in Lutter (Hrsg.), Holding-Handbuch, Rn. 16.18.

627 Dies zeigt sich schon daran, dass sich der BGH weitgehend an die Argumente von Stimpel und Schön anlehnt.

628 Zur Argumentation bei der Darlehensgewährung oben E.III.3.a).

629 Zur Argumentation bei der Darlehensgewährung oben E.III.3.b).

630 So ausdrücklich *Habersack/Schürnbrand*, NZG 2004, 689, 696; früher bereits *Schön*, ZHR 159 (1995), 351, 357; *U.H.Schneider*, ZGR 1984, 497, 503.

und demnach somit grundsätzlich bereits in der Bestellung von Sicherheiten eine verbotene Auszahlung von Gesellschaftsvermögen zu sehen ist.[631]

4. Stellungnahme

Der durch die Sicherheitenbestellung zur Verfügung gestellte Haftungskredit lässt sich, jedenfalls solange es noch nicht zu seiner Inanspruchnahme gekommen ist, genauso wenig im Rahmen des § 30 GmbHG Abs. 1 GmbHG erfassen wie ein vollwertiges und somit bilanzneutrales Darlehen der Gesellschaft an einen Gesellschafter. Zwar ist zuzugestehen, dass gerade die Bestellung dinglicher Sicherheiten einschneidend sein kann, so etwa wenn auf einem Grundstück der Gesellschaft eine Grundschuld in nicht unerheblicher Höhe eingetragen ist und die Gesellschaft hierüber somit wirtschaftlich nur noch sehr eingeschränkt verfügen, es insbesondere zu keinen vernünftigen Konditionen mehr verkaufen kann. Doch wird eine solche Einschränkung der wirtschaftlichen Verwendbarkeit von Gegenständen aus dem Gesellschaftsvermögen von § 30 GmbHG nicht erfasst.[632]

Kommt es zur Verwertung der Sicherheit mit entsprechendem Niederschlag in der Bilanz, so widerspricht es einer bilanziellen Betrachtung schließlich, selbst bei vollwertigem Rückgriffsanspruch von einer Auszahlung auszugehen.[633] Insbesondere kann es nicht überzeugen, die Bedeutung vollwertiger Rückgriffansprüche mit der Begründung zu verwerfen, dass diese wieder eine entsprechende Absicherung voraussetzen würden, weil die Tatsache, dass der Gesellschafter die Forderung nicht selbst besichere, zeige, dass an eine sichere Durchsetzbarkeit des Rückgriffsanspruch regelmäßig nicht zu denken sei. Eine solche Sichtweise geht irrtümlich davon aus, dass das Sicherungsverlangen des Sicherungsnehmers ausschließlich auf mangelnde Bonität des Gesellschafters zurückzuführen ist. Dem entgegen können für die Besicherung gerade bei Konzernverhältnissen reine Finanzierungsüberlegungen ausschlaggebend sein. So ist es möglich, dass der Sicherungsnehmer die Bonität des Gesellschafters nicht beurteilen kann, während die Gesellschaft sie zweifelsfrei kennt,[634] oder dass der Sicherungsnehmer an der Bonität eines im Ausland ansässigen Gesellschafters zwar nicht zweifelt, jedoch im Ernstfall die Mühe einer Durchsetzung seiner Forderung im fremden Land scheut und deshalb Wert darauf legt, auf die von der deutschen Gesellschaft bestellten Sicherheiten zurückgreifen zu können.[635] Mangelnde Bonität des Gesellschafters allein muss also nicht der ausschlaggebende Grund für ein Sicherungsverlangen sein. Aber selbst dann, wenn man das Sicherheitsverlangen tatsächlich auf die man-

---

631 Für eine nach der Novemberentscheidung nun einheitliche Beurteilung dinglicher und schuldrechtlicher Sicherheiten auch Roth/*Altmeppen*, § 30 Rn. 100; *Bayer/Lieder*, ZGR 2005, 133, 146; *Henze*, WM 2005, 717, 722.

632 Vgl. Scholz/*H.P.Westermann*, § 30 Rn. 46; *Dampf*, DK 2007, 157, 164; *Steinbeck*, WM 1999, 885, 887.

633 Es gilt klarzustellen, dass ein solcher zweifellos bestehen muss, also nicht auf eine vertragliche Einräumung oder bei schon kraft Gesetzes bestehenden Rückgriffsansprüchen – etwa aus §§ 774, 778; 774; 1143; 1225; 1273, 1225 - auf sie verzichtet werden darf, vgl. *Meister*, WM 1980, 390, 391.

634 Vgl. *Reemann*, MittRhNotK 1996, 113, 132.

635 Vgl. *Sonnenhohl/Stützle*, DB 1979, 925; *Meister*, WM 1980, 390, 391.

gelnde Bonität des Gesellschafters stützen möchte, so schützt § 30 GmbHG - auch nach traditionellem Stammkapitalverständnis - nicht vor Vermögensgefährdungen, sondern schützt nur vor Auszahlungen zu Lasten des Stammkapitals, was eindeutig aus dem Wortlaut „ausgezahlt" hervorgeht. Selbst wenn man hier ein weites Auszahlungsverständnis zugrunde legt, so reicht eine bloße Gefährdung dennoch nicht aus.[636] Vielmehr kann eine Beurteilung von Sicherheiten im Vergleich zu Darlehen, möchte man diese mit den besseren Gründen bilanziell beurteilen, nicht strenger ausfallen, denn die Sicherheitenbestellung ist mit geringeren Risiken belastet als der direkte Mittelabfluss bei Valutierung eines Darlehens, besteht doch bei Sicherheitenbestellung immer noch die Möglichkeit, dass es zur Inanspruchnahme überhaupt nicht kommt.[637] Sofern auch die Vertreter einer wirtschaftlichen Betrachtung eine Sicherheitenbestellung ausnahmsweise und – wohl mit Blick auf praktisch und rechtspolitisch vertretbare Lösungen – insbesondere beim Cash Pooling dann für zulässig halten, wenn die GmbH ein eigenes Interesse an der Sicherheitenbestellung habe, so hilft dies jedenfalls auf der Suche nach einer allgemeingültigen Lösung nicht weiter, denn in konzernfreien Sachverhalten scheidet eine solche Betrachtung grundsätzlich aus. Inwiefern ein solcher Hinweis aber in Konzernsachverhalten zielführend ist, soll an geeigneter Stelle erörtert werden.[638]

Es bleibt festzuhalten, dass die Berücksichtigung einer an die Bestellung anknüpfenden Gefährdungslage im Rahmen eines bilanzgestützten Kapitalerhaltungsrechts mit dem Anknüpfungspunkt des § 251 HGB nicht denkbar ist und somit nur durch ergänzende Schutzinstrumente erfolgen kann. Der mangelnde Schutz vor Vermögensgefährdungen impliziert auch insofern einen Gleichlauf zwischen Darlehensgewährung und Sicherheitenbestellung, als dass auf die aus dem Kreditelement resultierende Gefahrenlage, soweit sie sich bilanziell nicht erfassen lässt, sowohl bei Darlehen als auch bei Sicherheiten durch eine persönliche Haftung der Beteiligten zu reagieren ist.

5. Ergänzender Rechtsschutz bei existenzvernichtenden Eingriffen

Während sich aufsteigende Sicherheiten auch bisher schon an den - bereits für aufsteigende Darlehen dargestellten[639] - Grundsätzen der Existenzvernichtungshaftung messen lassen mussten,[640] so hat sich der BGH der Frage in der Trihotel-Entscheidung erneut angenommen. Eine potentielle Beeinträchtigung der Fähigkeit der GmbH, ihren eigenen Verbindlichkeiten nachzukommen, sieht der Senat zum einen dann, wenn die Gesellschaft von der Verwendung des Sicherungsgutes ausgeschlossen ist und dadurch ihren Betrieb nicht mehr fortführen kann, zum anderen in der Beeinträchtigung der

---

636 Vgl. Scholz/*H.P.Westermann*, § 30 Rn. 44; *Sonnenhohl/Groß*, ZHR 159 (1995), 388, 400; *Sonnenhohl/Stützle*, DB 1979, 926; *U.H.Schneider*, FS Döllerer, S. 537, 545.

637 Vgl. *Freitag*, WM 2007, 1681, 1685; *Dampf*, DK 2007, 164, 167 („ein Weniger"); *Seidel*, DStR 2004, 1130, 1135.

638 Hierzu unten H.III.6.u.IV.

639 Zur Existenzvernichtungshaftung bei aufsteigenden Darlehen oben E.IV.

640 Zur Existenzvernichtungshaftung bei aufsteigenden Sicherheiten bereits *BGHZ* 122, 123, 129 (TBB); hierzu *Röhricht*, FS BGH, S. 83, 112 mwN; zur Beurteilung von Sicherheiten nach den Bremer-Vulkan-Grundsätzen *Diem*, Aquisitionsfinanzierungen, S. 218; *Freitag*, WM 2003, 805 ff; *Weitnauer*, ZIP 2005, 790 ff; *Link*, ZIP 2007, 1397 ff.

Kreditfähigkeit, also der Fähigkeit, dringend benötigte Mittel extern aufzunehmen, was im Einzelfall nur nach Stellung von Sicherheiten denkbar sein kann.[641]

Um solchen Vorwürfen zu entgehen, lassen sich auch hier – wie bei Darlehensgewährungen – standardmäßige Pflichten aufstellen. Die Gefahr eines drohenden Entzuges bzw. einer drohenden Nutzungsbeeinträchtigung ist zum einen auf Grund der Verwertung der Sicherheit denkbar.[642] Die ex-ante vorzunehmende Abschätzung des Verwertungsrisikos erfordert die Abschätzung des zukünftigen Risikos, dass der Verwertungsfall eintritt. Für eine verlässliche Einschätzung muss sich der Gesellschafter also über die Liquiditätsplanung des Schuldners informieren.[643] Entzug bzw. Nutzungsbeeinträchtigung können jedoch auch dadurch gegeben sein, dass die Verwendungsmöglichkeiten des Sicherungsgutes vertraglich schon für die Zeit vor dem Sicherungsfall in einer die ordentlichen Betriebsfortführung ausschließenden Weise beeinträchtigt werden. Dem muss der Gesellschafter – bzw. dessen handelndes Organ – durch eine entsprechende Vertragsgestaltung begegnen.[644]

Hinsichtlich einer potentiellen „sittenwidrigen Selbstbedienung" durch Beeinträchtigung der Kreditfähigkeit muss sich der Gesellschafter wiederum anhand eines Liquiditätsplans der Gesellschaft einen Einblick in deren Liquiditätsbedarf verschaffen. Ist ein extern zu deckender Liquiditätsbedarf zu erwarten, so gibt der BGH dem Gesellschafter die Möglichkeit, dem Sicherungsbedürfnis der Gesellschaft selber durch eigene Bürgschaften zugunsten der GmbH nachkommen.[645]

Zwar knüpft der BGH auch hier vornehmlich an objektive Kriterien an, nämlich an die Fähigkeit der Gesellschaft zur Verbindlichkeitserfüllung. Doch erlaubt der im Rahmen des § 826 BGB erforderliche Vorsatz weitere Haftungskonkretisierungen. Vorsatz liegt allgemein dann nicht vor, wenn die Beteiligten die Insolvenz nicht als Folge des Vermögenstransfers voraussehen und billigend in Kauf nehmen.[646] Folglich ist Vorsatz in concreto zu verneinen, wenn die Gesellschafter auf Grund der Sorgfalt eines ordentlichen Geschäftsmannes genügender Überlegungen und Planungen davon ausgehen, dass es nach dem gewöhnlichen Lauf der Dinge weder zu einer Verwertung der Sicherheiten noch zu einer Beeinträchtigung der Liquiditätsversorgung der Gesellschaft aufgrund der Sicherheitenbestellung kommen wird.[647] Von einer solchen Sorgfalt ist bei Einhaltung der zuvor aufgezeigten - weitgehenden vertraglichen - Pflichten auszugehen. Schließlich ist auch hier auf den Gleichlauf von Gesellschafter- und Ge-

641 Vgl. *BGH* ZIP 2007, 1552, 1558 f. (Trihotel).

642 Zum Ganzen die Entscheidung des BGH präzisierend *Vetter*, BB 2007, 1965, 1967.

643 Vgl. *Vetter*, BB 2007, 1965, 1967; ähnlich zu den Geschäftsführerpflichten *Freitag*, WM 2007, 1681, 1685 (Anm. 36).

644 Zu der resultierenden vertraglichen Weitsicht Emmerich/*Habersack*, Anh § 311 Rn. 38; *Vetter*, BB 2007, 1965, 1967. Zur bisherigen insbesondere an die Bremer-Vulkan-Entscheidung anknüpfende Vertragspraxis bei der Sicherheitenbestellung *Freitag*, WM 2003, 805, 807; *Bender*, BB 2005, 1492, 1494 f; *Weitnauer*, ZIP 2005, 790, 797; *Bastuck*, WM 2000, 1091, 1097; *Link*, ZIP 2007, 1397, 1400.

645 Vgl. *BGH* ZIP 2007, 1552, 1558 f. (Trihotel).

646 Im Einzelnen zum Vorsatz im Rahmen des § 826 BGB bei existenzvernichtenden Eingriffen oben E.IV.3.a).

647 So *Vetter*, BB 2007, 1965, 1967.

schäftsführerhaftung hinzuweisen,[648] eine solche mehrgleisige persönliche Haftung bietet auch hier hinreichenden ergänzenden Schutz.

6. Ergebnis

Eine rein wirtschaftliche Betrachtung aufsteigender Sicherheiten, die bereits im Zeitpunkt der Bestellung grundsätzlich eine verbotene Auszahlung annimmt, kann nicht überzeugen. Da der Novemberentscheidung aber auch für die Frage aufsteigender Sicherheiten maßgeblicher Einfluss auf das geltende Recht zukommt, sollte auch im Interesse der Sicherheitenpraxis de lege ferenda eine Klarstellung der bilanziellen Betrachtung erfolgen. Hier ist selbst bei Verwertung der Sicherheit nur dann von einer verbotenen Auszahlung auszugehen, wenn dem kein neutralisierender Rückgriffsanspruch gegenübersteht. Auch ist - wie bisher schon überwiegend vertreten – zu fordern, dass über die bilanzielle Ablichtung hinaus als zusätzliche Risikoprämie ein Drittvergleich erforderlich ist.[649]

Schließlich spricht gegen eine liquiditätsorientierte Überdehnung des Auszahlungsverbotes auch hier, dass die notwendige Liquidität der Gesellschaft über die Existenzvernichtungshaftung zu sichern ist. Dies hat der BGH durch die Trihotel-Entscheidung bestätigt. Somit lässt sich auch hier eine Verhinderung wirtschaftlicher Chancen aus einem übertriebenen, den § 30 GmbHG überdehnenden Prophylaxedenken unterbinden.

VII. Ergebnis

Die wirtschaftliche Betrachtung aufsteigender Kreditleistungen, sei es bei Darlehen oder Sicherheiten, kann nicht überzeugen. Die Novemberentscheidung liefert weder eine dogmatisch noch praktisch überzeugende und handhabbare Lösung, auch lassen sich gerade für die Praxis der Konzernfinanzierung keine anderen rechtssicheren und praktikablen Auswege finden. Ein Liquiditätsschutz ist keine Frage des Auszahlungsverbotes sondern der Verhaltenshaftung von Gesellschaftern und Geschäftsführern, hierüber hätten sich die der Novemberentscheidung und der Entscheidung des OLG München zugrunde liegenden Sachverhalte interessensgerecht und dogmatisch überzeugend lösen lassen. Der BGH hat sich nunmehr aber dem von *Stimpel* unternommenen „Fortdenken der wirtschaftlichen Betrachtung" angeschlossen, so dass es nicht mehr genügt, im Rahmen des § 30 Abs. 1 GmbHG abweichend von bilanziellen Grundsätzen die Marktwerte zu schützen. Denn auch Darlehen, die – im Gegensatz zu Austauschverträgen - bereits nach bilanziellen Grundsätzen einem Drittvergleich unterzogen sind, sollen unzulässig sein.

---

648 Vgl. *Dampf*, DK 2007, 157, 167; *Bender*, BB 2005, 1492, 1494.
649 Hierzu zuvor E.VI.2.a), aE.

F. Ergebnis der lex lata und Ausblick

I. Zusammenfassung der maßgeblichen Einwände gegen das geltende Recht

Die maßgeblichen Einwände gegen die bisherige Beurteilung verdeckter Vermögensverlagerungen gilt es zusammenzufassen, um auf der Suche nach einer Lösung de lege ferenda konkrete Verbesserungsvorschläge erarbeiten zu können.

1. Austauschverträge

Zum einen kann die bisherige Rechtfertigung des bei Austauschverträgen als Korrektur dienenden Drittvergleichs nicht überzeugen. Diese stellt auf den gesteigerten Schutz des Stammkapitals in seiner Funktion als Mindestbetriebsvermögen und Mindesthaftungsreserve ab und ist nach dem heutigen Kapitalverständnis nicht mehr zeitgemäß. Kann ein Drittvergleich jedoch im Ergebnis überzeugen, so bedarf er einer neuen Begründung. Schließlich stellt sich die Frage, welche Bedeutung dem Merkmal einer Leistung „causa societatis" zukommen kann, auf Grund dessen selbst einem rechnerischen Drittvergleich mit Marktwerten standhaltende Leistungen für unzulässig gehalten werden.

2. Kreditleistungen

Bei Krediten und insbesondere Darlehen gibt sich auch der BGH nicht mehr mit dem Schutz der Marktwerte zufrieden, die bereits bilanziell berücksichtigt werden. Entsprechend dem von *Stimpel* unternommenen „Fortdenken der wirtschaftlichen Betrachtung" dient das Auszahlungsverbot seit der Novemberentscheidung dem Schutz der Liquidität. Dies führt zu einer Neubestimmung des Auszahlungsbegriffs, die aus dem Wortlaut selbst dann nicht hervorgeht, wenn man dort nicht nur ein bilanzielles, sondern ein wirtschaftliches Verständnis zugrunde legt.[650] Der Kapitalschutz wird „systemändernd"[651] auf eine höhere Stufe gestellt.[652] Wenngleich schon die bisherigen Ausführungen und insbesondere die Betonung des Liquiditätsschutzes durch „Solvenztests deutscher Prägung" gegen ein solches Verständnis sprechen, so soll es auf der Suche nach einer Lösung de lege ferenda dennoch nicht versäumt werden, die Fähigkeiten des Bilanzrechts zur Erfassung besonderer Kreditrisiken – besonders im Konzern – näher zu untersuchen.

II. Gesetzgeberischer Handlungsbedarf

Die durch die Novemberentscheidung geprägte Rechtslage ist aber nicht nur dogmatisch, sondern gerade für die Praxis des konzernweiten Cash Pooling unbefriedigend.

---

650 So - wenngleich dem BGH im Ergebnis folgend - *Servatius*, DStR 2004, 1176, 1179. Vgl. auch *Böcker*, ZGR 2006, 213: nachhaltige Veränderung im System der §§ 30, 31 GmbHG. Besonders kritisch gegen eine dermaßen vom Wortlaut abweichende Auslegung des § 30 Abs. 1 GmbHG früher bereits *Sotiropoulos*, Kredite, S. 34 f.

651 So *Böcker*, ZGR 2006, 213, 215.

652 So *Koch*, Existenzvernichtungshaftung, S. 85.

Alternative, rechtssichere Gestaltungen scheiden entweder aus betriebswirtschaftlichen Gründen aus, so etwa das virtuelle Cash Pooling, oder aber sie sind gerade für bestimmte Kreise der betroffenen Unternehmen nicht praktikabel, so der Abschluss von Unternehmensverträgen. Auch bietet das obiter dictum des BGH keine Lösung. Selbst wenn man hier hinreichend rechtssichere Vorgaben erblicken möchte, so stehen auch diese im Widerspruch zu den betriebswirtschaftlichen Vorgaben eines sinnvollen Cash Pooling. Folglich kann es auch der Beratungspraxis nicht gelingen, einen rechtssicheren Königsweg aufzuzeigen.[653] Somit erscheint eine gesetzgeberische Lösung unvermeidlich.

Besonders vor dem Hintergrund der wirtschaftlichen Bedeutung des Cash Pooling verwundert es nicht, dass gerade hierfür das Verlangen nach einer gesetzlichen (Er-)Lösung immer lauter wurde. Auch bündelt das Cash Pooling eine Vielzahl von Fragen und Problemen, so dass sich aus einer fundierten Lösung des Cash Pooling auch für weitere Fragen allgemeingültige Grundsätze ablesen lassen – *Vetter/Stadler* bezeichnen das Cash Pooling als „Testfall für das Gesellschaftsrecht"[654], *Spindler* spricht von einem „fokussierenden Brennglas"[655]. Dennoch soll das Ziel einer gesetzgeberischen Lösung nicht eine punktuelle Gesetzgebung mit Blick auf Konzerninteressen, sondern eine abstrakt-generelle Lösung sein. Die Schaffung einer Sonderregelung für das Liquiditätsmanagement im Konzern verträgt sich nicht mit dem Grundsatz einfacher Gesetzgebung.[656] Gerade die Novemberentscheidung zeigt, dass aufsteigende Darlehen auch außerhalb von Konzernen eine Rolle spielen. Ferner fühlen sich durch die vom BGH diktierten Maßgaben bei der Beurteilung aufsteigender Darlehen diejenigen bestätigt, die im Rahmen des § 30 Abs. 1 GmbHG bereits zuvor grundsätzlich – und losgelöst von der Frage aufsteigender Darlehen - von der bisherigen bilanziellen Betrachtung Abstand nehmen und diese durch eine konsequente wirtschaftliche Betrachtung ersetzen wollten.[657] Hier wird zu Recht darauf hingewiesen, dass gerade der durch die Novemberentscheidung vollzogene Bruch mit der rein wertbezogenen-objektiven Betrachtung im Tausch gegen eine Verstärkung als Mindestbetriebsvermögen und Befriedigungsreserve für die Gläubiger dazu zwinge, die bisherigen Erkenntnisse zu den Voraussetzungen verbotener Auszahlungen und der Anerkennung sog. Drittgeschäfte neu zu überdenken.[658] Die gleichen Stimmen betonen die Kasuistik des Auszahlungsbegriffs.[659]

Die aufgezeigten Einwände gegen die bisherige Rechtslage und insbesondere gegen das Merkmal der „causa societatis" zeigen, dass Kredit- und Austauschverträge als die klassischen Fälle verdeckter Vermögensverlagerungen auf die gleichen Grundsatzfragen des Kapitalschutzes zurückzuführen sind und ein Auszahlungsverbot de lege ferenda einheitlich sämtliche Auszahlungen erfassen muss, ohne auf ungeschriebene

---

[653] Vgl. *Fuhrmann*, NZG 2004, 553.

[654] Vgl. *Vetter/Stadler*, in VGR 2003, S. 13.

[655] Vgl. *Spindler*, ZHR 171 (2007), 245, 246.

[656] So ausdrücklich *Noack*, DB 2006, 1475, 1482. Kritisch auch *Schäfer*, BB-Spezial 7, 2006, S. 5, 9; *Spindler*, ZHR 171 (2007), 245, 246.

[657] Vgl. auch Scholz/*H.P.Westermann*, § 30 Rn. 2, 19 und 22.

[658] So Baumbach/*Hueck/Fastrich*, § 30 Rn. 5.

[659] So Baumbach/*Hueck/Fastrich*, § 30 Rn. 23.

Korrektive zurückgreifen zu müssen. Ziel einer solchen Regelung muss also die weitgehende Auflösung der Kasuistik sein. Es gilt ein allgemeingültiges Auszahlungsverbot zu erarbeiten, und zwar unabhängig davon, ob es sich um eine Kreditleistung – sei es inner- oder außerhalb eines Konzerns, sei es Darlehen oder Sicherheit – oder um einen Austauschvertrag handelt.

DRITTER TEIL – Lex ferenda

G. Austauschverträge de lege ferenda

Im Folgenden wird die zukünftige Beurteilung von im Rahmen von Austauschverträgen getätigten Auszahlungen erarbeitet. Zunächst soll eine neue Rechtfertigung für den von handelsbilanziellen Grundsätzen abweichenden Drittvergleich erarbeitet werden. Anschließend ist die inhaltliche Ausgestaltung des Drittvergleichs und hier insbesondere das Merkmal „causa societatis“ zu untersuchen.

I. Die Rechtfertigung des Drittvergleichs

1. Einleitung

Wie gesehen wird seit jeher vertreten, dass bei der Frage, ob eine verbotene Auszahlung vorliegt, bei Austauschverträgen nicht auf bilanzielle, sondern auf tatsächliche (Verkehrs-) Werte abzustellen ist. Dies wurde bislang mit der Unzulänglichkeit der Handelsbilanz bezüglich der Ablichtung von im Rahmen von Austauschverträgen stattfindenden Auszahlungen einerseits und unter Hinweis auf die an einem Haftungsfondsgedanken orientierten Stammkapitalfunktionen andererseits begründet. Ein an Haftungsfondsgedanken orientiertes Kapitalverständnis sollte in Zeiten, in denen dem Stammkapital in der gesetzlich vorgeschriebenen Mindesthöhe allenfalls noch eine Seriösitätsfunktion zukommen kann, aufgegeben und nicht zur Begründung einer vom Handelsbilanzrecht abweichenden Betrachtung herangezogen werden. Da der durch den Drittvergleich im Rahmen des § 30 Abs. 1 GmbHG erfolgende Schutz der Verkehrswerte im Ergebnis aber überzeugt, bedarf er einer neuen Rechtfertigung. Handelte es sich bei dem Drittvergleich bislang lediglich um ein ungeschriebenes Korrektiv, so soll im Rahmen einer rechtspolitischen Untersuchung - de lege ferenda - schließlich eine den Geboten von Klarheit und Rechtssicherheit folgende ausdrückliche Regelung im Rahmen eines neuen § 30 Abs. 1 GmbHG entwickelt werden.

2. Drittvergleich als eigenständige kapitalgesellschaftsrechtliche Wertung

Abweichend von den überholten Ausführungen *Stimpels*` finden sich in der Literatur Erklärungsansätze, die auf die Eigenständigkeit des dem Gläubigerschutz dienenden Kapitalschutzrechts abstellen. Die bilanzielle Betrachtung in § 30 Abs. 1 GmbHG dürfe nur zugunsten der Gesellschaft und nicht zu ihren Lasten gehen, ohne einen korrigierenden Drittvergleich würden durch die bilanzielle Betrachtung zusätzliche Ausschüttungsmöglichkeiten zu Lasten der Gläubiger geschaffen.[660] Andere stellen auf das kapitalgesellschaftsrechtliche Trennungsprinzip ab. Hiergegen würde verstoßen, wenn Vermögen durch Umsatzgeschäfte getarnt verlagert würde. Insofern habe das Gesellschaftsrecht durch eigenständige Wertungen zu reagieren und den Gesellschafter bei verdeckten Vermögensverlagerungen durch einen Drittvergleich im Rahmen des § 30

---

[660] So Baumbach/*Hueck*/*Fastrich*, § 30 Rn. 20; Hachenburg/*Goerdeler*/*Müller*, § 30 Rn. 42; Roth/*Altmeppen*, § 30 Rn. 12; Rowedder/Schmidt-Leithoff/*Pentz*, § 30 Rn. 11.

Abs. 1 GmbHG und den sich anschließenden Rückgewähranspruch gemäß § 31 Abs. 1 GmbHG zu sanktionieren.[661]

Die Erklärungsansätze überzeugen. Die Anwendung handelsbilanzieller Grundsätze im Rahmen des § 30 Abs. 1 GmbHG, die sich nach allgemeiner Ansicht aus § 42 Abs. 1 GmbHG ergibt, rechtfertigt sich nach dem Vorbild der steuerrechtlichen Maßgeblichkeit gemäß § 5 Abs. 1 Satz 1 EStG aus Gründen der Praktikabilität und Vereinfachung.[662] Dies bedeutet jedoch nicht, dass das Kapitalschutzrecht hiervon nicht auf Grund eigener Wertungen - ebenfalls nach steuerrechtlichem Vorbild[663] - abweichen könnte. Das Rechnungslegungsrecht des HGB findet nicht um seiner selbst Willen Anwendung, vielmehr ist es als ein Teilgebiet des Gesellschaftsrechts zu verstehen und muss eigenständigen kapitalgesellschaftsrechtlichen Regelungen im Zweifel weichen.[664] Eine solche gesellschaftsrechtliche Reaktion auf verdeckte Vermögensverlagerungen entspricht der des Steuergesetzgebers. Auch § 8 Abs. 2 Satz 3 KStG sieht wegen der Unzulänglichkeit der Handelsbilanz bei Ablichtung der - für die Besteuerung maßgeblichen - Verkehrswerte eine eigenständige Korrektur vor.[665] Die Maßgeblichkeit des § 5 Abs. 1 Satz 1 HGB wird hier durch § 5 Abs. 6 EStG zugunsten des § 8 Abs. 3 Satz 2 KStG durchbrochen.[666]

Es bleibt festzuhalten, dass sich verdeckte Vermögensverlagerungen im Rahmen der handelsbilanziellen Rechungslegung nicht hinreichend erfassen lassen, unter Verstoß gegen das Trennungsprinzip zusätzliche Ausschüttungsmöglichkeiten eröffnen und somit zu Lasten des Kapital- und Gläubigerschutzes gehen. Dementsprechend ist durch eine eigenständige gesellschaftsrechtliche Wertung im Rahmen des § 30 Abs. 1 GmbHG durch die Anordnung eines Drittvergleichs zu reagieren und bei Fragen des

---

661 Vgl. *Priester*, ZGR 1993, 512, 530; ähnlich *Schulze-Osterloh*, ZIP 1993, 1838, 1842.

662 Statt aller *Wilhelmi*, Kapitalerhaltung, S. 127; Scholz/*H.P.Westermann*, § 30 Rn. 16; Roth/*Altmeppen*, § 30 Rn. 10; *Vetter*, ZGR 2005, 788, 805; *Hentzen*, ZGR 2005, 480, 489: Der Gesetzgeber hat die Handelsbilanz als Medium zur Ermittlung einer Unterbilanz vorgesehen. Zum Ganzen bereits oben B.II.

663 Zur Durchbrechung der einfachen Maßgeblichkeit des § 5 Abs. 1 Satz 1 EStG im Rahmen des Steuerbilanz statt aller *Küting/Weber*, § 252 Rn. 15; mit Beispielen MünchKomm/AktG-*Luttermann*, Einf BilanzR, Rn. 294 f.

664 Zu diesem Verhältnis von Handels- und Gesellschaftsrecht *Claussen*, FS Kropff, S. 431, 436. Hierzu bereits oben C.II.2.

665 Zum Ganzen *Winnefeld*, E Rn. 522; *Kussmaul/Klein*, DStR 2001, 189 ff; zum Korrekturverfahren bei den verschiedenen Fallkonstellationen *BMF-Schreiben* IV A 2 – S 2742 – 32/02 vom 28.05.2002, hierzu *Wassermeyer*, GmbHR 2002, 617 ff.

666 Nach einer Mindermeinung im bilanzrechtlichen Schrifttum, vgl. Baumbach/Hueck/*Schulze-Osterloh*, GmbHG, § 42 Rn. 223 und 361; MünchHdb-GmbH/*Priester*, § 57 Rn. 121; *Fiedler*, Verdeckte Vermögensverlagerungen, S. 76 ff; sollen Korrekturen bei verdeckten Vermögensverlagerungen sowohl im Rahmen des § 30 Abs. 1 GmbHG als auch im Rahmen des § 8 Abs. 3 Satz 2 KStG entbehrlich sein, wenn Vermögensverlagerungen durch eine von der Buchhaltungspraxis abweichende Entnahmebuchung offen gelegt würden. Dem stehen auf Grund des Realisationsprinzips sowie des Vorsichtsprinzips jedoch gravierende Bedenken entgegen, so dass auch die Praxis entsprechenden Vorschlägen nicht folgt, gegen einen solchen Ansatz statt vieler BeckBilanzkomm/*Förschle/Büsssow*, § 278 Rn. 111; ADS, § 264 Rn. 125; *Döllerer*, Verdeckte Gewinnausschüttungen, S. 129; *Tries*, Verdeckte Gewinnausschüttungen, S. 20 f., 93; *Hartung*, BB 1995, 1343; *Müller*, DStJG 17 (1994), 289, 294.

Kapitalschutzes auf die – noch näher darzustellenden[667] - tatsächlichen Verkehrswerte abzustellen. Zunächst legt es die vom Stammkapital losgelöste Argumentation jedoch nahe, den Anwendungsbereich eines Drittvergleichs zu überdenken, und danach zu fragen, ob dieser wie bisher auf den Bereich der Unterbilanz zu beschränken oder de lege ferenda konsequent und unabhängig von der Vermögenssituation der GmbH anzuordnen ist.

3. Beschränkung des Drittvergleichs auf das gebundene Vermögen

De lege lata verstoßen einem Drittvergleich nicht stand haltende verdeckte Vermögensverlagerungen nur dann gegen das Kapitalerhaltungsrecht, wenn das zur Erhaltung des Stammkapitals erforderliche Vermögen berührt wird, durch die Vermögensverlagerung also eine Unterbilanz herbeigeführt oder vertieft wird. Als Begründung hierfür findet sich wiederum der auf *Stimpel* zurückgehende Hinweis, jeder - auch tatsächliche - Vermögenswert sei zur Erhaltung des Stammkapitals in seiner Funktion als Mindestbetriebsvermögen und Mindesthaftungsreserve *erforderlich*, soweit das Stammkapital bilanziell nicht mehr gesichert sei.[668]

Die zuvor hergeleitete Begründung spricht jedoch gegen eine solche Beschränkung. Erklärt man den Drittvergleich damit, dass die bilanzielle Betrachtung nicht zu Lasten, sondern nur zugunsten der Gesellschaft gehen und durch die Handelsbilanz kein zusätzliches Ausschüttungspotential geschaffen werden dürfe, so legt dies vielmehr eine von der Vermögenssituation unabhängige Betrachtung nahe. Wäre der Drittvergleich auch weiterhin auf den Bereich der Unterbilanz beschränkt, so wären eben solche zu Lasten der Gesellschaft und letztlich der Gläubiger gehenden zusätzlichen Ausschüttungen im darüber hinausgehenden Bereich möglich, was sich mit dem soeben erst bekräftigten Gläubigerschutz aber nicht vereinbaren ließe. Auch die Argumentation, der Drittvergleich bzw. die bei Verstoß ausgelöste Erstattungspflicht aus § 31 Abs. 1 GmbHG sei als Sanktion zu verstehen, da durch Umsatzgeschäfte verdeckte Vermögensverlagerungen die Verselbstständigung und Abgrenzung des Vermögens von Gesellschaft und Gesellschafter missachten und somit einen Verstoß gegen das Trennungsprinzip darstellen, legt eine unbeschränkte Anwendung nahe. Denn auch das Trennungsprinzip ist nicht auf einen bestimmten Bereich beschränkt.[669]

Zwar ist zuzugestehen, dass die dargestellten Argumente einen konsequenten Drittvergleich nahe legen. Doch ist zu konstatieren, dass ein konsequenter Drittvergleich und ein hieraus resultierendes konsequentes Verbot verdeckter Vermögensverlagerungen zu einer Gleichstellung mit der AG führen, bei der verdeckte Vermögensverlagerungen ebenfalls konsequent verboten sind.[670] Dies stößt auf Grund der strukturellen Unterschiede zwischen GmbH und AG jedoch auf erhebliche praktische und dogmati-

---

667 Zum Inhalt des Drittvergleichs unten II.

668 Hierzu oben D.III.

669 So in der Tat *Priester*, ZGR 1993, 512, 530, der den Drittvergleich aus diesem Grund bereits de lege lata konsequent anwenden und auch außerhalb des gebundenen Vermögens eine Rückgewährpflicht in Analogie zu § 31 Abs. 1 GmbHG begründet.

670 Hierzu oben D.III.

sche Bedenken.[671] Die GmbH unterscheidet sich von der AG in den meisten Fällen durch ihre personalistische Struktur. Durch die unterschiedlich strenge Vermögensbindung wollte der Gesetzgeber den unterschiedlichen personellen und wirtschaftlichen Strukturen Rechnung tragen.[672] Ein konsequentes Verbot verdeckter Vermögensverlagerungen hätte zur Folge, dass bei sämtlichen einem Drittvergleich nicht standhaltenden Leistungen die Differenz zwischen vereinbartem und objektiv angemessen Wert stets zu erstatten wäre, und zwar unabhängig davon, ob die Gesellschaft mit einem gesetzlichen Mindestkapital von beispielsweise 25.000 € über ein Vermögen von 26.000 € oder 500.000 € verfügt. Bei der GmbH besteht auf Grund ihrer personalistischen Struktur grundsätzlich ein größeres Bedürfnis für Rechtsgeschäfte zwischen Gesellschaft und Gesellschaftern, was sich bereits an der Praxis zeigt, dass die Gesellschafter regelmäßig die Geschäftsführung übernehmen und dafür entlohnt werden. Bei der AG hingegen ist eine gesteigerte Kontrolle der zwischen Gesellschaft und Gesellschaftern stattfindenden Geschäfte auf Grund des regelmäßig distanzierteren Verhältnisses der Anteilseigner zu ihrer Gesellschaft eher hinzunehmen.[673] Eine erweiterte Anwendung der §§ 30 f. GmbHG würde der Zielrichtung der GmbH-rechtlichen Vermögensbindung zuwiderlaufen, der Gesellschaft zwar ein verfügbares Vermögen zur Deckung des Stammkapitalbetrages zu erhalten, ansonsten aber für Ausschüttungs- und Auszahlungsvorgänge Flexibilität zu ermöglichen.[674] Neben diesen eher praktischen Einwenden ist zu bedenken, dass die Vermögensbindungen bei GmbH und AG - wiederum auf Grund der strukturellen Unterschiede - unterschiedliche Schutzzwecke verfolgen. Die strenge Vermögensbindung der AG dient nicht nur den Gläubigerinteressen, sondern soll gerade auch die nicht partizipierenden, von der Gesellschaft meist distanzierteren Aktionäre vor verdeckten Entnahmen schützen und zugleich die organschaftliche Kompetenz der Hauptversammlung bezüglich der Gewinnverwendung wahren.[675] Die §§ 30 f. GmbHG hingegen dienen allein dem Gläubigerschutz.[676] Die Interessen der Mitgesellschafter sind hier ausschließlich und hinreichend über den

---

671 Für eine solche Angleichung von GmbH und AG in der Tat *Wilhelm*, Rechtsform, S. 341 ff; *ders.*, FS Flume II, S. 337, 373 ff; dem teilweise folgend *Flume*, ZHR 144 (1980), 18, 26. Hiergegen statt aller Baumbach/*Hueck/Fastrich*, § 29 Rn. 29; *Bitter*, Durchgriffshaftung, S. 310 ff; *Ullrich*, Verdeckte Vermögensverlagerungen, S. 196 f. Schließlich würde hierdurch eine Annäherung der GmbH an die strengere – mit der der AG vergleichbaren – Vermögensbindung der Limited erfolgen, hierzu oben E.V.5. Für eine solche Annäherung der GmbH an die Limited Michalski/*Fleischer*, Syst. Darst. 6 Rn. 90. Dagegen mit Blick auf die internationale Wettbewerbsfähigkeit der GmbH zu Recht ablehnend *Eidenmüller*, ZGR 2007, 168, 191.

672 Statt aller Baumbach/*Hueck/Fastrich*, Einl. Rn. 24 ff; § 30 Rn. 4; Rowedder/Schmidt-Leithoff/*Pentz*, § 30 Rn. 7; Scholz/*Westermann*, § 30 Rn. 5 ff; *Karsten Schmidt*, Gesellschaftsrecht, § 37 III u § 29 II 2; *Wiedemann*, Gesellschaftsrecht, § 10 IV 2b.

673 Ausdrücklich *Falkenstein*, Entnahmerechte, S. 58 f.

674 Vgl. *Tries*, verdeckte Gewinnausschüttungen, S. 68 f; in diese Richtung auch Baumbach/*Hueck/Fastrich*, § 30 Rn. 4.

675 Vgl. *Hüffer*, § 57 Rn. 1; auch *Tries*, Verdeckte Gewinausschüttungen, S. 63 ff, 70.

676 Dies wird vor allem an § 31 Abs. 3 GmbHG deutlich, der eine Ausfallhaftung der Mitgesellschafter für verbotswidrige Auszahlungen vorsieht, hierzu *Tries*, Verdeckte Gewinausschüttungen, S. 70 unter Hinweis auf die Gesetzesmaterialien und den dort zum Ausdruck kommenden Willen, die unterschiedlichen Interessenlagen bei AG und GmbH zu berücksichtigen.

Gleichbehandlungsgrundsatz, die Treuepflicht sowie die innergesellschaftliche Kompetenzverteilung geschützt.[677]

Schließlich bleiben auch solche Vermögensverlagerungen nicht stets sanktionslos, die bilanziell unsichtbar und aus dem „freien" Vermögen erfolgen. Gerade die Fälle, in denen der Gesellschaft ohne bilanziellen Niederschlag betriebsnotwendige Ressourcen entzogen werden, prägen maßgeblich das Verständnis und die Praxis der Existenzvernichtungshaftung.[678] Diese kommt dann zum tragen, wenn „*der Gesellschafter einer GmbH (...) auf die Zweckbindung des Gesellschaftsvermögens keine Rücksicht nimmt und der Gesellschaft durch offene oder verdeckte Entnahmen ohne angemessenen Ausgleich Vermögenswerte entzieht, die sie zur Erfüllung ihrer Verbindlichkeiten benötigt.*"[679] Kern dieser Definition ist der ohne marktgerechte Gegenleistung stattfindende Entzug von Gesellschaftsvermögen.[680] Es wird deutlich, dass die Existenzvernichtungshaftung gerade auch dem Schutz vor verdeckten Vermögensverlagerungen dient. Unter Berücksichtigung der wirtschaftlichen Bedürfnisse, insbesondere der Flexibilität der GmbH, setzt sie allerdings erst dann ein, wenn es um die Existenz der Gesellschaft geht. Die hier drohende persönliche Haftung des Gesellschafters - sowie die bei existenzvernichtenden Eingriffen gleichsam drohende Haftung des Geschäftsführers[681] – entfalten allerdings bereits im Vorfeld eine hinreichend präventive Wirkung.

Insgesamt sind verdeckte Vermögensverlagerungen kapitalerhaltungsrechtlich auch weiterhin lediglich dann relevant, wenn durch sie eine Unterbilanz herbeigeführt oder vertieft wird. Eine hierüber hinausgehende Vermögensbindung der GmbH widerspräche der – im Gegensatz zur Aktiengesellschaft – stärker personalistischen Struktur und dem hieraus resultierenden Bedürfnis nach wirtschaftlicher Flexibilität. Im Bereich des ungebundenen Vermögens erfolgende Vermögensverlagerungen sind lediglich an dem Innenrecht der GmbH und den Grundsätzen der Existenzvernichtungshaftung zu messen.

4. Ergebnis

Verdeckte Vermögensverlagerungen sind unabhängig von handelsbilanziellen Fragen auch im Rahmen des § 30 Abs. 1 GmbHG de lege ferenda durch einen Drittvergleich

---

677 Hierzu oben D.III.

678 Zum Entzug „betriebsnotwendiger Ressourcen" *BGHZ* 151, 181, 182 f. (KBV); *BGH* ZIP 2005, 117 ff. (BMW-Vertragshändler); *BGH* ZIP 2004, 2138 ff. N (Klinik); *Dauner-Lieb*, DStR 2006, 116, 118 f; *Weller*, DStR 2007, 116, 118 f.

679 Vgl. *BGH* ZIP 2004, 2138, 2139 (BMW-Vertragshändler). Gerade noch hat der BGH in seiner Trihotel-Entscheidung bestätigt, dass es im Rahmen des § 826 BGB um „Eingriffe in das auch als Haftungsfonds für die Gläubiger dienende Gesellschaftsvermögen" gehe sowie um die Schließung einer „Lücke im Kapitalschutzrecht der GmbH in Bezug auf derartige Eingriffe des Gesellschafters, die nicht oder nicht in vollem Umfang durch die §§ 30, 31 GmbHG ausgeglichen werden können. Dabei handelt es sich namentlich um solche Fälle, die als solche oder deren Folgen in der für § 30 GmbHG maßgeblichen Stichtagsbilanz zu fortgeführten Buchwerten nicht oder nur ungenügend abgebildet werden, so dass die Schutzfunktion der Kapitalerhaltungsvorschriften von vornherein versagt (...).", vgl. *BGH* ZIP 2007, 1552, 1555 (Trihotel).

680 So *Dauner-Lieb*, DStR 2006, 2034, 2037.

681 Zur parallelen Existenzvernichtungshaftung des Geschäftsführers oben E.IV.4.

zu erfassen, da sie zusätzliche Ausschüttungsmöglichkeiten eröffnen und somit zu Lasten des Kapital- und Gläubigerschutzes gehen. Im Interesse von Klarheit und Rechtssicherheit ist der Drittvergleich de lege ferenda nicht mehr als ungeschriebenes Korrektiv in § 30 Abs. 1 GmbHG herein zu lesen, sondern ausdrücklich anzuordnen. Trotz der vom Stammkapital losgelösten Begründung des Drittvergleichs erstreckt sich dieser jedoch auch zukünftig auf den Bereich des gebundenen Vermögens, um die Flexibilität der GmbH zu wahren und den strukturellen Unterschieden von AG und GmbH somit hinreichend Rechnung zu tragen. Im Folgenden gilt es zu untersuchen, wie ein solcher Drittvergleich inhaltlich ausgestaltet sein soll und welche Berechtigung dem Merkmal der „causa societatis" verbleibt.

II. Inhalt des Drittvergleichs und das Merkmal „causa societatis"

Über den Inhalt des Drittvergleichs lässt sich bislang kein klares Meinungsbild zeichnen, das Merkmal der „causa societatis" lädt zu vielfältigen Interpretationen ein.[682] Im Groben geht es um die Frage, ob es allein auf die Gleichwertigkeit von Leistung und Gegenleistung und somit auf eine rein rechnerische Ermittlung einer Vermögensminderung ankommt oder ob es auf eine „Leistung im Interesse der Gesellschaft" ankommen kann, worin man einerseits eine rechtfertigende Funktion trotz rechnerisch festgestellter Auszahlung, andererseits - bei fehlendem Gesellschaftsinteresse - einen vorweg geschalteten Filter trotz rechnerischer Ausgeglichenheit erblicken möchte.

1. Entfallen des Merkmals „causa societatis"

Die Berechtigung eines über die rechnerische Ausgeglichenheit hinausgehenden Kriteriums muss durch Auslegung des § 30 Abs. 1 GmbHG beurteilt werden.

a) Auslegung des § 30 Abs. 1 GmbHG

Aus dem Wortlaut lässt sich ein über eine rechnerische Beurteilung hinausgehender Drittvergleich und die hieraus resultierende Differenzierung zwischen sog. Gesellschaftergeschäften „causa societatis" und sog. Drittgeschäften nicht ableiten. Gemäß § 30 Abs. 1 GmbHG darf „an die Gesellschafter nicht ausgezahlt werden", dies legt eine rein rechnerische Beurteilung nahe.[683] Auch lässt sich aus der Stellung der Norm im Abschnitt über Rechtsverhältnisse der Gesellschaft und der Gesellschafter eine solche Unterscheidung nicht entnehmen. Denn problematisch ist gerade die Frage, inwieweit sog. Drittgeschäfte zu diesen Rechtsverhältnissen der Gesellschaft und der Gesellschafter gehören.[684] Schließlich lassen sich auch die Gesetzesmaterialien für eine Differenzierung zwischen Gesellschafter- und Drittgeschäften nicht heranziehen. Sie gehen davon aus, dass in der Erfüllung einer Verbindlichkeit rechtlich schon keine Schmälerung des Gesellschaftsvermögens vorliegt,[685] lassen aber gerade nicht erken-

---

682 Zum Ganzen bereits oben D.II.2.

683 Vgl. auch *Tries*, Verdeckte Gewinnausschüttungen, S. 49; *Kleffner*, Stammkapital, S. 75; *Reemann*, MittRhNotK 1996, 113, 124.

684 Zu Recht *Wilhelmi*, Kapitalerhaltung, S. 174.

685 Vgl. *GmbHG-Entwurf*, S. 3715, 3745.

nen, dass rechnerische Schmälerungen unter gewissen Umständen nicht unter das Auszahlungsverbot fallen sollen.[686]

Somit kann sich eine Unterscheidung von Gesellschafter- und Drittgeschäft lediglich noch aus Sinn und Zweck der Norm ergeben. Es stellt sich also die Frage, welchen Zweck diese Unterscheidung verfolgt und ob dieser mit dem des § 30 GmbHG übereinstimmt. Die Unterscheidung zwischen Gesellschafter- und Drittgeschäft knüpft an die Befangenheit der Beteiligten und somit an Missbrauchsgedanken an und geht somit von einem zusätzlichen Kontrollerfordernis aus.[687] Eine solche, auf die – missbräuchlichen – Motive der Beteiligten abstellende Betrachtung der Leistungsbeziehungen ist aber nicht mit Sinn und Zweck des § 30 GmbHG vereinbar. Sofern in der Literatur vertreten wird, die Norm solle auch die Eigenständigkeit des Gesellschaftsvermögens vor Bedrohungen bei solchen aus der Gesellschafterstellung resultierenden Zugriffsmöglichkeiten und dem hier stattfindenden Missbrauch schützen,[688] so kann dem nicht gefolgt werden. § 30 GmbHG zielt darauf ab, das zur Erhaltung des Stammkapitals erforderliche Vermögen zu erhalten und somit im Interesse der Gläubiger die Haftungsbeschränkung der Gesellschafter zu kompensieren.[689] Zwar mag es sein, dass sich so mancher Gesellschafter durch eben diese Eigenschaft zu missbräuchlichen Auszahlungen veranlasst sieht, doch geht § 30 Abs. 1 GmbHG ganz allgemein von Stammkapitalrückgewährungen aus, vielmehr noch werden Missbräuche gerade durch andere Instrumente, wie etwa die Haftung nach § 826 BGB, erfasst.[690]

Es bleibt festzuhalten, dass der Frage nach der Gesellschafterstellung im Rahmen des § 30 GmbHG jedenfalls nicht die Berechtigung eines vorweg geschalteten Filters in dem Sinne zukommen kann, dass rechnerisch ausgeglichene Geschäfte zu versagen und eine verbotene Auszahlung causa societatis vorliegt, weil die Leistung - gerade in Konzernsachverhalten – sonst an keinen Dritten gewährt worden wäre. Diese Sichtweise stellt zu Unrecht pauschalierend auf missbräuchliche Absichten der Beteiligten, insbesondere des herrschenden Gesellschafters, ab. Die Betrachtung der Leistungsbeziehung muss sich dementsprechend in der Beurteilung der konkreten Konditionen erschöpfen. Sind Leistung und Gegenleistung rechnerisch ausgeglichen, kann keine Auszahlung und somit kein Verstoß gegen § 30 Abs. 1 GmbHG vorliegen. Da dem Merkmal „causa societatis“ keine eigenständige Bedeutung zukommt, sollte es aufgegeben werden.

---

686 Vgl. *Wilhelmi*, Kapitalerhaltung, S. 175.

687 Besonders deutlich wird dies bei *Wilhelm*, FS Flume, Bd. II, 1978, S. 337, 358; *Kleffner*, Stammkapital, S. 75; *Tries*, Verdeckte Gewinnausschüttungen, S. 52. Von einer „Doppelrolle des Gesellschafters“ und hiermit verbundenen Umgehungsversuchen spricht *Lutter*, FS Stiefel, S. 529.

688 *Kleffner*, Stammkapital, S. 75. Dagegen zu Recht *Wilhelmi*, Kapitalerhaltung, S. 177.

689 Hierzu oben B.I.,C.II.2.

690 Schließlich unterscheidet sich die Beurteilung verdeckter Vermögensverlagerungen im Rahmen des § 30 GmbHG gerade von der steuerrechtlichen verdeckten Gewinnausschüttung. Eine *Gewinnausschüttung* (wenn auch verdeckt), die Tatbestandsmerkmal von § 8 Abs. 3 Satz 2 KStG ist, erfolgt schon begrifflich stets mit Rücksicht auf die Gesellschafterstellung. Für den weitaus neutraleren Begriff der *Auszahlung* von *Vermögen* trifft dies nicht zu, vgl. ausdrücklich und mit entsprechenden Hervorhebungen zu Recht *Tries*, Verdeckte Gewinnausschüttungen, S. 50.

b) Missbrauchsaspekte als Frage der Existenzvernichtungshaftung

Dass Missbrauchsvorwürfe nicht der rechnerischen Ausschüttungssperre, sondern ergänzenden Gläubigerschutzinstrumenten und hier besonders der persönlichen Haftung der Beteiligten zu überantworten sind, soll an folgendem Beispiel verdeutlicht werden:[691] Eine GmbH veräußert eine nicht widerbeschaffbare, aber für das Unternehmen lebensnotwendige Maschine zu einem angemessenen Entgelt an einen Gesellschafter.

Entsprechend der bisherigen Grundsätze soll hierin eine Leistung causa societatis und somit eine verbotene Auszahlung liegen, da davon auszugehen sei, dass ein ordentlicher und gewissenhafter Geschäftsleiter dies gegenüber einem Nichtgesellschafter niemals getan hätte, weil die Erwerbschancen von der Maschine abhingen und nun dem Gesellschafter zugute kommen.[692] Nach der zuvor dargestellten, rein rechnerischen Beurteilung kann durch den Verkauf der Maschine auf Grund des zugeflossenen Äquivalents aber keine verbotene Auszahlung liegen. Zweifellos ist es relevant, dass die Erwerbschancen der Gesellschaft durch den Entzug eines lebensnotwendigen Betriebsmittels beeinträchtigt, die Existenz der Gesellschaft vielleicht sogar gefährdet wird. Doch ist dies keine Frage des Kapitalerhaltungsrechts. Anknüpfungspunkt ist hier keine Vermögensminderung, die § 30 GmbHG aber verlangt. Vielmehr handelt es sich um einen klassischen Fall der Verhaltenshaftung. Nur hier lässt sich die Bedeutung wichtiger Betriebsmittel für die Fähigkeit des Gesellschaftsunternehmens zur Fortführung seines Geschäftsbetriebs wie etwa zur Aufrechterhaltung seiner Produktion berücksichtigen.[693] Gleiches gilt schließlich für die Gewährung bilanzneutraler Kreditleistungen, sei es Darlehen oder Sicherheit, auch diese sind keine Frage des Kapitalerhaltungsrechts sondern einer etwaigen Existenzvernichtungshaftung. Der Einwand der Leistung „causa societatis" darf also auch gerade in den hier bedeutenden Konzernsachverhalten keine Rolle mehr spielen.

2. Ausgestaltung des Konditionenvergleichs im Einzelnen

Sofern es bei der Beurteilung einer Auszahlung also allein auf die Frage ankommt, ob das zwischen Gesellschaft und Gesellschafter abgeschlossene Geschäft zu den vereinbarten Konditionen auch zwischen der Gesellschaft und Dritten abgeschlossen worden wäre, so stellt sich die Frage, wie diese hypothetischen Konditionen, insbesondere der Preis zu bestimmen ist. Grundsätzlich ist der Verkehrs- bzw. Marktwert maßgeblich.[694] Unter einem Marktpreis versteht man den Durchschnittspreis, der sich aus dem Vergleich einer erheblichen Anzahl an dem Ort, an dem die Gesellschaft die Waren einzukaufen oder abzusetzen pflegt, am Abschlussstichtag über Waren und Wertpapie-

---

691 Beispiel in Anlehnung an *Bommert*, Verdeckte Gewinnausschüttungen, S. 34.

692 Im Ergebnis *Bommert*, Verdeckte Gewinnausschüttungen, S. 34.

693 Wie hier auch *Koch*, Existenzvernichtungshaftung, S. 59 f. Zum Entzug „betriebsnotwendiger Ressourcen" bzw. „funktionswesentlicher Positionen" *BGHZ* 151, 181, 182 f. (KBV); *BGH* ZIP 2005, 117 ff. (BMW-Vertragshändler); *BGH* ZIP 2004, 2138 ff. (Klinik); auch *Dauner-Lieb*, DStR 2006, 116, 118 f; *Weller*, DStR 2007, 116, 118 f; *ders.*, ZIP 2007, 1681, 1684 mit Blick auf das neue Haftungsmodell seit *BGH* ZIP 2007, 1552 ff. (Trihotel), hierzu ausführlich oben E.IV.3.

694 Zum hier relevanten Marktpreis jüngst *BGH* DStR 2007, 2270 f. Im Schrifttum statt aller Baumbach/*Hueck/Fastrich*, § 30 Rn. 22; Roth/*Altmeppen*, § 30 Rn. 77; *Hüffer*, § 57 Rn. 9; *Lutter*, FS Stiefel, S. 505, 528.

re der betreffenden Art und Güte geschlossener Kaufverträge ergibt.[695] Ein solcher besteht zweifellos bei börsengängigen Gütern. Der Verkehrswert von Immobilien wird regelmäßig durch die nach dem Baugesetzbuch einzurichtenden Gutachterausschüsse bzw. nach den Maßgaben der Wertermittlungsverordnung bestimmt. Vergleichsmieten lassen sich aus den Mietpreisspiegeln der Kommunen, Vergleichszinssätze nach den von der Zentralbank regelmäßig veröffentlichen Durchschnittszinssätzen bestimmen.

Ein Verkehrs- bzw. Marktwert in einem solch engeren Sinne lässt sich aber nicht bestimmen, wenn nicht eine gewisse Anzahl anderer Verträge vergleichsweise herangezogen werden kann. Zwar muss es auch hier bei der Frage bleiben, welche Konditionen mit einem Dritten vereinbart worden wären, es kann aber nicht allein auf den Marktwert im Sinne einer betriebswirtschaftlichen Definition ankommen. Das Problem wird bei einem Unterpreisverkauf selbst erstellter immaterieller Vermögensgegenstände deutlich, für die gerade wegen fehlender Marktbestätigung[696] gemäß § 248 Abs. 2 HGB ein Bilanzierungsverbot besteht, deren wahre Werte aber dennoch zu schützen sind.[697] Das Erfordernis eines vergleichsweise heranzuziehenden Vergleichswertes ist also weiter zu fassen. Maßgeblich muss ein objektiv angemessener Preis sein, unabhängig davon, ob dieser an einem Markt zustande gekommen oder an einem solchen schon bestätigt wurde. Lässt sich kein Marktpreis im engeren Sinne bestimmen, so kann der Vergleichswert im Zweifel auch über den Wiederbeschaffungswert[698] oder anhand der betrieblichen Kostenrechnung[699] bestimmt werden.[700] Beweisschwierigkeiten können in Einzelfällen über die Darlegungslast desjenigen gelöst werden, der die Leistung erbringt.[701] Auch kann der objektive Wert der Leistungen gemäß § 287 ZPO geschätzt werden.[702]

An dieser Stelle wird deutlich, dass dem Geschäftsführer bei Beurteilung der Angemessenheit schon wegen der häufigen Bewertungsproblematik de lege ferenda - wie auch schon de lege lata[703] - ein Ermessensspielraum zustehen muss.[704] Aus den glei-

695 Vgl. *Wöhe*, Betriebswirtschaftlehre, S. 1079.

696 Vgl. MünchKomm-AktG/*Hennrichs*, 248 HGB Rn. 15 mwN.

697 Hierzu oben de lege lata oben D.I.2., de lege ferenda oben G.I.3.b).

698 Vgl. *Hüffer*, § 57 Rn. 9; MünchKomm-AktG/*Bayer*, § 57 Rn. 35.

699 Vgl. *Hüffer*, § 57 Rn. 9; *Fiedler*, Verdeckte Vermögensverlagerungen, S. 55 f.

700 Der RefE zum BilMoG unterscheidet mit Blick auf den beizulegenden Zeitwert (fair value) zwischen auf aktiven Märkten zustande gekommenen Marktpreisen (mark-to-market), andernfalls seien Werte „auf Grund allgemein anerkannter Bewertungsmethoden" (mark-to-model) maßgeblich, hierzu näher *Fülbier/Gassen*, DB 2007, 2605, 2608.

701 So *Hüffer*, § 57 Rn. 9 für „kaum greifbare Serviceleistungen".

702 Vgl. *Koch*, Existenzvernichtungshaftung, S. 57.

703 Hierzu oben D.II.2.

704 Vgl. auch *Lutter*, FS Stiefel, S. 505, 528: Wo ein Marktpreis fehle, seien die Preisbildungsmechanismen nicht erkennbar, vieles hänge vom Verhandlungsgeschick der Beteiligten, der Intensität ihrer Interessen etc. ab. Einen allein wahren und richtigen Preis gebe es nicht. Gerade hier müsse dem Geschäftsführer ein relativ breites unternehmerisches Ermessen zukommen. Dem folgend auch *Ullrich*, Verdeckte Vermögensverlagerungen, S. 199. Das Ermessen bei Beurteilung einer verdeckten Vermögensverlagerung schließt selbstverständlich auch die Zulässigkeit gewisser Schenkungen an Gesellschafter mit ein. Auch diese können – wie auch Geschenke an Arbeitnehmer – „üblich" im Sinne von objektiv angemessen sein. Umgekehrt ausgedrückt stellt also nicht

chen Erwägungen sieht das schweizerische Aktienrecht in Art. 678 Abs. 2 OR sogar vor, dass eine Rückerstattungspflicht hier nur bei einem „offensichtlichen Missverhältnis" besteht, wodurch nach den Gesetzesmaterialien eine kleinliche Nachrechnerei vermieden werden soll.[705]

3. Verzicht auf Gewinn

Nicht unkommentiert bleiben soll an dieser Stelle die in der Literatur sehr kontrovers diskutierte Frage, wiefern der Verzicht auf einen möglichen Gewinn gegen das Auszahlungsverbot verstoßen kann.[706] Bei näherem Hinsehen zeigt sich, dass es sich hierbei nur um ein Scheinproblem handelt, denn auch hier kann es nur darauf ankommen, ob die Leistung zum Marktpreis bzw. objektiv angemessenen Konditionen erbracht wird.[707] Die Diskussion knüpft insbesondere an die Entscheidung des BGH vom 1.12.1986[708] an, in der über die Inanspruchnahme von Bauwerkleistungen der Gesellschaft auf Selbstkostenbasis durch einen Gesellschafter zu entscheiden war. Ob auch der Verzicht auf einen möglichen Gewinn gegen das Auszahlungsverbot verstoßen kann, ließ der Senat offen.[709]

Die Frage der Einbeziehung entgangenen Gewinns ist in der Literatur umstritten. Nach einer Auffassung umfasst der Erstattungsanspruch stets den bei normalen Drittgeschäften erzielbaren Gewinn, wobei es unerheblich sei, ob die Gesellschaft in der konkreten Situation überhaupt die Möglichkeit hatte, ein vergleichbares Geschäft gewinnbringend abzuschließen.[710] Andere stellen darauf ab, ob die Gesellschaft die erbrachten Leistungen während der betroffenen Zeit hätte anderweitig gewinnbringend

---

jede Schenkung an einen Gesellschafter einen rechtswidrigen Sondervorteil dar, ausführlich *Tries*, Verdeckte Gewinnausschüttungen, S. 193 f. mwN. zur AG sowie zur steuerrechtlichen Beurteilung von in Schenkungen gekleideten Gewinnausschüttungen.

705 Ausführlich *Spörri*, Rückerstattungspflicht, S. 171 ff.

706 Hierzu *Lutter/Hommelhoff*, § 30 Rn. 11; Roth/*Altmeppen*, § 30 Rn. 78; *Goette*, GmbH, S. 74; *ders.*, DStR 1997, 1495, 1498; *Stimpel*, FS GmbHG, S. 335, 343 f.

707 *Fiedler*, Verdeckte Vermögensverlagerungen, S. 18 mit Anm. 54 weist auf die verwirrende Behandlung dieser Frage in der Kommentarliteratur hin, in der die einzelnen Autoren von Auflage zu Auflage ihre Meinung ändern.

708 Vgl. *BGH* GmbHR 1987, 187. Der Senat sprach der Gesellschaft einen Betrag zur Deckung der Selbstkosten zu und führte aus, dass „davon ausgegangen werden (könne), dass sich die Beklagten mit Rücksicht auf die Gesellschafterstellung (...) bei der Preisgestaltung von der Klägerin einen Vorteil haben einräumen lassen, der einem Dritten nicht gewährt worden wäre und deshalb eine verdeckte Ausschüttung von Gesellschaftsvermögen enthält. Das würde selbst dann gelten, wenn man den bloßen Verzicht der Gesellschaft auf einen möglichen Gewinn noch nicht zur Erfüllung des Tatbestandes des § 30 GmbHG ausreichen lassen wolle." Vgl. auch *BGH* NJW 1996, 589 zur Erbringung von Planungsleistungen zugunsten eines Gesellschafters.

709 Ähnlich undeutlich zum Umfang des Erstattungsanspruchs nach einer verdeckten Vermögensverlagerung bereits die Lufttaxi-Entscheidung vom 14.12.1959, vgl. *BGHZ* 31, 258, sowie die Entscheidung vom 14.10.1985, *BGH* WM 1986, 237. Die Frage des Gewinnverzichts blieb auch in diesen Fällen offen, vgl. *Servatius*, GmbHR 1998, 723.

710 Vgl. *Brandes*, ZGR 1989, 244, 254, unter Betonung des Gläubigerschutzes weist er darauf hin, dass sich eine bestehende Unterbilanz somit zumindest teilweise beseitigen ließe, wenn die Gesellschaft eine höherwertige Gegenleistung erhielte.

nutzen können.[711] Hierbei soll es nicht auf eine abstrakte Betrachtung, sondern auf die konkrete Situation unter Berücksichtigung des Unternehmensgegenstandes der GmbH ankommen, da es durchaus Situationen gäbe, in denen ein „hypothetischer Dritter" nicht existiere. Gäbe es keine gewinnbringende Möglichkeit anderweitiger Nutzungsüberlassung, so dürfe man nicht abstrakt darauf abstellen, dass eine gewinnorientierte Gesellschaft sich aufgemacht hätte, einen Dritten zu finden und bereits allein aus diesem Grund das Äquivalenzverhältnis als gestört betrachten.[712]

Der ersten Ansicht ist zu folgen. Auch der Verzicht auf einen bei Dritten üblicherweise erzielten Gewinn stellt eine verdeckte Vermögensverlagerung dar. Denn ein Marktwert beinhaltet regelmäßig nicht nur die Selbstkosten, sondern auch einen Gewinn.[713] Wenn ein „hypothetischer Dritter", der einen Gewinn zahlen würde, nicht existiert, so beinhaltet der Marktpreis schlicht keinen Gewinn; in diesem Fall bilden die Selbstkosten für den Drittvergleich die Untergrenze. Im Rahmen eines strengen Gläubigerschutzverständnisses ist – im übertragenen Sinne – aber sehr wohl zu verlangen, dass sich eine gewinnorientierte Gesellschaft aufmacht, einen Dritten zu finden. Hat eine Bau-GmbH momentan keine Aufträge, so kann dies nicht heißen, dass für ihre Leistungen kein Marktpreis besteht und der Gesellschafter selbige zum Selbstkostenpreis in Anspruch nehmen kann. Auch wenn man mangels einer entsprechenden Auftragssituation nicht auf eine Vielzahl von – aktuellen – Vergleichsverträgen abstellen kann, so lässt sich doch stets ein objektiv angemessener Preis bestimmen, für den die Gesellschaft vergleichbare Leistungen sonst regelmäßig erbringt. Auch dies ist selbstverständlich unter Berücksichtigung einer gewissen Gewinnspanne zu bestimmen. Der Geschäftsführer kann auch hier im Rahmen seines Ermessens entscheiden.[714] Dies schließt es aber grundsätzlich aus, freie Ressourcen lediglich zum Selbstkostenpreis zu überlassen. Um eine Gewinnerzielung muss der Geschäftsführer jederzeit bemüht sein, denn der Unternehmenszweck einer GmbH besteht regelmäßig in der Erzielung von Gewinnen. Das Abstellen auf die konkrete Situation würde die an rein objektiven Regeln orientierte Ausschüttungssperre genauso zu Lasten des Trennungsprinzips aufweichen wie die Möglichkeit, sich trotz rechnerischer Unausgeglichenheit einer Leistung rechtfertigend auf ein vermeintliches betriebliches Interesse der Gesellschaft an der Auszahlung zu berufen. Dies gilt es im Folgenden zu vertiefen.

4. Keine zulässigen Auszahlungen „im betrieblichen Interesse"

Eine Leistung kann nicht deswegen unzulässig sein, weil ein gewissenhaft nach kaufmännischen Grundsätzen handelnder Geschäftsführer sie trotz eines erfolgreichen Konditionenvergleichs an keinen anderen gewährt hätte. In umgekehrter Richtung stellt sich die Frage, ob aber eine rechnerisch zur Auszahlung führende Leistung im

---

711 So *Lutter/Hommelhoff*, § 30 Rn. 11; Roth/*Altmeppen*, § 30 Rn. 78; *Wilhelmi*, Kapitalerhaltung, S. 165 ff; *Stimpel*, FS GmbHG, S. 335, 358 ff; *Servatius*, GmbHR 1998, 723 ff.

712 So *Servatius*, GmbHR 1998, 723, 727.

713 Zu Recht *Koch*, Existenzvernichtungshaftung, S. 55 f.

714 Zur entscheidenden Bedeutung des Ermessens des Geschäftsführers auch in diesen Fällen *Lutter*, FS Stiefel, S. 505, 528. Auch im Steuerrecht ist das Ermessen des Geschäftsführers bei der Frage eines Gewinnverzichts ist von entscheidender Bedeutung, vgl. MünchHdb-GmbH/*Wrede/Busch*, § 60 Rn. 26 f.

Einzelfall betrieblich gerechtfertigt sein kann, mit der Folge, dass es sich trotz rechnerischer Unausgeglichenheit nicht um eine - verbotene - Auszahlung handelt. Insofern verbliebe dem Abstellen auf das betriebliche Interesse eine korrigierende Funktion. So soll es zulässig sein, dass ein ordentlicher Geschäftsmann einem Gesellschafter wie auch einem Dritten einen Vermögensvorteil gewährt – etwa eine Ware unter dem (auch für die Gesellschaft in der konkreten Situation erzielbaren) Marktpreis verkauft –, weil er sich davon eine ständige Geschäftsbeziehung und damit langfristige Vorteile für die Gesellschaft verspricht, so dass der gegen einen Drittvergleich verstoßende Kaufvertrag dennoch aus betrieblichen Gründen gerechtfertigt ist.[715]

Gegen die eigenständige Bedeutung eines solch rechtfertigenden betrieblichen Interesses spricht auch hier das Bedürfnis nach einem an objektiven Regeln ausgerichteten Gläubigerschutz. Gerade hier würde sich ein erhöhtes Missbrauchspotential eröffnen, dem die Befürworter eines eigenständigen Kriteriums „causa societatis" aber doch gerade begegnen wollen. Die Gesellschafter könnten unter dem Deckmantel einer solchen Rechtfertigung versuchen, das Gesellschaftsvermögen an sich zu ziehen, wenn nämlich die Möglichkeit bestünde, dass sich ein vermögensminderndes und somit zur Auszahlung führendes Geschäft aus vermeintlichen betrieblichen Gründen rechtfertigen lässt. Geschäftsführung oder Insolvenzverwalter müssten bei jedem Geschäft mit der Gesellschaft nicht nur eine mögliche Beeinträchtigung des geschützten Vermögens prüfen, sondern zudem würden sie auch mit der extrem schwierigen Frage belastet, ob dieses Geschäft vielleicht doch im konkreten Fall vertretbar oder sogar im Interesse der Gesellschaft ist.[716]

Aus diesem Grunde kann es nicht zulässig sein, an den Gesellschafter - wie im Fallbeispiel - eine Ware unter Marktpreis zu verkaufen, weil sich daraus zum Gesellschafter eine ständige Geschäftsbeziehung und damit langfristige Vorteile für die Gesellschaft einstellen könnten. Die Vorteile sind zu ungewiss, als dass man sie gegen eine – konkrete - rechnerische Vermögensminderung in die Waagschale werfen könnte.[717] Diese Auffassung lässt sich wiederum durch einen Blick auf das schweizerische Aktienrecht untermauern. Dort verlangt Art. 678 Abs. 2 OR, dass ein Missverhältnis nicht nur zur Gegenleistung, sondern auch zur wirtschaftlichen Lage der Gesellschaft bestehen muss. Trotz dass die Gesetzesmaterialien beide Kriterien kumulativ verlangen, stellt die ganz herrschende Lehre allein auf die Gegenleistung ab und verwirft eine Beurteilung nach dem zusätzlichen Kriterium der wirtschaftlichen Lage der Gesellschaft als sinnwidrig.[718] Schließlich lässt sich die Ablehnung eines als Ausnahme

---

715 Vgl. *Sotiropoulus*, Kredite, S. 26, Anm. 13.

716 So zu Recht *Wilhelmi*, Kapitalerhaltung, S. 177 f.

717 Dass das Abstellen auf ein betriebliches Interesse irreführend ist, zeigen die Kommentierungen zum Verkauf sog. Ladenhüter. Baumbach/*Hueck/Fastrich*, § 30 Rn 22 halten dies für zulässig, „wenn das Geschäft im Interesse der Gesellschaft liegt, etwa bei Abverkauf von Ladenhütern an Gesellschafter und Dritte zu marktmäßig realisierbaren Konditionen." Sofern *Hueck/Fastrich* selber auf den Verkauf zu „marktmäßig realisierbaren Konditionen" hinweisen, auf die es alleine ankommt, ist nicht ersichtlich, welche Funktion dem Interesse der Gesellschaft in einem solchen Fall noch zukommen soll.

718 Hierzu *Böckli*, Aktienrecht, § 12 Rn. 556. In diesem Sinne für einen rein rechnerischen Vergleich auch *Spörri*, Rückerstattungspflicht, S. 203 ff.

fungierenden „betrieblichen Interesses" mit einem weiteren rechtsvergleichenden Blick auf das französische Konzernrecht bekräftigen.[719] So macht man sich auch hierzulande unter Hinweis auf das dortige Rozenblum-Konzept dafür stark, Nachteile für einzelne Konzerngesellschaften wegen einer insgesamt verbesserten Konzernsituation als ausgeglichen zu betrachten. Dem entgegen sind solche wie auch immer zu definierenden, geschweige denn zu quantifizierenden Konzernvorteile zu ungewiss und können folglich keine kompensatorische Wirkung bei konkreten - rechnerisch festgestellten - Nachteilen entfalten. Für konkrete Einbußen muss ein konkreter Ausgleich erfolgen.[720] Bei der Beurteilung einer verbotenen Auszahlung ist also allein eine rein rechnerische Betrachtung vorzunehmen, ein hier festgestellter Verstoß kann nicht durch anderweitige betriebliche Interessen gerechtfertigt sein. Ausnahmen können lediglich in eng begrenzten Fällen geboten sein, wenn die einzelnen Vorgänge dermaßen eng miteinander verknüpft sind, dass sie sich bereits nach bilanziellen Grundsätzen ausgleichen, worauf im Zusammenhang mit Darlehen näher einzugehen ist.[721]

5. Ergebnis

Das zur Abgrenzung zulässiger Leistungen von verbotenen Auszahlungen bisher herangezogene Merkmal der Leistung „causa societatis" ist aufzugeben. Maßgeblich für die Beurteilung einer verbotenen Auszahlung im Sinne des § 30 Abs. 1 GmbHG ist allein die rechnerische (Un-) Ausgeglichenheit der Leistung.[722] Weder können rechnerisch zu einer Auszahlung führende Leistungen ausnahmsweise gerechtfertigt sein, noch können rechnerisch ausgeglichene Leistungen verboten sein. Letzteres kann allein mit missbräuchlichen Verhaltensweisen der Beteiligten erklärt werden, die bei Geschäften zwischen Gesellschaft und Gesellschaftern typisierend unterstellt werden. Diese sind jedoch ausschließlich eine Frage der Verhaltenshaftung.

III. Ergebnis

Durch Austauschverträge verdeckte Vermögensverlagerungen sind unabhängig von handelsbilanziellen Fragen im Rahmen des § 30 Abs. 1 GmbHG de lege ferenda durch einen Drittvergleich zu erfassen. Dieser ist im Interesse von Klarheit und Rechtssi-

---

719 Abzulehnen ist schließlich auch eine weitgehende Zulässigkeit verdeckter Vermögensverlagerungen unter Hinweis auf einen nicht nur auf Gewinnerzielung gerichteten Gesellschaftszweck, wie er insbesondere bei der genossenschaftlichen AG besteht, bei der qua Definition verbilligte Leistungen an Mitglieder erbracht werden, verallgemeinernd *Mülbert*, FS Lutter, S. 535 ff. Ein solcher allgemeingültiger Ansatz, der in Frankreich zur regelmäßigen Festlegung sog. „Gummigesellschaftsgegenstände", geführt hat, so *Ullrich*, Verdeckte Vermögensverlagerungen, S. 47 mwN., ist abzulehnen. Der Kapitalschutz würde hier in die Hände der Gründungsgesellschafter gelegt. Zum str. Meinungsstand über das Verhältnis von genossenschaftlichem Element bei AGs zum Kapitalschutz ausführlich *Mülbert*, FS Lutter, S. 535, 540.

720 Die herrschende Meinung folgt diesem Ansatz daher zu Recht nicht, statt vieler MünchKomm-AktG/*Kropff*, § 311 Rn. 2, 236 f; *Hüffer*, § 311 Rn. 39; Emmerich/*Habersack*, § 311 Rn. 62.

721 Hierzu unten H.III.2.

722 Wie hier *Tries*, Verdeckte Gewinnausschüttungen, S. 49 ff; *Wilhelmi*, Kapitalerhaltung, S. 177 f; *Fleck*, FS GmbHG, S. 391, 400; *Reemann*, MittRhNotK 1996, 113, 125. Im Ergebnis auch *Schulze-Osterloh*, ZIP 1993, 1838, 1842; *ders.*, StuW 1994, 131 ff.

cherheit nicht mehr als ungeschriebenes Korrektiv in § 30 Abs. 1 GmbHG herein zu lesen, sondern ausdrücklich anzuordnen. Der Drittvergleich ist auch zukünftig auf den Bereich des gebundenen Vermögens beschränkt, um die Flexibilität der GmbH zu wahren und den strukturellen Unterschieden von AG und GmbH hinreichend Rechnung zu tragen. Das zur Abgrenzung zulässiger Leistungen von verbotenen Auszahlungen de lege lata herangezogene Merkmal der Leistung „causa societatis" ist aufzugeben. Maßgeblich für die Beurteilung einer verbotenen Auszahlung im Sinne des § 30 Abs. 1 GmbHG ist allein die rechnerische (Un-) Ausgeglichenheit der Leistungen. Entspricht die vereinbarte Gegenleistung nicht dem objektiven Marktwert, so ist die Differenz nach allgemeinen Grundsätzen bis zur Wiederauffüllung des Stammkapitals zu erstatten.[723] Wie bereits bei der Beurteilung aufsteigender Darlehen kommt auch hier der Existenzvernichtungshaftung eine wesentliche Ergänzungsfunktion zu.

---

[723] Zu den Rechtsfolgen verbotener Auszahlungen – gerade bei verdeckten Vermögensverlagerungen - oben B.V.

H. Aufsteigende Kredite de lege ferenda - Insbesondere Cash Pooling

Mit dem Entfallen des Merkmals einer Leistung „causa societatis" sind auch die letzten Bedenken gegen eine bilanzielle Betrachtung aufsteigender Kreditleistungen ausgeräumt. Die Gewährung bilanzneutraler aufsteigender Darlehen und Sicherheiten kann also nicht mehr mit dem Argument verwehrt werden, dass eine solche Leistung außerhalb des Konzerns nicht denkbar gewesen wäre und somit grundsätzlich keinem Drittvergleich standhalten könne und regelmäßig causa societatis erfolge.[724] Maßgeblich für den Drittvergleich ist allein die Angemessenheit der Konditionen.

Bei Darlehen stellt der Drittvergleich aber kein Korrektiv sondern ein Beurteilungskriterium dar, welches ohnehin Bestandteil der bilanziellen Betrachtung ist. Im Folgenden wird untersucht, inwiefern das Handelsbilanzrecht den bei aufsteigenden Darlehen bestehenden Risiken Rechnung trägt. Hierbei gilt es insbesondere das Klumpenrisiko beim Cash Pooling, aber auch das sonst bestehende Risiko zu betrachten, das sich aus der Interessensverflechtung bei sämtlichen aufsteigenden Darlehen ergibt.[725] Zunächst werden die Grundsätze der Forderungsbilanzierung dargestellt, um anschließend auf die Besonderheiten bei aufsteigenden Darlehen im Allgemeinen und beim Cash Pooling im Speziellen einzugehen.

I. Die Bilanzierung von Darlehensforderungen im Allgemeinen

1. Grundstrukturen

Bei den originär in der Person des Bilanzierenden entstehenden Forderungen ist grundsätzlich zwischen Darlehenforderungen und Forderungen aus Lieferungen und Leistungen zu unterscheiden. Während für letztere als Anschaffungskosten in der Bilanz der Nennwert der Forderung anzusetzen ist, entsprechen die anzusetzenden Anschaffungskosten einer Darlehensforderung dem Auszahlungsbetrag.[726] Da weder das Handels- noch das Steuerrecht besondere Vorschriften über die Bewertung von Forderungen enthält, ist auf die hier im Mittelpunkt stehenden – gerade beim Cash Pooling - kurzfristigen Forderungen des Umlaufvermögens das strenge Niederstwertprinzip anzuwenden. Forderungen sind somit gemäß § 253 Abs. 3 S. 2 HGB höchstens zu dem Wert anzusetzen, der ihnen am Abschlussstichtag beizulegen ist, zweifelhafte Forderungen sind mit ihrem wahrscheinlichen Wert anzusetzen, uneinbringliche sind vollständig abzuschreiben.[727]

---

[724] Vgl. bereits oben G.II.2.

[725] Zur Interessenverflechtung bei Darlehensbeziehungen zwischen Gesellschaft und Gesellschaftern aus bilanzsteuerrechtlicher Sicht *Neu*, BB 1995, 1579 ff.

[726] Vgl. *ADS*, § 253 Rn. 54; *Küting/Weber*, § 253 Rn. 55; BeckBilKomm/*Ellrodt/Schmidt-Brendt*, § 255 Rn. 250, 257; Baumbach/Hueck/*Schulze-Osterloh*, GmbHG, § 42 Rn. 364. A.A. jedoch für die Steuerbilanz auf den Nennwert abstellend *BFH* BStBl. II 1975, S. 875 ff; *BFH* BStBl. II 1981, S. 734 f. Differenzen zwischen Auszahlungsbetrag und Nennwert können sich beispielsweise aus Agien oder Disagien bei originären Forderungen ergeben, vgl. *Sittmann-Haury*, Forderungsbilanzierung, S. 27 mwN.

[727] Vgl. *Küting/Weber*, § 253 Rn. 59; Baumbach/Hueck/*Schulze-Osterloh*, GmbHG, § 42 Rn. 407. Vgl. auch *ADS*, § 253 Rn. 531, praktisch gelte somit der § 40 HGB a.F. fort, der in Abs. 3 be-

Auf Grund des in § 252 Abs. 1 Nr. 4 HGB kodifizierten Vorsichtsprinzips und des Grundsatzes der Einzelbewertung gemäß § 252 Abs. 1 Nr. 3 HGB ist zu prüfen, ob die Forderung mit einem über das allgemeine Kreditrisiko hinausgehenden Risiko behaftet ist, ob nämlich wegen fehlender Bonität des Schuldners, wegen bestrittener Forderungen oder bei Forderungen, die aus rechtlichen oder tatsächlichen Gründen nicht oder kaum durchsetzbar sind, Einzelwertberichtigungen vorzunehmen sind.[728] Ein drohender Verlust allein ist nicht ausreichend, vielmehr muss der Verlust auch hinreichend wahrscheinlich sein.[729] Der aktuelle Stichtagswert der Forderung entspricht schließlich nur noch dem Geldbetrag, mit dessen Zugang nach vorsichtiger kaufmännischer Einschätzung und nach Abzug noch entstehender Kosten zu rechnen ist.[730] Unter gewissen Umständen kommen hierüber hinaus Pauschalwertberichtigungen in Frage, um nach der Einzelabwertung noch vorhandene, dem Unternehmen aber noch nicht bekannte, jedoch mit gewisser Wahrscheinlichkeit noch auftretende Risiken zu berücksichtigen.[731]

Mit Blick auf die – auch vom BGH für die Zulässigkeit aufsteigender Darlehen in seinem obiter dictum geforderte zweifelsfreie – Bonität des Schuldners ist zu betonen, dass gerade ein bestehendes Ausfallrisiko wegen mangelnder Zahlungsfähigkeit des Darlehensschuldners die Vollwertigkeit der Darlehensforderung beeinträchtigen und einen Grund für die Vornahme einer außerplanmäßigen Abschreibung der Forderung darstellen kann.[732]

2. Der immanente Drittvergleich bei un- oder unterverzinslichen Darlehen

Ist das Darlehen unter- oder vollständig unverzinslich gewährt worden, so ist die Darlehensforderung entsprechend niedriger zu bilanzieren. An dieser Stelle zeigt sich das der Bilanzierung von (Darlehens-) Forderungen immanente Kriterium des Drittvergleichs, welches somit nicht als zusätzliches Tatbestandsmerkmal des § 30 Abs. 1 GmbHG erforderlich ist. Auch wurde bereits bei Kritik an der Novemberentscheidung auf die Bedeutung des Drittvergleichs für die Forderungsbilanzierung hingewiesen, denn eine solche bilanzrechtliche Berücksichtigung einer Un- oder Unterverzinslichkeit überzeugt gerade im Gegensatz zu dem vom BGH aufgestellten Alles-oder-Nichts-Prinzip, wonach eine Darlehensvergabe zu Konditionen, die einem Drittvergleich nicht stand halten, in voller Höhe zu versagen sein soll.[733] Handelsrechtlich sind

---

stimmte, dass zweifelhafte Forderungen mit ihrem wahrscheinlichen Wert anzusetzen und uneinbringliche Forderungen abzuschreiben sind.

728 Zum ganzen *ADS*, § 253 Rn. 533; BeckBilKomm/*Ellrodt/St. Ring*, § 253 Rn. 569.

729 Vgl. *Sittmann-Haury*, Forderungsbilanzierung, S. 35 mwN.

730 Vgl. *Küting/Weber*, § 253 Rn. 175.

731 Zur Pauschalwertberichtigung ausführlicher unten H.III.3.

732 Vgl. *Küting/Weber*, § 253 Rn. 50. Bei der Bemessung der Wertberichtigung sind auch die Kosten für Mahnungen, gerichtliche Verfolgung und Zwangsvollstreckung zu berücksichtigen, vgl. BeckBilKomm/*Ellrodt/St. Ring*, § 253 Rn. 582. Anhaltspunkte für die (teilweise) Uneinbringlichkeit einer Darlehensforderung sind beispielsweise wegen schlechter Liquidität verzögerte Zinszahlungen, die Häufung von Beitreibungsmaßnahmen oder eine hohe Verschuldung des Schuldnerunternehmens.

733 Hierzu oben E.II.3.

un- oder unterverzinsliche Darlehensforderungen „lediglich“ abzuzinsen und mit dem entsprechenden Barwert anzusetzen. Vom Anschaffungswert der Forderung wird also der Kapitalwert der Zinsverluste abgezogen.[734] Die Abzinsung erfolgt mit einem fristadäquaten Marktzins.[735]

Besonderheiten bestehen bei kurzen Laufzeiten. Eine Abzinsung kann aus Vereinfachungsgründen und wegen des Wesentlichkeitsgrundsatzes unterbleiben, sofern es sich um eine kurzfristig fällige Forderung handelt, wovon manche bei einer Laufzeit von bis zu einem Jahr,[736] andere bei einer Restlaufzeit von bis zu drei Monaten ausgehen.[737] Bei der Frage eines entsprechenden Abzinsungsverzichts stehen sich grundlegende handelsbilanzielle Prinzipien, nämlich das Vorsichts- und Imparitätsprinzip sowie das Gebot der true-and-fair-view einerseits und das Wesentlichkeitsgebot mit hiermit verbundenen Praktikabilitätsgesichtspunkten andererseits, gegenüber.[738] Vor diesem Hintergrund betonen *Bolsenkötter/Poullie*[739], dass sich eine genaue Festlegung bestimmter, für eine Abzinsung relevanter Restlaufzeiten nicht geben lasse, im jeweiligen Einzelfall müsse nach den Grundsätzen der Vermittlung eines den tatsächlichen Verhältnissen entsprechenden Bildes und der Wesentlichkeit abgewogen werden.

Dem ist zuzustimmen. Allein im Einzelfall darf beurteilt werden, ob der Grundsatz der Wesentlichkeit und der hiermit verbundenen Vereinfachung oder aber dem Gebot eines den tatsächlichen Verhältnissen entsprechenden Bildes im Sinne des § 264 Abs. 2 HGB der Vorzug zu geben ist. Mit § 264 Abs. 2 HGB sowie dem alles beherrschenden Vorsichtsprinzip wäre es unvereinbar, bei Forderungen mit einer bestimmten Kurzfristigkeit pauschal auf die Anwendung des strengen Niederstwertprinzips gemäß § 253 Abs. 3 HGB und die hier angeordnete Abzinsung zu verzichten. Dies würde faktisch bedeuten, dass das strenge Niederstwertprinzip auf kurzfristige und somit dem Umlaufvermögen zugehörige Forderungen nicht zur Anwendung käme.[740] Dies widerspricht aber gerade seinem Zweck, wonach – als besondere Ausprägung des Vorsichtsprinzips – bei sämtlichen Positionen des Umlaufvermögens stets nur der geringste Wert angesetzt werden darf.

3. Der Einfluss von Sicherheiten

Bei Analyse der Novemberentscheidung wurde bereits festgestellt, dass der vom BGH für eine zulässige Darlehensgewährung aufgestellte faktische Sicherheitenzwang –

---

734 Vgl. *ADS*, § 253 Rn. 54, 532; BeckBilKomm/*Ellrodt/St. Ring*, § 253 Rn. 592 f; *WP-Handbuch*, § 253 Rn. 435. A.A. BeckBilKomm/*Ellrodt/Schmidt-Brendt*, § 255 Rn. 257, die Unterverzinslichkeit betreffe nur den folgenden Teilwert, nicht aber – anders als bei gewinnrealisierenden Forderungen - die Anschaffungskosten der Darlehensforderung.

735 Zu Streitfragen näher *Küting/Weber*, § 253 Rn. 48.

736 So *ADS*, § 253 Rn. 532; Baumbach/Hopt/*Merkt*, HGB, § 253 Rn. 21; Baumbach/Hueck/*Schulze-Osterloh*, GmbHG, § 42 Rn. 407; BeckBilKomm/*Ellrodt/St. Ring*, § 253 Rn. 592.

737 So *Küting/Weber*, § 253 Rn. 177, unter Verweis auf *ADS/AktG*, 1968, § 155 AktG Rn. 223; *Velten*, Forderungsbewertung, S. 2.

738 Vgl. *Moxter*, FS Schmidt, S. 195, 201 f; *Bolsenkötter/Poullie*, in HDJ, II/6 Rn. 121.

739 Vgl. *Bolsenkötter/Poullie*, in HDJ, II/6 Rn. 121.

740 Zur Kurzfristigkeit des Umlaufvermögens in Abgrenzung zum Anlagevermögen Baumbach/*Schulze-Osterloh*, § 42 Rn. 116.

anstelle einer absolut zweifelsfreien und somit kaum erfüllbaren Bonität[741] - weder gesellschaftsrechtlich, noch an der Praxis des Cash Pooling gemessen überzeugen kann. Gleichwohl wurde in diesem Zusammenhang bereits angedeutet, dass der Verzicht auf Sicherheiten aber durchaus bei der Bemessung des Darlehenszinses zu berücksichtigen ist.[742] Dieses „Substitutionsverhältnis“[743] von Zins und Sicherheit gilt es an dieser Stelle für die bilanzrechtliche Betrachtung zu vertiefen.

Bei der Bewertung der einzelnen Forderungen sind nicht nur Umstände zu berücksichtigen, die sich aus der Person des Schuldners (er will oder er kann nicht zahlen) oder aus der Eigenschaft der Forderung selbst ergeben, sondern alle Umstände, die den Forderungseingang zweifelhaft erscheinen lassen.[744] Dementsprechend beseitigen bzw. vermindern ihrerseits nicht zweifelhafte, die Befriedigung des Gläubigers gewährleistende Sicherheiten das Ausfallrisiko, so dass im Rahmen der Folgebewertung die auf dieses Risiko gestützte Vornahme einer außerplanmäßigen Abschreibung ausgeschlossen bzw. begrenzt wird.[745]

Wird hingegen von Anfang an auf sonst übliche Sicherheiten verzichtet, so ist dem Drittvergleich ein höherer, die fehlende Sicherheit kompensierender Zins zugrunde zu legen. Bei fehlender Sicherheit und fehlender Zinskompensation ist die Forderung also unterverzinst und wird somit wieder nach den dargestellten Grundsätzen durch Ansatz des entsprechenden Barwertes niedriger bilanziert.

4. Ergebnis

Die handelsbilanzielle Beurteilung von Darlehensforderungen ist umfassend und berücksichtigt sämtliche Kriterien, die der BGH in dem obiter dictum seiner Novemberentscheidung nach einem Alles-oder-Nichts-Prinzip für die Zulässigkeit aufsteigender Darlehen verlangt. Dem entgegen stellen die handelsbilanziellen Grundsätze einen flexiblen und somit richtigen Anknüpfungspunkt für das Auszahlungsverbot des § 30 Abs. 1 GmbHG dar. Somit kann der Blick auf die speziellen Risiken bei Darlehen der GmbH an ihre Gesellschafter gerichtet werden.

---

741 Zur Alternativität der beiden Ausnahmevoraussetzungen und dem praktisch kaum erfüllbaren Bonitätsverlangen und somit resultierenden Sicherheitenzwang vgl. E.III.5.c).

742 Vgl. oben E.II.3.

743 Hierzu ausführlich *Bilger*, Kreditfinanzierung, S. 167 ff. Unter Risikoanreizaspekten *Eidenmüller/Grunewald/Noack*, in Lutter (Hrsg.), Kapital, S. 17, 23. Vgl. mit Blick auf eine verbotene Einlagenrückgewähr bei der AG jüngst *OLG Jena*, DB 2007, 2079, 2080.

744 So BeckBilKomm/*Ellrodt/St. Ring*, § 253 Rn. 570.

745 Vgl. *Küting/Weber*, § 253 Rn. 50; BeckBilKomm/*Ellrodt/St. Ring*, § 253 Rn. 570; *WP-Handbuch*, E 435; ausführlich zur Bedeutung von Sicherheiten bei Forderungen von Kreditinstituten *Sittmann-Haury*, Forderungsbilanzierung, S. 30, 35 mwN. Vgl. auch *ADS*, § 253 Rn. 534, ggf. könne auch die gesamtschuldnerische Haftung mehrerer Schuldner von Bedeutung sein; so seien ausstehende Einlagen bei Kapitalgesellschaften wegen der Ausfallhaftung der übrigen Gesellschafter nur dann abzuschreiben, wenn die Bonität sämtlicher Gesellschafter fraglich ist, hierzu auch Baumbach/Hueck/*Schulze-Osterloh*, GmbHG, § 42 Rn. 418 mwN.

II. Aufsteigende Darlehen der GmbH außerhalb des Cash Pooling

Bevor die Bilanzierung der in einem Cash Pool bestehenden Forderungen dargestellt wird, sollen zunächst die Interessenlage und die hier resultierenden Anforderungen an die Bilanzierung aufsteigender Darlehensforderungen beleuchtet werden, die nicht der zentralen Konzernfinanzierung durch einen Cash Pool dienen.

1. Relevante Fallkonstellationen

Außerhalb des Cash Pooling sind zwei Fälle aufsteigender Darlehen zu unterscheiden. Zum einen finden sich aufsteigende Darlehensgewährungen der GmbH in völlig konzernfreien Sachverhalten, wie etwa im Falle der Novemberentscheidung, wo die GmbH dem Gesellschafter als natürlicher Person ein Darlehen gewährt. Aufsteigende Darlehen sind jedoch auch außerhalb eines Cash Poolings zwischen verbundenen Unternehmen, oder bei solchen, zwischen denen ein Beteiligungsverhältnis besteht, anzutreffen.[746]

Auch bei diesen konzerngebundenen Darlehen bestehen grundsätzlich keine Besonderheiten, die Bewertung bestimmt sich handelsrechtlich nach den für die jeweilige Forderungsart gültigen Regeln, insbesondere gilt auch hier das strenge Niederstwertprinzip.[747] Allerdings sieht § 42 Abs. 3 GmbHG besondere Ausweispflichten für Ausleihungen, Forderungen und Verbindlichkeiten gegenüber Gesellschaftern vor.[748] Der Gesetzgeber verdeutlicht durch diese besondere Ausprägung der Generalnorm des § 264 Abs. 2 HGB - True and fair view - in bilanz- und gesellschaftsrechtlicher Hinsicht ein gesteigertes Informationsbedürfnis bei solchen Rechtsverhältnissen.[749]

2. Zulänglichkeit einer bilanziellen Betrachtungsweise

Gerade bei dem die Kurzfristigkeit der Zahlungsströme charakterisierten Cash Pooling kann die Frage der Abzinsung trotz Kurzfristigkeit relevant sein.[750] Dennoch soll auch für sonstige kurzfristige Forderungen zur strikten Befolgung des Vorsichtsprinzips und zu einer entsprechend strengen Bilanzierung unzulänglich verzinster Darlehen ermahnt werden. Dies verlangt die Interessensverflechtung, denn wie zuvor mit Blick auf § 42 Abs. 3 GmbHG gesehen, legt der Gesetzgeber auf diese Rechtsverhältnisse besonderes Augenmerk. Auch wenn bei kurzfristigen Forderungen im Allgemeinen vielfach aus Vereinfachungsgründen von einer Abzinsung abgesehen werden kann, so zeigt § 42 Abs. 3 GmbHG, dass gerade bei aufsteigenden Darlehen der GmbH Vereinfachungs-

---

746 Zur Abgrenzung ausführlich *Heuser*, in GmbH-Handbuch, Bd. II, Rechnungswesen, Rn. II 257; zum Ganzen auch Baumbach/Hueck/*Schulze-Osterloh*, § 42 Rn. 131 ff.

747 So BeckBilKomm/*Ellrodt/St. Ring*, § 253 Rn. 597.

748 Zur hier umstrittenen Frage, ob die hier in Frage stehenden Rechtsverhältnisse zwischen Gesellschaft und Gesellschaftern in der Bilanz oder im Anhang auszuweisen sind, ausführlich *Lutter/Hommelhoff*, § 42 Rn. 37 ff; Roth/*Altmeppen*, § 42 Rn. 45 ff., die einen Ausweis in der Bilanz präferieren. Ausführlich mit Beispielen auch *Heuser*, in GmbH-Handbuch, Bd. II, Rechnungswesen, Rn. II 551 ff.

749 Vgl. Baumbach/Hueck/*Schulze-Osterloh*, § 42 Rn. 57, 37.

750 Hierzu unten H.III.5.

gedanken hinter dem Bedürfnis an Information und einer hieran anknüpfenden vorsichtigen Bilanzierung im Zweifel zurücktreten müssen. Die Erfassung einer unzulänglichen Verzinsung trotz Kurzfristigkeit ist in den meisten Fällen durchaus mit verhältnismäßigem Aufwand zu bewältigen und somit vom Bilanzierenden und vom Abschlussprüfer gleichermaßen zu verlangen.[751]

Schließlich ist darauf hinzuweisen, dass gewisse Umstände bei Gewährung aufsteigender - nicht im Cash Pooling bestehender - Darlehen die Erfassung und Ablichtung risikorelevanter Faktoren sogar erleichtern. Für aufsteigende Forderungen gegen ein verbundenes Unternehmen bzw. ein Beteiligungsunternehmen wird sogar vertreten, dass ein Ausfallwagnis gänzlich entfällt.[752] Auch wenn einem solch liberalen Verständnis nicht zu folgen ist,[753] so kann es aber bereits die bessere Informationssituation unter Umständen möglich machen, Forderungsrisiken im Wege der Einzelwertberichtigung eher zu berücksichtigen.[754]

3. Justiziabilität der bilanziellen Betrachtung – Insbesondere des Drittvergleichs

Trotz der Interessenverflechtung bei Geschäften zwischen der GmbH und ihren Gesellschaftern im Allgemeinen und aufsteigenden Darlehen im Speziellen kann es für die Beurteilung einer verbotenen Auszahlung im Rahmen des § 30 Abs. 1 GmbHG nur auf die rechnerische Vermögensminderung und nicht auf sonstige Umstände, insbesondere missbräuchliche Motive ankommen.[755] Deswegen kommt es bei dem bei Darlehen im Rahmen der bilanziellen Betrachtung und bei Austauschverträgen korrigierend vorzunehmenden Drittvergleich allein auf einen Vergleich mit Marktkonditionen an.[756] Es stellt sich aber die Frage, ob dieser in die Forderungsbilanzierung einfließende Drittvergleich justiziabel ist und die bilanzielle Betrachtung somit hinreichenden Schutz bietet. Hiergegen wird in der Literatur eingewandt, bei einer Darlehensgewährung der GmbH an ihren Gesellschafter sei eine Kreditprüfung, wie sie zwischen einem Kreditnehmer und einem Kreditinstitut regelmäßig stattfinde, in den meisten Fällen nicht gegeben, mit der Folge, dass auch das zwischen unbeteiligten Dritten übliche Aushandeln der Vertragsbedingungen ausbleibe.[757] *Engert*[758] hält das Abstellen auf einen Drittvergleich hinsichtlich der Kreditkonditionen somit für nicht justiziabel. Ein

---

751 Zu besonderen Anforderungen an die Abschlussprüfung zur Erfassung der Risiken aufsteigender Darlehen auch *Henze*, WM 2005, 717, 726.

752 So *BP-Kartei NRW* Teil I, Ziff. 4 b.

753 Dagegen auch BeckBilKomm/*Ellrodt/St. Ring*, § 253 Rn. 598.

754 Vgl. *Küting/Weber*, § 253 Rn. 66 mwN. Auch können Forderungen gegenüber verbundenen Unternehmen bzw. Beteiligungsunternehmen doch gewöhnlich leichter durchgesetzt werden als von gesellschaftsfremden Gläubigern, was im Rahmen der Abschreibung zu berücksichtigen sein kann, vgl. BeckBilKomm/*Ellrodt/St. Ring*, § 253 Rn. 598.

755 Hierzu oben G.II.2.

756 Hierzu oben G.II.3.

757 Zum Ausbleiben von Vertragsverhandlungen in diesem Zusammenhang auch *Drygala*, ZGR 2006, 587, 629, der in diesem Zusammenhang mwN. auf die Bedeutung des Aushandelns für die Kontrollfreiheit von Verträgen hinweist.

758 Vgl. *Engert*, BB 2005, 1951, 1953.

normaler Kreditgeber würde sich um unabhängige Informationsquellen bemühen, ein entsprechend notwendiges Misstrauen sei indes von dem Geschäftsführer der GmbH nicht zu erwarten, wenn ein Gesellschafter um Kredit nachsucht. Gesellschafter und Geschäftsführer sei das Interesse gemeinsam, die Kreditprüfung möglichst lax ausfallen zu lassen. Besonders wehrlos sei die Gesellschaft, wenn der Gesellschafter selbst Geschäftsführer sei oder diesem persönlich nahe stehe. Zwar könne man theoretisch versuchen, so *Engert*, dieser „Allianz des Nichtwissens" mit richterlichen Regeln zur sorgfältigen Kreditprüfung zu Leibe zu rücken. Indes werde dies kaum in einer zugleich wirksamen und hinreichend vorhersehbaren Weise gelingen.[759]

So überzeugend die zweifellos bestehende Interessenverflechtung dargestellt wird, so fehlgehend ist der Hinweis auf die mangelnde Justiziabilität.[760] Die Rechtsprechung befasst sich durchaus mit der Frage, welche Sorgfalt ein GmbH-Geschäftsführer bei einer Kreditvergabe walten lassen muss. Zum einen zeigt schon allein die Existenz der im Folgenden dargestellten Entscheidung zu § 43 GmbHG, dass Kreditgewährungen einer GmbH sehr wohl gerichtlich überprüfbar sind. Auch kann die Entscheidung des LG Köln inhaltlich überzeugen. Insbesondere könne der Einwand eines beklagten Geschäftsführers, so das Gericht,[761] er sei kein Bankkaufmann und bei der gegen ihn klagenden GmbH handele es sich nicht um eine Bank, eine Entlastung nicht herbeiführen. Es könne zwar zutreffend sein, dass im Einzelfall im Bankbereich bei der Vergabe eines Darlehens erhöhte Anforderungen an Kreditprüfung und -sicherung zu stellen seien, deren Sorgfaltsmaßstab nicht ohne weiteres auf die Parteien übertragbar sei, was aber keineswegs dazu führe, dass an den vom Beklagten vorliegend zu beachtenden Sorgfaltsmaßstab geringere Anforderungen zu stellen seien. Dies ergebe sich bereits aus dem Umstand, dass die Gewährung von Darlehen nicht zu den üblichen Gesellschaftszwecken des Klägers (der GmbH) gehöre. Schon die Unüblichkeit der Darlehensgewährung hätte zur Beachtung einer besonderen Sorgfalt (i.S.d. § 43 Abs. 2 GmbHG)[762] Anlass geben müssen.[763]

Die Entscheidung bestätigt, dass Darlehensgewährungen einer GmbH hinsichtlich der Kreditkonditionen durchaus justiziabel zu beurteilen sind. Hierüber hinaus verdeutlicht die Entscheidung erneut, dass die bilanzielle Betrachtung durch die persönliche Haftung von Geschäftsführer und Gesellschafter flankiert wird - [764] allein hier fin-

---

[759] Vgl. *Engert*, BB 2005, 1951, 1954.

[760] So im Ergebnis *Engert*, BB 2005, 1951, 1953, wiederum unter Hinweis auf mögliche enge Ausnahmen nach Maßgabe des obiter dictums in der Novemberentscheidung. In die gleiche Richtung kritisch gegen die bilanzielle Betrachtung mit dem hier vorzunehmenden Drittvergleich *Bayer/Lieder*, ZGR 2005, 133, 142: im Wege dieser normzweckgerechten Auslegung des § 30 GmbHG soll bereits vom Ansatz her Streit darüber vermieden werden, ob der Rückzahlungsnahspruch ordnungsgemäß bilanziert wurde.

[761] *LG Köln*, NJW-RR 2000, 1056 ff. Dem folgend Baumbach/Hueck/*Zöllner/Noack*, § 43 Rn. 18.

[762] Einschub durch den Verfasser.

[763] Vgl. *LG Köln* NJW-RR 2000, 1056, 1057, die notwendige Beachtung einer besonderen Sorgfalt ergebe ich im Übrigen auch daraus, dass eine nicht im Bereich der Kreditgewährung tätige Gesellschaft das Ausfallrisiko eines Darlehens im Zweifel sehr viel stärker treffe, als ein in diesem Bereich tätiges Unternehmen.

[764] Hierzu oben E.IV.

det sich der richtige Anknüpfungspunkt für die Einwände *Engerts,* die Entscheidung verlangt einem GmbH-Geschäftsführer zu Recht eine gehörige Sorgfalt bei der darlehensweise Verfügung über Gesellschaftsvermögen ab. Insbesondere erfasst die sorgfältige Beurteilung einer Darlehensgewährung die Vereinbarung einer angemessenen Risikoprämie, was es aber nicht ausschließt, dem Geschäftsführer bei der Beurteilung der Konditionen einen gewissen Ermessensspielraum zuzubilligen.[765] Einer völlig risiko- und marktfremden Kreditentscheidung ist jedoch durch eine persönliche Haftung zu begegnen.[766] Es verbietet sich aber, möglichen Missbräuchen oder auch schon nur der - von *Engert* beanstandeten - regelmäßig zu laxen Kreditwürdigkeitsprüfung präventiv mit einem grundsätzlichen Kreditvergabeverbot zu begegnen. Die bilanzielle Betrachtung mit dem hier immanenten Drittvergleich und der Berücksichtigung von Verzinsung und Besicherung bietet eine praktikable und justiziable Beurteilungsgrundlage.

4. Ergebnis

Es bleibt festzuhalten, dass die allgemeinen Grundsätze der Darlehensbilanzierung auch bei aufsteigenden Darlehen in der GmbH unverändert Anwendung finden. Der hier einfließende Drittvergleich mit Marktkonditionen ist auch hinreichend justiziabel. Allein die bestehende Interessensverflechtung rechtfertigt es somit nicht, von allgemeinen Grundsätzen abzuweichen. Missbräuchen ist durch die Verhaltenshaftung der Beteiligten zu begegnen. Im Folgenden gilt es, die durch besondere Risiken geprägte Situation beim Cash Pooling zu betrachten.

III. Modifizierung der bilanziellen Betrachtung beim Cash Pooling?

1. Das Problem des Klumpenrisikos

Über die bei sämtlichen aufsteigenden Darlehen bestehende Interessenverflechtung hinaus birgt das Cash Pooling Risiken in sich, die nicht den Interessen einzelner Beteiligter, sondern dem zentralisierten Finanzierungsmechanismus entspringen. Auf Grund der Zentralisierung der Konzernfinanzen und den hieraus resultierenden Abhängigkeiten entsteht ein Klumpenrisiko, das dazu führen kann, dass die einzelne Tochtergesellschaft durch eine Krise der Betreibergesellschaft oder einer ihrer Schwestern und der hierdurch bedingten Einstellung erforderlicher Liquidität ebenfalls in eine Krise verfällt, so dass der gesamte Konzernverbund wie ein Kartenhaus in sich zusammenbrechen kann.[767] Zwar ist auch diesem Risiko durch vertragliche Weitsicht sowie eine drohende Verhaltenshaftung zu begegnen.[768] Jedoch stellt sich die Frage, ob einem solchen Risiko bereits auf vorgelagerter Ebene im Rahmen der allgemeinen, der Vorsicht verpflichteten Bilanzierungsgrundsätze begegnet werden kann. Dies wurde in der

---

765 Allgemein zum Ermessen bei der Vornahme des Drittvergleichs im Rahmen von Austauschverträgen oben G.II.3.

766 Zu den seit der Trihotel-Entscheidung angeglichenen Haftungsmaßstäben für Gesellschafter und Geschäftsführer oben E.IV.4.

767 Hierzu oben A.II.3.

768 Hierzu oben E.IV.2.b).

jüngeren Literatur seit der Novemberentscheidung mehrfach gefordert,[769] konkrete Vorschläge wurden bislang jedoch nicht unterbreitet. Im Folgenden werden denkbare Lösungsansätze dargestellt. Zunächst gilt es jedoch, die Verzinsung im Zusammenhang mit der gesamten Konzernsituation zu betrachten.

2. Kein Verzinsungsverzicht aufgrund kompensatorischer Konzernvorteile

Spricht man über die besondere Risikolage im Konzern, so können auch die Vorteile beim Cash Pooling nicht außen vor bleiben. Es stellt sich die Frage, ob den aus der zentralen Konzernfinanzierung resultierenden Vorteilen bei der Beurteilung der einzelnen Darlehensforderung eine kompensatorische Wirkung zukommt. So wird in der Literatur vertreten, dass die Konzernvorteile eine Verzinsung beim Cash Pooling vollständig entbehrlich machen können. Denn im Rahmen einer Gesamtschau könne auch ohne Verzinsung von einem erfolgreichen Drittvergleich ausgegangen werden, wenn eine Verzinsung sowohl bei Abgabe, als auch bei der Zuführung von Liquidität unterbleibe und ohnehin wegen der konzernspezifischen Vorteile von einer für die einzelnen Tochtergesellschaften insgesamt günstigen Finanzierungssituation auszugehen sei.[770]

Einer solchen Argumentation ist aus bereits dargestellten allgemeinen Erwägungen zu widersprechen.[771] Allgemeine Konzernvorteile – in Anlehnung an das französische Rozenblum-Konzept – können weder nachteilige Maßnahmen im Konzern, etwa in Form unausgeglichener Leistungsbeziehungen, noch einen Verzicht auf eine ersatzweise konkrete Ausgleichspflicht im Sinne des § 311 AktG rechtfertigen. Auf Grund der mangelnden Quantifizierbarkeit der Vorteile lassen sich auch verdeckte Vermögensverlagerungen in konzernfreien Sachverhalten nicht mit einem „betrieblichen Interesse“ rechtfertigen. Schließlich können Konzernvorteile einen Verzinsungsverzicht beim Cash Pooling auch aus bilanzrechtlichen Erwägungen nicht kompensieren. Eine Un- bzw. Unterverzinslichkeit des Darlehens kann bilanzrechtlich dann außer Betracht bleiben, wenn eine verdeckte Verzinsung in Form anderer konkreter Gegenleistungen erfolgt.[772] Insofern fragt sich, ob allein die Teilnahme der darlehensgebenden Gesellschaft an dem Cash Pooling eine mangelnde Verzinsung aus bilanzrechtlicher Sicht kompensieren kann. Eine solche Kompensation ist im Allgemeinen nur dann möglich, wenn der erlangte Vorteil einen selbstständig bilanzierbaren Vermögensgegenstand darstellt oder aber die Darlehensforderung selbst mit konkret greifbaren und abgrenzbaren Vorteilen ausgestattet ist, die unmittelbar eine Gegenleistung für die Kapitalüberlassung darstellen. Hiervon ist nach Auffassung des BFH beispielsweise dann auszugehen, wenn eine Brauerei an Gaststätten zinslose Darlehen gegen Einräumung einer Bierbezugsverpflichtung gewährt.[773] Eine vergleichbar konkrete Gegenleistung

---

769 Vgl. etwa *Spindler*, ZHR 171 (2007), 245, 253; *Hentzen*, ZGR 2005, 480, 405.

770 In diese Richtung für einen Zinsverzicht beim Cash Pooling *Markowski*, Cash Management, S. 115; *Schilmar*, DStR 2006, 568, 570; *Sieger/Hasselbach*, BB 1999, 645, 646.

771 Vgl. oben G.III.5. zur Frage der Rechtfertigung einer – rechnerisch festgestellten - Auszahlung „im betrieblichen Interesse“.

772 Zum ganzen *Küting/Weber*, § 253 Rn. 44 mwN.

773 Vgl. *BFH* BStBl. II 1976, S. 13 ff.

kommt der darlehensgebenden Gesellschaft aber nicht bereits deswegen zu, weil sie durch die Einbindung in das Cash Pooling von den zentralisierungsbedingten Finanzvorteilen profitiert. Die dargestellte Meinung und der dort getätigte Hinweis auf eine saldierende Gesamtschau von Soll- und Habenzinsen stellt vielmehr auf eine hypothetische zukünftige Situation ab, die sich möglicherweise nie realisiert, denn es kann nicht pauschal angenommen werden, dass eine Gesellschaft über einen gegebenen Zeitraum genauso viel hypothetischen Zins aus dem Pool erhält, wie sie zahlen muss.[774] Weder bei Austauschverträgen noch bei Kreditverträgen im Allgemeinen und beim Cash Pooling im Speziellen kann eine rechnerische Vermögensminderung mit dem Hinweis auf mögliche, nicht näher quantifizierbare Vorteile gerechtfertigt sein.[775]

Können abstrakte Konzernvorteile allein also nicht eine fehlende Verzinsung kompensieren, so könnten sie bei einem marktgerecht verzinsten Darlehen aber möglicherweise das Klumpenrisiko ausgleichen. Hierauf ist an geeigneter Stelle näher einzugehen.[776]

3. Pauschalwertberichtigung zur Erfassung des Klumpenrisikos

In der Literatur wurde zu Recht beanstandet, dass die fortlaufende Unterbilanzermittlung wegen des teilweise unsicheren Wertberichtigungsbedarfs durchaus mit Unsicherheiten behaftet sei.[777] Ein aus dem Klumpenrisiko resultierender Erosionsprozess lässt sich auch nicht allein durch Einzelwertberichtigungen ausschließen, weil der Wertberichtigungsbedarf hier erst mit dem Ausfall planmäßiger Rückzahlungs- oder Zinsleistungen, dann aber wohl flächendeckend für alle aufsteigenden Darlehen an die Obergesellschaft entsteht. Vor diesem Hintergrund ist zu erwägen, eine Wertberichtigung allein wegen der bestehenden Risikokonzentration vorzunehmen.[778] Die Erfassung eines solch konzentrierten Risikos könnte durch eine Pauschalwertberichtigung erfolgen.[779] Hierdurch sind gegebenenfalls nach der Vornahme von Einzelabwertungen noch vorhandene, dem Unternehmen aber noch nicht konkret bekannte, jedoch latente, mit einer gewissen Wahrscheinlichkeit noch auftretende Risiken zu berücksichtigen.[780]

---

774 Vgl. *Reidenbach*, WM 2004, 1421, 1424. Dem folgend *Deckart*, Cash Pooling, S. 70.

775 So zum Cash Pooling auch *Cahn*, DK 2004, 235, 243; *Hentzen*, ZGR 2005, 480, 498.

776 Hierzu unten H.III.6.

777 Vgl. *Wessels*, ZIP 2006, 1701, 1706. Ähnlich *Drygala*, ZGR 2006, 587, 593.

778 Vgl. *Hentzen*, ZGR 2005, 480, 504, die resultierende Sonderbewertung würde einen eigenständigen Teil der Abschlussprüfung für sich beanspruchen. Mit ähnlichen Modifizierungsvorschlägen im Rahmen der bilanziellen Betrachtung auch *Henze*, WM 2005, 717, 726, der ein Testat der Vollwertigkeit der Upstream-Darlehensforderung im Jahresabschluss vorschlägt. Zu einem Modifizierungsbedüfnis der bilanziellen Betrachtung beim Cash Pooling auch *Spindler*, ZHR 171 (2007), 245, 253.

779 Zu einem solchen Ansatz – schlagwortartig - auch *Hentzen*, ZGR 2005, 480, 504, jedoch ohne nähere Analyse.

780 Vgl. BeckBilKomm/*Ellrott/St. Ring*, § 253 Rn. 577; *Kleinle*, in HHR, § 6 Anm. 931; *Sittmann-Haury*, Forderungsbilanzierung, S. 42. Die Pauschalwertberichtigung bleibt auch nach Aufhebung der § 152 Abs. 6 S. 2 AktG a.F. und § 40 Abs. 4 Nr. 1 HGB a.F. zulässig, sie entspricht nach einhelliger Auffassung den GoB, hierzu statt aller *Wiedmann*, § 253 Rn. 104 f; *Jaudzims/Münch*, DB 1996, 2293; mit Blick auf die Steuerbilanz *BFH* BStBl. II 1989, S. 359;*Kleinle*, in HHR, § 6 Rn. 931.

Soweit das Unternehmen, obwohl für die einzelnen Forderungen noch keine Risiken erkennbar sind, mit Forderungsausfällen oder mit erheblichen Zahlungsverzögerungen rechnet, muss wegen des Vorsichtsprinzips eine Pauschalabwertung gebildet werden.[781]

Fraglich ist, ob das konzerntypische Klumpenrisiko einer solchen zugänglich ist. Dies setzt voraus, dass es nicht bereits Gegenstand einer Einzelwertberichtigung wegen mangelnder Bonität sein kann.[782] Eine Einzelwertberichtigung ist von dem Nachweis abhängig, dass am Abschlussstichtag Tatsachen vorliegen, aus denen eine Konkretisierung der Gefahr und eine gewisse Wahrscheinlichkeit des Ausfalls gerade im Hinblick auf die einzelne Forderung hergeleitet werden können.[783] Hingegen sind Risiken, die nicht unmittelbar aus den persönlichen Umständen des Schuldners oder den Gegebenheiten der einzelnen Forderung, sondern nur aus einer Gesamtheit von Forderungen resultieren, wie sie typischerweise bei Forderungen aus Lieferungen und Leistungen bestehen, lediglich im Rahmen einer Pauschalwertberichtigung berücksichtigungsfähig. Gegen eine Berücksichtigung durch eine Einzelwertberichtigung spricht, dass das Klumpenrisiko keine konkrete Gefahr verbunden mit einer gewissen Ausfallwahrscheinlichkeit beinhaltet. Das (Klumpen-) Risiko, als – isoliert betrachtet – gesundes Unternehmen wegen der finanziellen Einbindung in den Cash Pool unter dem Kartenhaus eines kränkelnden Gesamtkonzerns zusammenzubrechen, ist zwar nicht konkret, aber durchaus latent vorhanden. Lässt sich das Klumpenrisiko als latentes Risiko also grundsätzlich im Rahmen einer Pauschalwertberichtigung berücksichtigen, so stellt sich die Frage, ob sich für die Realisierung des Klumpenrisikos auch die für eine bilanzielle Ablichtung erforderliche Ausfallwahrscheinlichkeit bestimmen lässt.

Zwar bedarf es für die Vornahme einer Pauschalwertberichtigung gerade nicht des Nachweises einer konkreten Gefahr und der hiermit einhergehenden Wertminderung der einzelnen Forderung, aber auch eine Pauschalwertberichtigung darf nicht ohne näher bestimmbare Gründe für die Annahme eines Forderungsausfalls vorgenommen werden.[784] Die Erfassung des Klumpenrisikos durch eine Pauschalwertberichtigung stößt an dieser Stelle auf Bedenken, denn Aussagen über die Ausfallwahrscheinlichkeit lassen sich hier gerade nicht in der Weise treffen, wie es insbesondere bei Forderungen aus Lieferungen und Leistungen der Fall ist. Denn der Betrag der Pauschalwertberichtigung wird regelmäßig durch Anwendung eines auf der Grundlage von Vergangenheitserfahrungen geschätzten Prozentsatzes ermittelt.[785] Hier versagt die Pauschalwertberichtigung im Falle des Klumpenrisikos, die am Pool teilnehmende Konzerntochter kann keinen Forderungsausfall der Vergangenheit vorweisen, denn, dies hat die Rechtswirklichkeit gezeigt, solange es dem Konzern gut geht, sind alle konzerninternen Darlehensforderungen stets vollwertig. Die Vollwertigkeit entfällt

---

781 Vgl. BeckBilKomm/*Ellrott/St. Ring*, § 253 Rn. 578; *Kleinle*, in HHR, § 6 Anm. 931.

782 Hierzu oben H.I.1.

783 *Küting/Weber*, § 253 Rn. 62 mwN; *Sittmann-Haury*, Forderungsbilanzierung, S. 35 f.

784 *Küting/Weber*, § 253 Rn. 62 mwN. Zur - exemplarischen - Wahrscheinlichkeitsrechnung bei Forderungen von Kreditinstituten *Sittmann-Haury*, Forderungsbilanzierung, S. 42 ff.

785 *Kleinle*, in HHR, § 6 Anm. 931; *Küting/Weber*, § 253 Rn. 62; *Storn*, WPg 1975, 131, 133. Aus steuerbilanzieller Sicht bereits *BFH* BStBl. III 1958, S. 291.

meist erst dann, wenn auf Grund des Dominoeffekts der gesamte Konzern in die Krise fällt – gerade dies ist Wesensmerkmal des Klumpenrisikos. Gibt es also Zusammenbrüche, so kann die darlehensgebende Tochter diese regelmäßig nicht mehr zur Bestimmung einer Wahrscheinlichkeit für eine zukünftige Abschreibung heranziehen, da sie selber mit zum Opfer fällt. Eine Ausfallwahrscheinlichkeit anhand von Vergangenheitserfahrungen lässt sich also nicht bestimmen. Zwar kann sich das darlehensgebende Unternehmen mangels Vergangenheitserfahrungen auch auf reine Zukunftsprognosen stützen, zumal Vergangenheitswerte ohnehin nur einen Anhaltspunkt liefern, doch müssen auch hier konkrete Tatsachen angeben werden, die die Berücksichtigung der latenten Gefahr erlauben.[786] Doch kann das Klumpenrisiko auch nicht Gegenstand einer reinen Zukunftsprognose in dem Sinne sein, dass die Gesellschaft die Wahrscheinlichkeit des Zusammenbruches des Gesamtkonzerns prophezeien kann; zumal es in der Vergangenheit noch keine Ausfälle gegeben hat, ist es gleichsam fern liegend, solche für die Zukunft vorauszusagen.[787]

Es bleibt festzuhalten, dass sich das Klumpenrisiko zwar als ein latentes Risiko im Sinne einer Pauschalwertberichtigung einordnen lässt, sich über den erwarteten Ausfall jedoch keinerlei justiziable Aussage treffen lässt, da weder Erfahrungswerte vorliegen, noch ein zukünftiger Forderungsausfall prognostiziert werden kann.

4. Modifizierter Drittvergleich zur Kompensation des Klumpenrisikos

Lässt sich das Klumpenrisiko also nicht im Rahmen einer Pauschalwertberichtigung berücksichtigen, so ist der Blick nochmals auf die zugrunde gelegten Darlehenskonditionen zu richten. Ein wegen nicht marktgerechter Konditionen gescheiterter Drittvergleich führt zu bilanziellen Abschlägen. An dieser Stelle ist zu erwägen, das Klumpenrisiko durch eine höhere Risikoprämie auszugleichen, denn ein im Vergleich zum allgemeinen Kreditmarkt gesteigertes Risiko erfordert eine im Vergleich zu allgemeinen Kreditkonditionen gesteigerte Risikoprämie. In concreto ist über eine Verschärfung der für den Drittvergleich maßgeblichen Konditionen nachzudenken, mit der Folge, dass eine nicht angemessene Verzinsung wiederum zu Abschlägen im Rahmen der Einzelwertberichtigung führen muss.[788]

Es ist Erinnerung zu rufen, dass Sinn und Zweck des Cash Poolings darin besteht, die Situation aller Beteiligter gegenüber derjenigen am externen Kreditmarkt zu

---

786 Vgl. BeckBilKomm/*Ellrott/St. Ring*, § 253 Rn. 588; *Storn*, WPg 1975, 131. Hier sollen Ausfälle berücksichtigt werden, die nach vernünftiger kaufmännischer Beurteilung in den nächsten zwei Jahren zu erwarten sind, vgl. *Storn*, WPg 1975, 131 mwN.

787 Die fehlende Bestimmtheit entspricht der Natur der Konzernsituation: Weder können aus der Einbindung resultierende Konzernvorteile einen konkreten Ausgleich leisten, noch stellen resultierende Konzernnachteile einen konkret ausgleichsfähigen Nachteil dar, statt aller zu Konzernvor- und Nachteilen *Hüffer*, § 311 Rn. 26, 39.

788 Der das Klumpenrisiko kompensierende Risikozuschlag ließe sich beispielsweise im Rahmen einer Kreditwürdigkeitsprüfung nach Vorbild des § 19 Abs. 2 Kreditwesengesetz quantifizieren, so auch *Spindler*, ZHR 171 (2007), 245, 258, jedoch mit Blick auf das Kreditwürdigkeitsverlangen des BGH in seinem obiter dictum

verbessern.[789] Ein sinnvolles Cash Pooling erschöpft sich aber nicht in der verbesserten Finanzlage der Mutter- bzw. Betreibergesellschaft und in einer hieraus resultierenden verbesserten Gesamtsituation sämtlicher Konzernunternehmen.[790] Sinn und Zweck eines sinnvoll ausgestalteten Cash Pooling ist es vielmehr, dass die Finanzvorteile in Form konkreter Konditionen an die Poolteilnehmer weitergereicht werden, was an folgendem Zahlenbeispiele nochmals verdeutlicht werden soll:[791] Während eine bedürftige Tochter extern 5, 0 % Sollzins zahlen müsste, wird ihr im Cash Pool Liquidität zu 4,7 % zur Verfügung gestellt. Einer vermögenden Tochter würde für die Anlage überschüssiger Liquidität extern ein Habenzins von 3,0 % gewährt, intern erhält sie eine Verzinsung von 3,3 %. Der Preis für diese gegenüber der Marktsituation verbesserten Konditionen ist die Belastung mit dem Klumpenrisiko, bzw. - andersherum - durch die verbesserten Konditionen erhält die am Pool teilnehmende Tochter eine das Klumpenrisiko kompensierende Risikoprämie. Somit ließe sich fordern, bei dem im Rahmen der Forderungsbilanzierung vorzunehmenden Drittvergleich für die darlehensgebende Tochter also nicht nur den Marktzins, sondern entsprechend der dargestellten Praxis einen höheren Zinssatz zugrunde zu legen. Eine im Vergleich zu niedrige Verzinsung würde dann wieder zu einem entsprechenden bilanziellen Abschlag führen.

Jeder Lösungsvorschlag muss sich aber an den Maßgaben von Praktikabilität und Justiziabilität messen lassen. Es müssten sich allgemeingültige Aussagen darüber treffen lassen, welcher über dem Marktwert liegende zusätzliche Zins erforderlich und dem Drittvergleich zugrundezulegen ist. Hier lassen sich aber gerade keine festen Grundsätze aufstellen. In einem Fall liegt der Zinsvorteil bei 0,2 %, im anderen Fall bei 0,4 %. Eine praktikable Lösung könnte nur darin bestehen, einen einheitlichen Soll- und Habenzins als Mittel aus den Marktkonditionen zu bilden. So ergäbe sich bei einem externen Sollzins von 5,0 % und einem externen Habenzins von 3,0 % ein Mittelwert von 4,00 %. Doch wie das zuvor dargestellte Beispiel mit reellen Zahlen zeigt, liegt ein interner einheitlicher Soll- und Habenzins von 4,00 % fern der Realität. Ein

789 Vgl. Interview *Euchner/Poschmann.* In der Lit. *Vetter/Stadler*, in VGR 2003, S. 65; *Burgard*, in VGR 2002, S. 67; *Grothaus/Halberkamp*, GmbHR 2004, 1121, 1125. Auch *Habersack/Schürnbrand*, NZG 2004, 689, 695 stellen darauf ab, ob die mit der Zentralisierung verbundenen Synergieeffekte in Form der Einsparung von Finanzierungs- und Verwaltungskosten anteilig an die abhängige Gesellschaft weiter gereicht werden. Hierauf soll es jedoch bei der Frage ankommen, ob die Darlehensvergabe in dem vom BGH für eine Ausnahme verlangten Interesse der Gesellschaft liege, zum Ganzen oben E.III.5.a). Die Zulässigkeit einer Darlehensvergabe würde hier jedoch bei fehlender Vorteilsweitergabe – entgegen der hier vertretenen Ansicht – wiederum nach einem Alles-oder-Nichts-Prinzip scheitern, anstatt im Rahmen der Bilanzierung eine abgestufte Beurteilung zu erlauben. Wenig überzeugend auch *Kerber*, DB 2005, 1835, 1836, der das Cash Pooling auch in bei konkreten Vorteilen für die Töchter unzulässig, weil zu Lasten der Töchter erachtet: Angesichts der nach der Kreditvergabe eintretenden Risikoverteilung könne die Mutter bestens damit leben, dass die Gelder zu Konditionen oberhalb des Marktes ausgegeben werden.

790 So wird vertreten, durch die Einsparung von Finanzierungskosten auf Ebene des Gesamtkonzerns verringere sich nicht nur die Insolvenzwahrscheinlichkeit der Konzernspitze, sondern – auf Grund des Kartenhauseffektes – auch die aller verbundenen Gesellschaften, vgl. *Engert*, BB 2005, 1953, 1957.

791 Hierzu bereits grundlegend oben A.II.1.

solches Verlangen würde einen unverhältnismäßigen, mit betriebswirtschaftlichen Zielen nicht zu vereinbarenden Eingriff darstellen. Es lassen sich also keine allgemeingültigen und justiziablen und zugleich betriebswirtschaftlich vertretbaren Werte für einen modifizierten Drittvergleich vorgeben.

5. Anordnung eines strengen Drittvergleichs als Mindestanforderung

Jedoch ist die Forderung nach einer stets marktgerechten Verzinsung für den Drittvergleich zu untermauern. Ein solch strenger Maßstab ist gerade beim Cash Pooling auch mit Blick auf die Kurzfristigkeit der einzelnen Zahlungsströme anzuordnen.

Wie gesehen wird in der Bilanzierungspraxis bei kurzfristigen Forderungen auf eine Abzinsung aus Praktikabilitätsgründen vielfach verzichtet. Eine solche Praxis darf hingegen beim Cash Pooling nur in extremen Ausnahmefällen Platz greifen, wenn der erforderliche Aufwand immens schwerer wiegt als die gebotene Vorsicht. Durch eine ausdrückliche Anordnung des Drittvergleichs als Mindestanforderung – unabhängig von handelsbilanziellen Grundsätzen – sind die Beteiligten zu äußerster Vorsicht anzuhalten.[792] Dies gilt nicht nur für die Frage, ob ein Drittvergleich überhaupt – trotz Kurzfristigkeit der Forderung – vorzunehmen ist. Vielmehr müssen auch der Höhe nach mindestens Marktkonditionen zugrunde gelegt werden, um die Finanzierungsvorteile an die einzelnen darlehensgebenden Töchter weiterzugeben. Verstöße hiergegen sollten vom Abschlussprüfer vermerkt werden.[793]

Ob das so zu fixierende Gebot einer besonderen Vorsicht durch eine Beweislast des Gesellschafters zu untermauern ist, ist nachfolgend zu erörtern. Zunächst gilt es jedoch darauf hinzuweisen, dass das Auszahlungsverbot auch und gerade im Fall des Cash Pooling von weiteren gläubigerschützenden Instrumenten und Faktoren begleitet und somit hinreichender Gläubigerschutz geleistet wird.

6. Handelsbilanz und begleitender Gläubigerschutz als Lösung

Insgesamt ist auch beim Cash Pooling bei der Frage einer verbotenen Auszahlung allein auf die allgemeinen Bilanzierungsgrundsätze sowie auf einen konsequenten Drittvergleich als Mindestanforderung zu verweisen. Die bilanzielle Betrachtung ist jedoch in weitere Umstände eingebettet, durch die auch das Klumpenrisiko berücksichtigt wird.

Auch wenn sich diese nicht justiziabel erfassen lassen, so entsprechen über Marktwerten liegende Risikoprämien - wie zuvor gesehen - durchaus der Praxis. Hierüber hinaus kommt den einzelnen Töchtern außerdem die verbesserte Finanzlage der Mutter- bzw. Betreibergesellschaft und die hieraus resultierende verbesserte Gesamtsituation zu gute.[794] Denn die Einsparung von Finanzierungskosten auf Ebene des Gesamtkonzerns verringert nicht nur die Insolvenzwahrscheinlichkeit der Konzernspitze, son-

---

[792] Für eine eigenständige Formulierung eines Drittvergleichs bzw. der Maßgeblichkeit der Marktwerte auch der Vorschlag von *BDI/GDV*, hierzu unten I.I.

[793] Besonderen Anforderungen an die Abschlussprüfung zur Erfassung der Risiken beim Cash Pooling schlägt auch *Henze*, WM 2005, 717, 726 vor.

[794] Jedoch können diese nicht hinreichend quantifizierbaren Vorteile noch keinen völligen Zinsverzicht rechtfertigen, hierzu oben H.III.2.

dern – auf Grund des Kartenhauseffektes – auch die aller verbundenen Gesellschaften.[795] Insofern tragen die nicht näher quantifizierbaren Konzernvorteile zumindest unterstützend dazu bei, ebenfalls nicht näher quantifizierbare Konzernnachteile, nämlich das Klumpenrisiko, auszugleichen. Mehr als eine Unterstützung können solche Vorteile aber nicht leisten.[796]

Schließlich ist auch gerade für das Cash Pooling nochmals darauf hinzuweisen, dass das auf die Handelsbilanz gestützte Auszahlungsverbot von weiteren Gläubigerschutzmechanismen umgeben ist. Gerade hier zeigt sich die Notwendigkeit eines auf mehreren Säulen fußenden Gläubigerschutzkonzepts. Insbesondere auf die Grundsätze der Existenzvernichtungshaftung und deren präventive Wirkung kann nicht oft genug hingewiesen werden. Möchten die Beteiligten einer persönlichen Haftung entgehen, so haben sie sich in vertraglicher Weitsicht zu üben.

7. Zusätzlicher Gläubigerschutz durch Beweislast des Gesellschafters?

Die Effektivität einer Norm kann mit der Beweislastverteilung stehen und fallen. Dementsprechend stellt sich auch hier die Frage, ob die Beweislast in einem zukünftigen Auszahlungsverbot den Gesellschafter treffen muss.[797] So bliebe es bei einer der Verschärfungen, die der BGH in der Novemberentscheidung vorgenommen hat, auch der BGH verbindet die strengen – wenngleich sogar kaum erfüllbaren und jedenfalls nicht praktikablen – Vorgaben des obiter dictums mit einer Beweislast des Gesellschafters. Insofern könnte man sehr wohl erwägen, es bei einer bilanziellen Betrachtung zu belassen, dem Gesellschafter jedoch die Beweislast aufzuerlegen.

Doch ist zu bedenken, dass eine Beweislast des Gesellschafters zu einer weitgehenden Beschränkung des zwischen Gesellschaft und Gesellschaftern bestehenden Leistungsverkehrs führen würde. Auf Kosten des gerade bei der GmbH bestehenden Flexibilitätsbedürfnisses könnte eine grundsätzliche Beweislast des Gesellschafters zu einem extensiven Klageverhalten führen und somit jedes Geschäft erklärungsbedürftig machen.[798] Auch wenn dies beim Cash Pooling wegen der dort bestehenden besonderen Gefahrenlage sogar hinnehmbar wäre, so soll das zukünftige Auszahlungsverbot doch eben keine punktuelle Lösung für - und auch nicht gegen - das Cash Pooling sein. Insgesamt sollte es also bei der gesetzlichen Anordnung besonders strenger Grundsätze gerade mit Blick auf den Drittvergleich, aber auch bei der grundsätzlichen Beweislast der Gesellschaft bleiben. Hierdurch wird der Entlastungsspielraum von Gesellschafter bzw. Geschäftsführer ohnehin schon eingeengt. Die aus der besonderen Gefahrenlage resultierenden Eigenarten des Cash Pooling rechtfertigen es jedenfalls

---

795 So zu Recht *Engert*, BB 2005, 1953, 1957, der in diesem Aspekt sogar die alleinige Rechtfertigung für aufsteigende Darlehen sieht, die eben nur beim Cash Pooling gegeben sei, so dass für andere aufsteigende Darlehen mit dem BGH von einem Kreditvergabeverbot auszugehen sei. Ähnlich *Bayer*, FS Lutter, S. 1011, 1025, mit Blick auf aufsteigende Sicherheiten, die dann unbedenklich sein sollen, wenn die abgesicherten Gelder zwar nicht direkt an die einzelne Tochter weitergeleitet werden, sondern zur Finanzierung konzerninterner Maßnahmen verwendet wird, die *auch* der Tochter zugute kommen. (Hervorhebung durch den Verfasser.)

796 Hierzu oben H.III.2.

797 Hierfür *Spindler*, ZHR 171 (2007), 245, 256, 269.

798 Zu einem gesteigerten Bedürfnis der GmbH an hinreichender Flexibilität oben G.I.3.

nicht, mit einer rechtspolitischen Narkose in Form einer allgemeingültigen Beweislast des Gesellschafters den Leistungsverkehr zwischen Gesellschaft und Gesellschaftern zu betäuben. Auch bei Austauschverträgen sind Darlegungs- und Beweisprobleme bekannt, so etwa bei kaum greifbaren Serviceleistungen, auch hier bereitet es vielfach Schwierigkeiten, einen gescheiterten Drittvergleich und somit eine verbotene Auszahlung nachzuweisen.[799] Doch hilft man sich auch hier im Einzelfall mit einer Darlegungslast des empfangenen Gesellschafters oder Schätzungen nach § 287 ZPO.[800]

Schließlich wird das zukünftige Zusammenspiel der einzelnen Gläubigerschutzkomponenten zeigen, inwiefern die Rechtsprechung etwaige Verschärfungen bei der Beweislast für erforderlich hält. Gerade erst ist der BGH bei der Existenzvernichtungshaftung von seiner bisherigen Beweislastverteilung zulasten des Gesellschafters abgerückt.[801] Zwar ließe sich die Beweislast des Gesellschafters gerade in Konzernsachverhalten weiterhin nach dem Vorbild der TBB-Entscheidung gut begründen.[802] Offensichtlich bemüht sich aber auch der Senat im Rahmen seines neuen deliktischen Haftungsmodells um eine allgemeingültige und nicht nach Konzernsachverhalten differenzierende Lösung. Verschärfend abweichende Grundsätze sind wenn überhaupt der Rechtsprechung und nicht einer allgemeingültig zu formulierenden gesetzgeberischen Lösung zu überlassen.

8. Ergebnis

Auch beim Cash Pooling bietet die bilanzielle Betrachtung der Darlehensbeziehungen die einzig rechtssichere und verlässliche Beurteilungsgrundlage. Jedoch ist auch hier zunächst eine strenge Befolgung des Vorsichtsprinzips und insbesondere des strengen Niederstwertprinzips zu fordern, die Un- bzw. Unterverzinslichkeit von Darlehen muss im Wege der Einzelwertberichtigung grundsätzlich laufzeitunabhängig berücksichtigt werden. Diese kann nur bei extrem kurzfristigen Darlehensflüssen ausscheiden. Aus Vorsicht vor einer eher unvorsichtigen Bilanzierungspraxis ist im Rahmen des Auszahlungsverbotes ein Drittvergleich – losgelöst von bilanziellen Grundsätzen – als Mindestanforderung festzuschreiben. Insgesamt kommt einer solchen Mindestanforderung somit sowohl bei Austausch-, als auch bei Kreditverträgen eine eigenständige Bedeutung zu.

Über Einzelwertberichtigungen hinausgehende Pauschalwertberichtigungen scheiden aus, denn das Klumpenrisiko lässt sich nicht näher quantifizieren. Auch lässt sich das Klumpenrisiko nicht durch eine höhere Risikoprämie ausgleichen, denn eine über die Marktkonditionen hinausgehende Vergleichsgröße lässt sich nicht allgemeingültig bestimmen. Hingegen soll eine Kompensation dadurch erfolgen, dass der Drittvergleich nicht nur „dem Grunde nach", sondern auch „der Höhe nach" als Mindestanforderung angeordnet wird. Leistungen in einem Cash Pool müssen also *mindestens* zu Marktkonditionen erfolgen. Die Finanzierungsvorteile sind somit durch verbesserte

---

799 So *Hüffer*, § 57 Rn. 9.

800 Hierzu oben G.II.3.

801 Vgl. *BGH* ZIP 2007, 1552, 1558 (Trihotel).

802 Vgl. *BGHZ* 122, 123, 131 (TBB). Für eine Beweislast des Gesellschafters in Konzernsachverhalten i.R.d. § 826 BGB *Paeffgen*, DB 2007, 1907, 1912; *Altmeppen*, NJW 2007, 2657, 2660.

Konditionen konkret an die Tochter weiterzugeben. Dies ist in der Praxis üblich und somit zumutbar. Schließlich bildet eine strenge Anwendung der Bilanzierungsgrundsätze in Verbindung mit einer Verbesserung der Gesamtkonzernsituation sowie der präventiven Wirkung einer drohenden Verhaltenshaltenshaftung auch beim Cash Pooling einen hinreichenden Gläubigerschutz.

IV. Ergebnis

Die handelsbilanziellen Grundsätze der Forderungsbewertung bieten die einzig sichere Beurteilungsgrundlage aufsteigender Darlehen. Insbesondere werden mit Zinsen und Sicherheiten diejenigen Aspekte der Forderungsbilanzierung erfasst, die der BGH in der Novemberentscheidung nach einem Alles-oder-Nichts-Prinzip als Zulässigkeitsvoraussetzung verlangt. Dem entgegen erlaubt die Berücksichtigung dieser Kriterien im Rahmen der Bilanzierung eine abgestufte Betrachtung. Auch unterscheidet sich die Beurteilung von Darlehensverträgen gerade durch den bilanziell abgelichteten Drittvergleich von aufsteigenden Austauschverträgen, bei denen ein Drittvergleich als Korrektiv zu fordern ist. Bei der Darlehensbilanzierung deckt sich das wertmäßig geschützte Vermögen also grundsätzlich mit dem tatsächlichen Vermögen. Der vom Geschäftsführer der darlehensgebenden Gesellschaft vorzunehmende Drittvergleich bei Bestimmung der Darlehenskonditionen ist auch hinreichend justiziabel, so dass die bilanzielle Betrachtung trotz regelmäßig bestehender Interessenkonflikte ausreichend ist.

Auch für Darlehen im Cash Pool ist eine – strenge - bilanzielle Betrachtung ausreichend. Allerdings ist zum Schutz vor einem leichtsinnigen Umgang mit bilanziellen Grundsätzen bei der Forderungsbewertung ein Drittvergleich unabhängig von selbigen sowohl „dem Grunde nach“ als auch „der Höhe nach“ als Mindestanforderung zu fordern. Eine im Rahmen des Drittvergleichs zu fordernde, konkret bestimmbare höhere Risikoprämie zur Kompensation des Klumpenrisikos ist hingegen nicht justiziabel. Die bilanzielle Betrachtung wird schließlich durch eine verbesserte Gesamtsituation des Konzerns sowie durch die drohende persönliche Haftung wegen existenzvernichtenden Eingriffs begleitet, die zu vertraglichen Vorkehrungen zwingt und somit eine präventive Wirkung entfaltet.

V. Aufsteigende Sicherheiten de lege ferenda

De lege lata wurde herausgearbeitet, dass die bilanzielle Betrachtung auch bei der Beurteilung aufsteigender Sicherheiten grundsätzlich eine dogmatisch und praktisch verlässliche Beurteilungsgrundlage bildet. Allerdings unterliegen auch Sicherheiten dem Klumpenrisiko, denn entsteht eine Krise, so wird der Haftungskredit zu Lasten der dann ohnehin gefährdeten Liquidität in Anspruch genommen.

Doch kann es auch hier grundsätzlich bei der herkömmlichen bilanziellen Betrachtung bleiben. Eine Rückstellung oder Verbindlichkeit wird erst bei wahrscheinlicher Inanspruchnahme bilanziert, die in Gesamtschau mit einem vollwertigen Regressanspruch wieder zu einem bilanzneutralen Aktivtausch führt. Die Sicherheitenbestellung ist im Vergleich zu Darlehen mit dem dort erfolgenden direkten Mittelabfluss mit geringeren Risiken belastet, da bei einer Sicherheitenbestellung die Möglichkeit besteht, dass es zu einer Inanspruchnahme überhaupt nicht kommt.[803] Auch ist der Bilanzierung von Sicherheiten nicht ein ständiger Drittvergleich wie bei der Bilanzierung von Darlehensforderungen immanent. Fordert man aber – wie bei Austauschverträgen – als Korrektiv, dass für die Sicherheit eine angemessene Vergütung gezahlt wird, so erfährt die bilanzielle Betrachtung ohnehin schon eine Ergänzung. Auch kommt den Konzernvorteilen hier wieder eine ergänzende Kompensationsfunktion zu.[804] Schließlich hat der BGH in seiner Trihotel-Entscheidung bestätigt, dass die Grundsätze der Existenzvernichtungshaftung gerade bei Sicherheiten zum Tragen kommen können, so dass auch hier in der Praxis mit vertraglicher Weitsicht gerechnet werden darf. Insgesamt ist auch hier ein hinreichender Gläubigerschutz gegeben.

Allerdings verbleiben Fragen hinsichtlich des über die bilanziellen Grundsätze hinausgehenden Drittvergleichs, etwa einer zu zahlenden Avalprovision als Risikovergütung, wie sie auch de lege ferenda schon gefordert wurde.[805] Anders als bei Darlehen wird ein Verstoß gegen den Drittvergleich hier nicht bereits bilanziell erfasst. Bei Austauschverträgen ist - ebenfalls wegen der Unzulänglichkeit der Handelsbilanz - de lege ferenda ein Drittvergleich anzuordnen. Entspricht die vereinbarte Gegenleistung dort nicht dem objektiven Marktwert, so ist die Differenz nach allgemeinen Grundsätzen gemäß § 31 Abs. 1 GmbHG bis zur Wiederauffüllung des Stammkapitals zu erstatten.[806] Der sicherungsgebenden GmbH ist ebenfalls ein Erstattungsanspruch auf die bislang versäumten Provisionszahlungen oder aber ein Befreiungsanspruch, beispielsweise gem. § 775 Abs. 1 BGB analog, zusprechen. Dem Gesellschafter steht hier ein Wahlrecht zu. Schließlich stellt sich die Frage, ob der Drittvergleich bzw. die bei einem Verstoß resultierenden aufgezeigten Rechtsfolgen auch hier auf das gebundene Vermögen zu beschränken oder ob ein Erstattungs- oder Befreiungsanspruch auch

803 Vgl. *Freitag*, WM 2007, 1681, 1685; *Dampf*, DK 2007, 164, 167 („ein Weniger"); *Seidel*, DStR 2004, 1130, 1135.

804 So auch *Bayer*, FS Lutter, S. 1011, 1025, der die Sicherheitenbestellung trotz seiner grundsätzlich rein wirtschaftlichen Betrachtung dann für unbedenklich ist, wenn die abgesicherten Gelder zwar nicht direkt an die einzelne Tochter weitergeleitet werden, sondern zur Finanzierung konzerninterner Maßnahmen verwendet wird, die *auch* der Tochter zugute kommen. (Hervorhebung durch den Verfasser.) A.A. jedoch weitere Vertreter der wirtschaftlichen Betrachtung, die in der Sicherheitenbestellung nur dann keine Auszahlung sehen, wenn der besicherte Kredit von der Muttergesellschaft anschließend wenigstens in Höhe des Wertes der bestellten Sicherheit an die Konzerntochter weitergeleitet wird, so *Schön*, ZHR 159 (1995), 351, 368; *Maier-Reimer*, in Lutter (Hrsg.), Holding-Handbuch, Rn. 16.20. Dem ist zu widersprechen. Zwar erfolgt bei einer solchen konkreten „Durchzahlung" zweifellos eine konkrete Kompensation. Doch ist es nicht nur Zweck des Cash Pooling, zentral verbilligte Finanzmittel für konkrete Töchter zu besorgen, vielmehr werden diese gerade je nach - wechselndem - Bedarf an die eine oder andere Tochter weitergeleitet. Die Zulässigkeit der hierfür durch die einzelnen Töchter gestellten Sicherheiten kann aber nicht davon abhängen, ob sie auch tatsächlich zu den bedürftigen Töchtern gehört oder auf der Darlehensgeberseite steht oder zwischendurch die Fronten wechselt. In einem solch schnelllebigen Finanzierungsmechanismus allein darauf abzustellen, ob der wirtschaftliche Wert der Sicherheit konkret zurückfließt, ist nicht justiziabel. Für eine Einheitlichkeit der Beurteilung und eine Vermeidung eines ständigen „Hin und Hers" bereits oben E.III.6.a).

805 Hierzu oben E.VI.2.a) sowie 4.

806 Hierzu oben B.V.; G.I.3.

dann zu gewähren ist, wenn das gebundene Vermögen unberührt bleibt. Letzteres ist bei Austauschverträgen mit Blick auf die Unterschiede der Vermögensbindung von GmbH und AG und insbesondere auf die angestrebte Flexibilität der personalistisch strukturierten GmbH zu verneinen. Denn ein konsequenter Drittvergleich bei sämtlichen Austausch- bzw. Umsatzgeschäften zwischen der GmbH und ihren Gesellschaftern würde die wirtschaftliche Dispositionsfreiheit erheblich einschränken.[807] Dies lässt sich für die Bestellung von Sicherheiten jedoch nicht behaupten. Zum einen dürfte der Regelfall hier darin bestehen, dass nicht eine zu niedrige, sondern gar keine Risikovergütung gezahlt wird. Auch stellt die Bestellung aufsteigender Sicherheiten kein Umsatzgeschäft im Rahmen des üblichen Geschäftsbetriebs dar, so dass ein Flexibilitätsbedürfnis einem konsequenten Drittvergleich entgegenstünde. Somit ist zu fordern, dass das aus der Sicherheitenbestellung resultierende Risiko konsequent und unabhängig von der Vermögenssituation der Gesellschaft marktgerecht zu vergüten, dem Gesellschafter andernfalls wahlweise ein Befreiungs- oder Nachforderungsanspruch zuzusprechen ist.

VI. § 43a GmbHG de lege ferenda

Während die Frage der Zulässigkeit aufsteigender Darlehen seit jeher Anlass zu Auseinandersetzungen gab, ist die Rechtslage bei Kreditvergabe an den GmbH-Geschäftsführer und dem gleich gestellte Personen durch den im Jahre 1980 eingeführten § 43a GmbHG auf Grund des unmissverständlichen Wortlautes im Grunde eindeutig.[808] Kredite dürfen an den Geschäftsführer und dem gleichgestellte Personen nicht aus dem zur Erhaltung des Stammkapitals erforderlichen Vermögen der Gesellschaft gewährt werden. Dem entgegen gewährte Kredite sind ohne Rücksicht auf entgegenstehende Vereinbarungen sofort zurückzugewähren. § 43a GmbHG soll die Erhaltung des Stammkapitals im Interesse des Gläubigerschutzes verbessern.[809] Die Norm erkennt die Bilanzneutralität von Krediten an, dem Gesetzgeber geht es – im Gegensatz zu § 30 Abs. 1 GmbHG – hier jedoch nicht um die Erhaltung des Stammkapitals als rechnerische Größe, sondern um die Verhinderung einer Gefährdung durch Insolvenz des Kreditnehmers, die er abstrakt-generalisierend unterstellt.[810] Die Norm entspricht somit der bei Darlehen an Gesellschafter durch die Lehre von der wirtschaftlichen Betrachtung, die sich aus diesem Grunde teilweise einer Analogie zu § 43a GmbHG bedient haben,[811] vertretenen Auffassung.

Vor dem Hintergrund der nunmehr hinreichend belegten bilanziellen Betrachtung aufsteigender Darlehen an Gesellschafter fragt sich jedoch, ob § 43a GmbHG de lege

807 Hierzu oben G.I.3.

808 Neben den Detailfragen zum erfassten Personenkreis sind Einzelheiten zum Kreditbegriff sowie bei den Rechtsfolgen umstritten, hierzu Baumbach/Hueck/*Zöllner/Noack*, § 43a Rn. 2 ff; Roth/*Altmeppen*, § 43a Rn. 2 ff. Auf Gesellschafter ist § 43a GmbHG – entgegen einer früher vertretenen Ansicht - nicht anwendbar, hierzu oben E.II.1.

809 Vgl. Baumbach/Hueck/*Zöllner/Noack*, § 43a Rn. 1; *Lutter/Hommelhoff*, § 43a Rn. 1.

810 Vgl. Baumbach/Hueck/*Zöllner/Noack*, § 43a Rn. 1; Roth/*Altmeppen*, § 43a Rn. 1.

811 Eine solche Analogie ist jedoch spätestens seit der Novemberentscheidung des BGH widerlegt, hierzu oben vgl. BGHZ 157, 72 f.

ferenda aufrechterhalten werden kann. Die bilanzielle Betrachtung ist lediglich bei in ein Cash Pooling eingebundenen Darlehen auf Grund des dort bestehenden Klumpenrisikos um einen strengen Drittvergleich als Mindestanforderung zu modifizieren, in allen anderen Fällen bieten die handelsbilanziellen Grundsätze eine hinreichende Beurteilungsgrundlage. Findet diese Sichtweise Eingang in ein reformiertes GmbH-Gesetz, so kann eine „Sonderbehandlung" von Krediten an Geschäftführer nicht überzeugen. Die hiermit verbundenen Risiken sind nicht höher als die an Gesellschafter. Auch kann es für die Gesellschaft durchaus lohnend sein, nicht nur einem Gesellschafter sondern auch einem Geschäftsführer - oder einem Gesellschafter-Geschäftsführer - ein hinreichend verzinsten Darlehen zu gewähren, anstatt das Geld gegen eine geringere Verzinsung der Hausbank zu überlassen.[812] Neben diesen wirtschaftlichen Gesichtspunkten sprechen aber auch dogmatische Gesichtspunkte gegen eine bei Geschäftsführern vorzunehmende Ausnahme von der bilanziellen Betrachtung. Sieht man den vom BGH in der Novemberentscheidung getätigten Verweis auf den strukturellen Nachrang der Gesellschaftsgläubiger als widerlegt an, so kann auch dem präventiven Liquiditätsschutz im Rahmen des § 43a GmbHG keine Berechtigung mehr zukommen, wurde das Argument des strukturellen Nachrangs doch gerade in Bezug auf § 43a GmbHG entwickelt.[813] Schließlich spricht gegen ein solches Kreditvergabeverbot auch hier, dass entsprechenden Gefährdungen nicht durch präventive Verbote, sondern auf Ebene der Gesellschafter- und Geschäftsführerhaftung nach § 826 BGB bzw. § 43 GmbHG zu begegnen ist. Kredite an Gesellschafter und Geschäftsführer sind also nach einheitlichen Maßstäben zu beurteilen. § 43a GmbHG hat de lege ferenda keine Existenzberechtigung mehr und sollte aufgehoben werden.[814]

---

812 Zur parallelen Argumentation bei Darlehen an Gesellschafter oben E.III.2.

813 Vgl. *Drygala/Kremer*, ZIP 2007, 1289, 1296 unter Verweis auf *U.H.Schneider*, ZGR 1984, 497, 503.

814 So auch *Drygala/Kremer*, ZIP 2007, 1289, 1296. Auch *Karsten Schmidt*, GmbHR 2007, 1072, 1076 rät zur Aufhebung und deutet die Gefahr einer Wiederbelebung des früheren auf § 43a GmbHG gestützten Kreditvergabeverbotes an *Gesellschafter* an.

I. Thesen und Formulierungsvorschlag für ein neues Auszahlungsverbot

Im Folgenden werden die gewonnen Erkenntnisse für ein Auszahlungsverbot de lege ferenda in wenigen Thesen zusammengefasst. Auf deren Grundlage wird sodann ein Formulierungsvorschlag für § 30 Abs. 1 n.F. unterbreitet.

I. Thesen

Auf der Suche nach verlässlichen Möglichkeiten eines Cash Pooling wurde der Abschluss von Unternehmensverträgen in Erwägung gezogen und dort darauf hingewiesen, dass bereits die Frage der analogen Anwendbarkeit des § 291 Abs. 3 AktG auf die GmbH nicht unumstritten und somit gesetzgeberisch festzuschreiben ist.[815] Um eine solche Normierung soll es hier nicht gehen, da auch diese Folgefragen auf wirft und somit einer eigenständigen Untersuchung vorbehalten sein muss.[816] An dieser Stelle soll es um die Behandlung von nicht unternehmensvertragsbezogenen Auszahlungen gehen. Dem entsprechend lässt sich das zukünftige Auszahlungsverbot des § 30 Abs. 1 GmbHG in folgenden Thesen zusammenfassen.

- **These 1: Beibehaltung der bilanzgestützten Auszahlungssperre**
  Der Kern des Auszahlungsverbots in einem bilanzgestützten Kapitalschutz besteht weiterhin in seiner Ausschüttungssperre. Der bisherige § 30 Abs. 1 Satz 1 GmbHG bleibt unverändert. Im Weiteren sind genauere Maßgaben für die Beurteilung einer Auszahlung vorzugeben.

- **These 2: Maßgeblichkeit handelsbilanzieller Grundsätze für Darlehen**
  Da die handelsbilanziellen Grundsätze durch die ständige abschreibungsbedingte Vollwertigkeitskontrolle sowie durch den immanenten Drittvergleich sämtliche relevanten Faktoren aufsteigender Darlehen interessensgerecht ablichtet, sind diese bilanziell zu betrachten.[817] Hiervon ausgehend sind die allgemeinen Bilanzierungsgrundsätze als Ausgangsbasis festzuschreiben und somit zu einer bilanziellen Betrachtung zurückzukehren.

- **These 3: Von bilanziellen Grundsätzen unabhängiger Drittvergleich mit Marktkonditionen**
  Bei Austauschverträgen ist unabhängig von handelsbilanziellen Grundsätzen ein Drittvergleich mit Marktkonditionen vorzunehmen.[818] Gleiches gilt für aufsteigende Sicherheiten, auch dort ist ein Drittvergleich – etwa bezüglich einer zu leistenden Avalprovision - unabhängig von bilanziellen Grundsätzen zu for-

---

815 Hierzu oben E.V.3.

816 Vgl. jedoch die kurze Stellungnahme zum MoMiG-RegE unten M.

817 Hierzu oben H.I.

818 Hierzu oben G.II.

dern.[819] Der Drittvergleich ist somit als Mindestanforderung für sämtliche Leistungen zwischen der GmbH und ihren Gesellschaftern festzuschreiben.[820]

- **These 4: Zeitlicher Anwendungsbereich des Drittvergleichs**

Der von handelsbilanziellen Grundsätzen unabhängige Drittvergleich ist im Fall von Austauschverträgen lediglich im Bereich des gebundenen Vermögens zu fordern.[821] Dies ergibt sich aus der identischen Beibehaltung des Satzes 1, wonach *nur* „das zur Erhaltung des Stammkapitals erforderliche Vermögen (...) nicht ausgezahlt werden darf", hierüber hinausgehende Auszahlungen also zulässig sind. Hingegen ist der Drittvergleich bei Sicherheiten ausdrücklich konsequent und unabhängig von der Vermögenssituation anzuordnen.[822]

- **These 5: Strenger Drittvergleich als Mindestanforderforderung für Risiken beim Cash Pooling**

Mit Blick auf das Cash Pooling ist auf eine besonders strenge Einhaltung der bilanziellen Grundsätze und insbesondere des hier vorzunehmenden Drittvergleichs zu achten. Selbst wenn der Drittvergleich der bilanziellen Betrachtung von Darlehen immanent - und nur für weitere Leistungen ergänzend festzuschreiben - ist, so soll eine verschärfte Anordnung den Bilanzierenden und den Abschlussprüfer zu besonders strengen Maßstäben bei der Beurteilung von Darlehen in einem Cash Pool anhalten.

Dies beinhaltet zunächst die Frage, ob überhaupt - dem Grunde nach - ein Drittvergleich erfolgt. Dies ist dann von Bedeutung, wenn in der bilanziellen Praxis auf Grund der Kurzfristigkeit der Forderung unter Praktikabilitätsgesichtspunkten auf eine Abzinsung verzichtet würde. Ausnahmen sind nur in eng begrenzten Einzelfällen zulässig.

Schließlich betrifft die Klarstellung den Inhalt des Drittvergleichs - der Höhe nach - . Leistungen in einem Cash Pool müssen *mindestens* zu Marktkonditionen erfolgen. Die Finanzierungsvorteile sind also durch verbesserte Konditionen konkret an die Tochter weiterzugeben. Dies ist in der Praxis üblich und somit zumutbar.

---

819 Hierzu oben H.V.

820 Vgl. auch den Vorschlag zu einem Satz 2 von *BDI* und *GDV*, vgl. *BDI/GDV*, Stellungnahme, S. 18 f., der wie folgt lautet: „*Leistungen an den Gesellschafter zu Marktkonditionen sind keine verbotenen Auszahlungen im Sinne des Satzes 1.*"

821 Hierzu oben G.I.3.

822 Hierzu oben H.V.

II. Formulierungsvorschlag

§ 30 Abs. 1 GmbHG n.F. ist um folgende Sätze zu ergänzen:

„(...) Für die Beurteilung einer Auszahlung gelten die allgemeinen Bilanzierungsgrundsätze[823]. Unabhängig davon müssen sämtliche Leistungen[824] an Gesellschafter mindestens[825] zu Marktkonditionen erfolgen, dies gilt bei der Bestellung von Sicherheiten zugunsten eines Gesellschafters auch dann, wenn das zur Erhaltung des Stammkapitals erforderliche Vermögen nicht berührt wird[826].“

III. Ergebnis – Rückkehr zu einer modifizierten bilanziellen Betrachtung

Die Rückkehr zur bilanziellen Betrachtung kann als Leitgedanke festgehalten werden, denn sie bildet zweifellos die Basis. In Anbetracht einiger Schwächen der Bilanzierungspraxis beim Schutz der Verkehrswerte, sei es wegen der unzulänglichen Erfassung verdeckter Vermögensverlagerungen bei Austauschverträgen und Sicherheiten, oder wegen einem zurückhaltenden Umgang mit dem Drittvergleich bei kurzfristigen Darlehensforderungen, ist eine Modifizierung um einen Drittvergleich erforderlich. Dieser ist bei Austauschverträgen auf das gebundene Vermögen beschränkt, bei Sicherheiten konsequent anzuwenden. Ein Liquiditätsschutz bei Darlehen nach Vorbild der Novemberentscheidung ist aber keinesfalls begründbar.

---

823 Vgl. These 2.

824 Vgl. These 3.

825 Vgl. These 5.

826 Vgl. These 4.

VIERTER TEIL – Das Auszahlungsverbot nach dem RegE-MoMiG

J. Überblick über § 30 Abs. 1 GmbHG-E

Am 23. Mai 2007 hat die Bundesregierung den Regierungsentwurf zum Gesetz zur Modernisierung des GmbH-Gesetzes und zur Bekämpfung von Missbräuchen (MoMiG) vorgelegt und somit eine umfassende Reformierung des GmbH-Gesetzes in die letzte Runde gebracht. Während der vorausgegangene Referentenentwurf für das Auszahlungsverbot lediglich eine halbherzige, auf das Cash Pooling zugeschnittene und weitgehend unbestimmte Lösung nach Vorbild des obiter dictums der Novemberentscheidung anbot, kehrt man im Rahmen des § 30 Abs. 1 RegE weitgehend zu altbekannten Grundsätzen und der hier im Mittelpunkt stehenden bilanziellen Betrachtung zurück. Im Folgenden wird das Auszahlungsverbot nach dem Regierungsentwurf dargestellt und auf die in der vorliegenden Untersuchung gewonnenen Erkenntnisse abgeglichen. Der Regierungsentwurf zu § 30 Abs. 1 GmbHG-E sieht folgendes Auszahlungsverbot vor, in den ein neuer Satz 2 eingefügt wird:

„(1) Das zur Erhaltung des Stammkapitals erforderliche Vermögen der Gesellschaft darf nicht ausgezahlt werden. Satz 1 gilt nicht bei Leistungen, die zwischen den Vertragsteilen eines Beherrschungs- oder Gewinnabführungsvertrages (§ 291 des Aktiengesetzes) erfolgen oder durch einen vollwertigen Gegenleistungs- oder Rückgewähranspruch gegen den Gesellschafter gedeckt sind. Satz 1 ist zudem nicht anzuwenden auf die Rückgewähr eines Gesellschafterdarlehens und Leistungen auf Forderungen aus Rechtshandlungen, die einem Gesellschafterdarlehen wirtschaftlich entsprechen."

Satz 1 bleibt gegenüber dem bisherigen Gesetzestext unverändert, er bildet den Kern des Auszahlungsverbotes. Satz 3 bezieht sich auf - absteigende - eigenkapitalersetzende Gesellschafterdarlehen und ist nicht *Gegenstand* der vorliegenden Untersuchung.[827]

Satz 2 hingegen regelt die im Mittelpunkt dieser Untersuchung stehenden - aufsteigenden - Leistungen der GmbH an ihre Gesellschafter. Der Entwurfsverfasser betont ausdrücklich, dass die Ergänzung durch einen neuen zweiten Satz vor dem Hintergrund der durch die Novemberentscheidung ausgelöste Unsicherheit *„über die Zulässigkeit von Darlehen und anderen Leistungen mit Kreditcharakter durch die GmbH an Gesellschafter („upstream-loans") im Allgemeinen und der in Konzernen sehr verbreiteten Praxis des Cash Pooling im Besonderen.*"[828] Er verweist auf die Formulierung des Satzes 1, in dem es heißt, dass „das Vermögen" nicht ausgezahlt werden darf, woran die bilanzielle Ausschüttungssperre erkennbar wird. Dementsprechend soll durch Satz 2 zum bilanziellen Denken zurückgekehrt und für die Berechnung die allgemeinen Bilanzierungsgrundsätze zugrunde gelegt werden.[829]

Die Rückkehr zu diesen, bis zum Jahre 2003 allgemein anerkannten Grundsätzen durch eine solche klärende Regelung soll nicht das Ausplündern von Gesellschaften

[827] Zur Unterscheidung zwischen absteigenden und aufsteigenden Leistungen und den hieran anknüpfenden Fragen oben A.II.2.

[828] Vgl. *Begr. RegE MoMiG, BT-Drucks. 16/6140,* S. 93; zum Regelungsbedarf spezielle für das Cash Pooling bereits i. Allg. Teil der Begr. auf S. 56.

[829] Vgl. *Begr. RegE MoMiG, BT-Drucks. 16/6140,* S. 94.

ermöglichen oder erleichtern. Dies wird durch die ausdrückliche Einführung des Vollwertigkeits- und Deckungsgebots gewährleistet. Bei einer Leistung, die durch einen vollwertigen Gegenleistungs- oder Rückerstattungsanspruch gedeckt wird, wird danach ein Aktivtausch vorgenommen. Das Deckungsgebot bedeutet, dass bei einem Austauschvertrag der Zahlungsanspruch gegen den Gesellschafter nicht nur vollwertig sein muss, sondern auch wertmäßig nach Marktwerten und nicht nach Abschreibungswerten den geleisteten Gegenstand decken muss.[830]

[830] Vgl. *Begr. RegE MoMiG, BT-Drucks. 16/6140*, S. 94.

K. Austauschverträge nach dem RegE-MoMiG

Der Entwurfsverfasser macht mehrfach deutlich, dass gerade das konzernweite Cash Pooling und die hier durch die Novemberentscheidung entstandenen Unsicherheiten Anlass für die Reformierung des Kapitalerhaltungsrechts gegeben haben.[831] Es gelingt ihm aber durchaus, eine – auch von Konzernsachverhalten – losgelöste allgemeingültige Regelung zu finden. Diese bezieht sich schließlich auch nicht nur auf aufsteigende Darlehen im Allgemeinen, vielmehr stellt der Regierungsentwurf auch Grundsätze für die Beurteilung von Austauschverträgen auf. Offensichtlich haben die an den Referentenentwurf anknüpfenden Diskussionen diesbezüglich einen weiteren Regelungsbedarf geweckt. In diesem Sinne hatte *Grunewald* nur „für den Regelfall" eine Festschreibung bilanzieller Grundsätze gefordert, um Fälle wie die Weggabe stiller Reserven hiervon ausklammern zu können.[832]

I. Deckungsgebot und Drittvergleich

§ 30 Abs. 1 GmbHG-E besagt, dass das zur Erhaltung des Stammkapitals erforderliche Vermögen der Gesellschaft nicht dadurch ausgezahlt werden kann, wenn eine Leistung der Gesellschaft durch einen *vollwertigen* Gegenleistungs- oder Rückgewähranspruch gegen den Gesellschafter *gedeckt* ist. Im Einzelnen ist eine Leistung kapitalerhaltungsrechtlich also dann unbedenklich, wenn sie zum einen dem Vollwertigkeitsgebot und zum anderen dem Deckungsgebot standhält. Diese zwei Gebote gilt es – wie auch in der Begründung zum Regierungsentwurf[833]– eindeutig zu unterscheiden. Während der Begriff der Vollwertigkeit unter bilanziellen Gesichtspunkten und gerade bei der Beurteilung von Darlehensforderungen geläufig ist, drängt sich eine eigenständige Bedeutung des Deckungsgebotes allein anhand des Gesetzeswortlauts und ohne nähere Erläuterung nämlich nicht auf.[834] Zwar liegt das Schwergewicht der Regelung wie auch ihrer Begründung und der bisherigen Stellungnahmen in der Literatur offensichtlich auf Darlehensverträgen, doch soll das Deckungsgebot gerade die Beurteilung von Austauschverträgen regeln. Denn es besagt, dass der Zahlungsanspruch gegen den Gesellschafter den geleisteten Gegenstand bei einem Austauschvertrag wertmäßig auch nach Marktwerten und nicht nur nach Abschreibungswerten decken muss.[835] Diese Vorgabe bestätigt die auch bislang schon vorherrschende Sichtweise über die Unzulänglichkeit handelsbilanzieller Grundsätze.[836]

II. Drittvergleich als reiner Konditionenvergleich

Sofern der Entwurf durch das Deckungsgebotes allein einen Vergleich mit Marktwerten anstrebt, so misst er dem schillernden Merkmal der „causa societatis" keine eigen-

---

[831] Vgl. *Begr. RegE MoMiG, BT-Drucks. 16/6140*, S. 56, 93.
[832] Vgl. *Grunewald*, WM 2006, 2333, 2334.
[833] Vgl. *Begr. RegE MoMiG, BT-Drucks. 16/6140*, S. 97.
[834] So auch *Winter*, DStR 2007, 1484, 1487.
[835] Vgl. *Begr. RegE MoMiG, BT-Drucks. 16/6140*, S. 97.
[836] Hierzu oben D.I.

ständige Bedeutung zu.[837] Hierdurch lässt sich eine rein objektive und von Missbrauchsaspekten losgelöste Beurteilung verbotener Auszahlungen erreichen. Dies ist zu begrüßen.

III. Betroffene Leistungsbeziehungen

Das Deckungsgebot des § 30 Abs. 1 GmbHG-E dürfte weiterhin nicht nur solche Leistungen umfassen, bei denen Markt- und Bilanzwert auseinander fallen. Gleichermaßen muss es auch für Geschäfte über nicht bilanzierte, insbesondere immaterielle Wirtschaftsgüter gelten,[838] sowie bei sämtlichen weiteren, gar nicht bilanziell abgelichteten Austauschverträgen, wie Dienst- oder Nutzungsüberlassungsverträgen, bei denen eine Diskrepanz zum Marktwert besteht.[839] Ein solch weitreichendes Verständnis, durch welches die wahren Werte im Unternehmen geschützt werden sollen, muss jedoch auch Schenkungen erfassen, wenngleich es sich hierbei auf Grund der fehlenden Gegenleistung nicht um einen *Austausch*vertrag handelt. Insofern ist die Formulierung des Entwurfsverfassers zu eng, die alleinige und allgemeine Forderung nach Marktkonditionen könnte an dieser Stelle entstehende Unklarheiten vermeiden.[840]

IV. Drittvergleich - nur - im Bereich des gebundenen Vermögens?

Fraglich ist, ob das Deckungsgebot bzw. der hiernach vorzunehmende Drittvergleich lediglich im Bereich des gebundenen Vermögens gelten. Auf den ersten Blick liest sich das Deckungsgebot zwar umfassend.[841] Doch lässt sich aus der bedingungslosen Anlehnung an Satz 1 auch weiterhin eine Beschränkung auf den Bereich der Unterbilanz erkennen.[842] Dies ist zu begrüßen, das aus den strukturellen Besonderheiten der GmbH resultierende Flexibilitätsbedürfnis wird gewahrt.[843]

Abweichendes könnte sich allerdings aus § 5 Abs. 3 GmbHG-E ergeben. Der bei der neuen „Unternehmergesellschaft (haftungsbeschränkt)" weitgehende Verzicht auf ein Mindestkapital soll durch eine in Abs. 3 vorgesehene Zwangsrücklage kompensiert werden.[844] Eine mit einem Thesaurierungszwang verbundene Rücklage kann aber nur dann funktionieren, wenn sie nicht ohne weiteres von den Gesellschaftern umgangen

---

837 So wohl auch *Winter*, DStR 2007, 1484, 1487, 1489.

838 So auch *Drygala/Kremer*, ZIP 2007, 1289, 1294; auch *Winter*, DStR 2007, 1484, 1486 sowie 1487, Anm. 33.

839 So auch *Winter*, DStR 2007, 1484, 1487. Hingegen zu Dienstleistungen und Nutzungsüberlassungen kritisch unter dem Gesichtspunkt der Einlagefähigkeit *Drygala/Kremer*, ZIP 2007, 1289, 1293.

840 Vgl. den zuvor unterbreiteten Formulierungsvorschlag, oben I.II., sowie D.I.2.

841 So *Winter*, DStR 2007, 1484, 1486.

842 Für eine beschränkte Anwendung auch *Winter*, DStR 2007, 1484, 1486 f; *Drygala/Kremer*, ZIP 2007, 1289, 1293 f.

843 Hierzu oben G.I.3.

844 Vgl. *Begr. RegE MoMiG, BT-Drucks. 16/6140*, S. 71. Durch Thesaurierung soll hier innerhalb weniger Jahre eine höhere Eigenkapitalausstattung erreicht werden. Zur Frage, ob die Rücklage den §§ 30 f. GmbHG unterworfen ist, *Joost*, ZIP 2007, 2242, 2246.

werden kann und vor verdeckten Vermögensverlagerungen geschützt ist.[845] *Freitag/Riemenschneider*[846] machen deutlich, dass es im Kern um die Frage der Behandlung verdeckter Gewinnausschüttungen gehe, durch die die Rücklage regelmäßig umgangen werden könne. Bisher habe sich das Problem nicht in dieser Schärfe gestellt, zumal sie oberhalb des Stammkapitals nur am Binnenrecht zu messen gewesen seien. Dies werde sich hinsichtlich der Rücklagenbildung schlagartig ändern, sodass die Befassung der Rechtsprechung mit der Thematik vorprogrammiert sei.[847] Abundante Hinweise dazu fänden sich bereits in der einschlägigen steuerrechtlichen Literatur, die künftig zum Standardwissen eines Richters in Sachen UG und Gläubigerschutz zähle. In der Folge würden regelmäßig die Nichtigkeit des Jahresabschlusses sowie die Gewinnverwendungsbeschlüsse und damit wiederum die Rückforderungsansprüche der Gläubiger im Mittelpunkt der Gerichtsprozesse stehen. Unter dem Stichwort „Vollzugsaufwand der Länder“ sollte die Regierungsbegründung zum MoMiG daher redlicherweise zumindest zusätzliche Richterstellen erwähnen. Es erstaune, dass der Begründung zum Gesetzentwurf das Bewusstsein für die Problematik zu fehlen scheine.

Freitag/Riemenschneider bringen das Problem auf den Punkt. Eine effektive gesetzliche Rücklage erfordert ein Verbot verdeckter Vermögensverlagerungen, welches bei der GmbH – auch hierauf weisen die Autoren zu Recht hin - bislang nur auf den Bereich des gebundenen Vermögens beschränkt ist und im Rahmen des neuen § 30 Abs. 1 auch weiterhin beschränkt bleiben soll. Eine solche Rücklage ist aber lediglich in einer insgesamt schärferen Vermögensbindung effektiv. Auch die Rücklage des § 150 AktG ist durch die §§ 57 ff. AktG in eine schärfere Vermögensbindung und hier in ein konsequnetes Verbot verdeckter Vermögensverlagerungen eingebettet.[848] Es bleibt abzuwarten, welcher Mittel sich die Gerichte hier bedienen werden, um entsprechenden Umgehungen zu begegnen. Ein Verstoß gegen das Verbot verdeckter Gewinnausschüttungen, welches für die effektive Bildung einer Zwangsrücklage konsequent be-

---

845 Diese Gefahr wird zu Recht gesehen von *Noack*, DB 2007, 1395, 1396; *Freitag/Riemenschneider*, ZIP 2007, 1485, 1488; *Römermann*, GmbHR 2007, R193; *Heckschen*, DStR 2007, 1442, 1446; *Veil*, GmbHR 2007, 1080, 1083; *Bormann*, GmbHR 2007, 897, 899; *Kleindiek*, BB 2007, Heft 27, Die Erste Seite. Der Regierungsentwurf selber weist auf die häufige Identität zwischen Gesellschafter und Geschäftsführer hin, weshalb ohnehin davon auszugehen sei, dass der Geschäftsführer seinen notwendigen Lebensunterhalt über sein Geschäftsführergehalt bestreiten kann, vgl. *Begr. RegE MoMiG, BT-Drucks. 16/6140*, S. 72. Vgl. *Heckschen*, DStR 2007, 1442, 1446: der Gesetzgeber hebe den Normbefehl (Zwangsrücklage) mit dem Hinweis in der Gesetzesbegründung, dass natürlich der Gründer durch entsprechende Gestaltung für seinen Unterhalt sorgen und damit den Ertrag mindern kann, wieder auf. Es dürfe daher mit großer Wahrscheinlichkeit davon ausgegangen werden, dass die Gründer diesen praktischen Ratschlag des Gesetzgebers aufnehmen werden.

846 Vgl. *Freitag/Riemenschneider*, ZIP 2007, 1485, 1488.

847 Vgl. *Freitag/Riemenschneider*, ZIP 2007, 1485, 1488, wie die Finanzgerichte würden sich auch die Zivilgerichte in Zukunft mit der Angemessenheit von Leistungsboni, Pensionszusagen sowie der Problematik des Drittvergleichs von Verträgen des Gesellschafter-Geschäftsführers mit nahen Angehörigen beschäftigen.

848 Dies deutet auch *Noack*, DB 2007, 1395, 1396 an. Im Übrigen ist § 5a Abs. 3 GmbHG-E aber strenger als § 150 AktG, denn die Rücklage der UG darf ausschließlich für Kapitalerhöhungen aus Gesellschaftsmitteln eingesetzt werden, vgl. *Freitag/Riemenschneider*, ZIP 2007, 1485, 1488.

stehen müsste, könnte sich aus einer analogen Anwendung des § 30 Abs. 1 GmbHG-E und des hier vorgesehenen Deckungsgebotes ergeben. Alternativ sollte jedoch über eine Sonderregelung im Rahmen des § 5a GmbHG-E nachgedacht werden, um die bisherigen Grundstrukturen der „normalen“ GmbH nicht durch die Einführung einer neuen Erscheinungsform über Gebühr zu strapazieren.

V. Ergebnis und Ausblick

In der bisherigen Fassung des Regierungsentwurfs ordnet das als solche bezeichnete Deckungsgebot des § 30 Abs. 1 GmbHG-E einen Drittvergleich mit Marktwerten an. Das Deckungsgebot ist – wie auch schon de lege lata der ungeschriebene Drittvergleich - lediglich im Bereich des gebundenen Vermögens relevant. Allerdings könnte sich eine expansive Anwendung zukünftig im Rahmen einer Analogie aus einer Gesamtschau mit § 5a Abs. 3 GmbHG-E ergeben. Ohne einen konsequenten Drittvergleich lässt sich die dort geregelte Zwangsrücklage nicht effektiv bilden.

L. Kreditverträge nach dem RegE-MoMiG

I. Rückkehr zur bilanziellen Betrachtung

Zwar hat sich der Entwurf zu einem viel befürchteten Nichtanwendungserlass für Konzernsachverhalte nicht hinreißen lassen. Doch bietet die bedingungslose Rückkehr zur bilanziellen Betrachtung bei Darlehen hinreichend Spielraum für konzernfreundliche Auslegungen. Wie bereits bei der thesenartigen Herleitung eines Formulierungsvorschlages abzusehen war, beziehen sich die zu Trage tretenden Unklarheiten auf den Drittvergleich.

1. Das Bilanzrecht als „roter Faden"

Auch wenn durch den Begriff der Vollwertigkeit ein unverkennbar bilanzrechtlich gefärbter Begriff verwendet wird[849] und auch die Begründung zu § 30 Abs. 1 GmbHG-E[850] – wie auch bei den Neuregelungen zur Kapitalaufbringung[851] – mehrfach ausdrücklich die „Rückkehr zum bilanziellen Denken" betont, hier sogar von einem „roten Faden" spricht,[852] so könnte ein ausdrücklicher Hinweis auf die allgemeinen Bilanzierungsgrundsätze in der Norm an sich die Rückkehr noch deutlicher unterstreichen. Denn nach dem Gesetzeswortlaut – wie auch nach allgemeinen Grundsätzen der Forderungsbilanzierung - stellt die Vollwertigkeit der Forderung das maßgebliche Beurteilungskriterium dar. Betrachtet man allein den Wortlaut, so ließe sich dieser allerdings auch nach einem Alles-oder-Nichts-Prinzip dahingehend verstehen, dass nicht vollwertige Darlehensforderungen einer erfolgten Leistung überhaupt nicht gegenüber gestellt werden dürfen und völlig auszublenden sind. Dem entgegen macht erst der in der Begründung erfolgende Hinweis auf die bilanziellen Grundsätze deutlich, dass die mangelnde Vollwertigkeit lediglich zu einem niedrigeren Bilanzansatz bzw. einer niedrigeren Folgebewertung im Rahmen der Abschreibung führen müssen. Gravierendere Unklarheiten bestehen jedoch auch bei Darlehen hinsichtlich der Frage eines Drittvergleichs und dem neuen Deckungsgebot.

2. Leichtsinniger Umgang mit dem Drittvergleich

Bei näherem Hinsehen zeigt sich der befürchtete leichtsinnige Umgang mit dem Drittvergleich. *Drygala/Kremer* betonen, dass der Entwurf die Forderung nach einem Drittvergleich nicht aufgegriffen habe, dort werde lediglich auf die Werthaltigkeit der Hauptforderung abgestellt.[853] Auch die Vergabe von unverzinslichen Darlehen und die Einzahlung in Cash Pools mit zweifelhafter Gegenleistung sei nach dem Entwurf mög-

---

849 Vgl. auch *Winter*, DStR 2007, 1484, 1486: „Dieses Vollwertigkeitsgebot ist der bilanziellen Betrachtung immanent."

850 Vgl. *Begr. RegE MoMiG, BT-Drucks. 16/6140*, S. 94.

851 Hierzu *Veil*, ZIP 2007, 1241 ff; *Bormann*, GmbHR 2007, 897 ff.

852 Vgl. *Begr. RegE MoMiG, BT-Drucks. 16/6140*, S. 78.

853 Vgl. *Drygala/Kremer*, ZIP 2007, 1289, 1293, demnach könne die darlehensgewährende Gesellschaft ihre eigenen angemessenen Kriterien bei der Beurteilung der Ausfallwahrscheinlichkeit zugrunde legen.

lich, so dass der Entwurf sogar über die Rechtslage vor der Novemberentscheidung hinausgehe.[854] Zwar weisen die Autoren auf die Bilanzierungspraxis hin, nach der Forderungen mit einer Laufzeit von über einem Jahr bei Unterverzinslichkeit abzuzinsen seien. Kurzfristige Ausleihungen und gerade solche im Cash Pool könnten hingegen ohne Verzinsung vorgenommen werden.

Wie befürchtet stürzen sich die Autoren auf die Bilanzierungspraxis, wonach eine Abzinsung bei lediglich kurzfristigen Forderungen entbehrlich sein soll. Auf diese Weise erklären sie einen Drittvergleich bei Forderungen in einem Cash Pool, die sich regelmäßig durch ihre Kurzfristigkeit auszeichnen, verallgemeinernd für entbehrlich. Auf Grund solcher Interpretationen ist der Drittvergleich bei Darlehen – im Einzelfall über bilanzielle Grundsätze hinausgehend – als Mindestanforderung zu fordern.[855] Entsprechend sollte man das Deckungsgebot auslegen. Wenngleich sich dieses nach der Entwurfsbegründung vornehmlich auf Austauschverträge beziehen soll, so lässt der Gesetzestext eine solche Beschränkung nicht zu. Man sollte es auch für Darlehen als eigenständig angeordnetes Drittvergleichserfordernis verstehen. Zwar muss es auch bei einem auf das Deckungsgebot (und nicht auf die Handelsbilanz) gestützten Drittvergleich aus Praktikabilitätsgründen bei sehr kurzfristigen Forderungen bei einem Abzinsungsverzicht bleiben. Doch ist das Deckungsgebot zumindest als normative Anordnung zu besonderer Strenge auszulegen. Keinesfalls darf verallgemeinernd von einem grundsätzlichen Verzicht auf einen Zinsvergleich ausgegangen werden. Dass der Entwurf, wie von *Drygala/Kremer* behauptet, über die Rechtslage vor der Novemberentscheidung hinausgehen möchte, ist diesem weder zu entnehmen, noch besteht hierfür ein praktisches Bedürfnis. Auch bislang war beim Cash Pooling der Drittvergleich und bei Verstoß hiergegen eine entsprechende Reaktion durch Bilanzierenden und Abschlussprüfer problemlos möglich und anerkannt.[856]

3. Fortbestehendes Substitutionsverhältnis von Zins und Sicherheit

Auch die Frage der Darlehensbesicherung geht in den allgemeinen Bilanzierungsgrundsätzen weiterhin auf. Der Verzicht auf eine Besicherung ist durch eine höhere Verzinsung zu kompensieren.[857] Hier wird nun besonders deutlich, dass ein strenger Drittvergleich und hier die Berücksichtigung einer mangelnden Verzinsung erforderlich ist. Würde man wie *Drygala/Kremer* nämlich gerade beim Cash Pooling aus dem neuen Auszahlungsverbot einen grundsätzlichen Verzicht auf den Drittvergleich herauslesen, so würde dies im Ergebnis auf eine - kapitalerhaltungsrechtlich - völlig unkontrollierte Mittelverteilung herauslaufen. Denn würde man bei Darlehen einen Drittvergleich und diesen insbesondere mit Blick auf eine Verzinsung für grundsätzlich entbehrlich halten, so würde auch für das Substitutionsverhältnis zwischen Zins und Sicherheiten jeglicher Bezugspunkt entfallen. Das Cash Pooling wäre also stets ohne

---

854 Vgl. *Drygala/Kremer*, ZIP 2007, 1289, 1293, in solchen Fällen könne allenfalls eine Verletzung der Geschäftsführerpflichten in Frage stehen.

855 Hierzu oben I.I.: These 5.

856 Vgl. Interview *Euchner/Poschmann*. Auch der Vorschlag von *BDI/GDV* beinhaltet die Festschreibung eines Drittvergleichs und empfindet diesen somit nicht als schädlich, hierzu oben I.I.

857 Hierzu oben E.II.3; H.I.2. Zum RegE auch *Winter*, DStR 2007, 1484, 1487.

Verzinsung und ohne Sicherheiten möglich, da eine erforderliche aber fehlende Besicherung nicht durch einen Zinszuschlag kompensiert werden könnte – denn wo kein Zins, dort auch kein Zinszuschlag.

Dies widerspräche bilanziellen Grundsätzen und würde faktisch zu einem Sonderrecht für das Cash Pooling führen. Das Erfordernis eines Drittvergleichs gerade beim Cash Pooling ganz auszublenden, verkennt nicht nur die gesetzgeberische Zielsetzung nach einer allgemeingültigen Lösung, sondern ignoriert insbesondere die beim Cash Pooling gleichsam zu berücksichtigenden Gläubigerinteressen. Es ist auch weiterhin von einem grundsätzlichen Drittvergleicherfordernis auszugehen.

4. Konsequente bilanzielle Betrachtung auch im Stadium der Unterbilanz

Die allgemeinen Bilanzierungsgrundsätze gelten schließlich unabhängig vom Bestehen einer Unterbilanz, der Entwurfsverfasser lässt in keiner Weise erkennen, dass er die bilanziellen Maßgaben - im Sinne der vielen Deutungsversuche der Novemberentscheidung und insbesondere der Äußerung von *Goette* – lediglich bei Ermittlung einer Unterbilanz anwenden möchte.[858] Somit kann ein hinreichend verzinstes und vollwertiges Darlehen auch im Stadium der Unterbilanz „bilanzneutral“ und somit ohne Verstoß gegen das Kapitalerhaltungsrecht gewährt werden.[859]

5. Nachträglicher Eintritt in die Unterbilanz und sog. Stehenlassen

Das Zusammenspiel mit weiteren Gläubigerschutzinstrumenten ist schließlich auch dann von Bedeutung, wenn nachträglich eine Unterbilanz entsteht. Begrüßenswerterweise äußert sich der Entwurfsverfasser auch hierzu,[860] jedoch verkennt er, dass die allgemeinen Bilanzierungsgrundsätze auch in diesen Fällen jedenfalls dann eine Lösung bieten, wenn nachträglich abschreibungsbedingt eine Unterbilanz entsteht.[861] In einem solchen Fall ist in der abschreibungsbedingten Vermögensminderung eine Auszahlung zu sehen, der Gesellschafter muss die Unterdeckung bis zur Stammkapitalgrenze ausgleichen. In allen anderen Fällen eines nachträglichen Eintritts, die nicht aus der Forderung an sich, sondern aus der sonstigen Vermögenssituation resultieren, liegt kein – nachträglicher – Verstoß gegen § 30 Abs. 1 GmbHG vor, dieser lässt sich auch nicht über ein Stehenlassen begründen. In diesen Fällen stehen allein die Pflichten des Geschäftsführers in Frage. Insofern ist dem Regierungsentwurf zu folgen.

II. Aufsteigende Sicherheiten

Eine Rückkehr zur bilanziellen Betrachtung bedeutet, dass auch aufsteigende Sicherheiten („Haftungskredite“) grundsätzlich wie vor der Novemberentscheidung beurteilt werden.[862] Allerdings wurde auch dort weitgehend vertreten, dass der Sicherungsnehmer eine Gegenleistung, beispielsweise eine Avalprovision, leisten muss, die wieder-

---

858 Hierzu oben E.III.6.a).
859 So auch *Winter*, DStR 2007, 1484, 1487.
860 Vgl. *Begr. RegE MoMiG, BT-Drucks. 16/6140*, S. 94.
861 Zum ganzen ausführlich oben E.III.6.b).
862 Zum ganzen ausführlich oben E.VI.2.a). Zur Rückkehr zu den alten Grundsätzen auch hier *Winter*, DStR 2007, 1484, 1488.

um einem nicht schon bilanziell vorgesehenen Drittvergleich standhalten muss.[863] Der Drittvergleich dient somit nicht nur bei Austauschverträgen, sondern auch bei Sicherheiten als Korrektiv.[864] In diesem Sinne muss dem neuen, auf einen Drittvergleich abzielenden Deckungsgebot nicht nur bei Austauschverträgen eine korrigierende und bei Darlehensverträgen mit dem dort immanenten Drittvergleich eine normativ verschärfende Bedeutung zukommen.

Allerdings ist das Deckungsgebot bzw. der hier vorzunehmende Drittvergleich hier – im Gegensatz zu Austauschverträgen – nicht auf den Bereich des gebundenen Vermögens zu beschränken;[865] ein konsequenter Drittvergleich hätte aber einer ausdrücklichen Anordnung bedurft. Nach dem Regierungsentwurf wird man also lediglich im Bereich des gebundenen Vermögens verlangen können, dass die vom Gesellschafter zu zahlende Risikoprämie für eine aufsteigende Sicherheit einem Drittvergleich standhält. Dies ist nicht interessengerecht, da bei Sicherheiten für eine solche Beschränkung kein Bedürfnis besteht.[866]

III. Würdigung im Gesamtkontext mit weiteren Gläubigerschutzinstrumenten

Es kann nicht genug betont werden, dass das Auszahlungsverbot gemeinsam mit den Verhaltenshaftungstatbeständen einen zweigleisigen Gläubigerschutz bieten, wodurch auch die nicht bilanziell erfassbare Liquidität der Gesellschaft hinreichend geschützt ist.[867] Dies gilt gerade für bilanzneutrale Kreditvergaben, sei es durch Darlehen oder durch Sicherheiten. Für beide Fälle hat der BGH hinreichend sichere Maßgaben für die Beurteilung existenzvernichtender Eingriffe vorgegeben, die insbesondere zu rechtzeitiger vertraglicher Weitsicht veranlassen und somit eine präventive Wirkung entfalten. Hier ist in Zukunft mit einem weiteren Gleichlauf zwischen Gesellschafter- und Geschäftsführerhaftung zu rechnen. Letzteren hat der BGH in seiner Trihotel-Entscheidung ihre Gehilfenstellung bescheinigt. Allerdings darf der Verweis auf ergänzende Instrumente im Rahmen des Auszahlungsverbotes nicht zu einem fahrlässigen Umgang mit handelsbilanziellen Grundsätzen veranlassen.[868]

---

863 Hierzu oben E.VI.2.a).

864 Vgl. unter I.I.: These 3.

865 Hierzu oben H.V. sowie I.I.

866 Vgl. oben H.V.

867 Dies betont auch der RegE, vgl. *Begr. RegE MoMiG, BT-Drucks. 16/6140,* S. 94.

868 Dies ist aber bei dem verallgemeinernden Verzicht auf den Drittvergleich durch *Drygala/Kremer*, ZIP 2007, 1289, 1292 zu erkennen. Auch ist es schließlich rechtspolitisch nicht angemessen und ohnehin nicht notwendig, eine Verhaltenshaftung vornehmlich bei den Geschäftsführern zu suchen. Doch scheint der RegE gerade für das Cash Pooling durch Änderung des § 64 gerade hier eine verschärfte Verhaltenshaftung installieren zu wollen, vgl. *Greulich*, NZG 2006, 681, 684, 686; *Knof*, DStR 2007, 1580, 1585. § 64 GmbHG-E wird durch folgenden Satz 4 ergänzt: *Die gleiche Verpflichtung trifft die Gesellschafter für Zahlungen, soweit diese zur Zahlungsunfähigkeit der Gesellschaft führen mussten, es sei denn, dies war bei Beachtung der in Satz 2 bezeichneten Sorgfalt nicht erkennbar.*“ Ein hinreichender Gläubigerschutz erfordert keinen dem englischen wrongful trading vergleichbaren Haftungstatbestand und lässt sich – wie dargestellt - durch vorhandene Tatbestände gewähren hierzu oben E.IV.4.a). Zwar ist die schon bei den bereits bekannten Instrumenten vorhandene Anknüpfung an das Vorfeld der Insolvenz weniger offensichtlich

IV. Keine Aufhebung des § 43a GmbHG

Nach einer Rückkehr zur bilanziellen Betrachtung kommt auch dem § 43a GmbHG keine Berechtigung mehr zu.[869] Der Entwurf äußert sich hierzu jedoch nicht. *Karsten Schmidt*[870] weist darauf hin, dass eine Beibehaltung zur neuen Suche nach einem allgemeinen Kreditvergabeverbot – auch gegenüber Gesellschaftern – motivieren könne, insbesondere wenn man bedenkt, dass dieses ursprünglich von *U.H. Schneider* auf eine Analogie zu § 43a GmbHG gestützt wurde. Zwar dürfte diese Gefahr als gering einzuschätzen sein. Schaut man jedoch, welch namhafter Quelle diese Gedanken entspringen, so sollte man solchen Tendenzen durch eine Aufhebung des § 43a GmbHG begegnen.

V. Ergebnis und Ausblick

Die Rückkehr zur bilanziellen Betrachtung ist grundsätzlich zu begrüßen. Allerdings wäre eine hiervon losgelöste Anordnung eines – als solchen bezeichneten – Drittvergleichs mit Marktwerten, wie auch von BDI und GDV gefordert wurde, wünschenswert. Dies gilt gerade mit Blick auf die Forderung nach einer verschärften Kontrolle des Cash Pooling. Für Sicherheiten sollte abweichend vom Regierungsentwurf ein konsequenter Drittvergleich angeordnet werden.

Für Austauschverträge ist die Regelung mit ihrem neuen Deckungsgebot zu begrüßen. Hier dürfte es insgesamt bei den bisherigen Grundsätzen eines auf den Bereich des gebundenen Vermögens beschränkten Drittvergleichs bleiben. Ein über einen reinen Konditionenvergleich hinausgehendes Merkmal einer Leistung „causa societatis" kennt der Entwurf nicht, so dass dies auch von den Gerichten nicht mehr hineingelesen werden sollte. Abzuwarten bleibt jedoch, ob die Gerichte das Deckungsgebot bei der Unternehmergesellschaft – abweichend von dem vorliegenden Entwurf, sofern er denn Gesetz wird – etwa im Rahmen einer Analogie umfassend anwenden, um die Aufbringung der in § 5 Abs. 3 GmbHG-E vorgesehenen Zwangsrücklage zu sichern.

Der Klarheit halber sollte die bilanzielle Betrachtung auch für Kredite an Geschäftsführer zugrunde gelegt und § 43a GmbHG aufgehoben werden. In Gesamtschau mit den Grundsätzen der Existenzvernichtungshaftung leistet das neue Auszahlungsverbot,

---

und wurde deswegen bislang weitgehend ignoriert, vgl. *Knof*, DStR 2007, 1580, 1586. Die neue Regelung ist hinsichtlich ihrer präventiv-disziplinarischen Wirkung zu begrüßen, vgl. auch *Knof*, DStR 2007, 1580, 1586. Ein eigens normierter Haftungstatbestand nach Vorbild des wrongful trading, der zu einer expansiven Anwendung einladen könnte, wäre aber meist falsch adressiert. Nach der Struktur des GmbH-Gesetzes sind die Gesellschafter nicht nur Geldgeber, sondern auch die Herren des Unternehmens, während – externe – Geschäftsführer vielfach zu einem bloßen Vollzugsorgan degradiert sind, statt aller *Weller*, DStR 2007, 116, 117, und Weisungen oft nicht stand halten können. Für sie drohen schwere Konflikte. Gegen eine Verschärfung der Geschäftsführerhaftung auch *Drygala*, in Lutter (Hrsg.), Kapital, S. 277, 299 f; *H.P. Westermann*, FS Priester, S. 835, 850; Schön, in Diskussionsbericht, DK 2004, 172; *Priester*, DB 2005, 1315, 1318; *Böcker/Poertzgen*, WM 2007, 1205, 1206; *Karsten Schmidt*, GmbHR 2007, 1072, 1077 f., 1080.

869 Hierzu oben H.VI.

870 Vgl. *Karsten Schmidt*, GmbHR 2007, 1072, 1076.

wenn man es nur richtig interpretiert, einen interessensgerechten Gläubigerschutz, der auch wirtschaftliche Interessen nicht übermäßig beeinträchtigt.

M. Klarstellung zum Vertragskonzern, § 30 Abs. 1 Satz 1. HS GmbHG-E

Laut § 30 Abs. 1 Satz 2 1. HS GmbHG-E gilt das Auszahlungsverbot des Satzes 1 nicht bei Leistungen, die zwischen den Vertragsteilen eines Beherrschungs- oder Gewinnabführungsvertrages (§ 291 des Aktiengesetzes) erfolgen. Der Grund der Regelung besteht offensichtlich darin, dass die Anwendbarkeit der Vorschriften über den Aktienvertragskonzern und gerade die in § 291 Abs. 3 AktG angeordnete Suspendierung der Kapitalerhaltungsvorschriften auf die GmbH bislang umstritten ist, so dass sich auch der Abschluss eines Unternehmensvertrages nicht als sicherer Ausweg aus der durch die Novemberentscheidung ausgelösten Misere anbot.[871] Die gesetzgeberische Klarstellung ist zu begrüßen, wenngleich weiterer Untersuchungsbedarf in konzernspezifischen Fragen hier nicht vollständig ausgeschlossen zu sein scheint und an dieser Stelle nur eine kurze Sensibilisierung erfolgen kann.

Gemäß § 291 Abs. 3 AktG gelten solche Leistungen nicht als Verstoß gegen die §§ 57 f. AktG, die auf Grund eines Beherrschungs- oder eines Gewinnabführungsvertrages erfolgen. Nach gewichtigen Stimmen in der Literatur soll eine vollständige Suspendierung gemäß § 291 Abs. 3 AktG nur bei Bestehen eines Beherrschungsvertrages gegeben sein, da im Rahmen eines Gewinnabführungsvertrages lediglich der Gewinn abgeführt werden dürfe, andere Zahlungen hingegen nicht *auf Grund* des Gewinnabführungsvertrages sondern nur *auf Grund* einer Weisung nach § 308 AktG und einem hierfür erforderlichen Beherrschungsvertrag erfolgen könnten.[872] In der Praxis werden aber gerade im Bereich der GmbH ganz verbreitet isolierte Gewinnabführungsverträge geschlossen, weil für den Vertragsschluss überwiegend steuerliche Motive leitend sind und unter diesem Aspekt ein Gewinnabführungsvertrag ohne Beherrschungsteil zur Herstellung der gewünschten Organschaft ausreicht.[873] Alle über den abgeführten Gewinn hinausgehenden Leistungen und beispielsweise auch Darlehen im Cash Pool wären demnach bei Bestehen eines – lediglich – Gewinnabführungsvertrages weiterhin an den Kapitalerhaltungsvorschriften zu messen. In der Literatur wird hier jedoch zu Recht auf die von § 291 Abs. 3 AktG abweichende Formulierung des § 30 Abs. 1 Satz 2 1. HS GmbHG-E hingewiesen, in der nicht von Leistungen „auf Grund eines Beherrschungs- und Gewinnabführungsvertrages" die Rede ist, vielmehr soll Satz 1 ohne nähere Differenzierung bei Leistungen zwischen den Vertragsteilen eines Unternehmensvertrages schlicht nicht gelten. Jedenfalls der neutralere Wortlaut steht somit einer fortbestehenden Diskussion entgegen, ob eine Leistung gerade „auf Grund" des Unternehmensvertrages oder aber neben diesem erfolgt.[874] Eine solche Auslegung erscheint auch aus Sicht des Gläubigerschutzes vertretbar, da auch der Gewinnabführungsvertrag die Ausgleichspflicht des § 302 AktG auslöst und der Gläubiger damit nicht anders gestellt ist als bei einem Beherrschungsvertrag. Maßgeblich ist allein, dass er bei Bestehen eines Vertragskonzerns wirtschaftlich, wenn auch nicht rechtlich,

---

871 Hierzu oben E.V.3.

872 Statt vieler Scholz/*H.P.Westermann*, § 30 Rn. 51 f; Michalski/*Heidinger*, § 30 Rn. 117; *Pentz*, ZIP 2006, 781, 786.

873 Ausführlicher zu diesen praktischen Motiven *Drygala/Kremer*, ZIP 2007, 1289, 1295.

874 So mit Blick auf en Wortlaut des neuen § 30 *Winter*, DStR 2007, 1484, 1490.

mit der Unternehmensgruppe als solcher kontrahiert und eines Schutzes gegen Vermögensverlagerungen im Konzern nicht bedarf.[875]

Hingegen erscheint die Formulierung „zwischen den Vertragsteilen“ aus einem anderen Grunde noch zu eng. Oft geht es nämlich um Leistungen an Dritte auf Veranlassung des herrschenden Unternehmens, wie etwa an Konzernunternehmen oder an andere mit dem Konzern in Geschäftsverbindung stehende Unternehmen.[876] Um auch hier stattfindende Leistungen vom Auszahlungsverbot zu befreien, sollte ausschließlich auf das Bestehen eines Beherrschungs- oder Gewinnabführungsvertrages abgestellt werden. Der Handelsrechtsausschuss des DAV schlägt somit folgenden überzeugenden ersten Halbsatz des Satzes 2 vor:[877]

„Satz 1 gilt nicht für Leistungen, die während des Bestehens eines Beherrschungs- und Gewinnabführungsvertrages (§ 291 des AktG) erfolgen (...).“

---

875 Vgl. *Drygala/Kremer*, ZIP 2007, 1289, 1296, aus Sicht der Gläubigers sei es auch unerheblich, ob die Leistung gerade aufgrund der Bestimmungen des Vertrages beruhe.

876 Vgl. *Handelsrechtsausschuss des DAV*, NZG 2007, 735, 737; *Winter*, DStR 2007, 1484, 1490.

877 Vgl. *Handelsrechtsausschuss des DAV*, NZG 2007, 735, 737.

N. Ergebnis und Ausblick

Für die zukünftige Beurteilung von Austauschverträgen im Rahmen des § 30 Abs. 1 Satz 2 2. HS ist das neu eingeführte Deckungsgebot von Bedeutung. Es führt den bislang ungeschriebenen Drittvergleich mit Marktkonditionen ein. Dieser ist auch weiterhin grundsätzlich auf den Bereich des gebundenen Vermögens beschränkt. Allerdings könnte sich eine extensive Anwendung zukünftig bei der Unternehmergesellschaft zur Sicherung der gemäß § 5a Abs. 3 GmbHG-E zu bildenden Zwangsrücklage im Rahmen einer Analogie ergeben.

Für Kreditverträge erfolgt eine Rückkehr zur bilanziellen Betrachtung, was grundsätzlich zu begrüßen ist. Allerdings zeigen sich schon jetzt konzernfreundliche Interpretationsversuche hinsichtlich eines Verzichts auf den Drittvergleich. Insofern wären ein deutlicherer Gesetzestext sowie eine von bilanziellen Grundsätzen unabhängige Anordnung eines Drittvergleichs als Mindestanforderung wünschenswert gewesen. Entsprechend sollte man daher das neue Deckungsgebot lesen. Auch aufsteigende Sicherheiten lassen sich unter das Deckungsgebot und den hier vorzunehmenden Drittvergleich subsumieren. Bei Sicherheiten ist der Drittvergleich konsequent zu fordern, was sich mit dem Entwurfswortlaut jedoch nicht vereinbaren lässt. Eine durchaus überzeugende Regelung erfolgt durch § 30 Abs. 1 Satz 2 1. HS für Vertragskonzerne. Nicht überzeugen kann die Beibehaltung des Kreditvergabeverbotes an Geschäftsführer gemäß § 43a GmbHG.

ZUSAMMENFASSUNG

Die Novemberentscheidung des BGH vom 24.11.2003 hatte nicht nur für die Praxis des konzernweiten Cash Pooling sondern für das Auszahlungsverbot des § 30 Abs. 1 GmbHG im Allgemeinen grundlegende Bedeutung. § 30 GmbHG bildet den Kern des Kapital- und Gläubigerschutzes bei der GmbH. Gemäß § 30 Abs. 1 GmbHG darf das zur Erhaltung des Stammkapitals erforderliche Vermögen der Gesellschaft nicht an die Gesellschafter ausgezahlt werden. Das geschützte, zur Erhaltung des Stammkapitals erforderliche Vermögen der GmbH errechnet sich als die Summe aller Aktiva abzüglich der Verbindlichkeiten. Von einer verbotenen Auszahlung ist gleichermaßen auszugehen, wenn eine Unterbilanz herbeigeführt oder vertieft wird. Gleiches gilt für den Fall der Überschuldung. Das Kapitalerhaltungsrecht gewährt nicht etwa einen Gläubigerschutz dadurch, dass bei ihr ein bestimmter Vermögensstock als Reservefonds zugunsten der Gläubiger gehalten werden muss. Das Auszahlungsverbot verbietet lediglich, dass das Kapital an die Gesellschafter zurückfliest. Die Frage, ob eine Leistung an den Gesellschafter aus freiem, nicht zum Erhalt des Stammkapitals erforderlichen Nettovermögens erfolgt oder ob bereits eine Unterbilanz besteht, beurteilt sich grundsätzlich nach handelsbilanziellen Maßgaben, was sich nach allgemeiner Ansicht aus § 42 Abs. 1 GmbHG ergibt. Hingegen steht bei der Beurteilung einer verbotenen Auszahlung seit jeher ein Abweichen von bilanziellen Grundsätzen in Frage. Mit der Novemberentscheidung lehnt sich der zweite Senat insbesondere an die auf *Stimpel* zurückgehenden Überlegungen an, wonach dem Auszahlungsverbot nicht ein bilanziell wertmäßiges, sondern ein wirtschaftliches Verständnis unter Berücksichtigung der Verkehrswerte zugrunde zu legen sei. Seit jeher stehen verdeckte Vermögensverlagerungen, wie sie insbesondere im Rahmen von Kredit- und Austauschverträgen diskutiert werden, im Rampenlicht dieser Diskussion um ein bilanzielles oder wirtschaftliches Verständnis im Rahmen des Auszahlungsverbotes.

Ein Blick auf die Grundstrukturen des auf die Handelsbilanz gestützten Kapitalschutzes zeigt, dass dieser auch internationalen Angriffen standhält, die sich gegen die Grundprinzipien der Handelsbilanz richten. Der auf die Handelsbilanz und insbesondere auf die Grundsätze von Vorsicht und Objektivität gestützte Kapitalschutz bietet eine rechtssicher handhabbare Basis für den Gläubigerschutz bei der GmbH. Zur Steigerung seiner Objektivität sollte er jedoch von Wahlrechten und den daraus resultierenden Ermessensreserven befreit werden. Der Referentenentwurf zum BilMoG kommt dem zwar weitgehend nach, zugleich wird die gesteigerte Objektivität der Handelsbilanz jedoch in Annäherung an internationale Rechnungslegungsstandards durch den Einzug von Zeitwerten wieder auf die Probe gestellt.

Die Beurteilung verdeckter Vermögensverlagerungen im Rahmen von zwischen der GmbH und ihren Gesellschaftern abgeschlossenen Austauschverträgen ist ***de lege lata*** sowohl in ihrer dogmatischen Begründung als auch mit Blick auf ihre Ergebnisse wenig überzeugend. Das auf *Stimpel* zurückgehende, durch den BGH bestärkte wirtschaftliche Verständnis bedingt es seit jeher, abweichend von bilanziellen Grundsätzen durch die Vornahme eines Drittvergleichs die Verkehrswerte zu schützen und verdeckte Vermögensverlagerungen zu verbieten. Diese wirtschaftliche Betrachtung von Austauschverträgen wirft jedoch Fragen auf. Zum einen erscheint die auf *Stimpel* zurückgehende Begründung des Drittvergleichs, jeder - auch tatsächliche - Vermögenswert sei zur Erhaltung des Stammkapitals in seiner Funktion als Mindestbetriebsvermögen und Mindesthaftungsreserve erforderlich, nicht mehr zeitgemäß, da ihr ein überholtes Kapitalverständnis zugrunde liegt. Des Weiteren ist unklar, ob es hierbei allein auf einen rechnerischen Drittvergleich oder auch darauf ankommen kann, ob die in Frage stehende Leistung der GmbH an ihren Gesellschafter auf Grund seiner Gesellschafterstellung, also „causa societatis" erfolgt ist und folglich trotz Ausgeglichenheit von Leistung und Gegenleistung nicht an Dritte gewährt worden wäre. Die in der Literatur angebotenen vielfältigen Deutungsversuche des Merkmals „causa societatis" zeichnen ein undeutliches Bild und lassen konkrete Voraussetzungen für die Beurteilung verdeckter Vermögensverlagerungen im Dunkeln.

Bei aufsteigenden Kreditleistungen geht die sog. wirtschaftliche Betrachtung de lege lata über den Schutz der Verkehrswerte hinaus. Während diese schon durch die handelsbilanziellen Grundsätze und den dort immanenten Drittvergleich geschützt sind, hat der BGH mit der Novemberentscheidung die Auffassung bestätigt, dass zusätzlich die Liquidität der Gesellschaft zu schützen sei. Auch dies wird wenig überzeugend mit der Bedeutung des Stammkapitals als bestandsschützendes Mindestvermögen und als Befriedigungsreserve für die Gesellschaftsgläubiger begründet. Die Abkehr vom bilanziellen Denken und die hiermit verbundene Ausblendung der Darlehensrückzahlungsansprüche führt zu Rechtsunsicherheit und erschwert insbesondere das konzernweite Cash Pooling. Auch der vom BGH in seinem obiter dictum aufgestellte Ausnahmetatbestand sowie ein denkbares Ausweichen auf alternative Konzern- oder Pooling-Formen bieten gerade für die Praxis der Konzernfinanzierung keinen rechtssicheren und wirtschaftlich sinnvollen Ausweg. Schließlich werden auch aufsteigende Sicherheiten von der Novemberentscheidung erfasst. Sowohl die Auswirkungen auf die Konzernfinanzierung, als auch die ausgelösten dogmatischen Unstimmigkeiten im Allgemeinen verlangen nach einer gesetzgeberischen Lösung.

Da die Beurteilung von Austauschverträgen bislang insbesondere auf einem überholten Kapitalverständnis beruhte, muss der hier vorzunehmende Drittvergleich und das hierdurch erreichte Verbot verdeckter Vermögensverlagerungen ***de lege ferenda*** auf neue Füße gestellt werden. Durch einen aus eigenständigen gesellschaftsrechtlichen Wertungen abgeleiteten Drittvergleich werden durch das Handelsbilanzrecht ermöglichte zusätzliche Ausschüttungen, die zu Lasten des Kapital- und Gläubigerschutzes gehen, vermieden. Für den Drittvergleich ist ausschließlich auf die rechnerische Ausgeglichenheit von Leistung und Gegenleistung abzustellen, auf das Kriterium einer Leistung „causa societatis" kommt es nicht an. Der Drittvergleich und das hierdurch erzielte Verbot verdeckter Vermögensverlagerungen sind auch weiterhin auf den Bereich des gebundenen Vermögens zu beschränken. Hierdurch wird den personalistischen, auf wirtschaftliche Flexibilität ausgerichteten Bedürfnissen der GmbH Genüge getan und zugleich die strukturellen Unterschiede zur AG, bei der eine strikte Vermögensbindung und ein konsequentes Verbot verdeckter Vermögensverlagerungen besteht, unterstrichen.

Für aufsteigende Kreditleistungen und hier insbesondere das Cash Pooling ist de lege ferenda grundsätzlich zur bilanziellen Betrachtung zurückzukehren. Durch die allgemeinen Grundsätze der Forderungsbilanzierung lassen sich auch die vom BGH nach einem Alles-oder-Nichts-Prinzip verlangten Zulässigkeitskriterien rechtssicher und interessensgerecht erfassen. Dies gilt sowohl für die Bonität des Schuldners, als auch für die Verzinsung und Besicherung der Forderung. Allerdings ist für Darlehen in einem Cash Pool auf Grund des Klumpenrisikos ein besonders strenger Drittvergleich zu fordern. Dies entspricht durchaus auch der Konzernfinanzierungspraxis, die zentralisierungsbedingten Vorteile werden hier regelmäßig durch bessere Konditionen an die einzelnen Konzerntöchter weitergegeben. Da die Bilanzierungspraxis einen Drittvergleich jedoch bei – gerade in Cash Pools häufigen – kurzfristigen Forderungen aus Vereinfachungsgründen für entbehrlich hält, ist ein Drittvergleich als eine von dieser Praxis unabhängige Mindestvoraussetzung zu fordern. Weitere Verschärfungen sind nicht praktikabel, das Auszahlungsverbot wird aber auch weiterhin durch die Verhaltenshaftung von Gesellschafter und Geschäftsführer begleitet und diese durch die drohende Haftung zu vertraglicher Weitsicht angehalten. Eine grundsätzliche Rückkehr zur bilanziellen Betrachtung hat auch für aufsteigende Sicherheiten zu erfolgen. Der zur Sicherung einer von handelsbilanziellen Grundsätzen nicht erfassten Risikovergütung auch hier zusätzlich erforderliche Drittvergleich ist jedoch nicht auf den Bereich des gebundenen Vermögens zu beschränken, sondern konsequent zu fordern. Schließlich liegt es nahe, auch Kredite an Geschäftsführer nach bilanziellen Grundsätzen zu beurteilen und § 43a GmbHG aufzuheben.

Insgesamt ist das Auszahlungsverbot des § 30 Abs. 1 GmbHG um folgende Sätze zu ergänzen:

„(...) Für die Beurteilung einer Auszahlung gelten die allgemeinen Bilanzierungsgrundsätze. Unabhängig davon müssen sämtliche Leistungen an Gesellschafter mindestens zu Marktkonditionen erfolgen, dies gilt bei der Bestellung von Sicherheiten zugunsten eines Gesellschafters auch dann, wenn das zur Erhaltung des Stammkapitals erforderliche Vermögen nicht berührt wird."

Die hier zusammenfließenden Erkenntnisse lassen sich wie folgt zusammenfassen: Die Rückkehr zur bilanziellen Betrachtung kann als Leitgedanke festgehalten werden, denn sie bildet zweifellos die Basis des Auszahlungsverbotes. In Anbetracht einiger Schwächen der Bilanzierungspraxis beim Schutz der Verkehrswerte, sei es wegen des regelmäßig unzulänglichen Ausweises verdeckter Vermögensverlagerungen bei Austauschverträgen, oder wegen des befürchteten zurückhaltenden Umgangs mit dem Drittvergleich bei – im Cash Pool typischen kurzfristigen – Darlehensforderungen, ist eine Modifizierung um einen Drittvergleich erforderlich. Ein Liquiditätsschutz bei Darlehen nach Vorbild der Novemberentscheidung ist aber keinesfalls begründbar.

Auch der ***Regierungsentwurf zum MoMiG*** sieht eine Änderung des Auszahlungsverbotes vor. Die wesentliche Neuerung besteht in dem sog. Deckungsgebot. Im Bereich der Austauschverträge soll dies den bislang ungeschriebenen Drittvergleich festschreiben. Dieser beinhaltet allein einen rechnerischen Vergleich mit Marktwerten, eine eigenständige Bedeutung des Merkmals „causa societatis" lässt der Entwurf begrüßenswerterweise nicht erkennen. Auch ist der Drittvergleich wie bisher auf den Bereich des gebundenen Vermögens beschränkt. Allerdings kann die bei der neuen Unternehmergesellschaft eingeführte Zwangsrücklage nur durch einen konsequenten Drittvergleich effektiv gebildet werden, so dass hier mit einer extensiven, von der

Vermögenssituation unabhängigen Anwendung des Drittvergleichs, etwa in Analogie zu § 30 Abs. 1, zu rechnen ist.

Bei Kreditverträgen wird die Rückkehr zur bilanziellen Betrachtung in der Entwurfsbegründung ausdrücklich hervorgehoben. Doch sollte man auch hier das Deckungsgebot als über die handelsbilanziellen Grundsätze hinausgehende Mindestanforderung verstehen. Erste Reaktionen auf den Regierungsentwurf verweisen nämlich bereits auf die Entbehrlichkeit eines Drittvergleichs bei – gerade in Cash Pools häufigen – kurzfristigen Forderungen und möchten einen Drittvergleich hier grundsätzlich für entbehrlich halten. Eine solche verallgemeinernde Sichtweise ist abzulehnen, da sie zu Lasten des Gläubigerschutzes ein Konzernprivileg schafft. Auch aufsteigende Sicherheiten dürften von dem neuen Deckungsgebot erfasst sein, allerdings sollte der Drittvergleich hier konsequent angeordnet werden. Insgesamt dürfte durch die grundsätzliche Rückkehr zur bilanziellen Betrachtung der durch die Novemberentscheidung geschaffene missliebige Zustand – jedenfalls aus Sicht der Wirtschaft – beseitigt und die erforderliche Rechtssicherheit für das Cash Pooling wieder hergestellt sein. Das konsequente Fortdenken der bilanziellen Betrachtung hin zu einer Aufhebung des Kreditvergabeverbotes an Geschäftsführer gemäß § 43a GmbHG unternimmt der Entwurf nicht.

FAZIT

Der Regierungsentwurf zum MoMiG lässt erkennen, dass der Gesetzgeber das Cash Pooling auf eine bilanzielle Betrachtung zurückführen wird. Die Praxis der Konzernfinanzierung wird so wieder auf sichere Füße gestellt. Eine unmodifizierte Rückkehr zu handelsbilanziellen Grundsätzen ist - jedenfalls aus Sicht der Wirtschaft - zu begrüßen. Nach dem Willen des Entwurfsverfassers sollte der durch die Novemberentscheidung geschaffene missliebige Zustand wieder beseitigt werden.

Ziel des Entwurfes ist es somit nicht, ein Sonderrecht für das Cash Pooling zu schaffen. Doch eröffnet die bedingungslose Rückkehr zu bilanziellen Grundsätzen schon jetzt konzernfreundliche, zu Lasten der Gläubiger gehende Auslegungsspielräume. Schon in den ersten Stellungnahmen in der Literatur wird von namhaften Vertretern behauptet, der Entwurf gehe über die Rechtslage vor der Novemberentscheidung hinaus, da ein Drittvergleich beim Cash Pooling – entgegen der bis zur Novemberentscheidung geltenden Rechtslage – nun nicht mehr erforderlich sei. Dem entgegen sollte die bedingungslose Festschreibung bilanzieller Grundsätze nicht dazu verleiten, dort bestehende Gepflogenheiten, wie den Verzicht auf einen Drittvergleich bei kurzfristigen Forderungen, für das Cash Pooling verallgemeinernd zum Regelfall zu erheben. Dies liefe auf eine kapitalerhaltungsrechtlich völlig unkontrollierte Mittelverwendung hinaus, die nicht Wille des Gesetzgebers ist. Der Drittvergleich war stets üblich und sollte es auch bleiben.

Kommt der Gesetzgeber der vor dem Hintergrund dieser Bedenken vorgeschlagenen Anordnung eines Drittvergleichs als Mindestanforderung nicht nach, so sollte man bei Anwendung und Auslegung des neuen Auszahlungsverbotes Vorsicht walten lassen. Das Deckungsgebot sollte man hierbei nicht auf Austauschverträge beschränkt lesen. Insgesamt verbietet es sich, aus Konzerninteressen zukünftig von den bis zur Novemberentscheidung anerkannten Grundsätzen zu Lasten der Gläubiger abzuweichen:

Ex praecedentibus et consequentibus fit optima interpretatio.[878]

[878] Die beste Auslegung gewinnt man aus dem Vorangegangenen und dem Folgenden. Eine gegebene Regelung versteht man am besten und wendet man richtig an, wenn man sich vergegenwärtigt, was zu der Regelung geführt hat und welche Folgen sie haben wird.

Interviewverzeichnis

Euchner, Axel, Chief Financial Officer / ***Poschmann, Martin***, Leiter Corporate Cash- und Treasury Management, Schmolz+Bickenbach AG, Düsseldorf, Interview vom 02.05.2007 (zitiert: Interview *Euchner/Poschmann*).

Literaturverzeichnis

Achleitner, Ann-Kristin / Behr, Giorgio, International accounting standards, 3. Aufl., München 2003 (zitiert: *Achleitner/Behr*, IAS).

Adler, Hans / Düring, Walther / Schmaltz, Kurt (Begr.), Rechnungslegung und Prüfung der Unternehmen, Kommentar zum HGB, AktG, GmbHG, PublG nach den Vorschriften des Bilanzrichtlinien-Gesetzes, Teilband 1, Vorb. §§ 252 - 256 HGB, §§ 252 - 263 HGB, 6. Aufl., Stuttgart 1995; Teilband 5, §§ 264 - 274, 274a, 275 - 283 HGB, 6. Aufl., Stuttgart 1997; Teilband 6, Vorb. §§ 238 - 241 HGB, §§ 238 - 251 HGB, 6. Aufl., Stuttgart 1998. (Zitiert: *ADS*)

Aktiengesetz Großkommentar, Aktiengesetz, begr. von Wilhelm Gadow, hrsg. von Klaus J. Hopt und Herbert Wiedemann, Dritter Band, §§ 91 – 93, 4. Aufl., Berlin 1999 (zitiert: Großkomm-AktG/*Bearbeiter*).

Altmeppen, Holger, Abschied vom „Durchgriff" im Kapitalgesellschaftsrecht, NJW 2007, 2657 ff.

Ders., Die Grenzen der Zulässigkeit des Cash Pooling, ZIP 2006, 1025, 1026 ff.

Ders., Schutz vor „europäischen" Kapitalgesellschaften, NJW 2004, 97 ff.

Ders, Zur Entwicklung eines neuen Gläubigerschutzkonzepts in der GmbH – Zugleich Besprechung von BGH, Urt. v. 24.6.2002 – II ZR 300/00, ZIP 2002, 1578, in ZIP 2002, 1553 ff.

Ders., Die Auswirkungen des KonTraG auf die GmbH, ZGR 1999, 291 ff.

Ders., Zur Vermögensbindung in der faktisch abhängigen AG, ZIP 1996, 693 ff.

Arbeitskreis Bilanzrecht der Hochschullehrer Rechtswissenschaft, Zur Fortentwicklung des deutschen Bilanzrechts, BB 2002, 2372 ff.

Arnold, Arnd, Zur ökonomischen Theorie des Solvenztest, Der Konzern 2007, 118 ff.

Baetge, Jörg / Kirsch, Hans-Jürgen / Thiele, Stefan, Bilanzen, 8. Aufl., Düsseldorf 2005 (zitiert: *Baetge/Kirsch/Thiele*, Bilanzen).

Ballerstedt, Kurt, Kapital, Gewinn und Ausschüttungen bei Kapitalgesellschaften, Tübingen 1949 (zitiert: *Ballerstedt*, Kapital).

Barta, Sebastian, Das Kapitalssystem von GmbH und AG – Inhalt und Zweck der Regelungen über Stamm- bzw. Grundkapital – Zugleich Anmerkungen zum Referentenentwurf eines „Gesetzes zur Neuregelung des Mindestkapitals der GmbH (MindestkapG)", GmbHR 2005, 657 ff.

Bastuck, Burkhard, Kreditbesicherung im Konzern - Geklärte Fragen, offene Fragen und Vertragsgestaltung -, WM 2000, 1091 ff.

Bauer, Markus, Gläubigerschutz durch eine formelle Nennkapitalziffer - Kapitalgesellschaftsrechtliche Notwendigkeit oder überholtes Konzept?, Frankfurt am Main 1995 (zitiert: *Bauer*, Gläubigerschutz).

Baumbach, Adolph / Hück, Alfred (Hrsg.), GmbH-Gesetz, Gesetz betreffend die Gesellschaften mit beschränkter Haftung, Kommentar, 18. Aufl., München 2006 (zitiert: Baumbach/Hueck/*Bearbeiter)*.

Bayer, Walter / Lieder, Jan, Der Entwurf des „MoMiG" und die Auswirkungen auf das Cash-Pooling – Zur Rechtslage de lege lata und Überlegungen de lege ferenda, GmbHR 2006, 1121 ff.

Dies., Darlehen der GmbH an Gesellschafter und Sicherheiten aus dem GmbH-Vermögen für Gesellschafterverbindlichkeiten – Besprechung der Entscheidung BGHZ 157, 72, in ZGR 2005, 133 ff.

Bayer, Walter, Zentrale Konzernfinanzierung, Cash Management und Kapitalerhaltung, in Schneider, Uwe H. (Hrsg.), Festschrift für Marcus Lutter zum 70. Geburtstag, Köln 2000, S. 1011 ff.

Ders., Gesamtverantwortung der Gesellschafter für das Stammkapital und die Existenz der GmbH, in Crezelius, Georg (Hrsg.), Gesellschaftsrecht, Rechnungslegung, Sportrecht, Festschrift für Volker Röhricht zum 65. Geburtstag, Köln 2005, S. 25 ff.

Ders., Moderner Kapitalschutz, ZGR 2007, 220 ff.

Becker, Ralph, Cash-Management in der Unternehmenskrise, DStR 1998, 1528 ff.

Bender, Hans-Udo, Das Ende klassischer Konzernfinanzierungen durch die jüngere BGH-Rechtsprechung?, BB 2005, 1492 ff.

Bilger, Ursula, Banken und Kreditfinanzierung – Eine theoretische Analyse der Kreditfinanzierungsvoraussetzungen kleiner und mittlerer Unternehmen in peripheren Regionen, Frankfurt am Main 1994 (zitiert: *Bilger*, Kreditfinanzierung).

Bitter, Georg, Konzernrechtliche Durchgriffshaftung bei Personengesellschaften, Köln 2000 (zitiert: *Bitter*, Durchgriffshaftung).

Ders., Rechtsperson und Kapitalerhaltung – Gesellschafterschutz vor „verdeckten Gewinnausschüttungen" bei Kapital- und Personengesellschaften, ZHR 168 (2004), 302 ff.

Ders., Flurschäden im Gläubigerschutzrecht durch „Centros & Co."? – Eine Zwischenbilanz - , WM 2004, 2190 ff.

Ders., Der Anfang vom Ende des „qualifiziert faktischen GmbH-Konzerns" – Ansätze einer allgemeinen Missbrauchshaftung in der Rechtsprechung des BGH, WM 2001, 2133 ff.

Blaurock, Uwe, Mindestkapital und Haftung bei der GmbH, in Damm, Reinhard (Hrsg.), Festschrift für Thomas Raiser zum 70. Geburtstag am 20. Februar 2005, Berlin 2005, S. 3 ff.

Böcker, Philip, §§ 30, 31 GmbHG im Wandel, ZGR 2006, 213 ff.

Böcker, Philip / Poertzgen, Christoph, Kausalität und Verschulden beim künftigen § 64 Satz 3 GmbHG, WM 2007, 1203 ff.

Böcking, Hans-Joachim, Internationalisierung der Rechnungslegung und ihre Auswirkungen auf die Grundprinzipien des deutschen Rechts, Der Konzern 2004, 177 ff.

Böcking, Hans-Joachim / Dutzi, Andreas, Zur Notwendigkeit eines zusätzlichen Solvenztests, Der Konzern 2007, 435 ff.

Böckli, Peter, Schweizer Aktienrecht, 3. Aufl., Zürich 2004 (zitiert: *Böckli*, Aktienrecht).

Bormann, Michael, Die Kapitalaufbringung nach dem Regierungsentwurf des MoMiG, GmbHR 2007, 897 ff.

Bommert, Rainer, Verdeckte Gewinnausschüttungen im Aktienrecht, Köln 1988 (zitiert: *Bommert*, Verdeckte Gewinnausschüttungen).

Brandes, Helmut, Die Behandlung von Nutzungsüberlassungen im Rahmen einer Betriebsaufspaltung unter Gesichtspunkten des Kapitalersatzes und der Kapitalerhaltung, ZGR 1989, 244 ff.

Brandner, Hans, Verdeckte Sacheinlage – Eine Aufgabe für den Gesetzgeber ?, in Ebenroth, Carsten Thomas (Hrsg.), Festschrift für Karlheinz Boujong, München 1996, S. 37 ff.

Brockfeld, Eckart, Darlehen der AG und der GmbH an ihre Gesellschafter, Rheinfelden 1987 (zitiert: *Brockfeld*, Darlehen).

Büschgen, Hans E., In-house banking, WM 1995, 733, 743 ff.

Bundesverband der Deutschen Industrie, Für ein wettbewerbsfähiges Unternehmensrecht – Forderungen der Industrie an die Bundesregierung, abrufbar unter http://www.bdi-online.de/dokumente/recht-wettbewerbversicherungen/microsoft-wordbdiwettbewerbsfaehigesunternehmensr.pdf.

Bundesverband der Deutschen Industrie / Gesamtverband der Deutschen Versicherungswirtschaft e. V., Gemeinsame Stellungnahme von BDI und GDV zum Referentenentwurf eines Gesetzes zur Modernisierung des GmbH-Rechts und zur Bekämpfung von Missbräuchen (MoMiG), Berlin 2006 (zitiert: *BDI/GDV*, Stellungnahme).

Bundesverband der Deutschen Industrie / Hengeler Müller, Die GmbH im Wettbewerb der Rechtsformen – Modernisierungsbedarf im Recht der GmbH, Berlin 2006 (zitiert: *BDI/Hengeler*, GmbH).

Burg, Michael, Existenzvernichtungsschutz in der Private Limited Company?, GmbHR 2004, 1379 ff.

Burgard, Ulrich, Rechtsfragen der Konzernfinanzierung, AG 2006, 527 ff.

Busse von Colbe, Walther, Die deutsche Rechnungslegung vor einem Paradigmenwechsel, ZfbF 2002, 159 ff.

Cahn, Andreas, Kapitalerhaltung im Konzern, Köln 1998 (zitiert: *Cahn*, Kapitalerhaltung).

Ders., Das richterliche Verbot der Kreditvergabe an Gesellschafter und seine Folgen – Anmerkungen zum Urteil des BGH vom 24.11.2003, II ZR 171/01, Der Konzern 2004, 235 ff.

Ders., Kapitalaufbringung im Cash Pool, ZHR 166 (2002), 278 ff.

Canaris, Claus Wihelm, Die Rückgewähr von Gesellschaftereinlagen durch Zuwendungen an Dritte, in Lutter, Marcus (Hrsg.), Festschrift für Robert Fischer, Berlin 1979, S. 31 ff.

Centrale für GmbH Dr. Otto Schmidt (Hrsg.), GmbH-Handbuch, Band I Gesellschaftsrecht, Band II Rechnungswesen, Loseblattsammlung, Köln Stand 2007 (zitiert: *Bearbeiter*, in GmbH-Handbuch).

Claussen, Carsten Peter, Gesellschaftsrecht und Rechnungslegungsrecht, in Baums, Theodor (Hrsg.), Festschrift für Ulrich Huber zum siebzigsten Geburtstag, Tübingen 2006, S. 677 ff.

Ders., Zum Stellenwert des Rechnungslegungsrechts, in Forster, Karl-Heinz / Grunewald, Barbara / Lutter, Marcus / Semler, Johannes (Hrsg.), Aktien- und Bilanzrecht, Festschrift für Bruno Kropff, Düsseldorf 1997, S. 431 ff.

Dampf, Peter, Die Gewährung von upstream-Sicherheiten im Konzern, Der Konzern 2007, 157 ff.

Dauner-Lieb, Barbara, Die Existenzvernichtungshaftung – Schluss der Debatte?, DStR 2006, 2034 ff.

Deckart, Christian, Kapitalerhaltung als Grenze des Cash Pooling, Hamburg 2006 (zitiert: *Deckart*, Cash Pooling).

Deutsche Bundesregierung, Entwurf eines Gesetzes zur Modernisierung des GmbH-Rechts und zur Bekämpfung von Missbräuchen (MoMiG), vom 23.5.2007, BT-Drucks. 16/6140.

Deutscher Reichstag, Entwurf eines GmbH-Gesetzes von 1892, Aktenstück Nr. 660, 1892.

Diem, Andreas, Akquisitionsfinanzierungen – Kredite für Unternehmenskäufe, München 2005 (zitiert: *Diem*, Aquisitionsfinanzierungen).

Ders., Besicherung von Gesellschafterverbindlichkeiten als existenzvernichtender Eingriff des Gesellschafters?, ZIP 2003, 1283 ff.

Döllerer, Georg, Verdeckte Gewinnausschüttungen und verdeckte Einlagen bei Kapitalgesellschaften, 2. Aufl., Heidelberg 1990 (zitiert: *Döllerer*, Verdeckte Gewinnausschüttungen).

Drygala, Tim, Stammkapital heute – Zum geänderten Verständnis vom System des festen Kapitals und seinen Konsequenzen, ZGR 2006, 587 ff.

Drygala, Tim / Drygala, Anja, Wer braucht ein Frühwarnsystem? Zur Aussstrahlungswirkung des § 91 Abs. 2 AktG, ZIP 2000, 297 ff.

Drygala, Tim / Kremer, Thomas, Alles neu macht der Mai - Zur Neuregelung der Kapitalerhaltungsvorschriften im Regierungsentwurf zum MoMiG, ZIP 2007, 1289 ff.

Ebert, Sabine / Levedag, Christian, Die zugezogene „private limited company by shares (Ltd.)" nach dem Recht von England und Wales als Rechtsformalternative für in- und ausländische Investoren in Deutschland, GmbHR 2003, 1337 ff.

Eichholz, Rainer, Das Recht konzerninterner Darlehen, Berlin 1993 (zitiert: *Eichholz*, Darlehen).

Eidenmüller, Horst, Die GmbH im Wettbewerb der Rechtsformen, ZGR 2007, 168 ff.

Ders. (Hrsg.), Ausländische Kapitalgesellschaften im deutschen Recht, München 2004 (Zitiert: *Bearbeiter*, in Eidenmüller (Hrsg.)).

Eidenmüller, Horst / Engert, Andreas, Die angemessene Höhe des Grundkapitals der Aktiengesellschaft, AG 2005, 97 ff.

Dies., Rechtsökonomik des Mindestkapitals im GmbH-Recht, GmbHR 2005, 433 ff.

Eidenmüller, Horst / Grunewald, Barbara / Noack, Ulrich, Das Mindestkapital im System des festen Kapitals, in Lutter (Hrsg.), Das Kapital der Aktiengesellschaft in Europa, ZGR Sonderheft 17, Berlin 2006, S. 17 ff. (zitiert: *Eidenmüller/Grunewald/Noack,* in Lutter (Hrsg.), Kapital).

Ellrott, Helmut / Förschle, Gerhart / Hoyos, Martin / Winkeljohann, Norbert (Hrsg.), Beck`scher Bilanz-Kommentar, Handels- und Steuerbilanz, §§ 238 bis 339, 342 bis 342e HGB mit EGHGB und IAS/IFRS-Abweichungen, 6. Aufl., München 2006 (zitiert: BeckBilKomm/*Bearbeiter*).

Emmerich, Volker / Habersack, Mathias, Aktien- und GmbH-Konzernrecht, 5. Aufl., München 2008 (zitiert: Emmerich/Habersack/*Bearbeiter*).

Engert, Andreas, Kreditgewährung an GmbH-Gesellschafter und bilanzorientierter Kapitalschutz, BB 2005, 1951 ff.

Ekkenga, Jens, Einzelabschlüsse nach IFRS – Ende der aktien- und GmbH-rechtlichen Kapitalerhaltung?, AG 2006, 389 ff.

Esters, Florian, Die GmbH als taugliches Objekt von Konzernfinanzierungen und LBOs nach „Bremer Vulkan" und „KBV", GmbHR 2004, 105 ff.

Falkenstein, Norbert, Grenzen für die Entnahmerechte der GmbH-Gesellschafter, Frankfurt am Main 1992 (zitiert: *Falkenstein*, Entnahmerechte).

Fassbender, Karl-Josef, Cash Pooling und Kapitalersatzrecht im Konzern, Berlin 2004 (zitiert: *Fassbender*, Cash Pooling).

Fastrich, Lorenz, Optimierung des Gläubigerschutzes bei der GmbH – Praktikabilität und Effizienz, DStR 2006, 656 ff.

Fiedler, Stefan, Verdeckte Vermögensverlagerungen bei Kapitalgesellschaften – Zivilrechtlicher Ausgleich und Konsequenzen für die Besteuerung verdeckter Gewinnausschüttungen, Köln 1994 (zitiert: *Fiedler*, Verdeckte Vermögensverlagerungen).

Ders., Verdeckte Gewinnausschüttung – Aufwand oder Ergebnisverwendung – Zugleich eine Anmerkung zum BFH-Urteil vom 29.6.1994 – I R 137/93, BB 1995, 1341 ff.

Fischer, Michael, Die Verlagerung des Gläubigerschutzes vom Gesellschafts- in das Insolvenzrecht, ZIP 2004, 1477 ff.

Fleck, Hans Joachim, Der Grundsatz der Kapitalerhaltung – seine Ausweitung und seine Grenzen, in Lutter, Marcus / Ulmer, Peter / Zöllner, Wolfgang (Hrsg.), Festschrift 100 Jahre GmbHG, Köln 1992, S. 391 ff.

Fleischer, Holger, Verdeckte Gewinnausschüttung und Kapitalschutz im Europäischen Gesellschaftsrecht, in Lutter (Hrsg.), Das Kapital der Aktiengesellschaft in Europa, ZGR Sonderheft 17, Berlin 2006, S. 114 ff. (zitiert: *Fleischer,* in Lutter (Hrsg.), Kapital).

Ders., Das Mannesmann-Urteil des Bundesgerichtshofs: Eine aktienrechtliche Nachlese, DB 2006, 542 ff.

Ders., Erweiterte Außenhaftung der Organmitglieder im Europäischen Gesellschafts- und Kapitalmarktrecht: Insolvenzverschleppung, fehlerhafte Kapitalmarktinformation, Tätigkeitsverbote, ZGR 2004, 437 ff.

Ders., Grundfragen der ökonomischen Theorie im Gesellschafts- und Kapitalmarktrecht, ZGR 2001, 1 ff.

Flesner, Patrick, Die GmbH-Reform (MoMiG) aus Sicht der Akquisitions- und Restrukturierungspraxis, NZG 2006, 641 ff.

Flume, Werner, Der Gesellschafter und das Vermögen der Kapitalgesellschaft und die Problematik der verdeckten Gewinnausschüttung, ZHR 144 (1980), 18 ff.

Forum Europaeum, Konzernrecht für Europa, ZGR 1998, 672 ff.

Freitag, Robert, Finanzverfassung und Finanzierung von GmbH und AG nach dem Regierungsentwurf des MoMiG, WM 2007, 1681 ff.

Ders., §§ 30, 31 GmbHG, „Bremer Vulkan-Urteil" und „Limitation Language"– (Ab-) Wege in der GmbH-Konzernfinanzierung?, WM 2003, 805 ff.

Freitag, Robert / Riemenschneider, Markus, Die Unternehmergesellschaft – „GmbH light" als Konkurrenz für die Limited?, ZIP 2007, 1485 ff.

Fuchs, Markus / Stibi, Bernd, Reform des Gläubigerschutzes durch Kapitalerhaltung? Problembereiche eines Systemwechsels der Ausschüttungsbemessung, BB 2007, 93 ff.

Fülbier, Rolf Uwe / Gassen, Joachim, Das Bilanzrechtsmodernisierungsgesetz (BilMoG): Handelsrechtliche GoB vor der Neuinterpretation, DB 2007, 2605 ff.

Fuhrmann, Lambertus, Kreditgewährung an Gesellschafter: Ende des konzernweiten Cash-Managements ? NZG 2004, 552 ff.

Gehb, Jürgen / Drange, Günter / Heckelmann, Martin, Gesellschaftsrechtlicher Typenzwang als Zwang zu neuem Gesellschaftstyp – Gemeinschaftsrecht fordert deutsche UGG, NZG 2006, 88 ff.

Gehrlein, Markus, Haftung wegen existenzvernichtenden Eingriffs im Einzelfall – Besprechung der BGH-Urteile v. 13.12.2004 – II ZR 206/02, BB 2005, 232, und II ZR 256/02, BB 2005, 286, in BB 2005, 613 ff.

Geißler, Markus, Verdeckte Gewinnausschüttungen und Rückforderungsansprüche der GmbH, GmbHR 2003, 394 ff.

Gesellschaftsrechtliche Vereinigung (Hrsg.), Gesellschaftsrecht in der Diskussion 2002, Band 6, Köln 2003 (zitiert: *Bearbeiter*, in VGR 2002).

Dies., Haftungsrisiken beim Konzernweiten Cash Pooling, Band 7, Köln 2003 (Zitiert: *Vetter/Stadler*, in VGR 2003).

Dies., Gesellschaftsrecht in der Diskussion 2005, Band 10, Köln 2006 (Zitiert: *Bearbeiter*, in VGR 2005).

Dies., Die GmbH-Reform in der Diskussion, Sondertagung der gesellschaftsrechtlichen Vereinigung (VGR), Band 11, Köln 2006 (zitiert: *Bearbeiter*, in VGR 2006).

Geßler, Ernst, Zur handelsrechtlichen verdeckten Gewinnausschüttung, in Lutter, Marcus / Stimpel, Walter / Wiedemann, Herbert (Hrsg.), Festschrift für Robert Fischer, Berlin 1979, S. 131 ff.

Geuting, Marcus, Die verdeckte Haftungsfondsverlagerung über Angehörige des GmbH-Gesellschafters, Münster 1993 (zitiert: *Geuting*, Haftungsfondsverlagerung).

Goette, Wulf, GmbH: Cash-Pooling bei der Kapitalaufbringung – verdeckte Sacheinlage, DStR 2006, 767 f.

Ders., Aus der neueren Rechtsprechung des BGH zum GmbH-Recht, ZIP 2005, 1481 ff.

Ders., Der Stand der höchstrichterlichen Rechtsprechung zur Kapitalerhaltung und zum Rückgewährverbot im GmbH-Recht, DStR 1997, 1495 ff.

Ders., Aktuelle GmbH-Rechtsprechung: Kapitalaufbringung und Kapitalschutz in der GmbH, München 2004 (zitiert: *Goette*, GmbH).

Greulich, Sven / Bunnemann, Jan, Geschäftsführerhaftung für zur Zahlungsunfähigkeit führende Zahlungen an die Gesellschafter nach § 64 II 3 GmbHG-RefE – Solvenztest im deutschen Recht?, NZG 2006, 681 ff.

Grothaus, Joachim / Halberkamp, Thomas, Cash-Pooling nach der neuen BGH-Rechtsprechung zur Stammkapitalrückgewähr, GmbHR 2005, 1317 ff.

Group of German Experts on Corporate Law, Zur Entwicklung des Europäischen Gesellschaftsrechts: Stellungnahme der Group of German Experts on Corporate Law zum Konsultationsdokument der High Level Group of Experts on Corporate Law, ZIP 2002, 1310 ff.

Grunewald, Barbara, Gesellschaftsrecht, 6. Aufl., Tübingen 2006 (zitiert: *Grunewald*, Gesellschaftsrecht).

Dies., Cash-Pooling und Sacheinlagen: Was bringt das MoMiG, was könnte es bringen? WM 2006, 2333, 2334 ff.

Grunewald, Barbara / Noack, Ulrich, Zur Zukunft des Kapitalsystems der GmbH – Die Ein-Euro-GmbH in Deutschland, GmbHR 2005, 189 ff.

Haas, Ulrich, Reform des gesellschaftsrechtlichen Gläubigerschutzes, Band I, Gutachten E für den 66. Deutschen Juristentag, München 2006 (zitiert: *Haas*, Gutachten).

Habersack, Mathias / Schürnbrand, Jan, Cash Management und Sicherheitenbestellung bei AG und GmbH im Lichte des richterrechtlichen Verbots der Kreditvergabe an Gesellschafter, NZG 2004, 690 ff.

Habersack, Mathias / Verse, A. Dirk, Wrongful Trading – Grundlagen einer europäischen Insolvenzverschleppungshaftung?, ZHR 167 (2004), 174 ff.

Hachenburg, Max / Ulmer, Peter (Hrsg.), Gesetz betreffend die Gesellschaften mit beschränkter Haftung (GmbHG), Großkommentar, begr. von Max Hachenburg, hrsg. von Peter Ulmer, Band 1, §§ 1 – 34, 8. Aufl., Berlin 1992 (zitiert: Hachenburg/Ulmer/*Bearbeiter*).

Hager, Johannes, Die verdeckte Gewinnausschüttung in der GmbH, ZGR 1989, 71 ff.

Hahn, Volker, Zum Spannungsverhältnis von Kapitalerhaltung und Cash Pool im Konzern, Der Konzern 2004, 641 ff.

Haller, Axel / Beiersdorf, Kati / Eierle, Brigitte, ED.IFRS für SMEs – Entwurf eines internationalen Rechnungslegungsstandards für kleine und mittelgroße Unternehmen, BB 2007, 540 ff.

Handelsrechtsausschuss des Deutschen Anwaltvereins, Stellungnahme zum Regierungsentwurf eines Gesetzes zur Modernisierung des GmbH-Rechts und zur Bekämpfung von Missbräuchen (MoMiG), NZG 2007, 735 ff.

Hartung, Werner, Erwiderung zu Fiedler, BB 1995, 1341 ff, BB 1995, 1343 f.

Heckschen, Heribert, Die GmbH-Reform – Wege und Irrwege, DStR 2007, 1442 ff.

Heidinger, Andreas, Der Kapitalschutz der GmbH auf dem Prüfstand, DNotZ 2005, 97 ff.

Hellwig, Hans-Jürgen, Kapitalerhöhungen im Cash-Pool, in Lutter, Marcus (Hrsg.), Festschrift für Martin Peltzer zum 70. Geburtstag, Köln 2001, S. 163 ff.

Helmreich, Kilian, Die Gewährung von Darlehen durch die GmbH in der Situation der Unterbilanz an ihre Gesellschafter nach der aktuellen Rechtsprechung des BGH, Zugleich Besprechung des BGH-Urt. v. 24.11.2003 – II ZR 171/01, GmbHR 2004, 457 ff.

Hennrichs, Joachim, Wahlrechte im Bilanzrecht der Kapitalgesellschaften - unter besonderer Berücksichtigung der EG-Bilanz-Richtlinie, Köln 1999 (zitiert: *Hennrichs*, Wahlrechte).

Ders., IAS für die Einzelbilanz? – Nationale und europarechtliche Aspekte, in Henze, Hartwig / Hoffmann-Becking, Michael (Hrsg.), Gesellschaftsrecht 2003, Tagungsband zum RWS-Form am 8. und 9. Mai 2003 in Berlin, Köln 2003, S. 101 ff. (zitiert: *Hennrichs*, in Henze/Hoffmann-Becking (Hrsg.)).

Ders., Bilanzgestützte Kapitalerhaltung, HGB-Jahresabschluss und Maßgeblichkeitsprinzip – Dinosaurier der Rechtsgeschichte?, StuW 2005, 256 ff.

Ders., Prognosen im Bilanzrecht, AG 2006, 698 ff.

Ders., Der steuerrechtliche sog. Maßgeblichkeitsgrundsatz gem. § 5 EStG - Stand und Perspektiven -, StuW 1999, 138 ff.

Hentzen, Matthias, Die Abgrenzung von Kapitalaufbringung und Kapitalerhaltung im Cash-Pool – Zugleich eine Anmerkung zu den BGH-Urteilen vom 16.1.2006, II ZR 75/04 und 76/04, in DStR 2006, 948 ff.

Ders., Konzerninnenfinanzierung nach BGHZ 157, 72, in ZGR 2005, 480 ff.

Henze, Hartwig, Konzernfinanzierung und Besicherung – Das Upstreamrisiko aus Gesellschafter- und Bankensicht, WM 2005, 717 ff.

Hermann, Carl / Heuer, Gerhard / Raupach, Arnd (Hrsg.), Einkommensteuer- und Körperschaftssteuergesetz, Kommentar, Köln, Loseblattsammlung Stand 2000 (zitiert: *Bearbeiter*, in HRR).

Herzig, Norbert, IAS/IFRS und steuerliche Gewinnermittlung, WPg 2005, 211 ff.

Hommelhoff, Peter, Eigenkapitalersatz im Konzern und in Beteiligungsverhältnissen, WM 1984, 1105 ff.

Ders., Vollausschüttungsgebot und Verbot stiller Reserven – Ein Plädoyer für die Novellierung des § 29 Abs. 1 GmbHG, GmbHR 1979, 102 ff.

Ders., Unternehmensführung in der mitbestimmten GmbH, ZGR 1978, 119 ff.

Ders., Zum Wegfall des Erstattungsanspruchs aus § 31 GmbHG, in Goerdeler, Reinhard (Hrsg.), Festschrift für Alfred Kellermann zum 70. Geburtstag am 29. November 1990, Berlin 1991, S. 165 ff.

Hormuth, Mark W., Recht und Praxis des konzernweiten Cash Managements, Berlin 1998 (zitiert: *Hormuth*, Cash Management).

Hüffer, Uwe, Aktiengesetz, Kommentar, 7. Aufl., München 2006 (zitiert: *Hüffer*).

Hüttemann, Rainer, BB-Gesetzgebungsreport: Internationalisierung des deutschen Handelsbilanzrechts im Entwurf des Bilanzrechtsreformgesetzes, BB 2004, 203 ff.

IDW - Institut der Wirtschaftsprüfer, WP-Handbuch 2006, Wirtschaftsprüfung, Rechnungslegung, Beratung, Band I, 13. Aufl., Düsseldorf 2006 (zitiert: *WP-Handbuch*).

Jacob, Thomas, Konzeption der Existenzvernichtungshaftung vor dem Hintergrund des MoMiG-Entwurfs, GmbHR 2007, 796 ff.

Jäger, Axel, Kapitalerhaltung und Haftungsrisiken in Cash-Management-Systemen von GmbH-Konzernen, DStR 2000, 1736 ff.

Jaudzims, Susanne / Münch, Harald, 1 %-Grenze bei Pauschalwertberichtigungen nach dem Betriebsprüfungs-Rationalisierungserlass, DB 1996, 2293 ff.

Jensen-Nissen, Lars / Lochmann, Uwe, Maßgeblichkeit und Kapitalerhaltung – Maßgeblichkeitsgrundsatz auf dem Prüfstand europäischer Entwicklungen -, StuB 2006, 307 ff.

Joost, Detlev, Unternehmergesellschaft, Unterbilanz und Verlustanzeige, ZIP 2007, 2242 ff.

Ders., Grundlagen und Rechtsfolgen der Kapitalerhaltungsregeln in der GmbH, ZHR 148 (1984), 27 ff.

Ders., Kapitalbegriff und Reichweite der Bindung des aufgebrachten Vermögens in der GmbH, GmbHR 1983, 285 ff.

Jula, Rocco / Breitbarth, Carmen, Liquiditätsausgleich im Konzern durch konzerninterne Darlehen, AG 1997, 256 ff.

Jungmann, Carsten, Solvenztest- versus Kapitalschutzregeln – zwei Systeme im Spannungsfeld von Gläubigerschutz und Finanzierungsfreiheit der Kapitalgesellschaft, ZGR 2006, 638 ff.

Kästle, Martina, Rechtsfragen bei der Verwendung von Convenants in Kreditverträgen, Berlin 2003 (zitiert: *Kästle*, convenants).

Kahle, Holger, Zur Zukunft der Rechnungslegung in Deutschland: IAS im Einzel- und Konzernabschluss?, WPg 2003, 262 ff.

Ders., Bilanzieller Gläubigerschutz und internationale Rechnungslegungsstandards, ZfB 2002, 695 ff.

Kallmeyer, Harald, Vor- und Nachteile der englischen Limited im Vergleich zur GmbH oder GmbH & Co. KG, DB 2004, 636 ff.

Ders., Bereinigung der Finanzverfassung der GmbH – Vorschlag für eine GmbH-Reform, GmbHR 2004, 377 ff.

Kerber, Markus, Cash-Management im faktischen Aktienkonzern: Aktienrechtliche Defizite des Liquiditätsschutzes, DB 2005, 1835 ff.

Ders., Die Beurteilung von Cash-Pool-Verträgen im Lichte höchstrichterlicher Rechtsprechung – Beiläufige Notizen zum Interpretationswettbewerb um das Urteil BGH ZIP 2004, 263, ZGR 2005, 437 ff.

Kirchhoff, Paul, Gesetzgebung und private Regelsetzung als Geltungsgrund für Rechnungslegungspflichten?, ZGR 2000, 681 ff.

Kleindiek, Detlef, Rechnungslegung in der EU, Bonn 2005 (zitiert: *Kleindiek*, Rechnungslegung).

Ders., Die Unternehmergesellschaft (haftungsbeschränkt) des MoMiG – Fortschritt oder Wagnis?, BB 2007, Heft 27, Die Erste Seite.

Ders., Perspektiven des Kapitalschutzes – Themen und Meinungen in der nationalen Diskussion, BB 2007, BB-Special 5, S. 2 ff.

Ders., Ordnungswidrige Liquidation durch organisierte „Firmenbestattung", ZGR 2007, 276 ff.

Ders., Auf dem Weg zur Reform des GmbH-Rechts – Die Initiative zur Neuregelung des Mindestkapitals der GmbH (MindestkapG), DStR 2005, 1366 ff.

Kleffner, Thomas, Erhaltung des Stammkapitals und Haftung nach §§ 30, 31 GmbHG, Berlin 1994 (zitiert: *Kleffner*, Stammkapital).

Knof, Bela, Die neue Insolvenzverursachungshaftung nach § 63 Satz 3 RegE-GmbHG (Teil I), DStR 2007, 1536 ff; sowie (Teil II) DStR 2007, 1580 ff.

Koch, Angela, Die Abkehr von der „bilanziellen Betrachtungsweise" und ihre Auswirkungen auf die Existenzvernichtungshaftung, Frankfurt am Main 2007 (zitiert: *Koch*, Existenzvernichtungshaftung).

Köhler, Anette, IFRS-Standardentwurf für den Mittelstand – Ausgangssituation in Europa und Entwicklungsperspektiven, BB 2007, BB-Special 6, Heft 19, S. 2 ff.

Koller, Ingo / Roth, Günther, H. / Morck, Winfried, Handelsgesetzbuch, Kommentar, 6. Aufl., München 2007 (zitiert: Koller/Roth/Morck/*Bearbeiter*).

Korts, Sebastian, Cash Pooling, Heidelberger Musterverträge, Heidelberg 2005 (zitiert: *Korts*, Cash Pooling).

Krüger, Markus E., Mindestkapital und Gläubigerschutz, Baden-Baden 2005 (zitiert: *Krüger*, Mindestkapital).

Kübler, Friedrich, Aktie, Unternehmensfinanzierung und Kapitalmarkt, Köln 1989 (zitiert: *Kübler*, Kapitalmarkt).

Ders., Vorsichtsprinzip versus Kapitalmarktinformation – Bilanzprobleme aus der Perspektive der Geellschaftsrechtsvergleichung -, in Förschle, Gerhart u.a. (Hrsg.), Rechenschaftlegung im Wandel, Festschrift Budde, München 1995, S. 361 ff.

Ders., Rechnungslegung im Dienste finanzieller Stabilität?, NZG 2003, 358 ff.

Ders., Fragen und Wünsche des Gesellschafts- und Kapitalmarktrechts an das Recht der Rechnungslegung, ZGR 2000, 550 ff.

Ders., Institutioneller Gläubigerschutz oder Kapitalmarkttransparenz? – Rechtsvergleichende Überlegungen zu den „stillen Reserven", ZHR 159 (1995), 550 ff.

Kühbacher, Uli, Darlehen an Konzernunternehmen – Besicherung und Vertragsanpassung, Berlin 1993 (zitiert: *Kühbacher*, Darlehen).

Küting, Karlheinz, IFRS-Standardentwurf für den Mittelstand: Der Preis einer Umstellung ist zu hoch!, BB 2007, BB-Special 6, Die Erste Seite.

Küting, Karlheinz / Weber, Claus-Peter, Handbuch der Rechnungslegung, Kommentar zur Bilanzierung und Prüfung, Band Ia, 4. Aufl., Stuttgart 1995 (zitiert: Küting/Weber/*Bearbeiter*).

Küting, Karlheinz / Reuter, Michael, Werden stille Reserven in Zukunft (noch) stiller? – Machen die IFRS die Bilanzanalyse überflüssig oder weitgehend unmöglich?, BB 2005, 706 ff.

Kuhner, Christoph, Zur Zukunft der Kapitalerhaltung durch bilanzielle Ausschüttungssperren im Gesellschaftsrecht der Staaten Europas, ZGR 2005, 753 ff.

Kussmaul, Heinz / Klein, Nicole, Maßgeblichkeitsprinzip bei verdeckter Einlage und verdeckter Gewinnausschüttung? – Gleichzeitig Analyse der handels- und steuerrechtlichen Wirkungen von verdeckter Einlage und verdeckter Gewinnausschüttung, DStR 2001, 189 ff.

Lamb, Jochen / Schluck-Amend, Alexandra, Kapitalaufbringung im Rahmen des Cash Poolings, DB 2006, 879 ff.

Langner, Olaf, Cash Pooling Systeme auf dem Prüfstand der BGH-Rechtsprechung zum Ausschüttungsverbot gemäß § 30 GmbHG, GmbHR 2005, 1017 ff.

Langner, Olaf / Mentgen, Judith, Aufsteigende Darlehen im physischen Cash Pooling, GmbHR 2004, 1121 ff.

Lehmann, Michael, Das Privileg der beschränkten Haftung und der Durchgriff im Gesellschafts- und Konzernrecht: Eine juristische und ökonomische Analyse, ZGR 1986, 345 ff.

Link, Jan, Droht dem Verkäufer von GmbH-Anteilen bei Leveraged-Buyout-Transaktionen eine Haftung für Verbindlichkeiten der Zielgesellschaft? ZIP 2007, 1397 ff.

Lutter, Marcus, Das (feste Grund-) Kapital der Aktiengesellschaft in Europa – Zusammenfassung der Überlegungen des Arbeitskreises „Kapital in Europa", in Lutter (Hrsg.), Das Kapital der Aktiengesellschaft in Europa, ZGR Sonderheft 17, Berlin 2006, S. 1 ff. (zitiert: *Lutter*, in Lutter (Hrsg.), Kapital).

Ders., Verdeckte Leistungen und Kapitalschutz, in Lutter, Marcus / Oppenhoff, Walter / Winkhaus, Hanns (Hrsg.), Festschrift für Ernst Stiefel zum 80. Geburtstag, München 1987, S. 505 ff.

Ders., Zur Privilegierung einheitlicher Leitung im französischen (Konzern-) Recht, in Goerdeler, Reinhard / Hommelhoff, Peter / Lutter, Marcus / Odersky, Walter / Wiedemann, Herbert, Festschrift für Alfred Kellermann zum 70. Geburtstag am 29. November 1990, Berlin 1991, S. 257 ff.

Ders., Nutzen oder Un-Nutzen eines festen Grund- und Stammkapitals?, GmbHR 2007, R97.

Ders., Die Business Judgement Rule und ihre praktische Anwendung, ZIP 2007, 841 ff.

Ders., Haftung und Haftungsfreiräume des GmbH-Geschäftsführers – 10 Gebote an den Geschäftsführer, GmbHR 2000, 301 ff.

Ders. (Hrsg.), Holdinghandbuch, Recht – Management – Steuern, 4. Aufl., Köln 2004 (zitiert: *Bearbeiter*, in Lutter (Hrsg.), Holdinghandbuch).

Lutter, Marcus / Scheffler, Eberhard / Schneider, Uwe H. (Hrsg.), Handbuch der Konzernfinanzierung, Köln 1998 (zitiert: *Bearbeiter*, in Lutter u.a. (Hrsg.), Konzernfinanzierung).

Lutter, Marcus / Hommelhoff, Peter, GmbH-Gesetz, Kommentar, 16. Aufl., Köln 2004 (zitiert: Lutter/Hommelhoff/*Bearbeiter*).

Lutter, Marcus / Banerjea, Nirmal Robert, Die Haftung des Geschäftsführers für existenzvernichtende Eingriffe, ZIP 2003, 21 77 ff.

Dies., Die Haftung wegen Existenzvernichtung, ZGR 2003, 402 ff.

Luttermann, Claus, Europäisches Bilanzrecht für Personen- und Kapitalgesellschaften, ZIP 2006, 1137 ff.

Markowski, Valerie, Cash-Management in Unternehmensgruppen, Berlin 2000 (zitiert: *Markowski*, Cash Management).

Marx, Philip, Der Solvenztest als Alternative zur Kapitalerhaltung in der Aktiengesellschaft, Baden-Baden 2006 (zitiert: *Marx*, Solvenztest).

Meier, Justus, Haftungsbeschränkung im Recht der Handelsgesellschaften, Berlin 2000 (zitiert: *Meyer*, Haftungsbeschränkung).

Meister, Burkhardt, Die Sicherheitsleistung der GmbH für Gesellschafterverbindlichkeiten, WM 1980, 390 ff.

Merkt, Hanno, Der Kapitalschutz in Europa – rocher de bronze? ZGR 2004, 305 ff.

Merschmeyer, Marc, Die Kapitalschutzfunktion des Jahresabschlusses und Übernahme der IAS/IFRS für die Einzelbilanz, Frankfurt am Main 2005 (zitiert: *Merschmeyer*, Kapitalschutzfunktion).

Meyer, Justus / Hermes, Judith, Das „GmbH-Schutzschild" in der Insolvenz, GmbHR 2005, 807 ff.

Meyer, Justus, Die Insolvenzanfälligkeit der GmbH als rechtspolitisches System, GmbHR 2004, 1417 ff.

Michalski, Lutz (Hrsg.), Kommentar zum Gesetz betreffend die Gesellschaften mit beschränkter Haftung (GmbH-Gesetz), Band I, Systematische Darstellungen 1-7, §§ 1-34 GmbHG, München 2002 (zitiert: Michalski/*Bearbeiter*).

Micheler, Eva, Gläubigerschutz im englischen Gesellschaftsrecht – Reformvorschläge mit Implikationen für Europa, ZGR 2004, 324 ff.

Morsch, Stephan, Probleme der Kapitalaufbringung und der Kapitalerhaltung im Cash Pool, NZG 2003, 97 ff.

Moxter, Adolf , Bilanzrechtliche Abzinsungsgebote und -verbote, in Raupach/Uelner (Hrsg.), Ertragsbesteuerung, Zurechnung – Ermittlung – Gestaltung, Festschrift für Ludwig Schmidt zum 65. Geburtstag, München 1993, S. 195 ff.

Ders., Absehbarer Abschied von der HGB-Bilanzierung?, BB 2006, Heft 13, Die Erste Seite.

Ders., Die Zukunft der Rechnungslegung, DB 2001, 605 ff.

Mülbert, Peter O., Kapitalschutz und Gesellschaftszweck bei der Aktiengesellschaft, in Schneider, Uwe H. (Hrsg.), Festschrift für Marcus Lutter zum 70. Geburtstag, Köln 2000, S. 535 ff.

Ders., Neuordnung des Kapitalrechts, WM 2006, 1977 ff.

Ders., Zukunft der Kapitalaufbringung / Kapitalerhaltung, Der Konzern 2004, 151 ff.

Ders., Sicherheiten einer Kapitalgesellschaft für Verbindlichkeiten ihres Gesellschafters, ZGR 1995, 578 ff.

Müller, Welf, Bruchlinien im Bilanzrecht – Konzern- und Einzelbilanz, in Henze, Hartwig / Hoffmann-Becking, Michael (Hrsg.), Gesellschaftsrecht 2003, Tagungsband zum RWS-Form am 8. und 9. Mai 2003 in Berlin, Köln 2003, S. 73 ff. (zitiert: *Müller*, in Henze/Hoffmann-Becking (Hrsg.)).

Ders., Verdeckte Gewinnausschüttungen im Zivil- und Steuerrecht, DStJG 17 (1994), 289 ff.

Münchener, Kommentar zum Aktiengesetz, hrsg. von Bruno Kropff und Johannes Semler, Band 2, §§ 53a - 75, 2. Aufl., München 2003; Band 3, §§ 76 – 117, MitbestG, § 76 BetrVG 1952, 2. Aufl., München 2004; Band 8, §§ 278 - 328, 2. Aufl. , München 2000; Band 5/1, §§ 148 - 151, 161 – 178 AktG, §§ 238 – 264c, 342, 342a HGB, 2. Aufl., München 2003 (zitiert: MünchKomm-AktG/*Bearbeiter*).

Münchener, Kommentar zum Bürgerlichen Gesetzbuch, Band 5, Schuldrecht besonderer Teil III, §§ 705 – 853, Red. Peter Ulmer, 4. Aufl., München 2004 (zitiert: MünchKomm-BGB/*Bearbeiter*).

Münchener, Handbuch des Gesellschaftsrechts, Band 3, Gesellschaft mit beschränkter Haftung, hrsg. von Hans-Joachim Priester und Dieter Mayer, 2. Aufl., München 2003 (zitiert: MünchHdb-GmbH/*Bearbeiter*).

Naumann, Klaus-Peter, Fortentwicklung der handelsrechtlichen Rechnungslegung und Konsequenzen für die Kapitalerhaltung, Der Konzern 2007, 422 ff.

Ders., Die deutsche Rechnungslegung stirbt, FAZ vom 23.1.2006, Nr. 19, S. 20.

Neu, Norbert, Darlehensforderungen gegenüber interessenverflochtenen Personen aus bilanzsteuerlicher Sicht, BB 1995, 1579 ff.

Neuling, Jasper, Deutsche GmbH und englische private limited company – Monismus oder Dualismus im System des Kapitalgesellschaftsrechts, Köln 1997 (zitiert: *Neuling*, Limited).

Niemann, Walter, Darlehensgewährung der Gesellschaft an einen Gesellschafter und das Erfordernis eines vollwertigen Rückzahlungsanspruchs, NZI 2004, 397 ff.

Noack, Ulrich, Der Regierungsentwurf des MoMiG – Die Reform des GmbH-Rechts geht in die Endrunde, DB 2007, 1395 ff.

Ders., Reform des deutschen Kapitalgesellschaftsrechts: das Gesetz zur Modernisierung des GmbH-Rechts und zur Bekämpfung von Missbräuchen, DB 2006, 1475 ff.

Paeffgen, Walter G., Existenzvernichtungshaftung nach Gesellschaftsdeliktsrecht – Besprechung des BGH-Urteils vom 16.7.2007 – II ZR 3/04, DB 2007, 1802 -, DB 2007, 1907 ff.

Palandt, Otto, Bürgerliches Gesetzbuch, Kommentar, begr. von Otto Palandt, 66. Aufl., München 2007 (zitiert: Palandt/*Bearbeiter*).

Peemöller, Volker H. / Spanier, Günter / Weller, Heino, Internationalisierung der externen Rechnungslegung: Auswirkungen auf nicht kapitalmarktorientierte Unternehmen, BB 2002, 1799 ff.

Pellens, Bernhard / Jödicke, Dirk / Richard, Marc, Solvenztests als Alternative zur bilanziellen Kapitalerhaltung?, DB 2005, 1393 ff.

Pellens, Bernhard / Jödicke, Dirk / Schmidt, Andrè, Reformbestrebungen zum Gläubigerschutz, Der Konzern 2007, 427 ff.

Pellens, Bernhard / Sellhorn, Thorsten, Zukunft des bilanziellen Kapitalschutzes, in Lutter (Hrsg.), Das Kapital der Aktiengesellschaft in Europa, ZGR Sonderheft 17, Berlin 2006, S. 451 ff.

Peltzer, Martin, Besicherte Darlehen von Dritten an Konzerngesellschaften und Kapitalerhaltungsvorschriften, GmbHR 1995, 15 ff.

Petrak, Lars, Durchgriffshaftung auf den GmbH-Gesellschafter aufgrund materieller Unterkapitalisierung?, GmbHR 2007, 1009 ff.

Pentz, Andreas, Einzelfragen zu Cash Management und Kapitalerhaltung, ZIP 2006, 781 ff.

Polster-Grüll, Barbara (Hrsg.), Cash Pooling, 2. Aufl., Wien 2004 (zitiert: *Bearbeiter*, in Polster-Grüll (Hrsg.), Cash Pooling).

Priester, Hans-Joachim, Die deutsche GmbH nach „Inspire Art" – brauchen wir eine neue?, DB 2005, 1315 ff.

Ders., Die eigene GmbH als fremder Dritter – Eigensphäre der Gesellschaft und Verhaltenspflichten ihrer Gesellschafter, ZGR 1993, 512 ff.

Raiser, Thomas, Durchgriffshaftung nach der Reform des GmbH-Recht, in Hommelhoff, Peter (Hrsg.), Festschrift für Hans-Joachim Priester zum 70. Geburtstag, Köln 2007, S. 619 ff.

Ders., Die Haftung einer Schwestergesellschaft für die Schulden einer anderen Schwester nach dem Urteil „Bremer Vulkan" des BGH, in Habersack, Mathias (Hrsg.), Festschrift für Peter Ulmer zum 70. Geburtstag am 2. Januar 2003, Berlin 2003, S. 493 ff.

Raiser, Thomas / Veil, Rüdiger, Recht der Kapitalgesellschaften, 4. Aufl., München 2006 (zitiert: *Raiser/Veil*, Kapitalgesellschaften).

Reemann, Jörg, Sicherheitsleistungen der GmbH für Verbindlichkeiten ihrer Gesellschafter und das Auszahlungsverbot des § 30 Abs. 1 GmbHG, MittRhNotK 1996, 113 ff.

Reidenbach, Dirk, Cash Pooling und Kapitalerhalt nach neuer höchstrichterlicher Rechtsprechung, WM 2004, 1421 ff.

Rickford, Jonathan (ed.), Reforming Capital: Report of the Interdisciplinary Group on Capital Maintenance, EBLR 2004, 919 ff.

Röhricht, Volker, Das neue Konzept des Bundesgerichtshofs zur Gesellschafterhaftung bei der GmbH, in Henze, Hartwig / Hoffmann-Becking, Michael (Hrsg.), Gesellschaftsrecht 2003, Tagungsband zum RWS-Form am 8. und 9. Mai 2003 in Berlin, Köln 2003, S. 1 ff. (zitiert: *Röhricht*, in Henze/Hoffmann-Becking (Hrsg.)).

Ders., Die GmbH im Spannungsfeld zwischen wirtschaftlicher Dispositionsfreiheit ihrer Gesellschafter und Gläubigerschutz, in Karlmann Geiss u.a. (Hrsg.), Festschrift aus Anlass des fünfzigjährigen Bestehens von Bundesgerichtshof, Bundesanwaltschaft und Rechtsanwaltschaft beim Bundesgerichtshof, Köln 2000, S. 83 ff.

Ders., Insolvenzrechtliche Aspekte im Gesellschaftsrecht, ZIP 2005, 505 ff.

Römermann, Volker, MoMiG: Regierungsentwurf mit „Überraschungs-Coups", GmbHR 2007, R193.

Ders., Der Entwurf des „MoMiG" – die deutsche Antwort auf die Limited, GmbHR 2006, 673 ff.

Roth, Günther H. / Altmeppen, Holger, Gesetz betreffend die Gesellschaften mit beschränkter Haftung (GmbHG), Kommentar, 5. Aufl., München 2005 (zitiert: Roth/Altmeppen/*Bearbeiter*).

Rowedder, Heinz / Schmidt-Leithoff, Christian, GmbH betreffend die Gesellschaften mit beschränkter Haftung (GmbH-Gesetz), Kommentar, 4. Aufl., München 2002 (zitiert: Rowedder/Schmidt-Leithoff/*Bearbeiter*).

Rümker, Dietrich, Gestaltungsfragen des Cash Pooling und die Rechtsprechung des BGH, in Baums, Theodor (Hrsg.), Festschrift für Ulrich Huber zum siebzigsten Geburtstag, Tübingen 2006, S. 919 ff.

Schäfer, Carsten, Darlehensgewährungen an Gesellschafter als verbotene Ausschüttung i.S.v. § 30 GmbHG – Todesstoß für das konzernweite Cash Pooling?, GmbHR 2005, 133 ff.

Ders., Probleme des Cash-Poolings bei Kapitalaufbringung und -erhaltung – Welche Lösung bringt das MoMiG?, BB 2006, BB-Spezial 7, S. 5 ff.

Schärtl, Christoph, Die Doppelfunktion des Stammkapitals im europäischen Wettbewerb, Baden-Baden 2006 (zitiert: *Schärtl*, Stammkapital).

Ders., Die Doppelfunktion des Stammkapitals als Schlüssel für ein wettbewerbsfähiges GmbH-Recht in Deutschland?, GmbHR 2007, 344 ff.

Schall, Alexander, Englischer Gläubigerschutz bei der Limited in Deutschland, ZIP 2005, 965 ff.

Schmidt, Karsten, Gesellschaftsrecht, 4. Aufl., Köln 2002 (zitiert: *Karsten Schmidt*, Gesellschaftsrecht).

Ders., Insolvenzgründe und Haftung für Insolvenzverschleppung – Notwendige Ergänzung des Kapitalschutzes, in Lutter (Hrsg.), Das Kapital der Aktiengesellschaft in Europa, ZGR Sonderheft 17, Berlin 2006, S. 188 ff.

Ders., GmbH-Reform, Solvenzgewährleistung und Insolvenzpraxis – Gedanken zum MoMiG-Entwurf -, GmbHR 2007, 1 ff.

Ders., Reform der Kapitalsicherung und Haftung in der Krise nach dem Regierungsenwturf des MoMiG – Sechs Leitsätze zu §§ 30 GmbHG-E, § 64 GmbHG-E und § 15 Inso-E, GmbHR 2007, 1072 ff.

Ders., Vorfinanzierung der Liquidationsquote im Einklang mit dem Ausschüttungssperrjahr ? DB 1994, 2013, 2014 ff.

Schmidt, Karsten / Uhlenbruck, Wilhelm (Hrsg.), Die GmbH in Krise, Sanierung und Insolvenz, 3. Aufl., Köln 2003 (zitiert: *Bearbeiter*, in Karsten Schmidt / Uhlenbruck (Hrsg.)).

Schneider, Uwe H., „Kapitalmindernde Darlehen" der GmbH an ihre Gesellschafter, in Knobbe-Keuk/Klein/Moxter (Hrsg.), Handelsrecht und Steuerrecht, Festschrift für Georg Döllerer, Düsseldorf 1988, S. 537 ff.

Ders., Mittelbare verdeckte Gewinnausschüttungen im GmbH-Konzern, ZGR 1985, 279 ff.

Ders., Das Recht der Konzernfinanzierung, ZGR 1984, 497 ff.

Schön, Wolfgang, Vermögensbindung und Kapitalschutz in der AG – Versuch einer Differenzierung, in Crezelius, Georg (Hrsg.), Gesellschaftsrecht, Rechnungslegung, Sportrecht, Festschrift für Volker Röhricht zum 65. Geburtstag, Köln 2005, S. 559 ff.

Ders., Zur „Existenzvernichtung" der juristischen Person, ZHR 168 (2004), 268 ff.

Ders., Die Zukunft der Kapitalaufbringung/ -erhaltung, Der Konzern 2004, 162 ff.

Ders., Wer schützt den Kapitalschutz?, ZHR 166 (2002), 1 ff.

Ders., Gesellschafter-, Gläubiger- und Anlegerschutz im Europäischen Bilanzrecht, ZGR 2000, 706 ff.

Ders., Kreditbesicherung durch abhängige Kapitalgesellschaften, ZHR 159 (1995), 351 ff.

Scholz, Franz (Hrsg.), Kommentar zum GmbH-Gesetz - mit Anhang Konzernrecht, 10. Aufl., Köln 2006 (zitiert: Scholz/*Bearbeiter*).

Schilmar, Boris, Kapitalschutz beim Cash Management – Zugleich eine Anmerkung zum Urteil des OLG München vom 24.11.2005, in DStR 2006, 568, 571 ff.

Ders., Kapitalerhaltung versus Konzernfinanzierung ? – Cash Pooling und Upstream-Besicherung im Lichte der neuesten BGH-Rechtsprechung, DB 2004, 411 ff.

Schulte, Wilfried / Behnes, Stephan, Jüngere Entwicklungen zur verdeckten Gewinnausschüttung in der Rechtsprechung, BB 2007, BB-Special 9, S. 1 ff.

Schulze-Osterloh, Joachim, Die verdeckte Gewinnausschüttung bei der GmbH als kompetenzrechtliches Problem, in Lutter/Hommelhoff/Ulmer (Hrsg.), Festschrift für Walter Stimpel zum 68. Geburtstag am 29.11.1985, Berlin New York 1985, S. 487 ff.

Ders., Internationalisierung der Rechnungslegung und ihre Auswirkungen auf die Grundprinzipien des deutschen Rechts, Der Konzern 2004, 173 ff.

Ders., HGB-Reform: der Einzelabschluss nicht kapitalmarktorientierter Unternehmen unter dem Einfluss von IAS/IFRS, BB 2004, 2567 ff.

Ders., Vorschläge für ein Bilanzrechtsmodernisierungsgesetz, ZIP 2004, 1128 ff.

Ders., Internationale Rechnungslegung für den Einzelabschluss und für Unternehmen, die den öffentlichen Kapitalmarkt nicht in Anspruch nehmen, ZIP 2003, 93 ff.

Ders., Handels- und Steuerbilanz, ZGR 2000, 594 ff.

Ders., Verdeckte Gewinnausschüttungen im Grenzgebiet zwischen Handels- und Steuerrecht, StuW 1994, 131 ff.

Ders., Vermeidung der Konzernhaftung nach dem TBB-Urteil durch ordnungsmäßige Buchführung, ZIP 1993, 1838 ff.

Schumann, Alexander, Die englische Limited mit Verwaltungssitz in Deutschland: Kapitalaufbringung, Kapitalerhaltung und Haftung bei Insolvenz, DB 2004, 743 ff.

Seibert, Ulrich, Der Regierungsentwurf des MoMiG und die haftungsbeschränkte Unternehmergesellschaft, GmbHR 2007, 673 ff.

Seibt, Christoph, Zentrales Cash Management im GmbH-Konzern, NJW-Spezial 2004, 219 ff.

Seidel, Wolfgang, Cash-Pooling nur noch im Vertragskonzern?, DStR 2004, 1130 ff.

Sernetz, Herbert / Haas, Ulrich, Kapitalaufbringung und -erhaltung in der GmbH, Köln 2003 (zitiert: Sernetz/Haas/*Bearbeiter*).

Servatius, Wolfgang, Die besondere Zweckbindung des Stammkapitals bei Drittgeschäften mit Gesellschaftern, DStR 2004, 1176, 1178 ff.

Ders., Nutzungsweise Überlassung von Betriebsmitteln der GmbH an Gesellschafter als Auszahlung gemäß §§ 30, 31 GmbHG, GmbHR 1998, 723 ff.

Sieger, Jürgen / Hasselbach, Kai, Konzernfinanzierung durch Cash Pools und Kapitalerhöhung, BB 1999, 645 ff.

Sittel, Thomas Christoph, Der Grundsatz der umgekehrten Maßgeblichkeit – Beurteilung der Verbindung von handels- und Steuerbilanz unter besonderer Berücksichtigung einer Internationalisierung der Rechnungslegung, Frankfurt am Main 2003 (zitiert: *Sittel*, Maßgeblichkeit).

Sittmann-Haury, Caroline, Forderungsbilanzierung von Kreditinstituten – Kritische Analyse von HGB-, US GAAP-, IAS-Vorschriften und fair value model, Wiesbaden 2003 (zitiert: *Sittmann-Haury*, Forderungsbilanzierung).

Sonnenhohl, Jürgen / Groß, Wolfgang, Besicherung von Krediten Dritter an Konzernunternehmen, ZHR 159 (1995), 388 ff.

Sonnenhohl, Jürgen / Stützle, Rudolf, Bestellung von Sicherheiten durch eine GmbH und der Grundsatz der Erhaltung des Stammkapitals (§ 30 GmbHG), DB 1979, 925 ff.

Sotiropoulos, Georgios, Kredite und Kreditsicherheiten der GmbH zugunsten ihrer Gesellschafter und nahe stehender Dritter – Eine Studie zu §§ 30, 43a GmbHG, Heidelberg 1996 (zitiert: *Sotiropoulos*, Kredite).

Ders., Fragen der Darlehensgewährung der GmbH an ihre Gesellschafter, insbesondere im Gründungs- und Liquidationsstadium, GmbHR 1996, 653 ff.

Spindler, Gerald, Konzernfinanzierung, ZHR 171 (2007), 245 ff.

Ders., Der Gläubigerschutz zwischen Gesellschafts- und Insolvenzrecht, JZ 2006, 839 ff.

Spörri, Beat, Die aktienrechtliche Rückerstattungspflicht, Zürich 1996 (zitiert: *Spörri*, Rückerstattungspflicht).

Staub, Hermann / Canaris, Claus Wihelm (Hrsg.), Handelsgesetzbuch Großkommentar, begr. von Hermann Staub, Dritter Band, 1. Teilband, §§ 238 – 289 HGB, 4. Aufl. Berlin 2002 (zitiert: Staub-*Bearbeiter*).

Stein, Michael, Kapitalerhaltung bei GmbH und AG – Ausgewählte Probleme im Lichte des BGH-Urteils vom 24.11.2003 – II ZR 171/01, DZWIR 2004, 493 ff.

Steinbeck, Anja, Besicherung von Gesellschafterverbindlichkeiten durch die GmbH – Missbrauch der Vertretungsmacht durch den Geschäftsführer?, WM 1999, 885 ff.

Stimpel, Walter, Zum Auszahlungsverbot des § 30 Abs. 1 GmHG. Die Befreiung vom handelsbilanziellen Denken und die Unzulässigkeit von Vermögenszuwendungen an Gesellschafter gegen hinausgeschobene schuldrechtliche Ausgleichsverpflichtungen, in Lutter, Marcus / Ulmer, Peter / Zöllner, Wolfgang (Hrsg.), Festschrift 100 Jahre GmbHG, Köln 1992, S. 335 ff.

Stobbe, Thomas, Die Verknüpfung handels- und steuerrechtlicher Rechnungslegung – Maßgeblichkeitsausprägungen de lege lata et ferenda, Berlin 1991 (zitiert: *Stobbe*, Verknüpfung).

Storn, Harro, Bemessung und Ausweis der Pauschalwertberichtigung zu Forderungen, WPg 1075, 131 ff.

Strunk, Günther, Das Ende der Maßgeblichkeit? – Einfluss der internationalen Rechnungslegungsstandards auf die steuerliche Gewinnermittlung - , StuW 2003, 397 ff.

Theiselmann, Rüdiger, Die Existenzvernichtungshaftung im Wandel – Das „Trihotel"-Urteil des BGH vom 16.7.2007 – II ZR 3/04 und seine Praxisfolgen, GmbHR 2007, 904 ff.

Thiermeier, Markus, Risiko und Risikobeurteilung bei Krediten an inländische Betriebe eines deutschen Unterordnungskonzerns, Krefeld 1988 (zitiert: *Thiemeier*, Risiko).

Thommen, Jean-Paul / Achleitner, Ann-Kristin, Allgemeine Betriebswirtschaftslehre - Umfassende Einführung aus managementorientierter Sicht, 5. Aufl., Wiesbaden 2006 (zitiert: *Thommen/Achleitner*, Betriebswirtschaftslehre).

Tries, Hermann-Josef, Verdeckte Gewinnausschüttungen im GmbH-Recht, Köln 1991 (zitiert: *Tries*, Verdeckte Gewinnausschüttungen).

Ullrich, Christine, Verdeckte Vermögensverlagerungen in den Aktien- und GmbH-Rechten Frankreichs, Belgiens und Deutschlands, Köln 1993 (zitiert: *Ullrich*, Verdeckte Vermögensverlagerungen).

Ulmer, Peter, Gesellschafterhaftung gegenüber der GmbH bei Vorteilsgewährung unter Verstoß gegen § 30 Abs. 1 GmHG, in Lutter, Marcus / Ulmer, Peter / Zöllner, Wolfgang (Hrsg.), Festschrift 100 Jahre GmbHG, Köln 1992, S. 363 ff.

Ders., Vom Umgang mit rechtsfortbildenden BGH-Urteilen, ZHR 169 (2005), 1 ff.

Ders., Gläubigerschutz bei Scheinauslandsgesellschaften – Zum Verhältnis zwischen gläubigerschützendem nationalen Gesellschafts-, Delikts- und Insolvenzrecht und der EG-Niederlassungsfreiheit, NJW 2004, 1201 ff.

Ders., Anmerkung zum BGH-Urt. v. 24.6.2002 – II ZR 300/00, ZIP 2002, 1578 (KBV), in JZ 2002, 1049 ff.

Veil, Rüdiger, Die Reform des Rechts der Kapitalaufbringung durch den RegE MoMiG, ZIP 2007, 1241 ff.

Ders., Die Unternehmergesellschaft nach dem Regierungsentwurf des MoMiG – Regelungsmodell und Praxistauglichkeit, GmbHR 2007, 1080 ff.

Ders., Krisenbewältigung durch Gesellschaftsrecht –Verlust des halben Stammkapitals, Pflicht zu ordnungsgemäßer Liquidation und Unterkapitalisierung, ZGR 2006, 374 ff.

Velten, Eva, Zur Ermittlung des „wahrscheinlichen" Wertes nach § 40 Abs. 3 HGB unter besonderer Berücksichtigung „anerkannter" mathematisch-statistischer Verfahren im Rahmen der pauschalierten Forderungsbewertung, Mannheim 1984 (zitiert: *Velten,* Forderungsbewertung).

Versin, Volker, Derogation des Maßgeblichkeitsprinzips im Einkommenssteuerrecht?, Frankfurt am Main 2003 (zitiert: *Versin,* Maßgeblichkeitsprinzip).

Vetter, Jochen, Die neue dogmatische Grundlage des BGH zur Existenzvernichtungshaftung, BB 2007, 1965 ff.

Ders., Grundlinien der GmbH-Gesellschafterhaftung, ZGR 2005, 788 ff.

Ders., Darlehen der GmbH an ihren Gesellschafter und Erhaltung des Stammkapitals, BB 2004, 1509 ff.

Ders., Rechtsfolgen existenzvernichtender Eingriffe, ZIP 2003, 601 ff.

Vetter, Jochen / Schwandtner, Christian, Kapitalerhöhung im Cash Pool, Der Konzern 2006, 407 ff.

Wachter, Thomas, Auswirkungen des EuGH-Urteils in Sachen Inspire Art Ltd. Auf Beratungspraxis und Gesetzgebung – Deutsche GmbH vs. Englische private limited company, GmbHR 2004, 88 ff.

Wagner, Klaus R., Verdeckte Gewinnausschüttungen und verdeckte Einlagen bei Kapitalgesellschaften, Heidelberg 2000 (zitiert: *Wagner*, Verdeckte Gewinnausschüttungen).

Watrin, Christoph, Sieben Thesen zur künftigen Regulierung der Rechnungslegung – Anmerkungen zu den Vorschlägen des Arbeitskreises Externe Rechnungslegung der Schmalenbach-Gesellschaft-, DB 2001, 933 ff.

Wassermeyer, Franz, Korrektur verdeckter Gewinnausschüttungen außerhalb der Steuerbilanz – Anmerkungen zu dem BMF-Schreiben vom 28.5.2002 – IV A 2 – S 2742 – 32/02 (GmbHG 2002, 606), GmbHR 2002, 617 ff.

Weber, Robert / Brügel, Florian, Die Haftung des Managements in der Unternehmenskrise: Insolvenz, Kapitalerhaltung und existenzvernichtender Eingriff, DB 2004, 1923 ff.

Weber-Grellet, Heinrich, Der Maßgeblichkeitsgrundsatz im Lichte aktueller Entwicklungen, BB 1999, 2659 ff.

Weiss, Michael, Erfahrungen mit dem „solvency test" in Neuseeland, Der Konzern 2007, 109 ff.

Weitnauer, Wolfgang, Die Akquisitionsfinanzierung auf dem Prüfstand der Kapitalerhaltungsregeln, ZIP 2005, 790 ff.

Weller, Jan Philippe, Die Neuausrichtung der Existenzvernichtungshaftung durch den BGH und ihre Implikationen für die Praxis – Zugleich Besprechung BGH v. 16.7.2007 – II ZR 3/04, ZIP 2007, 1552 („Trihotel"), ZIP 2007, 1681 ff.

Ders., Solvenztest und Existenzvernichtungshaftung – Zwei grundverschiedene Gläubigerschutzfiguren, DStR 2007, 116 ff.

Wessels, Peter, Cash Pooling und Upstream-Sicherheiten – Gestaltungspraxis im Lichte aktueller BGH-Rechtsprechung und anstehender GmbH-Novelle, ZIP 2006, 1701 ff.

Ders., Aufsteigende Finanzierungshilfen in GmbH und AG, ZIP 2004, 793 ff.

Westermann, Harm Peter, Wohin steuert die GmbH? – Benutzerkreis und Verwendungszwecke der Rechtsform im künftigen deutschen Gesellschaftsrecht, in

Hommelhoff, Peter (Hrsg.), Festschrift für Hans-Joachim Priester zum 70. Geburtstag, Köln 2007, S. 835 ff.

Ders., Auf dem Weg zum Wettbewerb der Gesellschaftsrechtsformen: die Kapitalbindung im Recht der GmbH, ZIP 2005, 1849 ff.

Wiedemann, Herbert, Gesellschaftsrecht, Bd. 1, München 1980 (zitiert: *Wiedemann*, Gesellschaftsrecht).

Ders., Reflexionen zur Durchgriffshaftung – Zugleich Besprechung des Urteils BGH WM 2002, 1804 – KBV, ZGR 2003, 283 ff.

Wiedmann, Harald, Bilanzrecht, Kommentar zu den §§ 238 - 342a HGB, 2. Aufl., München 2003 (zitiert: *Wiedmann*).

Wilhelm, Jan, Rechtsform und Haftung bei der juristischen Person, Köln 1981 (zitiert: *Wilhelm*, Rechtsform).

Ders., „Unternehmergesellschaft (haftungsbeschränkt)" – Der neue § 5a GmbHG in dem RegE zum MoMiG, DB 2007, 1510 ff.

Wilhelmi, Rüdiger, Der Grundsatz der Kapitalerhaltung im System des GmbH-Rechts, Baden-Baden 2001 (zitiert: *Wilhelmi*, Kapitalerhaltung).

Ders., Das Mindestkapital als Mindestschutz – eine Apologie im Hinblick auf die Diskussion um eine Reform der GmbH angesichts der englischen Limited, GmbHR 2006, 13 ff.

Winter, Martin, Verdeckte Gewinnausschüttungen im GmbH-Recht, ZHR 148 (1984), 579 ff.

Winter, Michael, Diskussionsbericht zu den Referaten Mülbert und Schön, Der Konzern 2004, 171 f.

Ders., Upstream-Finanzierung nach dem MoMiG-Regierungsentwurf, DStR 2007, 1484 ff.

Witte, Jürgen Johannes / Mehrbrey, Kim Lars, Zulässigkeit aufsteigender Darlehen im GmbH-Konzern – Zwischenbilanz der aktuellen Rechtsprechung, MDR 2007, 7 ff.

Wöhe, Günter, Einführung in die allgemeine Betriebswirtschaftslehre, 19. Aufl., München 1996 (zitiert: *Wöhe*, Betriebswirtschaftslehre).

Würdinger, Hans, Aktienrecht und das Recht der verbundenen Unternehmen, 4. Aufl., Heidelberg/Karlsruhe 1981 (zitiert: *Würdinger*, Aktienrecht).

Wüstemann, Jens, Generally accepted accounting principles - Bedeutung und Systembildung der Rechnungslegungsregeln der USA, Berlin 1999 (zitiert: *Wüstemann*, US-GAAP).

Ders., Aus den Fugen: Referentenentwurf eines Bilanzrechtsmodernisierungsgesetzes, BB 2007, Heft 47, Die Erste Seite.

Wüstemann, Jens / Bischof, Jannis / Kierzek, Sonja, Internationale Gläubigerschutzkonzeptionen, BB 2007, BB-Special 5, S. 13 ff.

Wulfetange, Jan, Die Reform des GmbH-Rechts: Schneller und einfacher gründen, wettbewerbsfähiger in Europa werden!, BB 2006, 19 ff.

Wysocki, Klaus v. / Schulze-Osterloh, Joachim / Hennrichs, Joachim / Kuhner, Christoph (Hrsg.), Handbuch des Jahresabschlusses (HdJ) – Rechnungslegung nach HGB und internationalen Standards, Loseblattsammlung, Köln Stand 2006 (zitiert: *Bearbeiter*, in HdJ).

Zöllner, Wolfgang, Konkurrenz für inländische Kapitalgesellschaften durch ausländische Rechtsträger insbesondere durch die englische Private Limited Company, GmbHR 2006, 1 ff.

Ders., Gläubigerschutz durch Gesellschafterhaftung bei der GmbH, in Dauner-Lieb, Barbara (Hrsg.), Festschrift für Horst Konzen zum siebzigsten Geburtstag, Tübingen 2006, S. 999 ff.

Studien zum deutschen und europäischen Gesellschafts- und Wirtschaftsrecht

Herausgegeben von Ulrich Ehricke

Band 1 Detlef Laub: Die Nachgründung nach § 52 AktG als kapitalerhaltende Norm. Auswirkungen auf den Tatbestand und seine Anwendung nach dem Umwandlungsgesetz (UmwG). 2004.

Band 2 Michael Silvio Kusche: Die aktienrechtliche Zulässigkeit der Durchführung einer Due Diligence anlässlich eines Unternehmenskaufes. Mit Due Diligence-Checkliste für die Zielgesellschaft. 2005.

Band 3 Thomas Stephan Oldemanns: Vorratsgründung und Mantelverwendung – Alternativmöglichkeiten zum gesetzlichen Gründungsverfahren? 2005.

Band 4 Gunnar Isenberg: Die Geschäftsordnung für die Organe der Aktiengesellschaft. 2005.

Band 5 Anette Gärtner: Die Umsetzung der Verbrauchsgüterkaufrichtlinie in Deutschland und Großbritannien. 2006.

Band 6 Tobias Teufer: Alternative Beilegung privater Wettbewerbsstreitigkeiten. Kartellmediation, Kartellschiedsgerichtsbarkeit und Wettbewerbsvergleich im Spannungsfeld zwischen Privatautonomie und staatlicher Regelung. 2006.

Band 7 Axel Godron: Das Weisungsrecht des Franchisegebers unter besonderer Berücksichtigung eines Konzerncharakters von Franchisesystemen. 2006.

Band 8 Nadin Pia Sondermann: Die kartellrechtliche Beurteilung von Unterkostenpreisen marktmächtiger Unternehmen auf europäischer Ebene, im Vereinigten Königreich und in Deutschland. 2007.

Band 9 Anne Maria Arnold: Die erbrechtliche Nachfolge in der Partnerschaftsgesellschaft. Unter besonderer Berücksichtigung berufsrechtlicher Implikationen. 2006.

Band 10 Tobias Felix D. Plath: Das Lebensversicherungsunternehmen in der Insolvenz. Unter besonderer Berücksichtigung des Gesetzes zur Umsetzung aufsichtsrechtlicher Bestimmungen zur Sanierung und Liquidation von Versicherungsunternehmen und Kreditinstituten vom 10. Dezember 2003. 2007.

Band 11 Philipp Jansen: Ungeschriebene Zuständigkeiten der Hauptversammlung bei der Sanierung der Aktiengesellschaft. 2007.

Band 12 Michael Wangemann: Finanzielle Anreize zur Steigerung der Hauptversammlungspräsenz in der Aktiengesellschaft. 2008.

Band 13 Guido Eusani: Die Erfassung verdeckter Vermögensverlagerungen im Rahmen eines bilanzgestützten Kapitalschutzes bei der GmbH de lege lata et ferenda. Eine Untersuchung unter besonderer Berücksichtigung des Cash Poolings im faktischen GmbH-Konzern sowie des Regierungsentwurfs eines Gesetzes zur Modernisierung des GmbH-Rechts und zur Bekämpfung von Missbräuchen (MoMiG). 2008.

www.peterlang.de

FSC
www.fsc.org
MIX
Papier | Fördert gute Waldnutzung
FSC® C083411

Kolibri 360 GmbH
Ferdinand-Jühlke-Straße 7
99095 Erfurt, Deutschland
produktsicherheit@kolibri360.de

Druck:
CPI Druckdienstleistungen GmbH
im Auftrag der
Kolibri 360 GmbH
Ferdinand-Jühlke-Str. 7
99095 Erfurt